中小学诗教之路

韩派名师工程系列丛书 捌

赵松元 陈培浩 陈伟 编

世界图书出版公司
广州·上海·西安·北京

图书在版编目（CIP）数据

中小学诗教之路 / 赵松元，陈培浩，陈伟编 .—广州：世界图书出版广东有限公司，2019.12
ISBN 978-7-5192-7172-5

Ⅰ . ①中… Ⅱ . ①赵… ②陈… ③陈… Ⅲ . ①中小学－教学研究 ②诗集－中国－当代 Ⅳ . ① G632.0 ② I227

中国版本图书馆 CIP 数据核字 (2020) 第 006015 号

书　　名：中小学诗教之路
ZHONGXIAOXUE SHI JIAO ZHI LU
编　　者：赵松元　陈培浩　陈　伟
责任编辑：刘　旭
装帧设计：黄毅文
责任技编：刘上锦
出版发行：世界图书出版广东有限公司
地　　址：广州市海珠区新港西路大江冲 25 号　　邮　　编：510300
电　　话：（020）84459701
网　　址：http://www.gdst.com.cn/
邮　　箱：wpc_gdst@163.com
经　　销：新华书店
印　　刷：广州市迪桦彩印有限公司
开　　本：787 mm × 1 092 mm　1/16　　印　　张：24.25
字　　数：396 千字
版　　次：2019 年 12 月第 1 版　2019 年 12 月第 1 次印刷
国际书号：ISBN 978-7-5192-7172-5
定　　价：59.80 元

总　序

教育从要素上分为硬要素和软要素，硬要素主要指物的方面，软要素重在讲人的方面。但不管怎样，教师是所有教育要素中最核心的要素，这是在教育长河中经过无数经验和教训得出的宝贵共识。乌克兰的“帕夫雷什中学”就校舍来说十分普通，甚至还有些荒凉，但丝毫不影响其世界名校的名头，这主要归因于著名教育家苏霍姆林斯基曾在此担任校长。它强烈地标示着——教师水平的高低决定着他所在学校水平的高低，因此，人们对名校的追逐实质上是对优秀教师的追逐，归根到底，教育是人影响人的艺术，我们对教师的所谓正确认知，只不过是回归到对教育本质规律的遵循上罢了。

教师持续的、个性化的自我发展成为必须，“如何发展”是教师新时代下必须回答的问题。从哪里切入呢？我想，既然教育是人影响人的艺术，那么从人的特性的角度去考虑大体上应该是不会有问题的。

英国人类学家马林诺夫斯基说：“人生游戏”的意思是说人生是游戏性的，或者说人生是在游戏中实现的，在所有游戏的要素中，游戏动机应该是最神秘的，同时也是最关键的东西。我们由此迁移到教师专业成长上，要实现教师在职业中充满热情、好奇、永不停歇游戏的教育想象，那么，教师成长动机的找寻是最为关键的内容，这可以转换成“我们为何成为教师”的问题。教育工作是17万多个工种之中最具建设性的工种之一，它的“材料”“场所”“产品”等都是人。人是最具建设性的对象，每一个人只能成为他自己，“世界上没有相同的两个人”讲的就是这个道理。这需要教育工作者全身心地投入并进行创造性的工作，教育事业的魅力和神圣正来源于此，千百年来，它吸引着无数的教育工作者投身其中，通过自身与教育的互动，去体认和享受因教育带给他者幸福进而赢获自身幸福的感觉，这也是教育工作者教育动机产生的因由所在。

“人是社会性动物”（马克思・韦伯语）。他的意思是说人必须依靠群体性而存在，群性对于我们个体到底有何意义呢？“终有一死的人”成为海德格尔对人特质定位的专有表述，这意味着人从本质上讲是悲剧性的，有生必有死，人的悲剧性正是人来源于无法逃脱终极性的死而定位的，“终有一死的人”思考的更多的恰恰是人活的问题——如何活好人生短短的几十年。那么，我们会问：人活着的最大敌人是什么呢？疾病、痛苦、贫穷、敌视、饥饿……这些都是来自肉体的，人本质上是精神体，从精神上来说，孤独是人最大的敌人，军队里关禁闭是最厉害的处罚就是明证。人们为了摆脱孤独可谓想尽了办法，人为何要结婚？从本质上讲是个体摆脱孤独的方式，广场舞队、暴走队、驴友、钓友、牌友等均是群体摆脱孤独的方式，这种群体在人类学上叫作“假性部落”（马林诺夫斯基），所谓假性部落，指的是没有血缘关系而拥有共同爱好的群体。谈到这里，应该进入“韩派名师”的正题了，正是这样一个“假性部落”从专业发展上吸引着大家走在了一起，来摆脱大家更高层次上的孤独。从实际存在来看，教师群体发展和学校系统发展已经成为当下教育发展的主流。前面所谈似乎离题万里，但为了说清楚因由来源，似乎也是必须。

《道德经》说：“无名，天地之始；有名，万物之母。”名称是用来指称事物的，事物因为符号的指称才得以具体存在。在“名”和“被指称事物”之间是存在一定秩序的，“语言的边界等于世界的边界，语言使世界有了秩序”（维特根斯坦《逻辑哲学》）。因此，创设一个与活动内涵有着一定秩序的名称，是“韩派名师”存在的必须，正可谓“名不正，则言不顺；言不顺，则事不成”（《论语》）。“韩派名师”的命名有两个维度的预想：一是韩派名师的范围界定，它是韩师优秀校友和潮汕优秀教师的共同体。“命名即召唤”（海德格尔）。命名即是把事物从冥暗之中召唤出来，要把我们想象中的共同体召唤出来，不但要“个性十足”，而且更要“名副其实”，这不是一件容易的事，它曾经让才华横溢、器宇轩昂的赵松元教授都头疼不已，“韩派名师”一经提出，赵松元教授大加赞赏地说：“我们想做的事，终于有了一个符合我们心向的名字了，这个命名能很好地把这一群体聚集起来，它不但真切地反映着韩山师范学院师范教育的百年传承，而且还能引领我们奔向新时代师范教育的未来。”

内涵与命名同等重要，这涉及我们的第二个预想。命名在于召唤出来，内涵在于存在下去。在与潮汕籍老师的交流中，我多次听到“受韩愈感召”的话语，韩愈“百世师”的神性存在，使这一群体中的很多人都本于乡土、奋发图强、倔强挺立，最终得以增强力量、走向卓越。这给了我命名和内涵界定的启示，韩愈使潮州江山都姓了韩，生活在韩愈之下、韩山之上的当代师者，传承韩姓师出有名理所当然，韩派名师的每一个个体都是非常优秀的老师，在多次的互动中，“卓越而优雅”是我发自心底的评价。那么，卓越教师或者教育家有哪些特质呢？在对诸多教育家的考察中大致概括出四个层面的内涵，即：在灵魂层面上，对教育有神圣感，具有敬畏、热爱、担当等情怀；在政治哲学层面上，视人如己、人人平等；在知识层面上，对相关的教育学、心理学所传授具体学科等有深刻独到的理解；在实践层面上，能产生有影响力的教育效果。前两个层面指的是精神，后两个层面指的是技术，这给了我们难得的启示，我们韩派名师能否以韩愈的教育信仰和思想观念为灵魂、以语文赋形理论为根基、以大家卓有成效的教育实践为躯体，来尝试形成一种教派，我想完全是有可能的，教派有别于门派，门派具有排他性，教派就为了使个体在互相砥砺、互相学习、互相切磋中充分而有个性地发展，并以整体的形态对外交流，为个体进入更大的教育场域提供可能。这是我们的心向所在。

当然了，要想达成我们的心向还有无数的路要走，但只要上路一切都有可能，今天我们编著的《韩派名师工程系列丛书》基本涵盖了上面提到的教育观念、基本理论、名师生活、课堂个性等方面，该丛书是认识脚下这片土地的最重要一极，它甚至被潮州籍的一位先生郑重地称为潮州八景之外的“第九景”，而且是唯一一个活生生的、能够感召未来人的“第九景”。“韩派名师”创造无限、个性十足、值得期待！这里特别需要指出的是,《韩派名师工程系列丛书》的出版，绝不是“韩派名师”的终点，而是起点。

人生酷似行路，新生儿出生时，我们总说他或她来了，老人去世时，我们总说他或她走了，人在自己的有生之年总要走出自己的路，找不到路的时候，人总是痛苦的、焦躁的、孤独的,《彷徨》不正是真实地反映出鲁迅先生当时找不到路的精神状态吗？只要去寻找，路一定会有的，因为世上本没有路，路是人走出来的。可怕的是立在地上说没有路，或者根本没有去找，就抱怨面前没有路的人，一个人的上路和下路决定着他精神生命的存亡。在我们的教育里既有上路的也有下路的，既有生者也有死者，我们是做路上创造的生者？还是做原地抱怨的死者？这可能是每一名教育工作者所要作出的生命之问！

最近读了美国作家杰克·凯鲁亚克的一本书《在路上》，书中的主人公一直处在旅途中，我想他不单单是为了旅行而旅行吧！这更应是一种精神生命的旅途，是在苦苦寻找着可以皈依的信念的旅途！在生命的天地里，每一个人都有自己的朝觐之路和皈依之门，跟大家相处，我唯一的心向就是愿每个人找到自己的朝觐之路和皈依之门，找到朝觐之路，你的身心就会获得幸福和快乐；发现皈依之门，你的生命就会提升层次和境界。让我们聚集在“韩派名师”的平台上，携起手来，一起走在赢获幸福和快乐、提升层次和境界的路上吧！

苑青松

2019年9月10日于韩师寓所

代　序

大学诗教与中文专业人才培养模式的改革

——以韩山师范学院诗教工作为例

赵松元

导言：诗书教育的目标与思路

不知不觉间，大学诗教已成为当前高校许多文学院中文系教育教学改革的一道风景线。那么，为什么要推行大学诗教？大学诗教的主要内涵、实施路径是什么？这些问题，都是需要探讨的。我们认为，大学诗教的主要目标，应该是传承和弘扬中华优秀传统文化，消减功利主义教育观及其对人才培养带来的危害。诗歌是中华优秀传统文化的精华，开展大学诗教的主要意义既在于传承、弘扬中华优秀传统文化，同时也在于培养和深厚大学生的人文底蕴。美人之光，可以养目；诗人之诗，可以养心。孔子说："温柔敦厚，诗教也。"诗歌自古以来就有提供人伦教化的功能，而且更为重要的是，诗歌的教育功能，在于潜移默化，在于为学习者提供一个精神家园，在于让学生学会审美，养成诗性精神和诗性智慧。诗歌教育就是要倡导高贵的人文精神和高雅的审美趣味，使学诗者在品味诗歌、创作诗歌的过程中建构自我的精神家园，从而养成丰富的美好的文化心灵。正是因为如此，人们才经常说诗歌可以温润人心，可以优美情趣，可以让人学会爱，学会以寻找美的眼光来打量世界。

在当今时代，随着高科技的日益发展，各种媒体技术突飞猛进，现代化成为世界发展的唯一途径。科技的日益数字化、技术化，更多地带有技术复制的特点。而且自然科学和工具理性不断地排挤人文科学和社会科学，排挤精神和价值。也正是在这一全球性的现代化背景中，教育的功利主义盛行，在很多时候很多地方，教育沦为单纯地培养职业技能的工具。再加上市场观念和经济大潮的冲击，实用化思想、注重物质利益的世俗化倾向越来越严重。"当整个社会被嵌入到一个以人与人之间的激烈竞争为最显著特征的市场之内的时候，教育迅速地从旨在使每一个人的内在禀赋在一套核心价值观的指引下得到充分发展的过程蜕变为一个旨在赋予每一个人最适合于社会竞争的外在特征的过程”（汪丁丁：《教育的问题》，《读书》，2007年第11期）。这种功利主义的风气在大学教育中的表现就是过于重视学生的知识和技能的培养，过于重视学生谋生能力的培养，大学的崇高性、超越性逐渐被功利、被世俗所消减，有些高校甚至沦为职业培训机构或者技术训练的工厂。处在这样的“机构”或“工厂”中，作为“天之骄子”的大学生，往往容易沉迷于现实生活的适应和计算之中，他们与高远境界的联系被阻隔了，表现出缺乏理想、感情冷漠、情感单一、审美品味低下的特征。这种功利主义教育观以及由此生成的培养模式带来的危害，已经引起了教育界乃至全社会的关注。

那么，应该如何面对这种功利主义教育观及其人才培养模式所带来的严重危害呢？方法、途径有很多，不同的高校有不同的理论和实践。其中，开展大学诗教已成为诗歌界、教育界很多人都共识。韩山师范学院则结合一贯以来在学生中进行诗歌教育和书法教育的实践，提出加强诗书教育，培养综合能力，以全面提高本科师范大学生人文素质的全新的教育理念，并经过有效的探索和实践，取得了一定的成绩。

一、大学诗教二十年的几个主要事件

1998年，杨叔子先生在《中华诗词》1998年第5期发表《让中华诗词大步走进大学校园》一文，他登高一呼，八方云动。以此为起点，持续至今，20年间，大学诗教越来越受到重视，越来越有影响。概而言之，有几个主要事件较为突出：

1.全国第十二届中华诗词研讨会：继承和弘扬中国诗教传统的里程碑事件

1999年9月，在华中理工大学（今华中科技大学）召开了全国第十二届中华诗词研讨会。这一届盛会，由中华诗词学会、华中理工大学、北京大学、清华大学和中央电视台共同主办。与以往的历届会议相比，该届会议最大的特点是：首先，第一次邀请北京大学、清华大学等数十所著名大学的教授、诗人们与会；其次，第一次以“让中华诗词大步走进大学校园”为主题进行广泛的研讨；最后，第一次以大会名义向社会各界尤其是教育界发出正式倡议书，呼吁人们对中华诗词在大学校园的教学、创作、研究以及与人文素质教育相结合等问题给予关注和支持！人们普遍认为，这一届盛会，继承和弘扬了我国悠久的“诗教”传统，标志着中华诗词一个深入发展的新纪元即将到来。藉此，我们有理由认为，这是当代大学开展诗教工作的一个重要的里程碑。此后，进入新世纪，大学诗教在大江南北全国许多高等学校更加普遍开展了起来。

2. 中华诗教学会成立：产生了当代大学诗教的全国性学术机构

2010年3月，在广东新会龙泉酒店，中山大学中文系、中国文体学研究中心主办了首届中华诗教国际学术研讨会，来自海内外的42位学者诗人出席。会议由教育部特聘长江学者、中山大学中国文体学研究中心主任吴承学教授召集、主持。会上选举成立了中华诗教学会（筹），叶嘉莹担任名誉会长，中山大学陈永正任会长，选举副会长12人、理事32人。会议还讨论了大学诗教的许多问题，如联合编写《诗词写作——大学实用教程》、编选出版《21世纪中华学人诗词选》、举办“中华大学生诗词大赛”等。

3. 高等学校诗教工作暨当代中华诗教理论研讨会：大学诗教工作受到进一步关注和推动

2010年11月，在武汉江汉大学召开了高等学校诗教工作暨当代中华诗教理论研讨会。该会议由教育部高等学校素质教育指导委员会和中华诗词学会联合主办，江汉大学承办，武汉市教育局、中华诗教委员会、中华诗教促进中心、湖北省诗词学会、武汉诗词楹联学会、华中科技大学出版社等单位参与协办。来自全国高等学校和诗词界的70余位专家学者莅会研讨，20余位专家作了大会发言。会议代表对近几年大学诗教工作作了交流，并从理论和实际相结合的角度，论述了诗教工作的必要性和重要性。

以上所举，尽管挂一漏万，但应该是当代与大学诗教相关的几次重大的活动，大致能反映当代大学诗教的进展。如今，大学诗教已经开展20年了，可以说，以大学诗教为核心的教育教学改革实践已悄然出现在全国各地很多高等院校，并逐渐形成了一道道靓丽的风景线。然而，大学诗教到底应该如何开展才能真正产生实效的问题，却一直没有多少真正有价值的介绍和阐述。结合个人的观察，窃以为当代大学诗教存在几个应该加以解决的问题：其一，中华诗教学会与中华诗词学会之间缺乏沟通与合作。其二，中华诗词学会的诗教工作重心似乎在中小学和地方，对于高等学校则关注不够，推广不够。其三，大学诗教的开展有何实效，有何经验，有何不足，等等，诸如此类的问题，很有必要进行探讨和总结。

韩山师范学院的诗教工作以1993年12月成立韩山诗社为标志，至今已开展26

年。此处以韩山师范学院大学诗教工作为中心，侧重就大学诗教工作应如何开展才能取得实效的问题，结合中文专业人才培养模式改革做一阐述。

二、大学诗教的有效开展：以韩山师范学院为例

（一）韩师诗教的开展得益于深厚的底蕴和优良的条件

（1）良好的积淀、深厚的底蕴。韩山师范学院被称“千年学府，百年师范”，自1903年由韩山书院改制为“惠潮嘉师范学堂”迄今，师范教育已有112周年，是一所历史悠久、积淀深厚的师范学院。在这所薪火相传、弦歌不辍的百年老校，开展诗教有着得天独厚的条件。笔者曾在《最是山花烂漫时——中文系学生优秀文学作品选集》的序言中写过这么一段话：

在中国的版图上，以韩愈之姓为姓的山，恐怕只有潮州的韩山；在中国的高校中，以与韩愈关系密切的一座山来命名的，应该只有韩山师范学院了。这座百年老校不仅以韩山命名，而且怀抱于青翠的山中。这座山，依偎着碧波荡漾的韩江，形如笔架，树木葱茏，朝岚夕晖，风景秀美。独特的形貌、美丽的风景又浸染着深厚的历史人文气息，最能陶冶性情，触发灵思。自晚清以来，就有许多诗人、学者与这座山，与这座学府有着血脉相连的关系：100年前，近代诗坛寇杰丘逢甲在这座山中生活过，70多年前，20世纪词学大师、著名词人詹安泰在这里生活过，还健在的国际汉学大师、学艺双修、诗词妙绝的饶宗颐教授青年时期从这里走上杏坛，留下了动人的故事……

100多年来，许多杰出校友为韩山师范学院的诗教创造了优良的人文传统。换言之，正是有百年学府深厚人文传统的滋养，依托于韩山韩水优美环境的熏染，韩师的诗教拥有了深厚的底蕴和得天独厚的人文条件。

（2）优良的条件：自20世纪90年代始，韩师领导层就对大学诗教与人才培养的关系有深刻的认知，特别是近年来，在时任校长林伦伦的主持下，韩师领导班子更是把诗教（同时还有书教）作为学校的办学特色和品牌特色来抓，可以说是集全校之力来抓诗教（书教）工作。

1）在教学管理上，将诗教纳入学校教学改革的整体框架之中。其一，学校将诗书教育课程列为学院核心通识课程，同时，设立“现代诗歌鉴赏与写作”“中华诗词之美”“书法”等校性选修课，并支持文学院对人才培养方案和课程体系进行

相应改革，这就从教学体系上保证了诗教能够正常有序地开展。其二，学校和文学院支持诗教团队教师积极申报相关项目，早在2007年，学校就将“加强诗书教育，提高师范生人文素养”作为学院2007年教改重点项目予以资助；之后，又以“加强诗书教育，培养师范大学生人文素养”为题，组织申报广东省高等教育教学改革项目，并于2009年3月被批准立项。近年来，主要申请到了三个项目：其一是“大学诗书教育协同育人平台”获广东省教育厅2016年规划项目立项，经费30万元；其二是“微时代大学诗教与德育研究”，获广东省教育厅2016年德育专项资金项目立项，经费2万元；其三是“古典诗文潮语吟诵研究”，获潮州市哲学社会科学“十二五”规划2015年度项目立项，经费1万元。这些项目的获得，既是诗教团队教改成绩的体现，又有力推动了诗教工作的开展。

2）在机构设置上，学校特设立诗歌创研中心，该中心挂靠在文学院，同时文学院又设立了中国诗学研究中心。诗歌创研中心主办《诗词学》(传统诗词）和《九月诗刊》(现代新诗）两种诗歌刊物，并协调和支持韩山诗社、馀社、三角梅文学社、经典诵读社等学生社团。学校每年为诗歌创研中心设立10万元经费，用以支持诗歌刊物的编辑出版和活动的开展。这一中心的成立，为诗教的开展创造了良好的物质条件。

3）在队伍建设上，自20世纪90年代初开办本科教育以来，在学校支持与人事部门的配合下，中文系在师资队伍建设上，就一直重视培养和引进擅长诗歌的教师，建立了一个实力较为强劲的诗教团队。如在传统诗词方面，有赵松元教授、孔令彬教授、周录祥教授、殷学国博士、张文胜博士、陈伟老师以及袁海林老师等，特别是陈伟和张文胜，是国内享有盛誉的知名青年诗词家。在现代新诗写作或评论方面，有黄景忠教授、陈培浩博士、李彬博士、曹亚明博士、姚则强老师等，并聘请了龚鹏程、刘梦芙、段晓华、杨炼、温远辉、世宾等知名学者诗人为兼职教授。北京的《诗词家》2016年第5期，中华诗教学会会长、中山大学张海鸥教授在其主持的《学林风调》栏目中，指出：“陈伟执教于韩山师范学院中文系。其自幼研习国学、诗词学，尤其在饶宗颐研究方面造诣精深。其才其学颇得方家特别看重。饶宗颐尝叹人才难得，诗才难得，乃力荐庠序教席。其诗词道艺精深，情怀渊雅厚重，颇得李商隐诗之神韵。”由此可推知韩师诗教队伍的实力。总之，韩山诗教，形成了年龄、学历、职称和能力兼善的诗教教学团队，保障了诗教工作的顺利开展。

(二) 韩师诗教的实施路径

大致说来，韩山师范学院诗书教育的实施路径，主要表现在如下方面：

1. 改革课程体系，修订人才培养方案

很多高校开展诗教有两个困扰：其一，学界与诗界对于传统诗词与现代新诗的价值判断存在较大冲突。一方面，现当代文学史家与新派学者，秉承五四新文化废文言倡白话的精神，一如既往地将传统诗词边缘化，传统诗词之进入现当代文学史难于上青天；另一方面，传统诗词界的一些诗人学者，则以弘扬传统诗词、批评乃至否定新诗为己任。这构成了当代学界和诗界的一个不容忽视的文化事像。这一冲突，在一定程度上波及了当代高校的诗教工作。其二，因种种原因，诗词写作课程无法挤进人才培养方案的课程体系之中，能作为选修课开设，已是不容易了。

所幸者，这一问题在韩师没有带来消极影响。

韩师同仁有一共同的诗教理念和文化姿态：其一，诗教是优化人才培养模式的一条重要路径。美人之光，可以养目；诗人之诗，可以养心。孔子说："温柔敦厚，诗教也。"饶宗颐说，一切学问当以文学植根。诗歌最能温润人心，摇荡性灵。诗教，是直入性灵的美育。诗歌的教育功能，在于潜移默化，在于为学习者提供一个精神家园，在于让学生学会审美并爱上美。学生通过诵诗、品诗、作诗，既可以培养良好的阅读能力和审美鉴赏能力，又可以在诗的美好意境中陶冶自我，培养高贵、高雅的人格气韵，培养芳馨、丰润的文化心灵，培养诗意安居的精神品质。其二，诗教是继承和发扬中华优秀传统文化的重要途径。诗中有道，诗词是中国文化精华中的精华，中国文化的要义，中国文化的精神气韵，都蕴涵在由古至今的优秀诗词中。因而诗教，实际就是最佳的文化传统教育。在培养学生的健全人格、高雅情趣和美好心灵的同时，可以有效地传承与弘扬中华优秀人文传统。其三，不管是自由体新诗还是传统诗词，都隶属于中国诗歌，都是中国文化精神的载体，二者不可偏废，不可去此扬彼。我们的主张是传统诗词与现代新诗并重，传统诗词教育与现代新诗教育同时开展，比翼齐飞。

基乎此一理念与立场，我们文学院关于汉语言文学专业人才培养方案的制订或修订，就有了不同于其他高校的做法：大胆改革人才培养方案，将诗词写作作为专业必修课开设，并形成相互补充的课程群。文学院自20世纪90年代以来，几次修订人才培养方案，先后开设了"诗词格律""诗词鉴赏概论""大学诗词写

作”“现代诗歌鉴赏与写作”等课程，最后确定将“大学诗词写作”设置为专业必修课，将“中国诗学”“唐宋诗词鉴赏”设置为专业选修课，将“现代诗歌鉴赏与写作”设置为专业选修课与校性选修课。“中国诗学”与“唐宋诗词鉴赏”课程侧重丰富学生的诗词学知识，培养学生的审美鉴赏能力，滋养学生的文化情怀；“大学诗词写作”则要求学生以唐宋名家作品为范本，学习平仄、黏对、押韵以及词谱、词律等诗词格律知识，掌握近体诗和词的写法，训练诗词写作能力，以此培养传统文化的元气，澡雪学生的人文精神。而另外需要补充的是，我们不仅开设大学诗词写作的专业基础课；而且，将大一的写作基础改成文选与习作——大一开设文选与习作，大二开设大学诗词写作，大三开设毕业论文写作，这样便形成了一个写作训练系列。这一人才培养方案和课程体系的改革，是回归中国人文传统的改革，体现着文学院对中华文化语境中人才培养模式改革的探索与实践，体现了重视中国传统文化的时代精神，在国内高校和诗歌界产生了积极的影响。

2. 以诗歌机构、学生社团为阵地，为学生的学诗开辟第二课堂

早在1993年，学校成立了师生合办的诗歌社团韩山诗社，并创办《韩山诗报》，请饶宗颐教授题签，该报于2003年11月改为诗刊《后来》，每年出版一期，至今已出版11期。

如前所述，2009年3月，学校设立韩山师院诗歌创研中心，挂靠文学院，同时，还将潮州市一家自由体新诗民刊《九月诗刊》收编为诗歌创研中心刊物。《九月诗刊》原为不定期刊物，现改为季刊，一年4期，目前为止已出版32期，在广东诗界颇有影响，被知名诗人黄礼孩誉为“广东第二诗歌民刊”。2010年，诗歌创研中心创办《诗词学》，倡导雅正，追求精品，刊发师生及校外诗词界的优秀诗词作品，每年一期，广邀国内诗词名家参与办刊，由暨南大学出版社公开出版发行。虽创办较晚，但因起点极高而备受瞩目。

同时，诗歌创研中心专门为学院爱好诗词写作的学生创办馀社，由学生编辑出版纯粹的传统诗词小报《馀音》，专门刊载学生文言文习作和诗词习作。这样，学院就拥有专门刊发学生作品的《后来》以及辐射省内乃至国内的《九月诗刊》（新诗）和《诗词学》（旧体诗词），不仅为学生的创作提供园地，也搭建了校园与外面诗界联系的良好的渠道与平台。

另外，值得一提的是，鉴于全媒体时代的传播便利，学院将诗教与新媒体相融合，构建了诗教的新途径，进一步拓展的诗教的第二课堂空间。主要有如下两种形式：

1）与潮州电台合作，在“诗书文韵润潮州”一档节目中隆重推出“韩山诗群”系列节目，通过诗人专访、读诗、评诗与鉴赏解说，全面介绍韩山诗教的成果，并先后举办了两届“潮州电台中秋诗会”，得到听众的众多好评。

2）借助微信公众号开展诗教：我们同时打造了“韩山师院诗歌创研中心”和“馀社”两个微信公众号，推广韩山诗教的最新成果，产生了良好的效果。

3.架设大学—地方—诗界、学界的桥梁，挖掘和整合丰富的诗歌学术资源，开展诗教工作，形式多样，内涵丰富

在学校支持下，文学院将专业学科建设以及教学改革与诗教工作结合起来，依托诗歌创研中心，狠抓“创”“研”二字，创作和理论并重，这就使韩师的诗教活动既落到了实处，又有学术的品格。

（1）诗歌创作活动：

将学生的学诗和提升人文素养与丰富多彩的创作活动结合起来。集中表现在如下几个方面：

其一，是以馀社为代表的诗歌社团活动。馀社隶属韩山师范学院中文系诗歌创研中心，2011年6月成立，由赵松元教授和陈伟老师任指导老师，是一个专门研习诗词的大学生诗社，让学生之优者入社，作为重点培养的对象。

何以取名为“馀社”，其立社宗旨有一段说明：“士先器识而后文艺。故诗词者，人之馀也。功夫在诗外，有人此有诗，人未立而强作诗，此谓缘木而求鱼。故曰立人为本，馀事乃作诗。同人期以诗词作为自我完善的修炼之船，共达理想之彼岸。另，馀者，多馀也，诗本是个人行为，组社是多馀之事，只是为了多一点人参加这种个人行为。以诗词为渡筏，以传统文化为依归，以‘古之学者为己’为座右，‘一是皆以修身为本’。社员可养其志、骋其才、尽其情、正其性，各适其‘真’而已矣。”

馀社的社员以中文系为主，同时对全校其他院系的学生开放，只要喜欢诗词并达到一定的创作水准，就可以申请入社，目前社员有20人左右。馀社的主要活动有如下数端：①开展社课：每月第二周星期六为社课日。社课每期出一题，或诗或词或联句。组织社员开展习作互评、交流读书心得。②每学期出版两期报纸：作为社刊，名曰《馀音》。③每年组织一次全校诗词赛：社员不参加，旨在发现人才，获奖作品登于社刊。④组织采风活动：每年上巳、重阳，至少组织一次采风活动，与院外其他诗词社进行学习交流。⑤建立网络论坛、博客、QQ群、微信群，便于社员及时交流切磋。

其中，又以“社课”作为重中之重。馀社社课按内容可以分为：命题、唱和、对联、联句、游戏五个方面，社课是馀社最主要的活动，也是社员进行诗词研习最重要的一种形式。自成立至今，馀社已举行了十几期社课。在社课中，老师、同学们分享了各自的诗词创作体验，在切磋讨论中，不断提高自己的诗词修养，共同营造了一个研习诗词的自由氛围。

其二，通过诗歌节、诗歌沙龙、读诗会、经典诗歌诵读比赛、校园诗歌创作大赛等活动，来浓郁校园诗风，培养学生诗歌写作能力。由诗歌创研中心举办，配合中文系经典诵读会，约每季度举办一次读诗会，面向校内外的诗歌爱好者开放，已先后举办了“张枣读诗会”“海子诗歌诵读会”“阅读于坚”“汉语诗歌的叙事性与抒情性”等多次读诗活动；每年一次举办诗歌经典作品诵读比赛；读诗会和诗歌经典诵读比赛已成为在校内外较有影响的诗歌品牌活动。

校园诗歌创作大赛由韩山诗社举办，每年一次，已举办23届。2012年6月，学院启动了两年一届的诗歌节活动，已先后举办了面向全国的“中海油杯”诗歌大赛、“九月诗歌奖”和“子衿杯”校园诗歌创作比赛等。

其三，积极参与区域性、全国性大学生诗词比赛活动，这是近年来韩师诗教的一大亮点。由粤港大学生诗词比赛到粤港澳台大学生诗词比赛到中华大学生研究生诗词创作比赛，我们都鼓励和支持学生积极参赛，几乎每一届都有韩师学子获奖。近年来，我们主要介入两个全国高校大学生诗词比赛和国诗大赛：

一是“蒹葭杯”大学生诗词比赛。中山大学岭南诗词研习社自创社以来，每年都在校内举办“蒹葭杯”诗词创作比赛。2013年4月，我们应邀与中山大学、复旦大学、华中科技大学、南京师范大学五高校联合主办第八届“蒹葭杯”学生诗词创作比赛，赵松元教授应邀与骆冬青（南京师范大学）、占晓勇（华中科技大学）、侯体健（复旦大学）、彭玉平（中山大学）、谭步云（中山大学）、张海鸥（中山大学）担任评委。

2014年第九届“蒹葭杯”诗词邀请赛，中山大学特邀了北京大学、四川大学、华中科技大学、韩山师范学院共襄赛事。由钱志熙、周裕锴、赵松元、占晓勇、张海鸥、谭步云担任评委。以上五校2014年6月底以前在校的所有本科生、研究生（硕、博）均可参赛，同台竞技。此次大赛分诗与词两组，各设冠军一名，亚军两名，季军三名，另设优异奖十名，共三十二个奖项。

二是中华大学生研究生诗词创作比赛。这是代表目前高校学生最高水平的诗词国际性大赛，也是迄今高校传统诗词赛事中唯一覆盖大中华文化圈的国际高端比赛。大赛旨在促进中华传统诗词的创作和中华诗词文化在全球的传播与交流。大赛的举办对恢复传统诗词教育有重要影响，促进了海内外高校诗词文化交流，具有积极的意义。

2013年，我们应邀参与中华大学生研究生诗词创作大赛的评委工作——赵松元教授应邀与华东师范大学胡晓明教授、台湾中山大学简锦松教授、南京师范大学骆冬青教授、四川大学周裕锴教授一起担任2013年中华大学生研究生诗词创作大赛诗组之通讯评委。

2014年，我院承办了2014中华大学生研究生诗词创作大赛，并于6月28日举办了颁奖仪式。此次大赛由中华诗词研究院、中华诗教学会主办，我校承办。本届大赛分为大学生诗组、研究生诗组、大学生词组、研究生词组四组，诗组主题为“读《论语·先进篇第十一》”或“潮州韩文公祠”(任选其一)，限作七律；词组题目为“韩江”或“咏木棉花”(任选其一)，限作《苏幕遮》。大赛共收到来自澳门大学、台湾大学、俄罗斯国立师范大学、日本京都大学、美国纽约州立大学、北京大学、复旦大学、南京大学等海内外高校学生的参赛作品549件。经过严格、公正的两轮通讯评审和终评会议评审，每组评选冠、亚、季军各一名，优异奖六名。2014年6月28日，由我院举办了中华大学生研究生诗词创作大赛颁奖仪式，广东省教育厅、光明网、中国高校之窗、环球潮人网、广东省电视台、潮商卫视、汕头电视台、潮州电视台、中华诗词网、南方网、中国潮州网、潮视网、羊城晚报、南方都市报、潮州日报15家媒体纷纷报道这一盛事，尤其是《羊城晚报》记者后来又采访了我系在2014中华大学生研究生诗词大赛中获奖的学生以及此次大赛的评审、指导老师等，并以“百年圣学三千士，一路春风五六人”为题，在7月10日出版的报纸上以大半个版面详细介绍了我校开展诗书教育的优良传统和突出成果。

三是国诗大赛。由“诗教网国诗论坛”与我们《诗词学》编委会联办的“国诗大赛”以“弘扬诗道、担荷诗教”(徐晋如《国诗·总序》语）为旗帜，聚集了一批当代诗坛的卓荦不凡之士。大赛自2013年9月启动，迄今已连续举办三届。得到当代国诗精英、名家的鼎力支持。组委会由中文系赵松元教授任主任，林英男、曾少立、徐晋如、陈伟等任副主任，共9人构成。第一届主考官为王翼奇，第二届主考官为刘梦芙，龚鹏程教授担任大赛顾问，第三届主考官为段晓华。自第二届大赛始，得到知名诗词社团诗社的加盟和支持，杨启宇、熊盛元、王蛰堪、刘梦芙、陈仁德、段晓华、魏星河、汪茂荣、徐战前、郑雪峰、添雪斋、刘雄等人担任评委，其中大多为久负盛名的诗坛耆宿，诗艺精湛，造诣精深，具有令人信服的代表性和权威性。

目前已编辑出版了《国诗》第一辑、第二辑共两辑。大赛评审流程公正，评委阵容豪华，获奖作品优秀，已得到全国诗坛广泛认可与好评，一个高品质的诗词赛事品牌已被成功打造出来。

四是海岳杯传统诗词大赛。2016年4—9月，由诗社主办、我院《诗词学》编辑部与南京江东书院协办，举办了首届“海岳杯”传统诗词大赛，我院《诗词学》主编赵松元教授与著名诗人杨启宇先生担任组委会主任，《诗词学》副主编陈伟、张文胜担任大赛秘书。2016年10月，在山西祁县举行了首届“海岳杯”传统诗词大赛暨王维诗歌节颁奖活动，赵松元教授担任颁奖活动主持人，并应邀作了题为《〈少年行〉与王维的“侠义诗”诗创作》学术报告。整个活动，得到山西电视台和全国许多门户网站的报道，产生了广泛的影响。

（2）理论研究与学术活动：

其一，文学院依托诗歌创研中心、中国诗学研究中心，定期或不定期举办诗学研究学术论坛和诗词创作论坛。文学院每年有计划地邀请8—10位知名诗人或学者举办讲座，近年来，已先后邀请陈永正、龚鹏程、蔡世平、杨启宇、刘梦芙、钟振振、张海鸥、彭玉平、段晓华、伍巍、陈建森、姜耕玉、曾楚楠、徐战前、王邦建、胡迎建（传统诗词）以及谢冕、王光明、顾彬、杨炼、郑愁予、黄礼孩、世宾、郑小琼等40多位诗人或学者莅校讲学，极大地激发了学生的学诗热情。

其二，文学院诗歌创研中心还组织校内专家对校园诗人的诗作进行分析、评论。先后在《中西诗歌》《韩山师范学院学报》《九月诗刊》《诗词学》发表对韩园诗歌创作及已形成创作个性的校园诗人的评论文章近20篇。

与此同时，文学院教师积极开展诗歌学术研究，重点对当代诗词文化现象、大学诗教与人才培养、二十世纪诗词名家、二十世纪新诗名家以及粤东地区诗歌创作等多向性展开研究，相继申请到了校级重点教改项目、省厅级高等教育教学改革项目、省人文社科研究基地重大项目等；相继出版了《慵石室诗钞点注》《古典诗歌的艺术世界》《选堂诗词论稿》《岭东二十世纪诗词述评》《迷舟摆渡》《诗歌创作与接收审美学》《阮章竞评传》等著作，在《学术研究》《中国文学研究》《教育评论》《暨南大学学报》《汕头大学学报》《韩山师范学院学报》等学术期刊发表了《诗性塌陷与当代诗词的文化处境》《诗书教育与大学生人文素质培养》《当代大学的诗歌教育的缺失和探索》《学而时习之——以韩师馀社社课为例谈大学生的诗词研习》《微时代大学诗教视角下的德育教育研究——以韩山师范学院为例》《现代性背景下的网络诗歌审美悖论》《网络背景下华文新诗的文体边界》《零距离的胜利及其审美悖论——新世纪网络诗歌现象探微》《诗歌阅读的心灵风景》《20世纪学人之诗略论——兼议古典诗歌在现代的新发展》《〈瑶山集〉艺术世界的审美观照——兼论〈瑶山集〉在选堂诗歌创作中的重要意义》《论选堂耶鲁时期的乐府创作》《选堂七绝管窥》《选堂诗词用典与点化举隅》《论选堂的生命精神》《灵境独造雅声远姚——选堂六十以前的诗歌创作略述》《选堂六十以后诗词略述》《饶宗颐和韵诗学》《校园诗歌、地方诗群创研结合与新诗教育笔谈》《当代大学的诗歌教育的缺失和探索》等20余篇学术论文。

其三，主办或承办高规格的诗歌学术会议。近三年来，文学院相继主办或承办了两场重要的学术会议：

一是“近百年传统诗词高峰论坛”(与中华诗教学会、北京大学文化资源研究中心、诗社联合主办)，来自北京、上海、南京、重庆、成都、武汉、苏州、合肥、广州、深圳等20余所高校和诗词界的专家学者共60余人，齐聚一堂，对近百年名家诗词、当代诗词文化生态、传统诗教与大学诗教等进行探讨。会后结集出版了《近百年传统诗词高峰论坛论文集》(暨南大学出版社2015年出版)。

二是中国传统文化教育研修学术讨论会，2016年4月15—17日由我院与韩山书院合作举办。来自北京、江苏、江西、福建、青海及广东的广州、深圳、东莞等地的专家学者和105所中小学、高校代表共260余人参加了研讨会，对当代传统文化教育研修与推广进行了探讨。

每一次研讨会都是名家云集，群贤毕至，开阔了师生的眼界，熏染了学生的诗心，浓郁了校园诗歌文化的氛围，有力推动了韩师诗教工作的开展。

凡此种种，在一定程度上能够显示出韩师诗教工作的深度与广度。

三、韩师诗教的成效与影响

（一）成效

1.推出了一大批有质量的创作成果

学生创作成果丰硕：2007年以来，有15位韩园诗人公开出版诗集，一大批诗人在省级以上刊物发表他们的诗作。2007年、2008年，《中国音乐报》连续整版开辟专栏，刊发由我院师生写作诗歌，作曲家陈安宁教授及韩山师范学院音乐系学生谱曲的“韩山师范学院原创诗歌音乐作品”，产生了广泛的影响。

在此基础上，在学院支持下，我们编辑出版了一批校园诗人的诗歌作品，主要有：陈新伟、赵松元、孔令彬主编的《韩山浅唱》（三秦出版社2001年出版）、黄景忠主编的《韩山诗歌十五年》（中国戏剧出版社2008年出版）；赵松元主编的《最是山花烂漫时》（花城出版社2008年出版）。

近年来，黄景忠、赵松元等编辑的“韩山诗歌文丛”，目前已编辑出版两辑，均为作品集或论著，每辑10部，共20部，分别于2009年、2010年由中国戏剧出版社出版。

第一辑10部为：《只能如此》（傻正著）、《本质》（郑子龙著）、《午夜的孩子》（黄礼孩著）、《迷舟摆渡》（陈培浩著）、《不带尘埃的微笑》（余辜著）、《在时光与落日之间》（泽平著）、《心如止水的忧伤》（向北著）、《那些消逝的事物》、《梦想及其通知的世界》、《岭东二十世纪诗词述评》（陈伟著）。

第二辑10部为：《偶然》（黄昏著）、《逆光》（阿兽著）、《一个人的江湖》（蔡一彬著）、《最初的泪水》（周运华著）、《四叶木耳》（郑海滨、落桑、林伟焕著）、《黄花爱》（黄立荣著、小七）、《路上的歌谣》（韩师诗歌创研中心编）、《随心所欲》（黄昏著）、《诗歌创作与接受美学》（黄春龙著）、《木叶斋诗赋选》（杨子怡著）。

如今，第三辑已出5部，其余5部将陆续出版。

2.培养了一大批令人瞩目的校园诗人

近年来，一批从我院毕业的校园诗人已经成为广东诗坛较为活跃的诗歌创作者和研究者，如黄昏、李让畅、谢玄、郑景森、周运华、辛倩儿、陈培浩、程增寿、黄春龙、陈剑州、郑泽森、姚则强、陈崇正（傻正）、郑子龙、纪仲龙、许泽平、杜伟民、陈泽韩、吴纯、陈春薇、舒欣、林钰、陈振烨、杨文钰、林晓萍、陈玮琳，等等，他们被批评界称为“韩山诗群”。《中西诗歌》和《诗歌月刊》曾专版发表韩山诗群的诗作与评论。有一批诗人在省级以上的重要文学创作比赛中获奖。2012届学生、诗歌创研中心学生吴纯，2012年夏天刚一毕业，就以其作品《驯虎》夺得第三十四届台湾联合报文学奖评审奖，此奖在华人文学届享有较高声誉，大陆著名作家莫言、韩少功、苏童、王小波等均获过此奖。

3.在全国性文学或大学生诗词比赛中，屡获佳绩

如2004级学生陈泽韩，获中国校园文学首届“新人杯”全国作文创作大赛大学组一等奖；获全国13所重点高校与《萌芽》杂志社主办的第九届新概念全国作文大赛青年组一等奖；获全国第四届“写作杯”文学艺术作品创作大赛散文组一等奖；获广东省教育厅、团省委、学联主办的“广东省大学生创作大赛”一等奖；等等。

2011年，由中华诗教学会主办、中山大学承办的首届中华大学生诗词大赛，分诗赛和词赛两组，诗赛组9名获奖者，我院共有2008级的詹启源、黄佳娜2位同学获奖，其他7名获奖者分别来自香港岭南大学、香港中文大学、华东师范大学、首都师范大学及中山大学。

2013年与2014年中华大学生研究生诗词比赛中，我校学子均取得了骄人成绩。这一成绩在高校和诗界引起了较大反响。

2013年中华大学生研究生诗词比赛，中文系2009级学生舒欣荣获诗组优异奖（其余8名获奖者皆为博士或硕士研究生）。

2014年中华大学生研究生诗词比赛，我校喜获5个奖项，在所有参赛高校中成绩骄人。其中，中文系杨文钰荣获大学生诗组冠军和词组优异奖，中文系林晓萍荣获大学生词组冠军，数学系陈振烨获大学生诗组季军，中文系陈玮琳获诗组优异奖。

五高校联合主办第八届“蒹葭杯”学生诗词创作比赛，我系林晓萍荣获词组冠军，陈春薇获得词组季军，蔡佳珍获得词组优异奖。林晓萍、杨文钰、舒欣、郭佳丽、丁秀洁以及我院数学系陈振烨获得诗组优异奖。

五高校联合主办第九届“蒹葭杯”学生诗词创作比赛，中文系杨文钰荣获诗组亚军，陈玮琳与蔡佳珍获优异奖。在词组比赛中，中文系杨文钰荣获词组季军，林晓萍、蔡佳珍与刘雅芳获优异奖。

（二）影响

在全国高等学校的版图上，作为广东省属的一所全日制本科师范学校，韩山师范学院并不起眼，无论是学科专业建设还是办学条件，与“211”高校、“985”高校相比存在差距。但就是这么一所普普通通的二本高校，却在大学诗教方面做得风生水起，引起诗界和学界的重视，诗书教育活动得到了上级机关和社会的肯定和认可，得到了很多专家学者、诗人词家的高度评价。2009年，韩山诗社在语文报社主办的评选活动中被评为“全国百强人文社团”。2012年，广东中华诗词学会确立我院为“广东省中华诗教基地”，韩师成为广东省高等院校中的首家诗教基地。2013年，由赵松元教授主持的“传承与创新——诗书教育的实践与成效”项目，被评为广东高校“2012年高校校园文化建设优秀成果”。

2001年，知名诗人王邦建到韩师访问，在读了韩山师范学院中文系师生诗词选《韩山浅唱》（饶宗颐题签，陈新伟、赵松元、孔令彬主编，2001年三秦出版社出版）后，曾挥毫写下一首诗，诗云：“海阔天空奋翼翔，诸君意气各飞扬。韩山喜见诗风盛，济济英才赋一堂。”

2012年11月，华东师范大学终身教授胡晓明先生应邀莅临韩师讲学，返回上海后，特写了一封信，其中有这么一段话：

在韩江之畔，笔架山下，古城的茶烟缭绕之中，你们营造了一个非常好的小环境。领导用心，上下和谐，同事相敬相亲，师生精神交流。这不是所有的中文系能做得到的。山不在高，有仙则灵，中文系不在老，有文则灵。在课题优先，功利至上、师生隔漠、精神萎谢的当今大学体制与生态里，你们却有其乐融融的文化生活即诗词写作，有共同的目标即饶学研究，爱学生、爱诗书、爱乡土，一草一木皆有情，充满真正的大学人文之尊严与美的享受。这是我最有感受的事，其实也是我最向往的大学校园。

韩师诗教确实令学生的心灵得到净化、精神得到陶冶、素质得以提升。校园也变得淳朴、诗性、宁静。2008年，教育部对韩师本科教学水平进行评估，评估专家组组长、陕西师范大学校长房瑜感慨地说：“没想到在改革开放最前沿的广东，还保留着这一方净土。”

此外，当代还有许多诗词家、学者，如刘梦芙、张海鸥、钟振振、段晓华、杨启宇、陈和世等都纷纷赞誉韩师诗教，或说韩山师范学院是中国当代诗教搞得最好的高校之一，或说韩山师范学院是中国当代诗教的一方重镇。2013年11月，中华诗词研究院蔡世平院长亲临韩师出席“近百年传统诗词高峰论坛”，返京后特撰写《两岸四地大学生诗词教育与传播的一个有效途径——对中华诗教学会及中华大学生研究生诗词大赛的考察》一文，专立《韩山师范学院诗教实践与启示》一章，介绍韩师的诗教，指出：“韩山师院开展诗教活动，坚持研究和创作并举，不仅在理论上取得了一定成果，而且还推出了一批有质量的创作成果，培养了一批校园诗人。近年来韩师的诗词教育蔚成风气，影响渐大，韩师学子近年来在国内外诗词大赛上屡获嘉奖。韩师也被人誉为岭南高校的一座诗词重镇。”中华诗教学会会长、中山大学张海鸥教授在其主持的《诗词家·学林风调》(2016年第3期)栏目中，指出：“松元教授又兼中华诗教学会秘书长，是当下诗教事业之栋梁。其所在之韩山师院乃百年学府，为远绍韩文公之文脉、近得潮州人文荟萃之佳境。松元主政多年，置诗词写作为必修课，这在目前中国大陆高校实属罕见之举。又设诗歌创研中心，遍邀四海名家举办诗词讲座，主持多种诗词赛事，主办《诗词学》期刊。韩师学子受益多多，每于诗词赛事频频获奖。……大学有如此良师者，国学之幸，诗词之幸也！”

大学诗教，关乎大学生人文素质的培养，关乎中华优秀传统文化的传承和发展，希望引起全社会的关注。韩师的诗教工作定然还有许多不足，但如果能为当代大学诗教更好开展提供参考，则幸莫大焉。

2014年12月12日初稿

2015年11月5日二稿

2017年5月31日三稿

目　　录

第一章

“韩派名师”诗教访谈录

守住真心　诗意栖居

——黄炎真老师采访稿

采访：周晓松（韩山师范学院文学与新闻传播学院，2017届汉语言文学6班）

被采访人：黄炎真（韩山师范学院1980届学生，正高级语文教师）

时间：2019年9月2日星期一

方式：微信文字采访

非常有幸能够参与“韩派名师”诗教采访工作并采访到我们的师兄，现为揭阳市揭东第一中学正高级语文教师的黄炎真老师。黄炎真老师长期扎根中学一线教学，在语文教学中非常注重进行诗教，在诗教方面积累了不少的经验心得，也取得了很大的成就。现在。让我们通过文字问答的形式一起走进黄炎真老师的“诗教之旅”。

1. 黄老师您好，请问您是从什么时候开始写诗的，谈谈您的诗歌写作历程。

说到写诗，对我来讲仅仅是兴趣而已，因为觉得好玩，就偶尔为之。我最早接触的诗歌是我们黄氏始祖峭山公的“祖宗诗”。据说峭山公是福建邵武人，当过唐昭宗的工部侍郎，娶三妻，生了21个儿子。当时正处于唐末五代变更之际，社会动乱，峭山公考虑“多男多惧”，聚不如散，所以遣散诸子到闽粤赣各地，以避兵乱，离别前，峭山公吟诗一首，作为各地子孙相认证据。“骏马登程往异乡，任从胜地立纲常。年深外境犹我境，日久他乡即故乡。旦夕莫忘亲命语，晨昏须荐祖宗香。但愿苍天垂庇佑，三七男儿总炽昌。”这首诗从我孩提时父母就要我背得滚瓜烂熟，一来可以让我对祖宗有一些认识，二来可以让我接受最初的文学熏陶，而更重要的是要我接受系统的“峭山文化”的浸染，现在想起来，这也许就是最朴素的“诗教”吧。因为从这首诗表达出来的思想，如“居安思危”“志在四方”“弘扬孝道”“自强不息”“进退有度”“艰苦创业”等，至今还在潜移默化地影响我的人生。我也把“祖宗诗”以及里面隐含的思想传给我的儿子，逢年过节的时候还会让他念一念，然后一起来拓展解读，正所谓“书读百遍，其义自见”嘛。

我的父亲文化程度不高，但他好学，家里有很多很多的书，有图文并茂的医书，如按摩穴位那种，还有《〈诗经〉集注》《〈楚辞〉集注》《千家诗》等，这些书都是繁体字，当时我看不懂，可是父亲他看得懂，所以我很崇拜父亲。父亲会给我讲很多很多的故事,《三国演义》和《封神演义》他最熟。父亲也让我念诗，但都是那些他理解得了的，有教育意义的。如“锄禾日当午，汗滴禾下土。谁知盘中餐，粒粒皆辛苦”。教育我要劳动，劳动能够创造财富；要珍惜粮食，粮食来之不易。如“鹅，鹅，鹅，曲项向天歌。白毛浮绿水，红掌拨清波”。教育我要学会从多个角度去观察事物，这样写出来的文章才生动。如“春眠不觉晓，处处闻啼鸟。夜来风雨声，花落知多少”。教育我要学会从诗中的事物如“鸟”“花”中去揣摩作者的情感，要有怜惜之情。我的父亲是我“读诗”的启蒙老师，所以从童年开始，我就萌生一个念头，以后也要写些好诗,“让后人背诵去”。

我生活在相对比较落后的山区农村，家里养猪、养鸡、养鸭、养鹅，我最有兴趣去干的一项工作就是钓“鸽九”(钓青蛙)，钓来青蛙可饲鸭。每天太阳还没有升起就起床，在屋前的墙根下挖“蚯蚓”作为钓料，到沟渠或田埂去钓“鸽九”，钓来的“鸽九”可以给鸡鸭吃，钓到“水鸡”(大的青蛙）也可以拿来当下饭的菜料，据说“鸽九”的营养价值高，可以补虚补肾。父亲偶尔也会炒来当下酒料。父亲不太会喝酒，还会在我的面前装醉，所以父亲喝酒的时候是最好玩的，我喜欢父亲喝酒。有一次父亲又装醉了，说要跟我“做朋友”，我说“好好好”，然后跑去母亲那里告状。记得当时应该是读小学一年级还是二年级，我就想写一首诗来表达表达，还真写了，就是下面这一首：“早早出去钓鸽九，阿爸炒了来配酒。阿爸食了假做醉，担爱甲我做朋友。”记忆是这样写的，后来有几个不同的版本，有些字有出入，但意思没有改变。这首诗得到父亲的大加赞赏，奖励两分钱买“犬糖”。现在想起着也许这首诗就是我的“处女作”吧，虽然没有

什么格律可言，但读起来还是很顺口的，特别是把农村的生活情景和父子之间的亲密之情都表现得还算生动，再后来我把这首诗抄在墙上，只是墙面已经更新了，找不到了。

母亲是一个纯粹的农村妇女，没有受过正规的教育，但母亲很温和，很慈祥，也很有人缘，邻里关系特别好。只要有空闲，家里会聚集很多跟母亲年龄差不多的阿姨、阿姆、阿婶、阿妗，大多数的时间是在一起织麻丝，织累了就会唱“歌册”，现在有一种时髦的说法就是“票友”。我也会去凑热闹，还会跟着大人的唱词去找歌册里的每一个字，不懂的就问。我就弄不懂，母亲怎么会认那么多的字。母亲往往是领唱，声音也最大。那时只觉得她们唱得很好听，后来才弄明白是因为那些唱句都押韵，富有节奏感和韵律感。母亲她们唱的都是潮汕的戏剧故事，有“井边会”“柴房会”“孝妇杀家姑”“猫儿换太子”等，我是听得似懂非懂。每次唱完，母亲都会拿里面的故事来“教育”我，让我去辨认什么是好人，什么是坏人，什么事可以做，什么事不可以做。有些歌册的“诗句”现在读来都非常有感觉：

今日分离从此去，生不难逢死亦寻。二人哭倒花阴誓，牵衣携手怕离群。早知前世姻缘少，不如生长异方人。免得相思情挂叶，相逢誓词梦中寻。可怜一把龙泉剑，将人恩爱割离群。从今咫尺成千里，啼鸟花落共销魂。梁生含泪回书馆，等下连忙写表文。愿出边关征贼寇，斩平胡虏报皇恩。着起朝衣来面圣，君王见奏喜欢欣。得乡出力征湖贼，少年英气压朝臣。若得成功边塞静，封侯何吝报乡身。

这些“歌”词现在读来也是情景横生，情真意切，让人如临其境，如见其人，离别与报国之情在纠结中升华为一身正气，磅礴天地。听这些唱段，是有教育意义的。我在翻这些歌册的时候，看到背面有用毛笔写的几行字，“做人心肝要真”“一夜夫妻百年恩”。这些“评注”都是有感而发，也是颇有教育意义的，“诗教”的力量不可估量。

从童年到读小学，最开心的事就是跟邻居的小孩比赛念“歌谣”，潮汕的歌谣都押韵，听起来很悦耳，有的还有故事性。母亲教会我很多的“歌谣”。比赛形式多样，有时比赛谁不会念错字，有时比赛谁念得多，我大多时候都会赢，一赢大人们都会有各种表扬，一表扬我的“头”就大了，就会缠着母亲教我更多的歌谣。其实啊，潮汕歌谣大多是包含教育元素的，还有的隐含生活哲理，都是大人们拿来教育孩子的，只是寓教育于娱乐当中罢了。比如：

“小鸡仔，跳上椅，伶俐新妇早走起。入客厅，收床椅；入灶间，洗碗碟；入房内，用针黹。父母会教示，翁姑有福气。”这是对循规蹈矩、勤劳善良的农村妇女的真实写照。

“雨落落，阿公去夺薄，夺着鲤鱼甲苦初，阿公里爱烙，阿嬷里爱粿，二人啊勿落，烧拍倒莽毛，莽去问老爹，老爹依担二人食老无事拍铁桃。”这是对农村人消除寂寞、打情骂俏的真实写照。

“天顶一只鹅，阿弟有亩阿兄无。阿弟生仔叫大伯，大伯听着无奈何，收拾包裹过暹逻。”这是对当时农村生活状况、婚姻状况的真实写照。

“天地补忠厚，好人好在后。万恶淫为首，行孝食老老。”这是对“好人有好报、天地补忠厚”的真实呼告。

念着这些歌谣，会引发诸多的联想，也会激发不同的情感，或怜悯、或同情、或振奋、或嫉恶如仇。这些歌谣，都是一首首好诗，它们能够流传下来，说明它们有存在的价值，文学价值也好，教育价值也好。对我而言，是令我对诗歌有通俗而原始的感触。写诗，不仅要重视技巧，更重要的是要表情达意，要富有美感，既能打动自己，又能打动别人。

从小学到初中，我学了不少诗词，有的是从课本学的，有的是父亲拿家里的存书来让我读的。毛泽东的诗词我学得最认真了，当年学过的，一辈子都忘不了，比如《西江月·井冈山》《清平乐·六盘山》《七律·到韶山》《浣溪沙·和柳亚子先生》等。这些只是背诵而已，至于诗律和词律是完全不懂的，所以当时我写的诗都是用潮汕话来“押韵”的，平仄就不管了，其实也不懂。比如《登山》：“雨后去登山，狗儿好喜欢。开心不觉累，一山又一山。”比如《劳动》：“今日去劳动，干得好轻松。干后去游泳，游后看天空。”再比如《掏鸟蛋》：“树上一鸟巢，鸟妈好辛劳。找来小梯子，快把鸟蛋掏。”那时写的这些所谓

的“诗”，几经搬家，都没有丢掉，因为闲暇拿来“怀旧”一下，还是蛮有情趣的，特别是可以在孩子的面前炫耀说：“你爸很小很小的时候就是一个文艺少年。”

初中毕业后，离开了家，到五千米外的仙桥中学住校读书，学习就紧张起来了，虽然还是会去背很多可以用来考试的诗词，但学诗的那种感觉淡了，上课、做作业、夜修、晨读，忙得不亦乐乎。20世纪80年代的农村中学，学生们是不会谈恋爱的，相信有很多同学对“人世间情为何物”也是一知半解的。我生性腼腆，个子小，肤色黑，实在长得很有特点，我一般是不与女生说话的。不过我的学习还算刻苦，成绩也是数一数二，自信心和自豪感还是有的。“恋爱”二字对我而言是陌生的，但古人怎么恋爱我从《诗经》了解了一些，感觉爱情是一种纯洁的情感，完全来不得半点的强求。在翻中学的日记时看到写了一首“情诗”，题目是《你的眼睛》，感觉好奇怪，也记不得是抄来的，还是仿写的，总之记下来，以当“怀旧”。

你是湖来我是船，
波心浮动不知还。
风来顺势沉湖底，
半是调情半是玩。

大学三年，我是如鱼得水，除了上课，我大多数时间都在图书馆度过，那里有看不完的杂志，有看不完的书。也开始接触到一些陌生诗人的作品，总之老师在文学课里讲到的，我都会去找来原作，弄个明白。20世纪80年代初的“伤痕文学”盛行，我也赶着潮流，读了不少的“伤痕诗”。学习《古代汉语》，对于“诗律”和“词律”有了初步的了解。我对唐诗宋词都喜欢，偏爱宋词，因为词这种“长短句”在格律上是相对自由的，与现代诗特别是朦胧诗有一些契合的地方。大学时期，写了不少律诗（词）和自由诗，都是年少轻狂的无谓感叹，属于“强说愁”，实在没有几首是满意的。“我躺在草地上\阅读着白云\白云化作一缕青烟\那是我逝去的青春”“骑车人\出力\坐车人\出钱\三轮车\颠过了多少欢乐与惜怜”“假如你是落霞\我就是孤鹜\假如你是秋水\我定做长天\假如终归假如\现实终归现实\假如变成现实\现实还是假如”……如果这些能算是诗，那天下无“诗”了。说真的，大学三年，我除了对“诗韵”和“词韵”有个大概的感知，在“写诗”方面是一“首”无成啊。

大学毕业后，就一直在“杏坛”摸爬滚打，“日出而上课，日落而备课，梦里还在批作业”，因为热爱了教书这个职业，所以教得再苦再累，也要“寻欢作乐”，而“寻欢作乐”的途径就是“以自然为友，以诗词为伴”，开心的时候写诗，苦闷的时候写诗，不管写得好不好，苦乐尽在不言中。我喜欢带着相机，去饱览祖国的名山大川，以填充日益枯竭的情感。四季交替，春花秋月，风霜雨露，我都能够找到写诗的切入点，我总是力图把“意象”与“思想”融合得技巧些、性灵些，我不喜欢过于凝练的隐晦，更不喜欢充满哀愁的灰色情绪。我的每一首诗，都想张扬抗争的力量和追寻生活的亮点。

中秋来了，我写《中秋独咏》：“蔽月云霾算什么，心中有美细张罗。桂花酿酒吴刚喜，白兔煽情百鸟歌。苏轼无眠吟古曲，婵娟有意睨天河。嫦娥曼舞惊秋梦，酒醒今宵梦更多。”

桐花开了，我写《桐花梦》：“嫩叶涂鸦山色深，冰清玉洁傲藤林。春寒料峭知君意，疏雨缠绵识我心。拾级登台酬雅兴，寻幽问景寄知音。抬头乍见满山雪，甘做桐花娇袭人。”

秋天到了，我写《蝶恋花·叹秋光》：“以笔当犁情不老，遥望青春，绿意添多少？枫叶溪边蝴蝶绕，一袭雁影随风倒。采菊何言秋韵早，醉眼迷离，莫道怀张草。桃李杏坛明月晓，年年却道秋光好。”

花儿落了，我写《蝶恋花·雨后观花》：雨后桐花铺地俏。燕子来时，蝴蝶凌空绕。蹑履轻声缘小道，回眸一笑惊山鸟。花语含情谁不晓。欲谢芳枝，飘落声声悄。前路如萍偏是好，桐花无言催人恼。”

参观黄旭华故居，我写《清平乐·初心》：“晨涛暮浪，寂寞随波荡。隐姓埋名心向党，翘首娘亲数望。核艇潜伏生威，虎豹丧胆悲催。今日中华大器，你说舍我其谁。”

去遵义党校培训，我写《忆秦娥·红色吟》：“秋声脆，遵王遥想今朝会。今朝会，湘江流馥，凤凰飞翠。娄山关上思晨月，赤河渡口听风醉。听风醉。梦中天酿，眼中云贵。”

文学，来源于生活；生活，是创作的源泉。我写诗，有感而发，随性随情，只求表情达意，不求藏典隐故；我写诗，不事张扬，只想让此情此景留下痕迹，只想在蓦然回首时有曾经的记忆；我写诗，对于韵律，多不拘泥于一字一词的读音，有时用了新韵，也感觉没有什么不好。

我是一名教师，教书是我一直的追求，写诗是我生活的调剂品，我只是想让我的生活过得有滋味些，因为我不可能成为一个有影响力的诗人，我只想成为一个会写点诗的好老师。

2. 您在韩师读书期间参加了学校哪些诗歌社团及诗歌活动吗？韩师生活对您的诗歌写作有哪些影响？请您谈谈这方面的情况。

我是一个农村的孩子，生活的视野是比较狭隘的，读中学以前，只知道做一个好孩子，把书读好。1981年考入韩师，我犹如进入了一个新天地，用好奇的眼光去感受校园的点点滴滴。记忆中，当时学校的社团不是很多，好像也没有诗歌社团，但是周围的同学，会写诗的人却不少，像王万然、林培琼、欧阳秀青等。我是学校黑板报的编辑，每一期组稿总要去征集一些同学写的或从其他媒体抄来的诗词，手痒的时候，自己也会写一两首，我写旧体诗比较多一点，每当自己的“诗”在黑板上展示出来，经过时都会多瞄上几眼。

韩师的文学课，让我了解了很多的文学作品，包括诗歌；韩师的文学理论课，让我学到了很多文学创作的方法，包括写诗。那时的文学青年特别多，我也赶着潮流，开始了零零散散的创作。我写过小说散文，写过诗词歌赋，现在还一本一本存在我的书柜里。我把所谓的“创作”当作“自娱自乐”，缺少发表和分享意识，而现在看那些“作品”，还真的感到好幼稚呢！

韩师的学习生活是张弛有致的，我可以有大量的时间用来阅读，图书馆有大量的书。大量的阅读，让我的文学境界开阔了很多，了解了“象征主义”“超现实主义”“隐逸派”“意象派”等西方现代诗歌流派，“山水田园诗派”“韩孟诗派”“元白诗派”“江西诗派”等中国古代诗歌流派，还有当时活跃在中国文坛的“朦胧诗”派，我如饥似渴地阅读研究各个流派代表诗人的作品，我想找到中西诗歌创作的共通与相异之处。当时没有多想，只是认为作为一个中文系的学生，将来是要当老师的，必须具备相当的文学修养，所以很努力去提高自己。

我认为，读好诗是写好诗的基础，虽然读好诗不一定能够写好诗，但是要写好诗没有大量的诗歌积累，那肯定是有所欠缺的。

在韩师学习的三年对我而言是一种蜕变，因为三年的知识积累和能力提高，让我有信心去应对未来的教师工作。如果说韩师生活对我的诗歌创作有哪些影响，那就是我读了大量的诗作，我学到了观察生活的角度，也学到了诗歌创作的一般原理和方法。

3. 哪些诗人诗作影响了您的写作？请推荐十位诗人。

因为阅历与爱好不同，总有你喜欢的诗人，当然喜欢了，也就会潜移默化地影响你的创作。李白的豪迈奔放、清新飘逸，杜甫的沉郁顿挫、慷慨悲凉，李贺的奇崛冷艳、幽暗瑰丽，李商隐的沉博明丽、深曲凄艳，李清照的细腻纤巧、豪迈刚健，苏东坡的乐观旷达、委婉清丽……这些诗人都是某一个特定年代的诗歌代表人物，其创作风格也独具个性，其独特的人生经历和创作实践，对于每一个诗歌创作者而言都是有启发的。

我喜欢毛泽东的诗词，作为一个伟大的革命家、政治家、军事家、思想家，他的诗词气势磅礴、想象丰富、寓意深刻、意境高远，充满了革命的现实主义和浪漫主义精神。读毛泽东的诗词，你会被他那博大的胸襟、非凡的气度所感染，你会被他那雄奇瑰丽、独树一帜的创作风格所叹服。虽然有些东西是学不来的，但我的喜欢之情却是刻在骨子里的。

在八九十年代的诗人中，顾城、舒婷、北岛等诗人的影响力很大。他们所开创的"朦胧诗"派，"改写了以往诗歌单纯描摹现实与图解政策的传统模式，把诗歌作为探求人生的重要方式，在哲学意义上达到了前所未有的高度"。生活在80年代的文艺青年，"朦胧诗"是绕不过去的诗歌流派，对《一代人》《远和近》《致橡树》《神女峰》《回答》《一切》这些作品都耳熟能详；"卑鄙是卑鄙者的通行证，高尚是高尚者的墓志铭""黑夜给了我黑色的眼睛，我却用它寻找光明"这些诗句读起来依然朗朗上口。

在外国诗人中，泰戈尔（印度）、普希金（俄国）、伏尔泰（法国）、雪莱（英国）、歌德（德国）、拜伦（英国）、海涅（德国）等诗人的作品也都有所涉猎。

要说有哪些诗人诗作影响了我的写作，我真说不出来，我学习他们、我崇拜他们，但我只是凭我的性情去写我自己喜欢的诗歌，没有流派、没有风格，甚至是毫无厘头的"胡闹"而已。比如《写给林妹妹》这首诗：

弱柳扶风兮碎步摇
一颦一笑　窈窕
梦入红楼兮怀抱玉
亦步亦羞　娇俏

和云伴月兮倚菊香
风骨水性　悠长
欲寄冰心兮潇湘月
孤雁鹤影　茫茫

青莲含霜兮寒潭冷
花谢花飞　痴等
罗衿无力兮黯伤神
半怜半恼　清梦

绝世才情兮蕴袖中
曼舞空灵　谁懂
红颜不老兮花为影
唯怕回眸　匆匆

惊回首
子在川上曰
逝者如斯乎

这首诗，读起来有点“朦胧”，“朦胧”得不知从何理解起，只是看到“林妹妹”，读者的“意象”指向就清晰起来，而我想表达出来的情感，也只能够是“仁者见仁，智者见智”了，至于要在“诗”里找寻到什么“诗人”的痕迹，那是白费功夫的。“我手写我心，我心表我情”，我只是一个诗歌爱好者，如此而已。

4. 走上中学讲台之后，您怎样在语文教学中进行诗教，请您谈谈这方面的情况。

诗歌（包括旧体诗、词和现代诗）是中学语文教材的重要组成部分，诗歌也是语文高考的重要内容，诗歌教学是中学语文教学的任务之一。《普通高中语文课程标准》在《文学鉴赏和创作》这一个任务群中指出：“本任务群旨在引导学生阅读古今中外诗歌、散文、小说、剧本等不同体裁的优秀文学作品，使学生在感受形象、品味语言、体验感情的过程中提升文学欣赏能力，并尝试文学写作，撰写文学评论，借以提高审美鉴赏能力和表达交流能力。”在中学语文教学中进行诗教，也应该从两个方面去实施，一个是“诗歌鉴赏”，一个是“诗歌创作”。

走上中学语文讲台后，我一直致力于“中学语文有效教学”和“中学文体写作”两个方面的研究，取得了不错的成果，有不少成果在国家级、省级的教学成果评比中获奖。怎样去指导、引导和开导学生鉴赏诗歌、创作诗歌，也是我和我的同仁一直在做的事。

在“诗歌鉴赏方面”：

一是构建有效的课堂鉴赏模式。我们所构建的“‘质疑—选题—探究—解疑—评价’探究性阅读教学模式”和“‘了解·发现·困惑·创造’自主性阅读教学模式”同样适合于“诗歌鉴赏”教学，我们想站在新时代新课程的角度，让学生在“自主学习、合作学习和探究学习”中把“诗歌鉴赏”课教活，也让学生学活，让学生学到鉴赏知识、提高审美能力、接受文学熏陶和拓展诗歌视野。

二是拓宽有效的诗歌鉴赏途径。诗歌鉴赏是一门学问，正所谓“教无定法”，而“学也无定法”。我们所探索的“辨题知类”“知人论世”“读透注解”“品味语言”“创造意境”等鉴赏方法和“风格相似作者比较”“主题不同诗词比较”“课堂学习与校外学习结合”等学习途径，都收到了不错的效果。特别是“在情境中”的现场教学，比如“在月光繁星下讲月亮诗”“在山坡绿野中讲田园诗”“在模拟戏剧中讲感怀诗”等，都深受学生的欢迎。

三是形成自觉的诗歌鉴赏习惯。“兴趣是最好的老师”，我们通过“读诗沙龙”“与诗人面对面”等形式来提高学生们读诗、赏诗的兴趣；通过“诗歌鉴赏知识讲座”来帮助学生构建诗歌鉴赏知识体系。有了兴趣，又懂得怎么鉴赏，学生学诗的积极性一定大为提高，从而形成一种氛围，让每一位学生都有学诗的认同感和成就感，久而久之，读诗的习惯就形成了。

在“诗歌创作方面”：

一是熟稔诗歌创作规范。诗歌的创作不是一件易如反掌的事，是要有讲究是要有规范的。要写诗，就要具备相关的系统的诗律（词律）知识，写现代诗也不例外。比如说律诗、古体诗的韵、平仄和对仗；词的种类、词谱、词韵、平仄和对仗，都是有一些规范可以遵循的。至于工具书，《诗韵合璧》和《词林正韵》是正统的，必须具备。关键是要研究韵字的读音跟现代汉语（普通话）的读音有哪些对应与差别，不然写一首律诗或填一首词都要去查字典，那就会严重影响“灵感”的发挥，甚至会痛失“灵感”。只有懂“诗律”和“词律”，你才能谈得上去写诗填词。至于现代诗是可以不讲究韵律的，但我总觉得，那些懂得用韵的“现代诗”读起来更有“诗”的感觉。

二是搭建诗歌创作平台。要指导学生写诗，就要让学生有成就感。作为老师，要依托学校的现有资源，搭建展示诗作的平台。若干年来，我们做过若干尝试。比如成立“诗社”，让有志于写诗的同学聚集在一起，“道合而相与谋”，定期开展活动，交流创作经验；比如出版《诗刊》(内部交流刊物)，定期发表诗社会员的作品，扩大作品的影响力；比如举办“诗歌创作大赛”，尽量扩大参与度，提高获奖比例，既让优秀作品脱颖而出，又让任何一位参与者都能够鼓起创作的信心；比如定期举办“读诗沙龙”，朗读自己或别人诗歌作品，分享读诗感受和写诗经验；比如开展“采风”活动，可以根据传统节日来选定“采风”的主题和采风地点，采风收集的作品尽量结集分享。

三是编写诗歌创作课程。我们编写诗歌创作校本课程，并把它列入学校的课程计划；学校开设诗歌创作第二课堂，有计划邀请教育专家或诗人到学校开讲座，让“诗教”成为学校教育的一部分，成为学校的一道靓丽风景线。

“诗歌进校园”，让“诗教”蔚然成风，绝不是一件说做就能够做到的事，它涉及方方面面，比如应试观念、时空限制、人力物力等。而我认为，“诗教”作为教化人的一种传统方式，其生命力是旺盛的，只要我们善于激发，适时点燃，它一定会在校园焕发出绚丽的光彩。

5. 您认为大学诗教和中学诗教是什么样的关系?

大学诗教和中学诗教的关系应该是相关相成关系。“诗教”是同源的，自从有了诗歌，就有了诗教，所谓诗教，就是以诗歌（文艺）形式来对人进行教化，《礼记·经解》引孔子曰：“入其国，其教可知也。其为人也温柔敦厚，《诗》教也。”大学也好，中学也好，诗教的目标大抵一致，子曰：“小子，何莫夫学诗。诗，可以兴，可以观，可以群，可以怨。迩之事父，远之事君。多识鸟兽草木之名。”在新时代这个背景下，“学诗可以情飞扬、志高昂、人灵秀”，学诗可以涵养人格魅力，培养高尚生活情趣。大学诗教和中学诗教的“微观”目标是有差别的，大学通过系统的诗教，让大学生知诗、学诗、用诗、创作诗、被诗教化，重点在于提高自我的修为。中学通过相对零散的诗教，让中学生了解诗歌知识，学会初步的鉴赏，尝试进行初步的创作，其功利性比较强，重点在于应对一场一场的考试。中学阶段对诗歌有大概的了解，到大学再系统学习加深学习，也就顺理成章了。

另外，在诗教实施途径上，高校能够编写教材、开设课程，也有雄厚的师资队伍，高校所搭建的诗歌发表平台和诗歌交流平台会更成熟和更有效。中学因为受资金、课程、考试、师资等因素的影响，诗教只能是“锦上添花”，只能作为综合实践的一项活动来开展，难以系统化和课程化。

6. 您觉得在当下中学语文教育环境中进行诗歌教育的重要性和困难何在？

中国是诗歌的王国，中国的诗歌文化是中国优秀传统文化的精粹之一，诗教，更是中国蒙学的精粹，孔子告诫孔鲤“不学诗，无以言”，还说“诗三百,一言以敝之，曰思无邪”。在中学语文教育中进行诗歌教育，一来可以传承诗歌文化，二来可以让学生陶冶情操、纯粹灵魂、升华审美，既而接受教化，获得综合素养的提高。《普通高中语文课程标准》的《文学鉴赏与创作》任务群，安排45课时，诗歌就占了8课时。高中语文教材所选的诗歌也有相当分量，涵盖了各个时代各种风格的作品。高考语文诗歌阅读题共设3道题，既有整诗的阅读，又有名句的填写；既有主观题又有客观题，特别是“名句填写”，近年一改以往机械的上下句拼凑式填写，而是把需要填写的诗句放在特定的语言环境中，让学生去理解和揣摩。近年高考诗歌阅读题更注重鉴赏能力、评价能力和思想素质的考核，这是一个很好的导向。但是当前中学的诗歌教育还是存在一些困难或困惑：

一是学生学习诗歌的兴趣不足。大部分学生的文言功底薄弱，在阅读古诗词时经常遇到障碍，因为读得不太懂了，兴趣也就大打折扣了。

二是学生学习诗歌的功利性太强。大多学生认为读古诗背古诗都是为了能够在考试中拿高分，所以机械记忆的多，融会贯通的少，更谈不上应用了。

三是教师的教法还是相对陈旧。很多老师指导学生学习诗词还停留在“字字落实，句句清楚”的观念中，很多时候都会把一首诗拆成琐碎的零件，使诗歌的灵魂无从附着，学生也就学得一头雾水了。

四是教材的编写存在各种微瑕。比如中小学文言文、诗词的衔接不太顺畅；诗词的内容还不够多元等。

针对这些问题，我们进行了很多探索，也开展了诸多实践。

为了提高学生学习诗歌的兴趣，我们坚持课堂教学与课外教学相结合，普通诵读与竞争诵读相结合，视觉教学与听觉教学相结合等教学方法，努力为学生创设浓郁的读诗氛围，让学生在读诗中获得持续的成功感。

为了提高课堂教学的实效性，我们构建起多元的课堂教学模式，比如“古诗文‘读·说·析·赏·创’五步教学法”，把诗歌解读与诗歌鉴赏、诗歌拓展与诗歌创作结合起来，让学生学有所获、学以致用。

为了使诗歌教学更有系统性，我们编写校本教材《诗词简明教程》，全面介绍诗词的韵律、平仄、对仗等，学校把诗词教学列入教学计划，有专任老师负责教学，并开展系列的诗歌活动。

7. 请谈谈您的诗教观。

诗教之存在，由来已久，相信有了诗歌，就有了诗教。诗教有别于一般的诗歌教育，诗教重在教化。对于诗教，专家论述颇多，对于诗教观，我也难述一二，我只觉得，诗教有几个问题要妥善解决。

一是对诗教要有准确的认识。孔子说：“其为人也温柔敦厚，《诗》教也。”“温柔敦厚”成为诗教的目标。徐复观在《释诗的温柔敦厚》中认为，“温”，是指“不太冷，也不太热”，“柔”是指“有弹性，有吸引力，容易使人亲近的柔和感情”，“敦厚”则是“富于深度、富有远意的感情”。这样的解释颇为权威。那么诗教还有什么作用呢？孔子说：“诗，可以兴，可以观，可以群，可以怨。”又说：“诗三百，一言以蔽之，曰思无邪。”强调诗教对人格的教化和价值的培养。孔子更认为：“诵诗三百，授之以政，不达；使于四方，不能专对；虽多，亦奚以为。”就是说学诗不能只是机械地背诵，重点在于学以致用。孔子用《诗经》作为教材进行诗教，有特定的历史特征，我们不可能回到孔子的时代，但孔子倡导的诗教对于人格培养、价值培养、讽喻时政、评价社会的影响，对于生活在当代的我们而言，还是有借鉴或启发作用的。

二是对诗教内容要精心选择。不是所有的诗都可拿来诗教，不是所有的诗教对象都可以用相同的诗。我认为，诗教是要分年龄、分心智来有针对性地进行，什么年龄读什么诗，什么能力读什么诗，都要有所选择。特别强调的是大学、中小学、幼儿园，诗教的深度、广度也应该有区别。一言以蔽之，不要以为，拿诗来教就叫作诗教。在古体诗、近体诗、词、曲和新诗的选择上，应以古诗词为主，新诗也不乏有优秀作品，但与古诗词相比，还是少了点。

三是要鼓励家庭来重视诗教。父母是孩子的第一任老师，这话是对的。这涉及几个方面的问题，一是父母要有诗教意识，二是父母要有诗教知识，三是父母要创造诗教氛围，四是父母要学会诗教的方法。这几个问题解决了，家庭诗教就有效，孩子就会终身获益。

四是诗教要与审美结合起来。诗本来就是美的，有语言美、绘画美、情感美、音乐美和韵味美，诗教的过程就是呈现美、感染美的过程。人格的培养与审美的培养是完全不矛盾的。王阳明说过："大抵童子之情，乐嬉游而惮拘检，如草木之始萌芽，舒畅之则条达，摧挠之则衰痿。今教童子，必使其趋向鼓舞，中心喜悦，则其进自不能已。"强调诗教如果能够把儿童当作"草木萌芽"来对待，让儿童"趋向鼓舞""中心喜悦"，那么这样的诗教就是德育与美育的有机结合。让受教者在接受诗教的过程中建立起正确的价值观、高雅的审美情趣和高尚的审美品位，也是诗教的目标。

五是诗教要与创作结合起来。诗教在于让人感受中国语言的无穷魅力，在于让人接受"润物细无声"的教化，在于让人获得心灵的提升和情感的净化。在诗教的过程中，如果能够让学生运用语言文字来表达自己的审美体验，让自己的情感、态度和价值观用诗歌的形式表达出来，那么，受教者一定能够感受到文字的无穷魅力，从而获得成功的真实体验。

对于诗教，可说的甚多。至于我说得对不对，就敬请专家和同仁批评指正了。

黄炎真诗歌作品（20首）

踏莎行·复旦行

白玉兰开，君心何盼，黉堂焕彩卿云缦。当年青涩梦萦萦，而今入室随心愿。
顺势推言，应时论变，潘江陆海滔滔侃。同窗只恨聚无多，相逢就待重相见。

注：白玉兰，上海市花。卿云，出自《先秦·卿云歌》：卿云烂兮，糺缦缦兮。日月光华，旦复旦兮。潘江陆海，泛指学识渊博之人。

踏莎行·桐花泪

雨滴空阶，莺啼高树。春霜一夜吹无数。谁知梦里泪纷纷，塘边就是花归处。
香断残崖，君来何诉，提心蹑道销魂路。明年欲解万般情，就邀桐子和风住。

忆秦娥·红色吟

秋声脆，遵王遥想今朝会。今朝会，湘江流馥，凤凰飞翠。娄山关上思晨月，赤河渡口听风醉。听风醉。梦中天酿，眼中云贵。

蝶恋花·叹秋光

以笔当犁情不老，遥望青春，绿意添多少？枫叶溪边蝴蝶绕，一袭雁影随风倒。

采菊何言霜韵早，醉眼迷离，莫道怀张草。桃李杏坛明月晓，年年却道秋光好。

虞美人·雨后行

淅淅沥沥梅花雨，徒步循山去。前头弯路拐何方，迷雾茫茫只好郁彷徨。
杜鹃带泪低头笑，孤雀翩翩绕。水边桃树一枝红，难道春来冬去影无踪。

减字木兰花·游梁野山

秋来梁野，放荡风林谁不解。晃步芳阶，倚石迷花追日斜。

通天悬瀑，欲访仙姑云作路。尽兴归来，半是痴狂半是呆。

注：梁野山又称“梁野仙山”，位居古代武平“平川八景”之首，是闻名闽粤赣的旅游胜地。

清平乐·初心

晨涛暮浪，寂寞随波荡。隐姓埋名心向党，翘首娘亲空望。

核艇潜伏生威，虎豹丧胆悲催。今日中华大器，你说舍我其谁。

注：黄旭华，1926年3月12日出生于广东省汕尾市红海湾区田墘镇，祖籍广东省揭阳县玉湖镇新寮村，被誉为中国核潜艇之父。

卜算子·闲而逛

浮生爱逛行，拾叶寻荒径。谁问前方有哪般，遇见当风景。

紫莲览山茫，青澳听涛猛。阅尽春秋风雨事，地阔凡心静。

鹧鸪天·旧地重游

独步黄昏步履松，去年花径已差同。斜坡落叶悠悠躺，断树新芽渐渐浓。

风吹过，意朦胧，抬头乍见月成弓。今宵无酒心难醉，更请吴刚入梦中。

观邹堂梨花

看尽梨花千万朵，如蜂倦客不言多。

琼枝白雪风吹霰。茅舍柴扉雨打坡。

紫带轻摇空寂寞，红袍乱摆自婆娑。

今宵酒醒身何处，明月江头一燕窝。

注：邹堂，位于揭阳市空港区地都镇，每年梨花盛开时，游人如织，中央电视台还专题报道过。

观三水莲花

我恋青莲君恋闺，风摇绿茎蝶双飞。

西施随处藏娇媚，越帝寻幽树大麾。

一抹芳颦推乱柳，半池香袂动清晖。

今朝看尽凌波碎，就恐飘零唤不归。

注：佛山三水荷花世界是目前世界上规模最大，荷花品种资源最丰富，集建筑、雕塑、荷文、机动游戏、酒店、饮食于一体的荷花观赏旅游景区。

登粤东铜鼓嶂

登上粤东第一峰，凡尘俗念俱清空。

杜鹃野径一枝秀，玫瑰荒坡几瓣红。

坐看山头风带雾，静观石壁蔓攀松。

不知何日山姑在，归去风光已不同。

注：铜鼓嶂位于广东省丰顺县砂田镇，海拔高度1 559.5米，为粤东第一高峰。

游潮州龙湖古寨

龙湖古寨踱春闲，浪步游离南宋天。

深巷无声泯古砌，残垣有意赋新蕃。

书斋府第心中数，进士探花眼里掂。

不觉孤炊弥画柱，摇摇晃晃阅千年。

注：龙湖古寨地处韩江中下游西岸，至今已有1 000多年历史，现在仍保存着100多座古建筑，2012年11月龙湖古寨入选广东十大最美古村落。

清明我念

清明不下雨，炙日烤棱躯。

苦泪心中涨，鲜花冢上居。

当年亲命语，往后念缠纡。

大地生春草，天堂有马车。

因为相知，所以相约

——写给韩师中文8102毕业35周年之际

1984年8月，有一群人，背着行李，也背着父老乡亲的祝福，从揭阳来，从汕头来，也从很远很远的肇庆来，他们跨过榕江练江韩江，他们走过乡道省道国道，他们聚集在韩江畔笔架山下，他们想做一个很圆很圆的大学梦，他们想结一段很长很长的同学缘。

【相识】

你黝黑的脸庞

分明还涂抹着泥土的沧桑

你稚嫩的微笑

分明还藏匿着少年的张狂

湘子桥头

你把滔滔而去的韩江打量

莫不是，江的尽头就是传说中的诗与远方

笔架山下

你把叠翠而来的韩山端详

莫不是，山的那边有你想要的美人与魔杖

那一天，我发了一个个的呆

离开父母遇见了陌生我就是要坚强

那一夜，我做了一个个的梦

坐着小船遇见了风浪我还是要远航

就这样，U字楼成了我温暖的家

就这样，8102为我筑起了斑斓的希望

【相知】

忘不了，课堂上

师长们苦口婆心传道受业的身影

忘不了，下课后

同学们谈天说地嬉笑怒骂的时光

忘不了，操场边

那一群吱吱喳喳的帅哥美女

忘不了，月光下

那一段蠢蠢欲动的青春幻想

你走过的那一条校园小道

我愿意用全部的心思去一一丈量

你说过的那一句毕业赠言

我愿意用一生的眷恋来好好珍藏

总之，你翩翩而来的伟岸

是我滔滔不绝的念想

总之，你羞羞涩涩的回眸

是我挥之不去的疯狂

【相别】

毕业时，我们高唱

快拿出力量，担负起天下的兴亡

离别时，我们洒泪

要怀揣真情，谱写好人生的大章

岁月不居，时光易度

天涯咫尺，隔空遥望

多想知道，是谁把你的头发盘起

多想知道，是谁长出了独遨长空的翅膀

你相夫教子，不辞辛劳

你诚信经商，不负众望

你廉洁从政，造福一方

你教书育人，桃李芬芳
你三十五年的上下求索
成就了8102的威风与威望
你三十五年的同学情深
铸就了8102的地老与天荒

【相惜】

有人说，三十八年过去，相识就是相知

有人说，三十五年过去，相别就是相望

鬓角白了，皱纹多了
可我心里依然藏着你当年的模样
相见少了，相思远了
可我看你的眼光依然炽热滚烫
说不尽那段懵懵懂懂的时光
道不完那段嘻嘻哈哈的过往
今日团聚，让相思在谈笑中消融
今日团聚，让相惜在酒杯中荡漾
举起杯，忘记艰辛与辉煌
牵起手，走向轻松与健康
亲爱的同学们，请抬头向天
我们依然是月亮依然是骄阳
亲爱的同学们，请昂首向前
我们永远是家长永远是栋梁

【相约】

遗梦韩师卅五年，
经风历雨只等闲。
静观岁月匆匆过，
坐看春秋默默连。
两鬓涂霜何所惧，
半生染露未曾寒。
而今聚首多欢笑，
道是相思却是怜。

致青春

俯下身
捡起一叶青春
看它如何发酵成
一树的年轮

抬起头
看二十岁的天空
如何邂逅一段
蓝色的朦胧

萋萋芳草
有时会梦见
就是梦不到时光
坚守的花园

朝霞才恋上云彩
寒月就偷袭窗台
转眼间
花落花开

端午·桥头

古镇的桥头
驼背的老婆婆
开始卖粽叶

声音古老而嘶哑
古巷的深处
飘来阵阵粽香
粽子熟了
端午来了

一艘摇晃的龙舟
载着满船的粽子
在枯涩的锣鼓声中
漫过岁月的桥头
想象中
一个叫屈原的诗人
唱着如泣的九歌
从离骚的背景走来

翻开历史的粽叶
能看到远游的渔父
在卜居的衬托下
挥洒出一篇篇
用九章的诗韵
谱就的楚歌
凄苍而明丽
放荡而粗犷

走在桥头下的河畔
看龙舟吆喝而过
看河水圈起漪涟
我猛然弯腰
捞起了一个粽子
也捞起了半片端午

湿漉漉的
好香好香

我爱……

在我的记忆里
我曾轻轻地说，我爱
爱在荒芜的黑土地
爱在飘摇的白云里

我爱爸爸为我锤钉的桌椅
粗糙里灌满了爱意
我爱妈妈为我新裁的布衣
针线中饱含着希冀
迎着朝阳，踏着小径
对着油灯，撑着睡意
我要赤着脚
走出大山，走向新天地

我爱《橄榄树》抑扬的旋律
那是第一个大学之夜留下的记忆
我爱《小螺号》跳动的乐曲
它把我实习的夜晚装扮得格外迷离
我爱韩祠的厚重
我爱笔架的传奇
我独立湘桥
用目光把远方的风帆扬起

我爱我用竹条削成的第一支教鞭
我爱学校边那四季青翠的菜地

我爱跑步，跑在山坡繁密的荆棘里

我爱吉他，让紫色的青春在六弦中栖息

那时，我和我的学生在梦幻的星空下

听蟋蟀低吟，看月落月起

我爱我在月光下采来的第一束野花

因为它换来了羞涩与忸怩

我爱池塘边柳树旁焦急等待的快意

那是懵懂的年龄，爱情的游戏

那年秋天，满山的落叶

慢慢的飘，飘向凄迷的褐色土地

那年，我背起轻轻的行囊

苦苦的追寻，追寻梦里的晨曦

我爱我用月光淋湿的文字

月光以她的柔情诠释着痴迷

我爱我用汗水浇铸的荣誉

汗水以她的咸涩浸透着不易

我在世俗中徘徊，我在攀登中疲惫

我在涅槃中欢呼，我在风雨中洗礼

我用我泼辣的彩笔

涂抹天边的美丽

我爱我流逝的青春

青春里有我饱满的泪滴

我爱我跋涉的足迹

足迹里有我苦求的真谛

我爱我真爱的一切

包括爱情也包括风雨

我终于踏着晨露

开始新的征程新的寻觅

在我的记忆里

我曾轻轻地说，我爱

爱在繁茂的春草地

爱在缤纷的彩虹里

今夜

无眠

我爱

以记忆中真真的名义

华家池·渡和船

做了一夜的梦　　醒来

晨光坐在船头　　羞涩

看着背影　　一点一点靠近

那悄悄语　　是浅黄色的

那低低眉　　是淡绿色的

就是那一瞥　　红了半江春水

风来　　柳就凌乱了

捂住脸　　扭下腰

把心情甩成一朵浪花

不说了　一群鱼在偷听
不看了　人家还蓬头素面呢
一只海鸥　在身后飞起

怎么啦　有点晃
怎么啦　有点浪
说好了　就聊一段人生

揭东一中赋

海滨邹鲁，传承远古文化；飞凤衔书，演绎教育风流。乘九二之改革浪潮，揭东应运而生；择九七之金秋丽日，一中拔地而起。背倚岐山葱葱古松之刚毅，面朝榕江滔滔潮水之柔情。凤地蕴藉，上承牛斗之光；梧桐含英，下接虎龙之气。倾百万千群之智慧胆魄，凝百千师生之心血汗水。十五年风雨兼程，终成粤东之名校；十五年上下求索，遂就学子之鸿祈。浩浩乎声名鹊起，赫赫乎学子归依。国家级“先进集体”，成就引领区域教育之美誉；国家级“示范高中”，树起实施素质教育之丰碑。其弥足称道乎？其与时俱荣也！

登新建之综合大楼，俯错落之檐宇，五子登科，泱泱大气；步漫成之校园小径，悟人生之真谛，一路清风，勃勃生机。孔子塑像，巍巍屹立，儒家思想，汩汩而出；艺术长廊，默默点缀，文情墨韵，栩栩如生；古榕树下，鸟声与书声共鸣；桂花树旁，花香与墨香交融。莘莘学子，朝掬一滴清露，温润书香；殷殷师长，暮捧万颗流星，点亮心窗。真为读书求学之家园乐园，也乃成才成功之福地圣地。其挥斥方遒乎？其登堂入室矣！

伟哉！沐杏坛之清韵，名师荟萃；得凤地之宝气，俊彦云集。心怀天下，为教育人生默默耕耘；情牵学子，聚天下英才谆谆教诲。三尺讲台，演绎探赜之风采；万丈高楼，夯实逐日之根基。为公理定义小心求证，其心何专；为晓理明义循循善诱，其意何切！新课程新理念，融会贯通，用理论扩展头脑风暴；新思路新方法，因地制宜，以实践解读教育天机。教学与科研并进，教书与育人兼容。为师者，所以传道受业解惑也！其沐路寒霜乎？其为人师表矣！

嗟乎！青青子衿，博学慎思；孜孜学子，明辨笃行。课堂中，静如处子，专修学问；操场上，动如脱兔，强体健身。与良师论文说理，如沐春风；跟同窗嬉笑怒骂，皆成文章。立雪程门，磨就倔强品性；闻鸡起舞，积蓄成才资本。应对高考，胸藏文数英综，落笔蛟腾凤起；提高素质，身有书画琴棋，出手虎啸麟吟。青出于蓝，唯望高峰自成社会栋梁；木秀于林，懂得感恩方为人间英杰。为生者，明德至善成才也！其含英咀华乎？其桃李芬芳矣！

岁在辛卯，揭东之崛起已然；当斯盛世，一中之腾飞可待。挟示范高中之盛名，走超越发展之大道。以世界的眼光傲视寥廓天空，以现代的思想铸造辉煌一中。崇文重教，创千秋之伟业；兴学育才，立万世之英名。其桃李不言乎？其下自成蹊矣！

联曰：

延邀鸿学硕儒，博学善教，承继海滨邹鲁之美誉。

锻造英才俊彦，崇道敏思，延续飞凤衔书之传奇。

黄炎真学生诗歌作品（20首）

岸边花

揭东一中　2016级高一（7）班

陈荧荧

冬日的晨曦照耀着我，
老汉挑着扁担步履蹒跚，路过了我。
黄黑色竹筐中躺着七捆青菜，
黝黑的皮肤，干裂的大手，
这是风霜岁月的模样。

若不是那渡船掀起的一点波澜，
你会发现江面平静得像一潭死水。
严肃的船夫沉默地撑着船桨，
一撮又一撮人被渡到对岸。
他们向船夫挥手告别吗？
不，他们没有，
船夫他只是一个摆渡人。

夕阳笼罩着我的全身，
我又看见老汉的竹筐，
里面静默地躺着七捆青菜。
扁担下佝偻的背影，
在夕阳的余晖下愈显暗淡。
船夫依旧面无表情地摆渡着船桨，
似乎摆渡的是他的整个世界。

我置身事外地看着这一切，
月升月落，耳旁唯有风声相伴。
倘若我有一天的时间可以变成人：
我会买下一捆老汉的青菜，
我会跟船夫说其实你笑起来会更好看；
剩下的时间里，
我要看看这个生我养我的土地，
看看她的周围都住着怎样的生灵，
我想一定很可爱吧！

嘿，妈妈

揭东一中　2014级高三（22）班

陈晓婷

我是个调皮的孩子
爱跟妈妈玩捉迷藏

清晨，
当妈妈走向田间
我便变成途中一棵树
摇晃我的枝丫
树叶轻轻拂过妈妈的脸颊

与妈妈嬉闹

中午，
当妈妈在窗前缝补
我便化为一缕清风
调皮地吹起妈妈的一缕头发
赶跑妈妈脸上的疲倦

傍晚，
当妈妈做好饭菜，
四处呼喊，寻找我时
我便匆匆，一头扎进妈妈的怀抱
笑着搂着妈妈：
“嘿！妈妈！”
“你这坏孩子，跑哪去啦？”

原　来

揭东一中　2015级高二（17）班
陈冰琼

原来
云露散去
是森林的模样

原来
迷雾消去
是山水的模样

原来
星星离开
是明天的模样

原来
窗户推开
是世界的模样

遇见——海

揭东一中　2016级高二（7）班
何楷漫

挽起裤腿，脚踏细沙，
浪花淌过我的脚踝，
冰凉冰凉的。
那是我第一次遇见大海，
在孩童时的年纪。

闭眼寻思着，
这是谁打翻蓝墨水？
染得这片水域碧幽幽，
亦或是海向天空借了点蓝色？
我入迷了。

夜色见深，
父亲投来了回家的催促声。
我嘟囔着，
想跳到海后面去，
瞧瞧次日初更的火球。

步履渐远，
我拾起一海螺揣进口袋，
想随时随地，
聆听大海的声音。

桃花忆

揭东一中　2017级高一（19）班

林燕娴

你从诗经中走了
一路顾盼
把满腔柔情献给了唐诗宋词
于是，你的身姿愈加娇美

春雨中，你缓缓地打开心扉
那一枝小小的花蕊
犹如一颗颗缠绵的心
演绎了多少凄美的故事

我从你的身边经过
凝望你胭脂般的面积
但，你是否察觉
我偶然路过的悲痛

一阵风过，你翩翩飘落
纷飞的花瓣吮着泪水
道路上，满是你的憔悴
旧时如花，我却无法捡拾
……

承　认

揭东一中　2015级高三（9）班

林子凯

一支，两支，
不断盛开的火兰争相妖艳。
渐渐倒下的斜晖，
把梧桐的影子拉进麦田。
本不用保护谁了，
邻村的野狗还总是出现。
木吉他换了两把，
那首曲子已经许久未练。
一年，两年，
小山丘旁的荔枝还是很甜，
留给你的位置被不断充填。

可为什么，
一句，两句，
这悲伤的诗句却不断蔓延？
屋后的龙眼不长果子了，
奶奶眼花得引不了线。
那本相册烂得不成样子，
已经重新装订了三遍。

认了吧，
没有风来，
游隼飞越不过大海，
没有你在，
我的世界一片灰白。

庭院那样静

揭东一中　2015级高三（19）班

陈彦彤

庭院那样静
唯有蔷薇盛放
小小的人儿熟睡在
那把竹椅上
蝴蝶停在他的肩膀

又飞向山高水长
小小的梦很长
梦的尽处
一大片青色疯狂生长

牙

揭东一中　2016级高三（2）班
钟梓彤

牙掉了
从你口中
如秋天的叶一般
寂静凋零

你说
要抓紧——扔上屋顶

我想
要抓紧——不让你走

左　背

揭东一中　2016级高一（7）班
陈荧荧

岩浆缓慢流动
灼烧皮囊
就着黄色警戒线
往森林深处走去

藤蔓野蛮生长着
雾还未散
却长出了一只翅膀
我的左背
正计划一场逃亡

无　意

揭东一中　2016级高一（7）班
张思敏

我决定去寻找上帝
为这场虔诚的旅行
我想我应该光着双脚去
列车一路向西
人前人后都是风景
包裹着灰色毛衣的瞎子说：
“我们都从地下走来
现在却集体奔向天堂。”
落日的山头也有烧焦的痕迹
而放火的原罪早已都藏匿到星河中去
天文望远镜却只对向伪善的行星
“人应该是一根有思想的芦苇”
只是最后一批也退化成蝼蚁
哲学已随巨人远去

无　题

揭东一中　2017级高一（19）班
林燕娴

彼岸香，一缕飘散
红尘小路

夜蝶迷失了方向
寻觅着几缕暗香
这夜，留下了几分惆怅

繁华尽，梦回凄凉

午夜里你深藏委婉得如月光
阁楼上，画中的模样
淡淡的，勾勒起记忆的彼岸
唏嘘的过往，笔墨失去了想象
怜香浅，笑意浓，缘聚缘散终究一场

窗外雨瞬间徜徉
溅起的时光，在夜孤单
繁雾的小巷，扯不清的彷徨
叙不完的轻狂，太迷茫
转角弯，伞下你的泪光
粼粼泛起莹亮
却把我凌乱

昏暗的时光
落地一曲，暝眼砀
夜一太晚
我的彼岸，不再荡漾
透过窗，天已微亮
相思绊，那眼神，不再期望
落笔纸上，一切一笔飘散

盲

揭东一中　2017级高一（21）班

吴鸿仪

聒噪，
——沙漠轰炸的花在响。
死寂，
——伊努比夺去的奏章。
骆驼寻问盲人
——“是四下的星光璀璨？
还是满目的烟尘生香？”

木　生

揭东一中　2017级高一（21）班

郑哲哲

原来，
我发现，
你是我生命中的那朵花
为此，
我愿意用一生做一棵会开花的树
在春风里等你……

梦回还

揭东一中　2016级高二（18）班

陈佳琪

恍恍惚惚。
真真切切。
一念间，
时空错乱重叠。

反反复复。
战战兢兢。
一念间，
悲喜不断上演。

一切似脱离了轨道，
无可救药。
真非真，假非假，

攻破了内心的铠甲。

是什么占据了躯体，
似在演出无声戏剧。
仿佛身处其中，
仿佛只是观众。

无止境，
梦回还，
不得控，
复回还。

是梦里不分西东，
还是现实里我懵懂？
是梦回还，
还是经历流转？

回还吧！
流转吧！
何须分清梦里梦外，
本心依在。

任你时空错乱，
悲喜交加弥漫。
我即蝶，蝶即我，
舞出自己的人生佳作。

梨花胡同

揭东一中　2015级高三（4）班
杨良华

笔墨点染
陈年旧事跃然纸上
依稀是
青石小巷荷花香
疏云天淡

夏日倦懒
轻摇蒲扇树下纳凉
说书人在娓娓而谈
说着魏晋风月、唐宋江山
还有那
红楼一梦、三国纷乱
再讲几段
忠骨埋沙场、沃血黄土苍
数声叹、国有殇
再续一杯梨花酿
说不完的流年沧桑
云归岫、皓月朗朗
人犹未散
当时只是少年郎

后来时光太匆忙
说书的再无人伴
俱言世事无常
茶还未凉人已散
可惜韶光短

树

揭东一中　2015级高三（15）班
郑勇胜

我遇见你

在初春的三月
枝叶上的一朵红花
是你那羞涩的脸颊
我轻轻地摘下美丽的一朵
静静欣赏
不让你发现
我深爱你
在仲夏的七月
静月下的一抹树影
是你那迷人的花裙
我悄悄地靠在静谧的河边
偷偷思念
不让你发现
我离开你
在深秋的十月
落日前的一阵落叶
是你那无声的告别
我慢慢地拾起孤独的一片
深深收藏
不让你发现
我怀念你
在寒冬的一月
冰雪中的一河流水
是你那已逝的过去
我默默地留下最后的眼泪
渐渐走远
不让你发现

寄给时光

揭东一中　2015级高三（19）班
吴雁翎

是谁把光阴剪成烟花
一瞬间便看尽了繁华
那一夜我一袭白衣月下独酌
只为能在灿烂烟火中描摹你的容颜

是谁让沧海化为潺水
刹那间便见证了沧桑
那一天我探访深山枕石听泉
只为能在涓涓细流中聆听你的声音

是谁将春花谢成秋实
恍惚间便荏苒了岁月
那一年我登临古寺闭目禅院
只为能在袅袅檀香中寻找你的气息

只是
未等我习得一语箴言
你便已幻化成一蓑江南烟雨梦
遁隐在浩浩天地中
无迹可寻

局外的人

揭东一中　2015级高三（19）班

叶泽帆

我起得早去寻找霜露
慰问邻边的老人和贫瘠的土地
低头小心地防止踩到蚂蚁
我喜欢她们微弱的抗议
和祈求生存的本性

在这小街巷里要么狂躁要么缄默
我爱所有的陌生人
爱他们的微笑、点头和张扬
我要把我珍存许久的糖果送给他们
表示热情和给予他们甜的祝福

这里的人，被围成的人
或许思想不够成熟或者伟大
却有着燃烧的血液和盛情的眼泪
落后也不会削弱他们对生命的憧憬
局外的人不该被别人说

因为纯洁的生命需要被尊重、被赞颂

独往矣

揭东一中　2015级高三（24）班

吴申知

我又望向那红霞满天
想象着无法企及的终点
在这个世界上
每天发生那么多的遗憾
我想我不应为自己悲伤

纵使是遍体鳞伤
也应握紧拳头
迎着敌人为我奏响的挽歌
奏响自己的战曲

这里不需要英雄
这里不需要智者
他们回家去了
听！这是他们的哀乐

留在这的
只有敢于前进的傻子

冬　至

揭东一中　2015级高二（4）班

郭涵潇

叠嶂森森，山风凛凛
梅枝初展松肃然
貊无踪葙薇黄
初冬显峻寒

长空无痕，小径人稀
空留旧叶落江畔
才道冬麦未遇寒
细雪压枝蔓

彤炉煮雪，枯竹烹茶
三两佳客斟私酿
铺青毡，裹裘裳
醉坐话昔常

青瓦落雪，红砖覆霜
孩童戏雪长怡然
炊烟起，戏梆响
炉火映人欢

远方何方

揭东一中　2014级高三（22）班
陈晓婷

背上行囊，踏上旅途
不要问我去向何方
有路的地方就是远方
当晨曦惊扰陌上新桑
我在远方
看见树儿伸展枝芽
互相轻触，早安！
当夜幕垂降困住星辰
我在远方
听见花儿打着呵欠
轻声互道，晚安！
远方在何方
我不清楚
我见过一朵花的星球
遇过一只等爱的狐狸
听过一个小王子的呢喃
见过一个老人的传奇
他们问我将去向何方
有路的地方便是远方

詹继武老师采访稿

采访人：蔡林萍（韩山师范学院文学与新闻传播学院，2017届汉语言文学6班）

被采访人：詹继武（韩山师范学院1988届学生，高级教师、校长，现于潮州市饶平县钱东中学工作）

1. 您是从什么时候开始写诗的，谈谈您的诗歌写作历程。

我来自饶北山区，20世纪80年代很幸运考入韩师，畅游在中文的海洋里。在写作老师李以严先生的启发下尝试着写诗。以新诗始，参阅惠特曼作品。当时诗词创作没有专门课程，大多靠自学，尝试格律诗创作，偶尔依谱填词。大学毕业后回到家乡，先任教饶平县第二中学高中语文，后转任饶平田中、饶平县第四中学、饶平县教师进修学校、饶平县钱东中学，坚持写诗30多年，其间加入“饶风诗社”，先后得到韩山师范学院赵松元教授、南京师范大学钟振振教授等诗学大家的指导，陆续有诗作发表，现有诗作留存约400余首，涵盖新诗、格律诗、词等。

2. 您在韩师读书期间参加了学校哪些诗歌社团及诗歌活动？韩师生活对您的诗歌写作有哪些影响？请您谈谈这方面的情况。

在韩师读书期间，除上课外，大多时间都跑图书馆，参加社团活动不是很多，当时风气大抵如此。曾参加中文系三角梅文学社活动，是由中文系8501陈小虎等同学发起的。8502李小平同学发起成立另一个社团，名字忘了，我也参加了。韩师生活对我教育教学及诗歌创作影响特别大。作为一个来自农村的学生，韩师的一切都是崭新的。除早操有限制性规定外，自由的韩师生活放开了我潜藏已久的联想和想象的翅膀。《西湖渔筏》篇当时最为得意。还有中文系的老师，他们博学善教引领我积淀了丰厚的诗学素养。古文学课程由黄挺老师主讲，《诗经》为最，终身难忘。唐宋文学由罗英凤老师选讲唐诗《山居秋暝》篇，如坐春风。王力先生的著作，詹伯慧先生著述的语言学类书籍，还有詹安泰先生的《无庵说词》诸篇，都是在韩师读书时向图书馆借阅的自学读物，至今记忆犹新。

3. 哪些诗人诗作影响了您的写作？请推荐十位诗人。

我手写我诗。在人类诗歌史长河中，总有一些伟大的诗人及其优秀作品不时地撩拨我的诗心，指引着我的诗歌创作。惠特曼的《草叶集》，自由奔放；屈原的《离骚》，逸响伟辞；陶渊明的《归去来兮辞》，朴素自然，清高耿介；李白的《将进酒》《蜀道难》，豪放飘逸；杜甫的“三吏”“三别”，沉郁顿挫；白居易的《白氏长庆集》，诗化生活、平易通俗；元好问的《元好问诗选》，奇崛巧缛；周邦彦的《片玉集》，格律谨严、曲丽精雅；苏轼的《东坡乐府》，以诗为词，豪放豁达；辛弃疾的《稼轩长短句》，用典出神入化。时常在梦中与他们相见！

4. 谈谈您的诗歌观好吗？

诗化生活是我在古典诗词创作上一直主张的理念。通过古典诗词创作活动来诗化生活，可以使生活更具诗性韵味，提高生活品质，提升人生境界，促进社会和谐发展。我认为，首先诗化生活必须从学养中走来。学养是诗化生活的前提条件和基础。无学养就无从谈论诗词韵味，更说不上境界。大凡诗词大家均学养丰厚，写诗填词信手拈来，一气呵成。其次，诗化生活必须扎根于人生事业。事业能解决人类最高层次的需求是社会认可和自我价值的真正实现。职业虽不能等同于事业，但往往是事业中的重要组成部分。一个不热爱自己职业的人不可能有自己成功的事业。职业没有好坏之分，你大可不必为了职业而刻意地排除选择。对待职业，兴趣固然重要，情怀更重要。教育是最具浪漫情怀的事业。从一名新教师成长为骨干教师、学科带头人、名教师、优秀校长、名校长、教育家，每一个阶段的进步都极具职业的挑战性。你的智慧尤其是你的想象与联想可以在这个浪漫而又极具挑战性的事业中自由飞翔。你的事业一旦根植有诗性的基因，就会洋溢着儒雅而充满智慧。事业是诗化生活的土壤与

源泉。诗化生活有源源不断而又新鲜的血液在流动，你的教育生涯会永远充满活力。再次，诗化生活必须融入自然，体悟生活。人生活在本真状态中，安然而惬意。不管事业有多忙碌，到大自然中去，是其首选的生活方式。与物交融，天人合一，让烦琐、庸俗乃至一切功利统统放到大自然中去洗涤、过滤，使心灵通透。生老病死、七情六欲都是人生常态。每一种常态都会拨动你的心弦，只要你愿意把波动的情感连成一串串的音符，这些音符就会在你人生的长河中律动，使人生更具诗性韵味。然后，诗化生活必须学会独处。文人喜欢独处，尤其是孤独状态，因为在这种状态下，诸多事情往往会幻化成美妙的诗行。独处，不是逃避，而是追求高贵的精神思想，让高贵的精神思想在独处中升华，使自己永葆“独立之人格、自由之思想”(陈寅恪语)。而孤独仅是独处的一种状态，往往是高贵精神的载体，是“精神卓越之士的注定命运”(叔本华语)。歌德先生对孤独有深刻的体验，“人可以在社会中学习，然而，灵感却只有在孤独的时候，才会涌现出来”。可见，独处可以成为诗化生活的灵感触点。最后，诗化生活必须坚守人的个性本真，尊重人的个性偏好。个人偏好是人的个性中能够表现出来的比较稳定的特征。文人骚客均有格。偏好不同，经验不同，其折射在诗词作品中的个性特征也就不同，所形成的风格自然不同。细读安泰先生澄江词，就会发现内蕴雅怨之风格。再读安泰先生的《宋词风格流派略谈》，其中所列宋代诸翁，其风格特点更是清晰明了。柳永真率明朗、苏轼高旷清雄、秦观与李清照婉约清新、张先与贺铸奇艳俊秀、周邦彦典丽精工、辛弃疾豪迈奔放、姜夔骚雅清劲、吴文英密丽险涩……偏好人人皆有，而格调却有高低之分。追求格调高雅而达“人无我有”之境是要作毕生追求的。遍览古圣先贤，从中汲取养分，内化成丰厚的学养，放之于火热的生活加以修炼提升，走出真率、豪迈、清朗、高雅的诗化生活之路，活出真我的风采。倘有古诗词创作之爱好，一生写出一两首好诗词不难，难的是一辈子坚守写下去，让人生不断在历练中诗化，在诗化中提升境界。

5. 走上中学讲台之后，您怎样在语文教学中进行诗教，请您谈谈这方面的情况。

1988年自韩师毕业后，我一直坚守在中学语文教学第一线，最用功的就是在语文教学中进行诗教。首先，我教必有诗，我生必学诗。每册课本，凡规划教材处理，必先以诗歌单元始，荡涤胸怀沟壑，激发语文情怀与兴趣，再以古文单元作垫，延伸拓展，夯实古汉语基础，最后再授其他体裁文本，古为今用，提升古典诗词的认知品位，促成完整人格的形成，为今后求学做事打下坚实的基础。其次，学校开展研究性学习，只要有学习小组选择古典诗歌作为研究方向，我都会欣然应允给予指导。记得国际知名学者、南开大学中华古典文化研究所所长叶嘉莹教授曾经说过："在现在经济挂帅的时代，我们学习古老的古典诗歌，不但使你有一颗不死的心灵，而且使得你的心灵在跟随古人提升学问、品行、修养，达到很高的境界。不但有一种心灵的交汇，而且在这种心灵之中，体验到你自己当下的存在，提升了你存在的意义和价值。"高中学生研究一些古典诗歌，对自身综合素质的提高不无裨益。中国古典诗歌、著作灿若星河，巅峰首推唐诗。"诗仙"李白、"诗圣"杜甫的诗歌在唐诗中有着不可逾越的地位。打开唐诗神秘的面纱，胡晓明先生一语道破："尽才尽气、尽心尽情，正是唐诗整幅的特点。"仔细揣摩，李白莫不尽焉！朱熹认为："若所看不一，泛滥无统，虽卒岁穷年，无有透彻之期。"这也是强调研究必穷一经之理。那么，研究李白诗歌又该从哪儿切入？李白诗歌有豪放之风，学生接触较多，而李白诗歌又有婉约之态，学生则专注较少。足见"李白诗歌之婉约"具有较高的研究价值，建议以此为研究性学习的研究课题。自此，接连开设以唐诗为主的研究性学习课程。结集编制校本教材《唐诗鉴赏》，作为国家级示范性高中教学水平评估的迎检成果，获得专家好评。最后，成立并指导文学社团工作是我的必修课，把语文的教与学切切实实地引向属于学生自己的真实的社会生活中去。从教30多年，我几转任教的多个学校，几乎都有当地小有名气的文学社团，二中有"灵雨""蓝潮"，四中有"岩卉"，钱中有"碧野"。通过开展"品美诗、读雅词、写佳作"活动，激发学生品读古典文学的热情，引导学生从优秀作品中汲取人生营养。我也会在文学社主办的小报上分享我创作的诗词作品，如钱东中学《碧野文学报》上的《题赠钱东中学碧野文学社》："碧荷偏爱放翁家，野趣横生占物华。含露渐开千顷梦，英奇独异更无花。"又如饶平县第四中学《岩卉文学报》上的《念奴娇·百炼岗抒怀》："来归辘辘，望家园怅叹，书斋孤独。堂庙圣贤何处是？只有山风穿谷。古道茅花，方塘水鸟，峭壁青青竹。如诗饶北，几多豪俊耕牧！遥忆山客风流，祝南清雅，烟雨平生逐。抉隐博征花外注，真率无庵词馥。故馆青灯，木鱼声落，欲住频频促。笑谈清梦，剑锋横扫中轴。"师生同吟，其乐融融！

6. 您认为大学诗教和中学诗教是什么样的关系？

我认为，大学诗教和中学诗教本质相通，但任务不同，路径不一，方法有别。

诗教内涵，无论是传统诗教、现代诗教还是当代诗教，大学与中学无甚差别。通过诗教，不仅获得艺术审美的享受，还以诗性的方式获得做人做事的本领，促使完整人格的形成。作为基础教育阶段，中学诗教还被赋予升学考试的功能，非重视不可的。既然是基础教育，培养和激发学生阅读诗歌兴趣是中学诗教的关键，鼓励学生多读多背那些优秀的古诗文。同时，适当指导开展研究性学习，在指导通读的基础上择有代表性的名家名篇进行精读，了解并适度掌握大学诗教的研究方式、方法，打通中学诗教与大学诗教的经络，为大学输送兼具诗学秉赋的高中毕业生。

7. 您觉得在当下中学语文教育环境中进行诗歌教育的重要性和困难何在?

其一，在当下中学语文教育环境中进行诗歌教育极为重要。教育部考试中心主任姜钢在谈到高考对教育教学的导向作用时强调，“通过试题素材的呈现和设问，引导学生培育和践行社会主义核心价值观，弘扬中华优秀传统文化、革命文化和社会主义先进文化”。可见，古诗文教学正是“关系到立德树人根本任务的落实”的重要板块。在课程教学中，以古诗词为代表的传统文化对当代中学生也具有重要意义，不仅影响中学生正确的历史观、民族观、国家观、文化观的形成，还参与了学生的生命成长，影响中学生正确的价值观、人生观的形成。

其二，在当下中学语文教育环境中进行诗歌教育还存在诸多困难。①尚未全面而准确地把握当代诗教的本质要义。方长安在《中国诗教传统的现代转化及其当代传承》中有清晰的阐述，“当代诗教在本质上不同于传统诗教和现代诗教，它将以社会主义核心价值观为原则，以古今中外那些彰显人类文明、具有现代意识的优秀诗歌作品为阐释对象，以培养放眼世界、立足中国、关注人类命运和中国问题的时代新人为目标，旨在推进当代新诗创作发展”。高考改革目标清晰，新一轮课程改革势在必行，可是，当下中学诗歌教育大多仍然停留在传统诗教的教育途径和方式，以“诗”为教，“赋诗、教诗和引诗”，教学理念相对落后。②当下中学诗歌教育缺乏良好的氛围。家长望子成龙，高考成了社会心理焦虑的火山口，家长、老师和学生不得不屈从于应试备考，那些优秀诗词作品只能被设计成练不完的题目。同时，在电视、电子游戏等媒介影响下成长的青少年过早陷入“流俗文化”，浮气充斥，静气无存，兴趣寡淡，谈何诗歌教育！③当下中学诗歌教师教学自身能力存在缺陷，缺乏有效的引领和科学的评价。程式化的文体教学千篇一律，忽视诗歌文体特点，甚至过度依赖多媒体教学，令人眼花潦乱，冲淡诗歌语言那种特有的味道。帮助广大语文老师树立正确的诗教理念，用诗词的方式开展教育活动，以多元评价推进古诗文教育，刻不容缓。

8. 请谈谈您的诗教观。

我的诗教观很简单，就是诗化的历练。我手写我诗，我教必有诗，我生必写诗，诗化生活，塑造完整的人格，走出完美的人生。

春雨楼头，洞箫声咽，阴沉凄惘，孤独寂寥，苏曼殊先生思念哀惋之情，一阵又一阵地敲击着游子的心坎。“芒鞋破钵无人识，踏过樱花第几桥。”偏隅小窗，顾念樱花，四处飘零，始觉今春的樱花色泽更为斑驳嫩雅，随风飘了起来，伴着绵细的小雨，又滴落了下去。滴落的仅仅是花瓣吗，抑或是“衣带渐宽终不悔，为伊消得人憔悴”的期盼？漫漫的人生到底有多少风风雨雨？人生如潮、如海、如泉、如澜，俯仰其间，适之何从？盛情梦阕，独邀晏殊又上高楼，望尽天涯路。“夕阳西下，断肠人在天涯”，马致远先生倚窗叹息，人生自古多悲秋，秋思之余，可有更深邃的人生体悟？“枯藤老树昏鸦，小桥流水人家，古道西风瘦马。”景景含思，象象含情，层层叠叠，错落有致，秋景、秋物、秋风、秋思，物中有我，我中有物，和谐交融。人生境界亦如此！华灯初上，舒卷翻阅。“众里寻他千百度，蓦然回首，那人却在灯火阑珊处。”灵犀一点，参透真谛，功夫到处，释然喜悦之情跃然胸中。时常悔恨悟性愚钝，辜负先人之雅望，竟如江天之遥。“江边一望楚天长，片帆烟际闪孤光。”暮霭沉沉，烟波千里，恍惚间，杨柳岸孤光闪烁，此际可否聊慰平生？个中真意，寻寻觅觅，顷刻之间，飘上心头……斗室苍茫，孑然而立，尽情享受那“闲坐小窗读周易，不知春去已多时”的惬意。登池上楼，凭栏而望，“池塘生春草，园柳变鸣禽”，又是何其朗朗的胸襟！倘有识者挥墨一书斋，置于荷塘，鸿儒白丁，抑扬顿挫之涵咏，无拘无束之交流，配之以盎然的春意，艰难之感荡然而逝，唯有境界长在！人生历练亦不外如斯乎！没有历练的人生，是残缺不全的；没有诗化的人生，总是缺少韵味。

诗心启慧　诗性育德

——广东省中小学蔡森名师工作室采访稿

2019年9月7日，韩山师范学院陈敏熊记者采访广东省中小学蔡森名师工作室主持人及成员。

蔡森：1994年毕业于韩山师范学院中文专业，中学语文正高级教师，汕尾中学教研处主任，韩山师范学院兼职教授。

黎燕妮：2008年毕业于韩山师范学院汉语言文学专业，汕尾中学首席教师，中学语文一级教师。

石瑞文：2013年毕业于韩山师范学院汉语言文学专业，汕尾中学碧潮文学社、旭日广播站指导老师，中学语文教师。

彭津爵：2016年毕业于韩山师范学院汉语言文学专业，中学语文教师。

陈敏熊记者：今天非常高兴能与工作室成员们一起讨论诗歌教学，据我所知，我们的诗歌教学成果“中学生习得传统文化的有效途经探究”获第八届广东省普通教育教学成果奖二等奖，这与我们的成员本身就是诗歌爱好者是分不开的，请大家谈谈这方面的认识。

陈敏熊：请问各位老师都是从什么时候开始写诗的呢？可以谈谈自己的诗歌写作历程吗?

蔡森：我高中时喜欢学写旧体诗词，朗读了宋六十名家词、观赏诗论书评文章，也学写了十几首诗词，述说忧愁感伤，同学们也喜欢。学生时代也会关注广东许多诗词名家，如李汝伦、黄天骥、熊鉴等名家诗词作品。后在韩师读书，受赵松元老师影响较深。

彭津爵：时值少年，我因无意中读到母亲日记中的诗歌，便有了无意识的模仿和尝试，初二那年，写下了一些不是诗歌的“诗歌”。高中时，在同学的介绍下读《顾城诗选》，发现了诗歌的“新模样”，原来语言可以这样去表述，怀揣着好奇和疑问，高二时学习了戴望舒的《雨巷》和徐志摩的《再别康桥》，开始主动购买诗集和一些诗歌杂志来满足那份好奇。大专时我就读于广东高州师范学院（今广东茂名幼儿师范专科学校）中文系，在当代文学中了解当代诗歌文学史，在惊讶与崇拜之下开始有意识地了解诗歌的历史和“诗意的语言”，其间有部分诗歌发表于《茂名教育》(杂志)。本科就读于韩山师范学院汉语言文学专业，大三时师从文学院陈培浩先生学习“诗歌鉴赏”，其间《江水无痕》(外二首）发表于海南省的《海拔》。参加工作后,《背着太阳的人》发表于汕尾市作家协会举办的周末诗会第二届同题诗集中。

陈敏熊：好的，那么老师们在韩师读书期间曾参加过学校哪些诗歌社团及诗歌活动呢？韩师生活对您的诗歌写作有哪些影响呢？请老师们谈谈这方面的情况。

蔡森：参加中文系三角梅文学社，后在赵松元等老师的指导下，参与了《韩山诗报》的创办。赵松元老师才情横溢、兼擅诗书，诗词吟诵、课堂激昂，影响了一大批同学。其中，同学中张介凡刻苦钻研，尤擅诗词，同乡李让畅擅长新诗，出版了《半月桥》，当时对我影响较大。我时刻感恩韩师，在理想放飞时，遇到一群善教的老师，又结识一群优秀的同伴。

彭津爵：因为是专升本到韩师，到韩师求学时已是大三，没能有机会参与诗歌社团。但因跟随陈培浩老师学习诗歌之缘，参与过“《韩园讲坛》第六十八讲：对话林白：写作的此岸与彼岸”的诗歌讲座。我是专升本到韩师学习，在经历过大专的生活后，对于韩师的生活倍加珍惜，虽然只有两年，我却尽最大的努力去感受韩师的诗意，这在主观上给了我一个“诗歌意识”(或者说“诗心”)。韩师地理位置上依山傍水，韩山和韩江再加上一个潮州古城，已是得天独厚。韩师文学院的诗教气氛浓厚，单我大三那年的选修课而言，直接的有陈培浩先生的“诗歌鉴赏”课，间接的有李彬先生的“文艺心理学”，邓伟龙先生的“西方文论”。另外，韩师在地下人行通道巧妙布置成“诗歌长廊”，将许多教师和学生的诗歌作品挂在其中，每次经过总能看上一些。当时和两三位诗友还许下心愿，争取毕业前让自己的诗歌挂在这里，现在想来是一个美丽羞涩的梦。我更多的时间就是踱步到韩师图书馆，找上一个角落或者在喜欢的书柜旁席地而坐，读诗歌或诗评。早上是最好的时光，现存的那些诗歌落款都是“图书馆，早”，这段旅程如今讲起是特别难忘和激动。

陈敏熊：在创作过程中，哪些诗人诗作影响了老师们的写作？请推荐十位诗人。

彭津爵：之后的时间里对我的诗歌创作影响较深的是天才诗人——海子，但我并不是一开始就沉醉其中，这里有一个过程。应试教育的时候是从“新月派”诗人们的作品入的门，大专时却是“朦胧派”诗人的作品进入我的诗歌生活中，本科开始接触“第三代诗人”及其作品。“第三代诗人”的“巴蜀五君子”之一的张枣先生，以其一首《镜中》深深折服了我，当时是在陈培浩老师的课上，通过陈先生的引导感受到这首“古典现代诗”，也是那时候开始大量阅读诗歌作品（以“第三代诗人”作品为主，兼有阅读现代诗集），最后在自己的选择下走向了“海子”。不得不说，这位天才诗人仅用其年轻的脉搏爆发出了难以逾越的巨澜，这是新诗史上的一次巨变。那句“万人都要从我刀口走过，去建筑祖国的语言”（《祖国（或以梦为马）》）充满帝王式的呐喊，确实如此，他毁灭掉自己，又铸就了自己的神话。时至今日，我仍旧会把一天的部分时间花在“海子”的作品上，阅读着他的诗作，我会从里面找到被自己隐藏起来的自己，海子他面对自己，向死而生。影响我的十位诗人是：海子、顾城、北岛、食指、张枣、于坚、痖弦、欧阳江河、柏桦、韩东。

石瑞文：给我影响最深的第一个诗人是当代著名诗人桑恒昌。第一次接触他的诗是在一本《青年文摘》上，他的一首怀亲诗《忆》深深地震撼了我，“每当写到母亲/我的笔/总是/跪着行走”。他用最平凡的文字，书写世界上最伟大的一种情感——母爱，平凡的语言字字戳心。这首诗一下子就吸引了我，让我开始关注这位诗人，读了更多他的怀亲诗和其他作品。读他的诗，从诗中感受诗人关于生命、关于生活的点滴体验，或一往情深，或催人泪下，或幽默风趣，或富含哲理，耐人寻味，具有浓浓的人情味。他的诗让我开始关注现代诗，也从那时开始读了许多现代诗作品，让我觉得，现代诗原来也是那么有味道了，值得细细品味。读他人的诗，悟生活中的情。对我影响较多的诗人是桑恒昌、冯至、北岛、海子、顾城、多多、韩东、张枣、臧棣。

蔡森：我与他们年轻人的看法有所不同，更多关注穆旦、辛笛等“九叶诗派”诗人。我觉得他们的诗能够延续新诗运动中对“诗质”方向的探寻，以独特想象、语言策略、新的感觉处理与时代的关系，也秉承了中国诗的抒情传统，具备新诗的风貌，如穆旦《诗八首》充满矛盾的“自我”世界对现实的反观。我更推崇20

世纪20年代“格律诗派”如闻一多等诗人对诗歌音乐美、建筑美、绘画美的探索，如《死水》内容与形式的高度统一，追求一种古典的艺术趣味。

陈敏熊：请各位老师谈谈自己的诗歌观好吗?

蔡森：海德格尔本源之思与诗性突围就是借助文学艺术突入终极境域，把文艺的诗性化成终极境域的诗性，他将文学艺术的边界突围到了大道运作的“化境”。于是，我始终认为诗歌能创建、照亮一个活生生的源初涌动的自然之境，开解出一方澄明之域。这种澄明之境正是中国传统诗人对诗心之慧的探寻。“慧”从字面上来看，手拿着扫把扫除内心的尘埃，洞察真相，明心见性，“慧”是摒弃纷繁之后内心的丰盈。现代诗歌教学能够唤起学生丰富的想象，引起强烈的情感共鸣；通过优美的意境，能够得到深刻的思想启示和艺术上的感染，受到真、善、美的教育，提高文学素养。

彭津爵：对于诗歌我还是坚持“小众”，坚持“写诗者也应是诗”。前者有两个意思，其一是诗歌本身影响力的“小众”，其二是写诗者自身环境的“小众”。目的都在于当下的社会大环境，时下“成名”的诱惑实在太大，这点对写诗者是不好的，不少青年诗人中期开始迎合大众口味，那么原本走得好好的诗歌理念和诗作便出现“变味”了。前些年出现的“口水诗”实在是糟粕，唯一有用的地方就是后来人了解我们这代人的诗史时，把它拿出来当反面教材用。而且很多诗歌网站很轻易就刊登投稿者作品，这容易使诗作良莠不齐。我觉得写诗应该做好只有“少数人”懂的心理准备，这里不是让写诗者故作深沉，而是诗歌本应该有其地位（这和我们的文学历史有关）。写诗者自身是小众的，虽然现在很多“诗人”，但仍是少数人在写诗，诗歌本身是美好的和现实的，作为诗歌创作者应该在自身上拥有“诗”，这便是“写诗者也应是诗”。海子的《夜色》这么写道：“在夜色中/我有三次受难：流浪、爱情、生存。/我有三种幸福：诗歌、王位、太阳。”这里已经很明白地交代诗人的“富有性”，诗歌给你的已经是一个饱满的“麦穗”，那么其余的就待天意了。

黎燕妮：诗歌极具形象性，引导学生诵读时要注意联系生活实际，联系自己的知识储存，开展联想，开阔想象，体会起来就有情有意，有滋有味。情托景，景引情，情景相生。咀嚼、联想、想象，就能受到诗人情感的感染。诗歌语言有跳跃性，含许多不尽之意，空白很多，很有利于想象，有利于创造思维的发挥。比如，省略的可以添加起来，跳跃的可以连缀起来。对诗中情、画中意可以从不同角度理解，从不同侧面理解，从不同方位理解。我鼓励学生在诵读过程中思想插上双翅，自由翱翔；鼓励他们思接千载，视通万里；鼓励他们再造形象，用生动的语言描摹形象，体会、感悟，步入诗的境界。诗歌鉴赏本身就是一个再创造的过程，学生因生活阅历、思维角度、认知水平等的不同，对诗歌的理解和感受自然存在差异，应该充分发挥学生的想象力和创造力，鼓励学生进行个性化解读。同时，教师应该分析学生的思考是否合情合理，遵循“多元有界”的原则，做到解读诗歌既充满个性，又不随便臆断。

石瑞文：作为一种极为凝练而富有意境美的文学形式，诗歌始终担负着为作者倾述生活体验和内心感受的重要作用，诗歌创作的沃土就是生活。诗之所以能够走入读者的内心，或是给人惊鸿一瞥的感受，也许正是因为诗句中的内容与人内心的感受不谋而合。诗是人内心深处生活体验的倾述，这些由物感和灵感交汇的诗人笔下的文字，包含着对世界、对人生的认识和感知。所以，鉴赏诗歌或是创作诗歌，提高一个学生对生活的体验，感受能力显得尤为重要。让学生明白诗词源于生活，其意义，便在于写出了生活的百般滋味。引导学生将这种体验、感受借助诗歌媒介倾述，或是在他人的诗句中寻找灵魂的撞击，诗歌需要这样的撞击。

陈敏熊：那么走上中学讲台之后，各位老师是如何在语文教学中进行诗教的？请谈谈这方面的情况。

蔡森：语文教学除了站在学科的前沿，还要站在学生终生成长、全面发展实际中去思考。我们坚持课前5分钟诵读。2011年申报了全国教育科学规划课题“中学生习得传统文化的有效途径探究”。我组织语文组教师编写了《正读论语》《经典诵读》《我们的四书五经》等传统文化校本教材，让诗教落实到日常教学当中，让传统文化在校园扎根开花，8年来我们一直在做这件事。名师工作室成员也加强了对现代诗歌教学的探寻，如2018年，名师工作室联合汕尾市教育局教研室召开了汕尾市现代诗歌教学研讨会，向同行们介绍我们对诗教探寻之路。

彭津爵：参加工作后，我在初中任教。初中的诗歌选材不多，三年下来对于新诗的选材十首都不到，在这样的“诗歌荒漠教材”中，要进行“诗教”唯有“开源”。我采用的方法是“寓诗于教”，结合实际情况，将某些诗歌的诗句表达出来，此处要考虑的就是和所上课的内容相关联，以此来达到我想要的“诗教”目的。初中生的意识和见识里缺乏诗歌，他们所能知道的“诗歌”仅是那些古代诗歌，即便和他们讲了新诗以后，他们也存在疏远的情绪。教师只能靠耐心去感染他们。2018年3月26日，正是海子第29个纪念日，我做了一个PPT课件，用一节课的时间讲海子的诗歌。我告诉学生："你们常说'生活不止眼前的苟且，还有诗和远方的田野'，如今你们要走向另一个阶段，这是'远方'；所以这节课我要告诉你们'诗'。"课的内容并没有多出彩，但课后有学生找我，他说希望能再讲多一些。我知道这事"成了!"，诗歌就是如此，只要能有一个人明白了，我们这些传播者就算没白费力气。往后又有几位同学拿着自己的作品找我，我记得很深的一首是"雨天，我为你撑起伞/那便是晴天"。进入名师工作室后，我开始将工作室的"慧"理念融合进去。古人"诗言志"，正是因为诗能明心见性，所以诗歌文化深入我们的心。时至今日，我们对于新诗的学习也是在于"言志"，所以，工作室的"慧"理念正好切入诗教中，两者相辅相成。"慧"不是脱离现实的，而是走进生活的。

黎燕妮：我还是比较赞同古罗马教育家昆体良的观点："最要紧的是要特别当心，不要让儿童在还不能热爱学习的时候就厌恶学习。"诗歌教学应当是激发兴趣的活的教学法，我试着将学生领进语文学习的广阔天地；在课堂上力求方法多变，课型常新；用知识的"磁力"吸引学生的兴趣，让学生学得愉快、学得欢乐，扎扎实实积累语言、积累文化，并且在思想情操上受到熏陶，在形象思维、创造意识等方面得到锻炼。我曾请汕尾市城区作家协会的作家们进校园，为学生作《诗和远方》的文学讲座，从何为诗歌、诗歌的创作到诗歌的语言，以自身的创作经历分享写作趣事、传授写作经验。引领学生欣赏"中国唱诗班"系列的动画短片。组织学生观看《唐之韵》《宋之韵》；给学生推荐一点新诗，读几首余光中、汪国真、舒婷、徐志摩等；鼓励学生仿作、创作；定期举行自编自演自拉自唱的"自我欣赏"活动；带着学生节日寻诗，如中秋吟诗赏月……就这样，我努力用自己的智慧把学生的兴趣和注意力引向了诗歌学习领域，用兴趣的火种去点燃学生智慧的火花。

石瑞文：学生往往会觉得古诗晦涩难懂，与现实生活的距离遥远，他们为应试而学诗歌，诗歌创作更是少之又少。许多人常常忽略了生活处处有诗，诗与生活是密切联系的。所以，在诗歌教学过程中要尝试将诗与生活相联系，启迪学生联系生活解读诗歌，在生活中发现诗并理解诗的内涵，将诗融入生活当中，点燃学生在生活中发现诗的激情，从诗中收到启迪，甚至在诗中寻找生活智慧。在课堂教学之外，我会通过举行校园诗歌传作活动，如借助学校文学社平台每年举办特色活动“三行诗”活动，为广大诗歌爱好者提供一个更专业更集中的诗歌交流平台，使更多的人关注诗歌，关注文学。或是搭建平台邀请作家们走进校园，举行以“诗”为主题的文学交流会，与学子探讨文学，畅谈诗与生活，通过文学交流会，增长学生的知识，激发学生文学创作的兴趣。除此之外，不同完全中学之间的文学社也会定期举行文学交流会，分享经验，互相交流学习，大大促进诗歌，文学的影响力，拉近诗歌与学生的距离。

黎燕妮：诗歌的语言准确、生动、凝练、精辟，往往一字千钧，一字直人心灵；也有的平仄交错，跌宕起伏，节奏鲜明，极具音乐美。因此，诵读指导千万不能一个模式，须懂得：学生是有个性的，每名学生对诗中形象、诗中情味、诗中语言都可以有自己独特的理解与感受。解放思想，释放语文教学的活力，放手让学生自主诵读，正如特级教师于漪所言：“要反复读，把无声的文学变成有声的语言，读出感情，读出气势，如出自己之口，如出自己之心。”

陈敏熊：老师认为大学诗教和中学诗教是什么样的关系呢?

彭津爵：往理想处说，可以说中学诗教给大学诗教打下基础，但实际情况是关系不大，这是我的切身体会。“中学诗教”除非是遇到有意识的去教授的老师，不然仅凭十来首诗歌蜻蜓点水般的教学，花不了几张试卷便能把那份“诗教”冲散。也就说，我们抱着“种下一粒种子”的愿望很快就破灭了。即便是“大学诗教”，也是看“人”。诗歌创作不一定是中文系的学生就拿手，有的中文系的学生毕业了都不知道诗歌的模样，反倒是非专业的创作了许多好诗。所以大学诗教可谓是从零开始的教授，并非有着诗的基础。

陈敏熊：各位老师觉得在当下中学语文教育环境中进行诗歌教育的重要性和困难何在?

彭津爵：重要性在于诗歌教育能塑造美好的审美感受。学生在审美上是有些偏颇的，我们这个时代的“审丑文化”，这是“诗歌”可以去挽救的，由内而外。困难处非常多，比如应试教育、学生自身的情况、教师的修为等都会影响当下语文教育环境中的诗歌教育。我们得明白的地方，现在是一个“民族伟大复兴”的时代，是一个“力争上游，经济繁荣”的时代，偏偏不是一个“诗歌的时代”。可能你会感到惊讶，我们谈了这么多，却在一个“非诗歌年代”谈论这些问题，很抱歉！事实如此。我们已然不及20世纪七八十年代那般炽热，那般为了诗歌而疯狂，那时的一些词汇“文艺青年”“诗人”“知识分子”，如今都大含贬义，可在那时候这是非常荣耀的，这是对青年男女的王冠般的加冕。印象很深刻的一部电影《中国合伙人》，里面有一位角色就是“校园诗人”的形象，他喜欢诗歌，热爱诗意，写诗送给心仪的女生，这些在当时是常见的，也是浪漫的。可如今不是这样，写诗的人和热爱诗的人都躲着，稍微一示人，好点的换来一句“我对诗歌不太懂”“写得真好”，不好点的就容易被调侃了“能好好说话么?”“你们这群人多愁善感”……这是现在常见的。

另一个是语文教师本身的修为，就如上面提及的，并不是所有中文系的学生都喜欢或懂诗歌，同样的，也不是所有的语文老师都善于诗歌和诗歌教学。这是极其重要的一点，语文是语文老师在教，我们的诗教想在语文课中进行，可语文老师不教或不会教，那就是源头处的断层。1989年上映的一部电影《死亡诗社》，里面的老师基汀就是很好的进行“诗教”的老师，虽然是电影，但拍得实在真实！基汀老师将“诗心”的种子传递到同学们手中，但有的同学为此殉道了，最后基汀老师也被校方开除。电影最后用一个同学们都站到桌子上的镜头来收尾，暗含着这颗种子是种下去的。从这里我们不难看出，“诗教”对于一位语文老师是多么大的挑战！浪漫主义太美，现实又太残酷，在这两者之间的取舍或折中都是极其考验一位诗教者的。

这里谈最后一点学生的自身情况，其实这点错不在学生，像中世纪的“骑士教育”，我国的“六艺”的学习，我们现在的学生有这样的表现也是在于我们现在的教育环境。上面谈及的两种“教育”，自然能最大化地塑造那两种“教育”结果的可能性，假若我们的教育能更多地结合“诗歌”，我相信，社会上的补习机构就会多了一个“诗歌补课”。

黎燕妮：困难在于一是学生没有阅读兴趣。古诗语言方面，学生的理解有一定的难度，典故不熟悉，比较远离学生的生活，诗歌有一定的跳跃性，也不是学生轻易能够理解的。二是高考导致诗歌教学趋向功利化，老师想方设法将诗歌鉴赏简化为应试技巧的指导，学生恨不得从老师那里得到一个像数学公式一样的“灵丹妙药”以应对所有试题，缺失了审美鉴赏过程，谈何鉴赏能力的提高、文学修养的提高，这样的教学背离了诗歌鉴赏的宗旨。三是部分教师教学观念陈旧，教学方法单一。很多教师的课堂仍是一个人的舞台，无视学生是学习主体这一重要的特点，课堂里看不到学生与作者、学生与文本思想碰撞的火花，没有心灵交流的动态过程，没有学生个性化、多元化解读的声音，老师一支粉笔，一张嘴就是一节课，教学效果平平。四是学生诗歌训练没有系统性，鉴赏水平浅薄。人教版必修一至必修五按历史顺序共编排了23首古典诗歌的教学内容，这对提高学生的鉴赏水平远远不够，致使在学完5本必修，大多数学生鉴赏水平仅停留在文字解读层面上，不具备开掘出诗歌蕴藏的深邃思想、浓厚情感的能力，甚至对一些浅显的诗歌有时也存在分析障碍，即使能分析出一些道理来，也是很浅薄。

陈敏熊：最后，请各位老师谈谈自己的诗教观。

蔡森：《毛诗序》："在心为志，发言为诗。情动于中而形于言，言之不足故嗟叹之，嗟叹不足故咏歌之，咏歌之不足，不知手之舞之足之蹈之也。"其形象地指出了诗与歌的内在联系。诗歌教学内容的重点品味诗境、感受诗韵、明晓诗义、掌握技巧、体会诗情。区分不同学段，如初中阶段要加强朗诵及指导，而不追求对诗歌深层次情感的把握，以免加深对诗歌的畏难情绪，失去兴趣。高中阶段教学不能停留在表层，应加深对诗歌情感、意象的把握。

彭津爵：这个问题实在大，即便一些真诗人也不敢轻易谈及"诗教观"，更何况乎我这种"小子"，所以我只能斗胆把范围限制在一个"语文老师"的观点上去琢磨这一点。"诗教观"，在我的散文随笔和记忆里有两个阶段，一个是工作前，一个是工作后。工作前，免不了"理想化"，当时对于自己从教后的课堂塑造是相当理想的，我觉得我不仅可以在课堂上以文字的形式教授学生诗歌，还可以带着部分学生外出，有着"游学"一样的状态去生活和现实中寻找诗歌，实在是理想。于是那时的一些蹦出来的想法多是"诗歌课堂""语文教学的诗化"，不去"照本宣科"式的学习每一课，能够不去追求成绩的教学和学习。但工作后就全部崩盘了，以至于有段时间我都没去触碰诗歌。工作后的情况不是很乐观，自己不乐观、教学环境不乐观、学生也不乐观（没有多余的精力体会诗歌，能把课堂知识学好已是万事大吉），在众多不乐观下才走了上面谈及的"寓诗于教"的路子。目的就是用点点滴滴的熏陶来提起他们的兴趣，虽然能寓的只是那么少许诗句，但对于整个中学时代，他们已经比其他人听得多了，所以我才反复强调自己要耐心。总体来说，我更偏向于教师个人的诗歌修养，写诗和教诗都需要仁爱之心，不然没力量让柔软的文字去抵抗这个现实的残酷。

陈敏熊：非常感谢老师们今天的出席，同时也非常荣幸能够聆听到老师们宝贵的切身经历和对诗歌及诗教的看法。也正是因为有各位老师的不断努力，诗教之路才能向更好的方向不断开拓！我们访谈也到此结束，再一次感谢各位老师！

众里寻他千百度，诗心就在阑珊处
——广东省中小学蔡森名师工作室诗教探究

广东省中小学蔡森名师工作室致力于“慧语文”教学，工作室主持人蔡森，成员黎燕妮、石瑞文、彭津爵老师均毕业于韩山师范学院中文（汉语言文学）专业，近年来，他们致力于诗歌教学，走出了一条新路，书写着一篇篇教学故事。

（一）

蔡森简介：男，汕尾中学高中语文教师，中学语文正高级教师，教育部中小学领航工程首批名师培养对象、广东省中小学新一轮“百千万人才培养工程”名师培养对象，获第八届广东省普通教育教学成果奖二等奖，1994年毕业于韩山师范学院中文专业，一直从事中学语文教学，系韩山师范学院兼职教授。

追寻古典诗词之梦

汕尾市城区汕尾中学　蔡　森

李舒雅是汕尾中学2014届理科班的一位女生，性格耿直、做事风风火火。高二时成绩中等偏下，还担任学校学生会主席，工作认真积极，在学校学生会中协助团委辅导老师做了很多工作，但由于成绩的原因，许多学生干部，包括班里一些学生对她有些不信服。

高二、高三两年，我担任他们班语文教师，也给这个班带来许多文学作品，包括我自编的《经典诵读》《海陆丰戏曲文化》，也时常在班中给他们讲解《正读论语》，班中同学还是读得津津有味，她也时常带一些问题在课后提问，第一次期中考试后，除语文成绩尚好些外，其他科目成绩很不理想。接着的一段时间，她对高三学业似乎放弃了，询问周围同学，他们反映她在其他科目上课时更多的是在睡觉，但我发现上语文课好些，还是蛮专注的，偶尔提醒她一两次，让她与其他各科齐头并进，但日子依旧，态度不变。

不久，学校举行了高三年级家长会，我见到了她父亲，这是一个声音哄亮、性格豪爽、皮肤乌黑的中年人，记得当时家长自我介绍时说做点小生意、文化程度也不高，家庭并不富裕，子女很多，她是最小的一个。家里刚好装修完房子，他坦言如果读了高价的B线，家中是没法负担高额学费的，交流中，发觉他还是一个明白事理的人。当时是舒雅同学向我介绍她父亲的，她也一直站在我们旁边听我们的交谈，始终微笑地看着我们。我表扬了她在语文方面的进步，对文学的独特爱好，并说这孩子不错，有前途、尽力培养她上大学之类鼓励的话。

家长会后，她态度似乎有些改变了，在周记中写了一些励志文字与故事，并不断拿一些古典诗词给我修改，因为之前我也在班上说，我高中时喜欢古典诗词，也试着填了很多词。她不断地写，当然语文的复习也没落下。一段时间后，她的诗词写得很好，富有感情，尤其是咏古怀人，水平颇高，我适当地在班中朗诵她的作品。在以后的交流中，得知她小时候深受父亲在文学方面的熏陶，他父亲也是一个很喜欢看书的人，在她还没有上学的时候，就给她买了许多古典书籍，也会在空闲的时间给她一字一句讲解诗词，可能是童年的这段经历，让她对传统文化产生了极大的兴趣。记得在2013年，中央电视台、中华诗词学会举行了一次全国青少年诗词比赛，我让她参加，她写了一首《玉阶泪·咏上官婉儿》参赛。

千年梦里忆昭容，一主沉浮掌盛唐。
十载深闺忧却步，一朝获罪锦衣除。
夜庭月寂霜华冷，春去冬来又四秋。
御诏题诗诗震天，圣皇一念念红颜。
明堂殿内侍君侧，紫殿芳菲别夜庭。
家恨离仇今尚在，岂得二心圣恩负。
挥毫奋走彩云会，颜胜才倾青史赋。
轻指江山宰相惭，登高一赋状元俯。

持玉秤任九州士，天下谁言粉黛弗。
蓟北一思思古今，江南一曲曲离苦。
问卿何怅久离居，宫禁恩囚千里逐。
玄武门前夕骤变，晓风初见红颜枯。
怨风哀雨九霄坠，夜夜泪垂残柳拂。
虽获玄皇终悔疚，英魂散去难遵复。
忽闻江曲怅悠悠，泪拭华衣恨不休。
梦醒千年恨晚生，盛唐一梦悲千古。

这首诗获得全国一等奖，主办方还邀请她到北京接受现场颁奖，并提供去程的机票费和住宿费，考虑她家庭负担，学校也提出帮她付出返回的机票费，但是遗憾的是，她还是没有前往领奖。

证书寄回来了，如何将喜讯告知全校呢？在每周的国旗下讲话之后，我邀请校长亲自为李舒雅同学颁奖，让全校的同学分享她的喜悦，也感受了她对诗歌的执着，同时激励更多的同学朝着自己的梦想前行。

这次获奖让她重拾了自信，高三第二学期，她对工作的积极转变为对学习的主动，重拾起数理化的课本，各学科逐渐追赶上来了，每次模拟考试均比以前更为进步，最后高考成绩达到A线。填报志愿时，他父亲与她一起过来，她父亲说，这一年也看到她的努力，决定咬紧牙根供她完成学业。最终，她如愿以偿，考上理想的学校。

她后来在信上说："在初中的时候，我经常会在考试中交上一篇文言文体的作文，让语文老师实在哭笑不得。高中，我偷偷下了个决定，高考的作文要用我喜欢的古文体写，从高一开始有意识地看各种古典书籍，学习其中的语法与跌宕起伏的情感表达。也是在这个时候，通过一些书籍，了解到了上官婉儿，一位生活在盛唐时期的女性诗人、政治家。时值青春期的我，深深地被这位情感细腻的诗人吸引，开始了解她生活的时代，拜读她所创作的诗词。这段仰慕之情，也开启了我的诗词创作之路。然而，通过对诗词的进一步探究，我开始感到力不从心，没有老师的引领教导，心中有很多的疑问得不到解答。就是在这个时候，我遇到了蔡老师。蔡老师是我高二、高三的语文老师，是一位很注重学生全面发展的老师。一次偶然的机会，我得知蔡老师对古体诗词有所研究，便怀着半忐忑半兴奋的心情，将手上未成形的诗词草稿给老师看，希望老师能够指点一二。老师十分高兴我能对传统文学表现出如此的兴趣，给我讲解了许多诗词格律，这给我之后的诗词创作提供了很大的帮助。也正是因为有老师的帮助，我对学习的热情，才一直得以延续。”

在大学，她读的是经济学，与文学半点不沾边，但是对传统文化的热爱并没有减少。她在课余时间继续阅读古典书籍，继续发挥她的专长，挥展书法，抒写古典诗词，偶尔也发表一两篇文章，也在筹划出一本诗集。大一时她曾经回校看望我，我也把她的故事说给她的学弟学妹们听。如今，她在深圳一间物流公司做管理工作，对文学的热爱一直延续至今，时常利用业余时间进行个人创作，她在不断追寻青春人生的梦想。她说：“梦想从来就不会抛弃任何人，只要你坚持前进的步伐，始终怀有一颗拥有希望、百折不挠的心。总有一天，可以与梦想并肩，享受成功的喜悦。”

梦想，是每个人与生俱来的财富，很多人在稍遇挫折时便放弃了；更多的人，胸怀梦想，即使什么也没有了，也能卷土重来。教育是在唤醒一个个梦想，是良知，是爱心，是心与心距离最近的沟通。教师职责在于给学生的愉悦学习体验，对其兴趣的发现，对其梦想的点燃。乘赏识之风，浴关爱之情，燃信心之火，播希望之种。

2018年9月2日

（二）

黎燕妮简介：女，高中语文一级教师，文学学士，2008年毕业于韩山师范学院汉语言文学专业，现执教于广东汕尾市城区汕尾中学，汕尾中学首席教师，广东省中小学蔡森名师工作室成员。曾主持广东省教育研究院一般课题，参加广东省重点课题。2015年获汕尾市教坛新星、2018年全国青少年毒品预防教育“6·27”工程优秀教师，多次获得作文、演讲、诵读等比赛优秀指导教师奖。

徜徉诗歌王国，绽开智慧花朵

汕尾市城区汕尾中学　黎燕妮

世界上如果没有诗歌，人们的心灵会很寂寞。优秀的诗词像种子一样，有顽强的生命力。它们破土而出以后，和芳香的空气融合，长久地弥漫大地。我们学习诗歌、诵读诗歌，咀嚼、体会、感悟，心驰神往，总能徜徉在美妙的意境之中，嗅到它们散发的馨香。

现当代诗歌作为一种兼具艺术美与精神美的文体，是培养学生语文学科核心素养的重要教学资源。可叹的是，长期以来，由于考试导向与功利意识，现当代诗歌处于语文教学的“边缘”位置，始终难以得到师生双方的重视。近些年来，随着“语文核心素养”这一理念的提出，更多学者呼唤高中语文课堂“诗教”的回归。现当代诗歌作为高中语文教学的重要组成部分，应充分发挥其在立德、育美、陶情、创新等方面的“诗教”作用，以提升学生综合素养。

教学生学习现当代诗歌，诵读现当代诗歌，既不能放任自流，又不能降格为技能技巧的分析，要着力于整体感知，充分发挥现当代诗歌中蕴含的丰富的育人功能。

一、立德树人，精神哺育，打好底子

学生要成为祖国的建设者和接班人，必须具备良好的思想道德素质，具有相当的文化底蕴，形成健全的人格。林语堂说：“诗歌教会中国人一种生活观念，通过谚语和诗卷深切地渗入社会，给予他们一种悲天悯人的意识，使他们对大自然寄予无限的深情，并用一种艺术的眼光看待人生。”诗歌教学不应仅是考试的工具，更应以促进学生的全面发展为根本导向。应该结合时代的要求，丰富“诗教”内涵，以提升学生的人文素养为目标，在“审美、育德、创新、启智、爱国、陶情”等方面促进学生的全面发展。“诗教”可以培养诗性思维，赋予学生一种诗意的人生态度。

上自天文，下至地理，万事万物，皆入诗中。美丽的景色、做人的道理、高尚的情操、审美的趣味，应有尽有，对情感的熏陶、精神的提升、习惯的养成、人格的塑造，起着不可估量的潜移默化的作用。学生通过学习、背诵，用这些优秀诗篇打做人的底子，打文化的底子，底色亮丽，在人生旅途中受用不尽。

诗词中蕴含的思想精华和情感魅力，举不胜举。教师教学生诵读诗词，是通过自己创造性的劳动，用中华优秀文化，用精练、精湛的母语哺育我们的后代，在他们心田撒播文化的种子，撒播做人的良种。教师热爱优美的中华诗词，教出感情、教出气氛，学生从诗词中受到感染、受到启迪，往往刻骨铭心，终生难忘。

二、诗情画意，开阔想象，创新意识

诗歌是诗人生命的冲动，感情的倾诉，当外物和诗人内情猛烈撞击或交融时，就会形成动人的诗篇，就会产生千古绝唱。诗歌是灵动的，充满了诗人的智慧和灵秀，因此，教学生阅读，须得整体把握诗歌的诗情画意，千万不可把灵动的、活泼的诗歌教僵了，教呆板了，使其丧失了熏陶与感染的力量。

一首诗就是一幅画或多幅画，是由众多意象组合起来的画。德国文艺评论家莱辛曾这样说："诗是动的画，画是动的诗。"诗中有时间的悠长，空间的辽阔；有静景的描绘，动态的勾勒；有色彩的点染，线条的流动，是启发学生想象，培养学生悟性、灵性、创造性的极好教材。教学时应整体把握，朗读吟诵，在有限的课堂里拓展学生无限的想象，让诗中景、诗中物、诗中人在学生脑海里浮现、加工，展现一幅幅立体的图景。引导学生步入诗境，使他们如见其景，如见其物，如见其人，如闻其声，达到心灵的沟通，情感的交融。

诗歌极其形象性，学生诵读时应注意联系生活实际，联系自己的知识储存，开展联想，开阔想象，体会起来就有情有意，有滋有味。情托景，景引情，情景相生。咀嚼、联想、想象，就能受到诗人情感的感染。诗歌语言有跳跃性，含许多不尽之意，空白很多，很有利于想象，有利于创造思维的发挥。比如，省略的可以添加起来，跳跃的可以连缀起来。对诗中情、画中意可以从不同角度理解，从不同侧面理解，从不同方位理解。鼓励学生在诵读过程中思想插上双翅，自由翱翔；鼓励他们思接千载，视通万里；鼓励他们再造形象，用生动的语言描摹形象，体会，感悟，步入诗的境界。

三、自主诵读，积累语言，文化积淀

诗歌的语言准确、生动、凝练、精辟，往往一字千钧，一字真人心灵；也有的平仄交错，跌宕起伏，节奏鲜明，极具音乐美。因此，诵读指导千万不能一个模式，须懂得：学生是有个性的，每名学生对诗中形象、诗中情味、诗中语言都可以有自己独特的理解与感受。解放思想，释放语文教学的活力，放手让学生自主诵读，正如特级教师于漪所言："要反复读，把无声的文学变成有声的语言，读出感情，读出气势，如出自己之口，如出自己之心。"

相信学生的能力，教师不应越俎代庖。当然，学生在学习过程中，教师的指导作用也不能放弃。首先要指导学生读准字音。其次要读出诗歌的节奏和语势。诗歌朗诵有些近似于书法的行笔之势讲究朗诵时的拈连，即声断而意连，如大江大河般滔滔而不绝。如《沁园春·雪》(毛泽东)，教师根据这首词的感情基调应读出词中气冲斗牛的豪迈之气和王者之气；在《星星变奏曲》(江河)这首诗中，上片要读得轻柔、温馨，表现出追求光明的美好与浪漫，而下片要通过低沉、哀婉的语气表现现实的寒冷和苦难，以及"变奏"二字的诗歌内涵；外国现代诗歌多以写实手法来表现主题，如《夜》(叶赛宁)这首诗中以河水、森林、夜莺的歌声、秧鸡、月光、小溪、青草等意象群集中表现夜的宁静与静谧；再如《祖国啊，我亲爱的祖国》(舒婷)第一、二节要用沉重的语气读出旧中国的苦难和迷惘，第三节应以昂扬自信的语气读出中国人民摆脱苦难、束缚，走向兴盛的自豪与光荣。另外，诵读时，还要根据句子的结构和表达主题的需要安排节奏，以语气和重音表现诗歌的内涵，在这方面，教师要指导学生对诗歌的节奏和重音有一个准确的把握，那么，诗歌的韵味也就出来了。

诗无达诂，吕进先生说："诗总是充分发挥诗人的想象力，同时又尽力调动读者的想象力。诗家一忌，就是以诗人的想象力去代替读者的想象力。"诗歌鉴赏本身就是再创造的过程，学生因生活阅历、思维角度、认知水平等的不同，对诗歌的理解和感受自然存在差异，应该充分发挥学生的想象力和创造力，鼓励学生进行个性化解读。同时，教师应该分析学生的思考是否合情合理，遵循"多元有界"的原则，做到解读诗歌既充满个性，又不随便臆断。

语文教学应当是激发兴趣的活的教学法，古罗马著名教育家昆体良一言道破："最要紧的是要特别当心，不要让儿童在还不能热爱学习的时候就厌恶学习。"语文教师应将学生领进语文学习的广阔天地；在课堂上力求方法多变，课型常新；用知识的"磁力"吸引学生的兴趣，让学生学得愉快，学得欢乐，扎扎实实积累语言，积累文化，并且在思想情操上受到熏陶，在形象思维、创造意识等方面得到锻炼。

教学相长，诗有生活，师生共徜徉于现当代诗歌的王国，时见智慧的花朵饱满，吐香人间。

黎燕妮老师诗歌作品

茶　酿

煮一壶活水
叶叶缱绻轻舞
积攒一季的茶香氤氲
朵朵静谧
烟火暂远
朗月清风在心
一瓣茗味
牵引七弦琴的余韵
沾染素心兰在黄昏人静时
微透的清芳
酿就诗意的灵魂

饮茶漫思

茶凝然不语
当初
铫煎黄蕊色
元稹吟：洗尽古今人不倦
犹记
蟹眼松涛试新茶
苏子笑：从来佳茗似佳人
欣喜
皎然一语道破
涤昏寐，清我神，便得道
漫漫风扬，茶香脉脉
文人瘦笔轻抖间
茶蕴于青史，影缩文化
千年往事悠悠
茶起
禅意
自在

教　案

踏上三寸讲台
我开始写教案，躬耕细作
学情文本定位在其中
课堂设计取舍在其中
美丽的景色、做人的道理、高尚的情操、审美的趣味
时间的悠长、空间的辽阔、静景的描绘、动态的勾勒

色彩的点染、线条的流动、思维的放飞、性灵的启动
应有尽有

我写着教案，教着学生却不全按着教案走
天高海阔教学相长却也活泼有趣
用中华优秀文化打做人的底子
得一寸有一寸的欢喜

我写着教案，教着学生却不全按着教案走
年华为刀，雕琢教学
一行行，一页页，一本本，一摞摞
教案是我写给教育的情书

教　案

世界很大
生命悠长
我用教案打人生的底

（三）

彭津爵简介：男，韩山师范学院2016届汉语言文学专业毕业，现执教于汕尾中学，广东省中小学蔡森名师工作室成员。其教学理念是“语文者，授心为上”，对于诗歌坚持“小众”，坚持“写诗者也应是诗”。

让学生寻找诗心

汕尾市城区汕尾中学　彭津爵

现代诗歌（此处是广义的“现代”，为区别“古代”）教学一直是应试教育的短板，整个九年义务教育阶段，诗歌一直是躲躲藏藏，为数不多的诗歌作品还被

打上星号“*”。即便再扯上三年高中（有相应的诗歌板块），也得不到从教者的重视，原因自然是和考试有关。如此一来，对于古代诗歌作品的是大量解读，对于现代诗歌是避而不谈，时间愈久也就愈“无趣”了。

然而，中华民族向来是将“诗教文化”放在一个较高的层面的，这点在《诗经》的地位上我们可略窥一斑。虽然现代诗歌作为“舶来品”，但在前辈们译介那些外来诗时，已然赋予了我们中华民族的精神与力量。比如我们熟悉的泰戈尔、雪莱、罗曼·罗兰等。其实我们和诗歌走得很近，现代诗歌比起古代诗歌，虽然年轻，也出现许多“口水诗”，但古代诗歌又何尝没有？我们现在所接触的古代诗歌是历经时代的筛选，已是精华中的精华，自然奉为圭臬。那为何不给点耐心，让现代诗歌去发展，若百千年后还有人类谈起诗歌文学，自然会像今天我们偏心于古代诗歌一样偏心我们这个“古代”。我们现在要做的，正是这媒介。

我对语文统编教材七年级（第二学期）、八年级（第二学期）的学生进行现代诗教学，选取了与我们年代较近的诗歌天才——海子（《面朝大海，春暖花开》）、朦胧派诗人顾城（《一代人》）以及“第三代诗人”张枣（《镜中》）。在此前，七年级的两首（《假如生活欺骗了你》《林中路》）、八年级的学过四首新诗，幸运的是，学生对现代诗还是表现出了兴趣。毕竟在长期的古诗学习中，大量的解读和背诵，一定程度地消弱了他们对于诗歌美感的感受。我们先是对比现代诗和古代诗在结构上的差异，继而就现代诗的历史做简要的梳理，这两点的目的在于从层面入手现代诗。讲解现代诗时我们抛开古代诗的逐句翻译、解读，而是从整体上去感受，不去“肢解”现代诗。我们认为现代诗的词组结合是非常自由的，打破了常规逻辑搭配和语序。例如：“自行车在天上飞/风筝在地上跑”，又如：“黑黢黢的岩石游弋在海面”这样的诗句，在我们正常的书面语里是难以存在的，但现代诗歌这里实现了。我抓住这种“自由”调动同学们的兴趣，因为我发现他们自己在随手随写的时候也常有一些有趣的表达，正好可以引导他们往现代诗上走。八年级的学生对于张枣的《镜中》的感受要强于七年级的学生，对海子和顾城的诗歌则不会有太明显的理解差异。张枣作为“第三代诗人”离我们跟近，他们这代人的创作也有着更大的张力。当然，作为“蜀川五君子”之一的张枣，他的诗歌最具中国诗歌古典美学，这也是我会选择他作为学生们学习对象的原因。

现代诗的学习是需要兴趣的，这种作为“非考试”的内容，有心接触她的，大部分是有心人了，所以在教学中我尝试着点到即止。现代诗作为一种尚有争议的文学体裁，要实现她的正名并非一朝一夕的，因此我还是注重“因势利导”，挑选一些对诗歌有浓厚兴趣的学生，开专题进行培养。自古有“诗言志”，相信现代诗歌也能言当今人的志，而不会被一些末者流的抹黑。

彭津爵老师诗歌作品

旧

年三十是除夕
往后看是一片旧的时光
你拾掇一屋子的浮尘蛛网
有多少是去年许的愿望
你贴上新的对联
贴上一个“福”或“春”
如果一切来得这般直接了当
是否需要三百六十五天的向往?
旧的茶具、相片
旧得看不顺眼的高压锅
总让我心惊胆战
我以为你会从巷口走来
沿途看见的相思树
和几个孩子追着流浪的猫
我以为你会买回胡萝卜、猪骨头和薏米
牵着我们已经会走路的孩子
在过去的日复一日里
日历变得浅薄
然而岁月
那将我文章一一阅尽的好姑娘
终于成了别人的新娘

敏　感

它在猫耳朵里
在你中学一堂走神的语文课上
年轻的诗人无法捕捉
瞳孔放大的瞬间
我们近视四百度
昏睡
是炎热午后的柏油路
腾起的热浪
像大炼钢时代的锅炉
翻滚后
是一支发亮的钢笔
爷爷用它写过欠条
诗人因它的不祥而弃之不用
总有人没有勇气与担当
也拿着笔到处扬威
好几个世纪

算　盘

在敲打中得出答案
“壹元伍角”

外祖父买了一把檀木梳子
掌柜精打细算
前不久，外祖母骄傲地拿着它梳头
把时光梳去
镜中
她是出嫁的新娘

石板桥

当他们不再靠近你
只有我想追寻你的过往
扭曲的身体是一路上的足迹
桥墩长上了水草

祖父想在桥上遇见神仙
这一际遇终于落到我身上
文昌庙会的时光
我把青春给了药铺抓药的姑娘
夏枯草茯苓青莲子
腕上的玉镯呼吸着甘草香气

七十年了
一味野菊生于桥上
花开时还能听到鼓声人声唢呐声
还能看到你回到我跟前

是　你

如果是你
曾涉足一条溪流
水草轻柔
我在一旁写信
你成了离别的你
微风吹动一树的木棉花
垄上
祖母走过
远去的背影是一道斜阳
你的杳无音讯
像溪底石头的沉默
往日
被无休止的冲刷
我们相识
是秋日里的野菊飞舞
等南方酿好一坛酒
我用一杯铁观音祈盼重逢

一个人的时候我会喝酒

一个人的时候
酒是历史
历史在时间里时间不在酒里
一杯下去
走到笔尖的汉语有酒香醇厚
对不会喝酒的我
有着致命一击
那时
我渴望饮下故乡的一片海
抓起一座丘陵往嘴里塞
人多时我不喝酒
常常装作酩酊大醉
一个人会饮三百杯
杯中
神庙　母亲　玉兰花

浮屠　祖母　油麻茶

四月的诗人

赤脚踩着玻璃碎片前进
没人敢追随
四月有阳光清脆作响
一路上光芒四射

山的顶峰是一片安静
是祖先沉睡的土地
荔枝花偶感风寒
一个相信生活的人
是锻造匠锤子下的金属

四月，雨水缓慢
一些青年形色匆忙
故乡没有华灯初上
诗人离去的那天
有风筝等待还乡

这天傍晚
晚霞渲染的丘陵起起落落
四月的诗人有一万首诗等待发落
发配边疆
南方的天空没有鹰
几只水鸟可以自视甚高

昨夜的路

并不像白天时打开了天窗说话
有人试图染黑山顶的一棵绿树
一片叶子
一只化石的眼
凝视我走过昨夜的路
脚步轻盈
一杯古树普洱茶的茶烟
笼罩天幕的星月
田径场上
几对青春的墓碑
相互依偎

有人诉尽衷肠
献上一朵紫薇
昨夜的路上
玉兰不曾开放
流浪者的布袋里
不识相的人白日做梦

夏天与一朵玉兰花有关
和人无关
和七八九月的天气调成一次曾经
像香气来自一瓶墨水的味道
一朵黑色的玉兰花
沉默的洁白无瑕
一支未曾书写过的钢笔
写出了十七岁那年的错别字
没有结局的故事
月亮不会更加皎洁
漫漫长夜
夜色常照着我的脸
使我一天天严肃下去

抵　抗

在不断重复的光影里
闪过许多日常的生活
抓一把人群里的来去匆匆
足以赶上岁月的流逝

脑海中
把读过的书付之一炬
先秦诸子还没表情达意
诗人们尚未写尽诗歌的下一句
灰烬的成分
有硝烟弥漫

有多少个清晨延着王朝走来
就有多少不羁的青年蛰伏在夹缝中
南方的斜阳落日
刀光剑影
从此
你讲过的心事沦落江湖

我们要喝下几斤烈酒
才能遥望南山
数清斑斑点点的星光

（四）

石瑞文简介：2013年毕业于韩山师范学院汉语言文学专业，是汕尾中学碧潮文学社、汕尾中学旭日广播站指导老师，长期担任高中语文教学，广东省中小学蔡森名师工作室成员。多次获得汕尾市城区演讲比赛“优秀指导老师”，荣获2017年度汕尾中学黎智常奖教金二等奖，被评为“优秀教师”。

一棵桂花树带来的诗教启示

汕尾市城区汕尾中学　石瑞文

诗歌教学是语文教学的一大难点，很多时候在诗歌教学的课堂上都呈现出学生机械接收的现象，学生很难主动地学习。对于学生而言，诗歌给他们的感觉是遥远的，晦涩难懂的，诗歌板块也成了他们考试时最害怕的板块。于教师而言，学生对诗歌的反应和态度也直接影响老师对于诗歌教学的态度，我们似乎也是机械地教，不甚理想的教学效果让我们对诗歌教学也“望而却步”，即便知道它很美，知道那些在最简短文字中蕴含的智慧无形当中对于一个人的涵养的影响有多么重要，即便知道它是中华民族的先人们留给我们宝贵的财富，我们却很难将它表现出来。曾经有个学生在课堂上很直接地问过我：为什么现代人还要学习诗歌、文言文这种东西？我愣了一下之后，忽然想起了曾经看过的一段关于为什么要学诗的话：孩子问父亲："我们为什么要学诗呢？"父亲回答："我希望当你某天在黄昏时分路过大桥的时候，看到水面飞过白鹭，想到的是'落霞与孤鹜齐飞，秋水共长天一色'，而不是'哇塞，这真好看'。希望你看到大海时，想到的是'春江潮水连海平，海上明月共潮生'，而不是'大海啊，你全是水'。"

当时我把这段对话稍改了一下分享给学生，我说："我们为什么要学诗呢，老师希望，当某一天你和生命中最重要的人一起漫步于海滨街时，看到夕阳西下，海天一色，海鸥翱翔，你脱口而出的不是'看，鸟耶！'，而是'落霞与孤鹜齐飞，秋水共长天一色'。"他们都哈哈笑了，若有所思。这段课堂上的插曲也让我不禁思考，学生之所以不喜欢学诗，也许正是他们觉得生活离诗太遥远了，他们把诗当作了语文的一个板块，忽略了生活处处有诗，诗与生活是密切联系的。若语文老师能启迪学生将诗融入生活当中，或者点燃学生在生活中发现诗的激情的时候，也许在学生的心里，诗歌的面纱就会揭下，诗歌在他们心目中身份不再只是局限于应试，他们也能从诗中收到启迪，甚至在诗中寻找生活智慧。

将诗与生活相联系，启迪学生联系生活解读诗歌，在生活中发现诗并理解诗的内涵，这种做法的效果在一次古诗教学中得到了印证。在执教李清照《桂花》一词时，我设想让学生通过把握李清照笔下的桂花形象理解词人寄寓在桂花身上的思想感情。设置本节课的教学目标时，先让学生回顾鉴赏咏物诗的方法，进而运用该方法迁移鉴赏《桂花》。在A班上课时，我先询问学生是否在生活中看过桂花，让他们给我描述一下桂花的外形，这本是一件很简单的事，但我惊讶地发现，很多学生竟然表示并没有见过桂花，或是表示记不清桂花长什么样。这是我完全没有预料到的。一种生活中常见的植物，学生竟然对它如此陌生。正好当时提前准备了桂花的图片，于是我给学生展示了图片。接着按照分析意象—解析情感—点拨手法的步骤引导学生鉴赏《桂花》。这样的一节课依旧显得平淡无奇，《桂花》一词也只能成为学生学过的众多诗词中平淡无奇的一首，也许很快会淡忘在他们的脑海当中。从教室回到办公室的路上，办公室门前的那棵桂花树映入我的眼帘，我突然想到，既然学生大都对桂花没有印象，何不利用这次机会将诗与生活结合，让学生根据李清照描绘的桂花的特点寻找校园中的桂花。这样的做法既可增长他们的见识，也有利于解读诗词。于是，在B班上课的时候，我没有给学生展示桂花的图片，而是先让学生概括出词句中桂花的特点。随后，我告诉学生校园中也有一棵桂花树，询问学生是否知道它的具体位置，通过语言引导，激发学生对这棵桂花树的好奇心，再让学生根据词中描绘的桂花的特点去校道中准确寻找这一棵桂花树。这个小小的活动让整个课堂呈现出跟A班截然不同的效果，整个课堂氛围一下子就活跃了，当我询问他们这颗桂花树的具体位置时，学生七嘴八舌争着回答，又在我一次次的否认中愈发着极好奇，想要快点出去外面一探究竟。当下课铃声想起，平时喜欢窝在教室的学生纷纷出去了，朝着校园各个角落奔去，他们昂着头观察，靠近树闻气味，寻找“暗淡轻黄体性柔”的桂花。当他们欢笑着奔跑在校道中，找不到桂花又奔向另外一处，最后真正寻找到这不起眼的“情疏迹远只香留”的桂花时，他们兴奋地大叫朝我挥手示意，我相信他们一定会牢牢记住这小小的桂花，这淡淡的桂花香一定会深深地沁入他们心脾，李清照的《桂花》一词也会深深印入他们脑海里。

通过这个“找桂花”的环节，我也惊讶地发现，在探讨李清照寄予在桂花身上的情感时，B班学生的体会更深，回答问题时感触更深，也更能准确解读词句。

我带领B班学生在校道寻找桂花，师生展开交流。

师：刚刚看到大家非常积极地朝着校园的各个角落寻找桂花，请问同学们都找到桂花了吗？容易找吗？

生（七嘴八舌）：找到了！桂花也太不起眼了……我从来没意识到那就是桂花树……

师：好，相信大家在寻找桂花的过程中一定有所感触，有谁愿意来分享一下你看到的桂花与李清照词中的哪些词句对应上了？桂花有哪些特点？

生1：我是跑了三个地方才找到那棵桂花树的。一开始没有看到花，因为那花真的很小，淡黄色，花瓣也小，正如《桂花》这首词写的“暗”“淡”“清”。

师：那你自己概括一下桂花的特点吗？

生1：我觉得桂花很“低调”。

师：好，谢谢这位同学，他觉得桂花的特点是“低调”。还有其他同学可以分享一下吗？

生2：我一开始找到桂花的时候我还不确定那是不是桂花，但我凑近去闻了之后，我觉得我应该找对了，那棵树的花虽然很小，但细细闻真的有阵阵清香，应该就是词中描绘的“情疏迹远只香留”。

师：那你能概括出桂花的特点吗？

生2：我觉得桂花虽然不起眼，但是有内涵。

师：这两个同学都根据词中描写桂花特性的内容准确找到了校园的桂花，“暗、淡、轻”三字是形容桂花的色是暗黄、淡黄、轻黄。“体性柔”说这种花的花身和性质，说明桂花不以明亮炫目的光泽和浓艳娇媚的颜色取悦于人，也可以理解为同学所说的“低调”，而“情疏迹远只香留”则说明桂花外貌不扬而内秀丰富，默默无闻而香留人间。

通过这次寻找桂花和学习李清照的这首《桂花》，同学们记住了这不起眼却内秀的桂花。接下来与学生们探讨了下一问题：从这首词中，我们可以看到，李清照予以了桂花极高的评价，连傲雪高洁的梅花和有“君子之花”称号的菊花在桂花的面前都产生了羞愧和妒忌的心理，甚至大胆提出骚人屈原“无情思”，没有在《离骚》中提到桂花。经过这样的比较抑扬，桂花的定位就很清楚了。作者论定：桂花是众多的秋季名花之冠。请问，为何李清照唯独倾情于桂花并给予它如此高的评价呢？学生思考、讨论后，纷纷回答。

生1：我认为李清照看中的正是桂花的内在品质，桂花虽然很不起眼，但是小小的花朵却能散发出不一般的清香，就像人一样，就算外貌很平凡，但是有好品质，也是值得人称赞的。

师：这位同学说得非常好，他认为吸引李清照的是桂花的内在品质。其他同学有不同的见解或者补充吗？

生2：我觉得李清照看中的就是桂花的平凡。桂花不像梅花、菊花还有其他花那样有鲜艳的颜色、美丽的花瓣，它那么平凡不起眼，但如词中所言“情疏迹远只香留”，它就默默地把香气留在人间，这点是它吸引李清照的地方，默默献出自己香气，不跟其他花相比，淡泊名利。

师：非常好！如果说桂花像一个人，大家觉得它像谁？

生：李清照！

教师总结：同学们今天的回答非常好，《桂花》这首词正是用了托物言志的手法，桂花外貌不扬而内秀丰富、品格高洁，正是作者傲视尘俗、乱世挺拔的正直性格的写照，也表现了她清高淡泊、追求高洁品行的情怀。

不易的校园寻花过程，让学生能深入体会为什么李清照倾心于桂花并寄予桂花极高的评价。有的学生表示，这桂花实在是太不起眼了，让他们找了许久才找到，有的学生说，想不到这么小的花朵，却香气扑鼻，确实是别致。他们也明白了，桂花的品格和处境就是作者的品格和处境。她对这种品格的自珍和自信，就是对自己的人格志趣的显现。

春有百花秋有月，夏有凉风冬有雪。生活中有诗，生活即诗。若能引导学生在生活中寻诗，发现诗，在诗中品生活，把诗词记心头，四季美景人无忧。年少时读的诗，会在心里生根发芽，等到某一天触景生情，总会茁壮成长成一棵大树。

诗教掠影

——汕尾中学碧潮文学社“三行诗”活动

汕尾市城区汕尾中学　石瑞文

一、活动概况

为了扩大诗歌的影响力和号召力，用诗歌提倡一种健康文明的生活方式，发现生活的美，繁荣校园诗歌创作，营造良好的校园文化氛围，汕尾中学碧潮文学社每年举办一次“三行诗”活动，这是汕尾中学碧潮文学社的特色活动之一，“三行诗”活动为广大诗歌爱好者提供一个更专业更集中的诗歌交流平台，使更多的人关注诗歌，关注文学。

活动流程包括：①“三行诗”活动主题征集；②线上活动推广；③征集作品；④作品评选；⑤颁奖；⑥线上优秀作品推广；⑦作品收编《碧潮》期刊。

“三行诗”的活动主题由碧潮文学社社员征集，指导老师筛选讨论确定，活动主题根据特定时间节点而定，或者是以传统节日为节点拟定主题，如“重阳节”三行诗活动。

活动的推广主要有两种形式，一是线下活动宣传推广，包括海报宣传，碧潮社员进班级宣传，语文教师宣传。二是线上微信公众号推广宣传，通过碧潮文学社微信公众号宣传推广，活动策划书、活动主题、稿件征集、活动咨询等信息均会在公众号上发布。

整个征稿的时间持续1—2周。稿件征集完毕后由学校语文组教师评选出一二三等奖并由学校举行颁奖仪式。整个活动从开始到结束，包括优秀学生作品都会在碧潮文学社微信公众号上推广。

二、活动成效及影响

“三行诗”活动的举办，为学生提供了一个很好的诗歌创作交流的平台，提高了学生诗歌创作的积极性和诗歌创作的能力，营造了良好的校园诗歌创作氛围，让学生在生活中发现诗，创作诗，感受诗与生活密切的联系。“三行诗”活动在整个校园活动中的影响力也日益增强，参与的学生越来越多，对学生作品的肯定和宣传，增加了他们的自信心，提高了他们创作诗歌的兴趣。

三、诗教活动延伸

碧潮文学社除了通过举办“三行诗”活动外，还会邀请城区作家协会领导和作家们一行走进汕尾中学，举行以“诗与远方”为主题的文学交流会，与学子探讨文学，畅谈诗与生活，通过文学交流会，增长学生的知识，激发学生文学创作的兴趣。除此之外，不同完全中学之间的文学社也会定期举行文学交流会，分享经验，互相交流学习，大大促进诗歌、文学的影响力，拉近诗歌与学生的距离。

四、学生代表作品

罢　思

采菊酿酒，埋于青山下。
繁华褪尽秋思起，
饮一口作罢。

——黎莹莹

遥　寄

携着
脚步这封信
寄给高山

——佚名

空寥人

孤菊锁空城
遍地残叶痕
倚木念旧人

——玖夜

致终将逝去的青春

熟悉的那个地方，
奔跑的那些身影，
我看过了，不是你们。

——初二（2）班　吴佩贤

一秒青春

上一秒来得及憧憬，
下一秒来不及回望，
转瞬无年少。

——高二（4）班　谭垚宸

四月天

当我沉迷在万物复苏的景色时，
我就知道，
我中了四月的迷魂计。

——高一（5）班　严晓丹

四月人间

四月水，弯弯涟漪涤清流。
四月木，千千叶茂絮柳飘。
四月君，款款御风相见笑。

——高一（5）班　许驰

聚重阳

叶落花黄秋水漾
故人重逢旧时小巷
举酒共醉重阳

——刘俊杰

梨　香

梨花开满园
芳菲浸千里
随风诉思念

——高二（4）班　郑诗雨

寂清秋

一人独居秋风台
一曲独忆旧梦人
一心独殇落茱萸

——锦笙萧瑟

林诗铨老师采访稿

采访人：王妍（韩山师范学院文学与新闻传播学院，2017届汉语言文学6班）
被采访人：林诗铨（韩山师范学院2001届学生，汕头市澄海中学特级教师）
时间：2019年9月3日星期二
方式：电话采访

1. 您是从什么时候开始写诗的，谈谈您的诗歌写作历程。

小学二年级我写了人生第一首诗《电灯泡》：像手雷弹，不是手雷弹/像气球，不是气球/它就是手雷弹，会发光/它就是气球，升在半空。为什么还记得是二年级呢？因为记得父亲当时拿着它到处跟人说："二年级写的！"后来三年级又写一首《绿豆糕》：绿豆糕像月亮/月亮像绿豆糕/在月光下/我们吃着绿豆糕/吃绿豆糕时/我们沐浴着月光。

其实，整个小学阶段我就写过这两首诗，后来读了初中，我开始不喜欢语文课，因为老师们不赏识我。入学不久，老师念班里的军训范文："烈日下，我们挥汗如雨，踏出整齐的步伐。教官问我们：累不累？我们回答：不累。这时树上的鸟儿为我们歌唱，一阵风过，树叶也为我们鼓起掌来。"我吓了一跳，觉得很可怕，因为我在作文里嫌弃了很多人和事。那次我没有及格，并且开始了长久的不及格，尽管初三语文第一次单元考我考了遥遥领先的98分（满分100分），因为那是一个诗歌单元，而课本那些诗歌其实我小学时早就倒背如流了，但是老师没有表扬我，谁叫我的作文经常"跑偏"。初中的同学都不知道他们的同班同学林诗铨其实很少听语文课，上课都是在发呆。

高一那年，我的第一次作文竟被一个老师认为写得很好，他让我们改编《廉颇蔺相如列传》，因为课外读了李贽的《蔺相如完璧归赵论》，我把蔺相如塑造成一个匹夫。从此我开始在苏北中学的各项作文比赛中"捞"奖品。作文被承认后，我似乎又重拾了阅读的热情，也开始断断续续地听起语文课来，当然喜欢上诗歌和这个关系不大，但这个还是要说说，因为从此我开始了语文的学霸生涯，从高一期末到高考，我的语文成绩基本都是年级第一名，而且高二和高三都当了语文科代表，这直接导致我读了中文系。

和诗歌结缘是因为我的胞兄林诗锬，他比我高四个年级，没读大学，我读高一时，他已工作了两年了，不知是不是在职校读书太无聊，他的书法和文学突飞猛进，他开始大量的阅读古诗、新诗，唐诗宋词背得滚瓜烂熟，还开始用金炎的笔名在《澄海报》上一首一首地发表他的新诗。有一件事，他帮一家银行安装空调，把新买的《唐诗鉴赏辞典》落在那里，第二天去取，银行前台用怀疑目光把书递给他问："书，真是你的吗?"

胞兄也买了很多新诗集，比如《在黎明的铜镜中》《以梦为马》《新诗鉴赏辞典》，我们经常一起朗诵新诗和他写的诗。每次我写诗给他看，他经常会用四个字"味同嚼蜡"，我发现自己真的不是这块料，就只读不写了，当时写过的诗，只有一首《烟花》被他认可。这首诗只有如下四行：我们固执地走/让烟花看我们的背影/烟花一声叹息/我们回头也看到烟花的背影。

刚读大一，我参加了校园诗歌大赛没有获奖，后来读了那些获奖的诗，再次确认自己不是那块料。当时，我送了两首《无题》和《古塔与烟囱》，和那些获奖的诗比起来，的确"味同嚼蜡"，后来我开始学写散文和新闻。

大三那年，中文系要求所有学生参加系里的文学创作大赛，我送散文《声响》，感觉可以获奖，顺便把当年参加诗赛的三个作品也送上，结果我的散文什么奖都没拿到，三首诗却有两首获了奖，另外一首发表在《韩江》，而散文《声响》则发在《潮州日报》，事情就是这么阴差阳错。

当了教师后，我基本都在写散文，偶尔也写写新诗或律诗。之所以不怎么写诗，其一觉得自己没什么天分；其二是工作生活太忙乱，更喜欢用散文去梳理。偶尔写，却出于一种表达的需要，因为有些情感散文无法表达。比如当内在的情愫无法用散文去梳理时，我会用上诗。

2. 您在韩师读书期间参加了学校哪些诗歌社团及诗歌活动吗？韩师生活对您的诗歌写作有哪些影响？请您谈谈这方面的情况。

我进入韩师以后特别渴望自己的诗歌被别人知道，我从小就特别喜欢写诗。我第一次参加诗赛，用了两个作品去参赛，结果没有获奖。这个也是我的一件趣事，就是后来我在中文系大三的时候有一个要求学生一定要交作品的大赛当中，我被迫再交诗，我就交了还是那几首诗，结果两首诗都获得中文系的两个一等奖，这个我在第一部分也有谈到。

后来虽然第一年也没有获奖，但是我还是参加了韩山诗社，进入以后对诗社的一些讲座等，我还是蛮感兴趣的。然后我听了很多师兄师姐的讲座之后，我明白原来诗也是可以这样写的。后来他们也有招考诗歌成员，我也做了积极准备，然后去参加他们的招聘，结果我被录取了。录取了之后我就发现那些诗歌的专场的次数并不多，不是很活跃。然后我就自己一个人写，但是我总是觉得很汗颜吧，因为我觉得别人写的比较成熟，我写的比较稚嫩，我自己也不知道自己写得怎么样。因为我的诗都属于比较平白如话的，但是恰好我们大学阶段的大部分诗人的诗都是可能在那个年龄阶段都更喜欢比较晦涩，比较艰辛，比较难读懂的。然后我就觉得我好像有点不会写诗了，停滞了很久。停滞很久直到什么时候人家才认为我是一个诗人呢？我觉得这也是很尴尬的。

陈培浩曾经在一本书叫《韩师十五年诗歌选》当中有一篇文章叫《从八年前走来》，当时就说到我的尴尬。因为我大三的时候参加中文系的诗歌比赛，那时候我不敢拿什么作品去参赛，更多的是写散文。我又是广播站的站长，写新闻出身，主要是写新闻和散文这两块，当时就发了三首诗，两首获得一等奖，一首没获奖，发在《韩江》上。散文我是觉得自己肯定能拿奖的，结果没评上奖。后来黄景忠老师还是赵松元老师把它推到《潮州日报》上。那个时候大家就说，原来你是会写诗的。

陈培浩后来有一句感慨说："成为一位诗人它其实有一个标签，否则你好像一辈子都迈不进这个门槛。"所以我就觉得我在韩师的诗歌社团的经历确实是经历过这样一个过程：第一个是不被认可，自己就自惭形愧，然后就感觉自己不擅长写诗没有天分。但是之后又出乎意料的获奖，受到老师很高的评价，然后我就有点对诗歌前驱后躬，但是自己后来想清楚就觉得自己其实也不怎么写诗。陈培浩后来就觉得我更适合写散文，他就觉得我的诗也还好，我偶尔需要的话写一写还是可以自娱自乐的。

你说这个社团对我的影响有多大，倒不如说有几个人对我的影响挺大的。一个是老师们的鼓励支持。比如说赵老师当堂表扬我的诗获奖，或者说我的散文写得很好。黄景忠老师也会说我的散文写得很好。在大三的时候有点老年得志的感觉。陈培浩是我大三的时候他才入学读书，这个师弟进入我眼帘的时候令我特别有印象，他眼睛大大的，特别的有光。第一次聊天的时候他就对我特别的上眼，我也对他特别的上眼。当时陈培浩他刚入学还没有经过一个系统的培训，所以很多东西他也不懂，我就拿那些老师讲过的课给他讲。我觉得陈培浩尽管他没有比我接受多两年的文学的教育或者学习，但我觉得他其实是还给我很多东西，因为他对文学有一种天分，这是我个人的一种看法。他不断和我聊起韩山诗社，聊起以前那批人，像谢玄、郑景森、周运华，还有比如说李让畅这一大批以前的诗人，我在和他谈论的过程的当中好像找到了一种感觉，他们的诗也只是一种诗的代表，并不是说我的诗歌就不能算诗歌，而他们的诗歌才是真正的诗歌。陈培浩给了我这一份自信。我觉得这个师弟可以当我老师了，他带来的东西并不是理论的知识的记忆，而是说他本身对文本有一种很敏锐的感觉，所以其实我是从他那里学到了很多。他也不断启发我怎样去写散文。

所以我觉得你说是社团给我的影响不如说是一些人给我的影响吧。有时闲聊的时候，你会依据当时的那种现象、人、氛围去讨论，然后有这些现象有这些东西可以讨论，你就会去思考诗该怎么写，诗的风格该怎么样，怎么用词，有什么流派，所以有时候我总是觉得社团对人的影响，更多的是一种宏观的影响，而真正的一种微细的影响可能还是真正来源于你认识了哪些人，你在无意中交了这方面共同爱好的志友，志友对你的影响是很大的，老师的鼓励影响也是很大的。韩师的诗歌社团活动对我的影响更多是一种眼界，一种视野。它并没有给我提供什么“手艺”，“手艺”的东西比较少，没有说你怎么写都好，你该怎么去读书，更多的是一种眼界。而真正的那种“手艺”的东西，怎么去写

的那种东西还太少了。后来我觉得陈培浩这个人是即将成为韩师的文坛领袖，后来在他之后整个韩师的诗歌风气就已经完全地兴起了，而且好像在他手里韩山诗社还发展得特别好。因为他，甚至把一个潮州，一个粤东的诗歌给带动起来，所以人是蛮重要的。就像我和他的距离还比较大，没有他的天分，也没有他的热情，没有那种深爱，所以很难做成什么。但是他那种深爱引发了整个韩师诗歌的发展，潮州诗歌的发展，甚至是粤东地区诗歌的发展。他影响的不止是诗歌，还有小说、散文之类。

3. 哪些诗人诗作影响了您的写作？请推荐十位诗人。

因为我父亲很喜欢徐志摩，所以我很小就会背他的《再别康桥》《偶然》《沙扬娜拉》这些诗。这种音韵之美对人的吸引是非常强的，尽管长大后我发现徐志摩的诗有点音符意浅的感觉，就是音律很好意思太浅了。他的诗其实好的并没有很多，只有一首《偶然》我现在还觉得沁入心肺的。但是如果你说诗人在我的启蒙阶段对我影响很大的还是徐志摩。他在心志上给我的影响还是比较大的。

还有一个就是胡适。胡适直接影响了我的“平白”。胡适是第一个写白话诗的人，什么“我从山中来，带来兰花草”，这种的话小学也可以写，所以我在小学初中阶段模仿他那种特别容易写的诗，也直接导致了我在大学创作的诗的面貌和别人是不一样的。我感觉我受影响的初中高中阶段，尤其是小学初中阶段，我更多的是受那些“平白如话”、现代的那些人的影响。所以我写诗是比较“明白”的，比较清楚，比较意象化，比较朗朗上口，比较讲求音律。古诗也有一些影响，但是古诗的影响可以推到现在。古诗小时候是背很多，但是对我的影响是不大的。你要读懂古人的东西，真的是要等到文学修养比较好的时候。我们更多是背在心底，感受到一些美感而已。

我哥开始写新诗的时间比我早很多年，他会去买一些书，像朦胧诗派的一本诗叫《在黎明的铜镜中》，第三代诗人的《以梦为马》，那个对于我来说真的很震撼，那本书拿到手之后发现了舒婷、顾城、北岛，这真的让我发现了一个新的世界，尤其是顾城，后来也养成我的一个习惯，就是很喜欢写几句话，很短的诗，像《几代人》《远和近》，影响也是很大的。

等到我哥买了一本《以梦为马》，我就发现这些就更好了。尤其是海子，如果你让我在当代的诗人当中挑一个天赋型诗人或者是纯粹地带着个人情愫在写作的就只有海子吧。读了他的诗歌之后，你的心灵真的是一种震撼。原来诗歌是可以来自你心灵的一种独白，一种非常自由的独白。再后来，因为在大学阶段觉得自己的诗不如别人，所以就没有好好去学，有一种意气用事，觉得算了，我不写了，自己没有这种天分，我去写散文吧，我去写其他的吧。所以那段时间我是搁浅了很久，很久没有读诗，唯一读的可能就是一本昌耀的诗。如果说海子是用他的个人激情在写诗，那我觉得昌耀是用他的生命在写诗。我当时是很受他的几句诗的感染，这首诗叫《花朵的受难》，像“生者对生存的思考”。一个人竟然可以把他的生命化在诗歌里面，感受到他的诗其实就是他的生命的一个升华。像“我们早想着逃离了，但我们不会衰老得更快”。你其实也不知道他具体在指什么，但是你可以感受到他把他的生命融在诗歌里面。

昌耀之后我也就没再读什么新诗的诗人。但机缘巧合的是，我在出来教书之后，这个时候我们同办公室有一个数学老师。他其实写诗写得特别好，叫陈遇家。因为我在图书馆看书拿杂志的时候，我看到一个数学老师在订诗刊，订了很多诗歌杂志，我就帮他拿了，问他：“你看诗吗？你写诗吗？”他就写了一首诗送给我，结果我发现他写得非常好。如果你说再有一个诗人对我的影响，我觉得的是陈遇家。一个在身边写诗的写作者，他不一定是大诗人，他用他的生活在写诗的时候你就会发现一个人的心灵。其实诗歌并不是说我写给谁看的，而是他的一种需要，他的一种表达和情愫。他每年都会读很多很多的书，包括诗集。他会写很多首诗，会结成集子，然后每年都会给我看。比如他有一首诗叫《可能的晚年》。我不知道他的《可能的晚年》是在写他的父母还是在写他再长一辈的爷爷奶奶。里面有两句话，我现在还记得，“剩下的愤怒好像胸口一团咳也咳不出的浓痰”。你对亲人的晚年想表达自己的见解，又不被年轻人接受，不被这个时代接受，内心还有一种像垂老的狮子的那种挣扎，你想表达但是表达不出来，你变得愤怒了，但是你的愤怒是什么呢？就像一口咳也咳不出来的浓痰，你就觉得你好像找到了一个知音。陈遇家与我现在还是同事，所以我们还经常在交流。陈遇家还给我带来了一些诗人。

其实认识陈遇家和认识陈培浩是两件不一样的事情，遇到陈培浩的时候我觉得诗歌是一种炫耀的资本，或者说是一个人向外界发出的一种手段。认识陈遇家之后我就觉得诗歌是一种内在的需要，所以受陈遇家的影响我觉得还是蛮深的，然后我就会开始写一些生活的诗，用平白如话的那种感觉去写生活的细节。陈遇家的诗本身也是非常日常性的，他看了我以前的诗就问我为什么不写下去呢？你为什么要质疑自己呢？如果你当初写下来你会很不一样的，你有这种天分，你为什么听别人那么多的意见呢？我大一的时候有老师说有些人一生都进不了诗歌的大门，有些人说你还是写散文吧。他不这样说，他就说你写下去就肯定会不一样的。我后来也没有觉得把它看成一种很必要的东西，想写就写，只是一种需要。需要想倾诉什么就写一下诗。然后就觉得不像诗也没关系，把自己的声音发出来让自己听到就可以了。陈遇家给我带来的主要有一个诗人，叫黄灿然，是一个翻译家。黄灿然就特别生活化，把生活写到诗里面，所以我想学习他写诗。我觉得诗歌如果太学院派，它很难去感染人。你如果用生活发出你不一样的声音，可以让更多的人来留意诗歌，留意这个时代的声音。

4. 谈谈您的诗歌观好吗？

我分两个来说吧。一个是什么样的诗是好诗。其实这个问题很折磨人。我觉得首先好诗是要发出别人没有发出的声音。不管你在哪里，你是谁，你的身份地位是什么，但是你用诗的语言去发出你的声音，这种声音是别人没有办法发出的，我觉得就是好的东西，当然其他的文本也是可以的。我觉得用诗的语言、诗的格式去发出的声音就是好诗，发出别人没有的喟叹。当你发出私我，这种私我也是很特别的，很美的，也是可以的，你会觉得也很真、很纯、很美。但你的这种发声不能别人发过你还在这里发，这可能很难就是好诗吧，这是从诗的题材上、内容上去说。

举几个例子，陈子昂的《登幽州台歌》，你读的刹那之间你也会泪流满面，“前不见古人，后不见来者。念天地之悠悠，独怆然而涕下！”这种发出了生命的孤独感还有一种人放在宇宙当中去考量自己的生命的感觉，我觉得这是好的。比如说在特定的年代里，像田汉的《义勇军进行曲》：“起来，不愿做奴隶的人们，把我们的血肉筑成我们新的长城。”你用什么样的表达才能表达出那种时代感，那种苦难的感觉啊。所以我就觉得它发出了一种时代的感觉。我觉得陈子昂就是个人在困境中的一种呐喊，我觉得这种诗在我的心里不管是大我的还是小我的都是极好的。一些太琐屑的诗，太个人化的诗也可以，当然它表达的是一种非常纯粹的、人性的一种体验。比如说海子的那首“今夜我不关心人类，我只想你”，我觉得都是好的。

我觉得还有一个标准是不要太艰辛，不要太晦涩，如果语言不需要那么晦涩，就不要特意去陌生化。如果真的陌生化的这种形式可以和内容高度的统一起来，造成一种熟悉生活熟悉感情的陌生化，然后你又品出味道，那也可以。因为被发现的东西，被抒发的情感太多了。如果你要让人眼前一亮，要加入自己的创新，语言的陌生化上可以和你的内容高度的统一，我觉得也是好诗。我更喜欢写这种诗，因为自己的生活比较单调，也不需要用很复杂的语言去表达复杂的东西，更渴求的是能用简单的语言去发出我独特的声音，那我就觉得这样的创作起码是一种需要，也能影响一些和你类似的人。

5. 走上中学讲台之后，您怎样在语文教学中进行诗教，请谈谈这方面的情况。

走上中学讲台之后，我觉得一方面可能是在上课的时候重视诗的教学。分两个来看，一个是新诗，一个是古诗。对于古诗来说是必教的，对于学生而言，古诗因为语言的问题，因为年代隔膜感的问题，它需要老师很强的专业性，所以它必须老师是去教学生的。我是在高中进行语文教学，所以在教的时候会慢慢地透过文本，慢慢地透过意象，慢慢地揣摩这首诗的大意甚至是每一句诗的意思，去讲里面潜藏的审美的东西。这里有一个目的也是让学生学会鉴赏。因为在高考当中有一道题是诗歌鉴赏。我们更多的是这样教，在基础年级让他们阅读大量的古诗，我们课堂是以一些例子来讲解，讲解之后更多的是引导学生读大量的类型化的诗歌，比如咏物诗、怀古诗、借景抒情诗等，这些以例子带动他们去认识怎么样更好地去阅读一首诗。

然后还有一个就是在课堂上教新诗。有些人就说这些新诗平白如话，大家普遍的见解好像是说这些新诗不需要太多的技术性，更多的可能不是教很技术化的东西。但我觉得新诗反而是最难教的，它更不好懂。古代的语言它表达的东西基本是一样的，它毕竟是农耕文明的东西，所反映的东西本身就很简单。但是当你的语言已经发展到现代，你所表达的东西越来越抽象，你所呈现的东西的复杂性与古诗是没办法一样的。所以我就觉得教新诗的时候会很困难，很难教得好。新诗更多的是让他们去读，诵读给他们听，让他们去领会。会抓住一些比较容易模仿的新诗，像舒婷的《双桅船》，或者是一些比较简单一点的新诗，会让他们去模仿里面的句式，因为我觉得用诗一样的语言去表达，可以提升一个人语言的面貌、美感，所以我会借助这个引导学生去练笔，模仿它来写一首诗，这更多的是一种仿写。

至于在课堂上教学生写诗，我确实是有这样的行为，比如我上完一本书叫《唐诗宋词元散曲》。我就特别希望学生学完这本书之后可以学以致用，所以我就和他们介绍了一首歌叫《涛声依旧》。这首歌把古诗的意象化在歌词里面。我让学生学完书之后，化里面的意象出来写诗，或者你对里面的一首诗把它换成一首现代诗来表达。或者是说这本书里面的哪一个点触发了你心里面深刻的体会，然后你写一首诗。后来我搞了一个比赛。学生现在回忆起来印象还非常深刻。我还可以教他们写一些比较简单一点的新诗，就说怎么样实现语言的跳跃，怎么样采用蒙太奇的手段，怎么样去萃取古代的一些意象去作诗，怎么样在语言上追求节奏感，比如说不能每一句都是奇数的句子，每一句都是七个字或者九个字，你偶尔得是偶数句。但奇数句对诗歌来说是更好的。

我更希望可以把像“手艺”的东西教给他们吧。但是就在我教的班里面这是很难培养出诗写得特别好的孩子。因为这方面的东西确实是有点困难，一个方面是学生的课业太重，不可能把这个当成一个研究的东西去做，所以他写得不是特别好，没有特别多的时间去做。另一个方面是写诗是高于我们高中语文的要求的，因为你看高考的作文是这样要求的：请写一篇八百字的文章，文体不限，诗歌除外。所以大家都是忙，没有更高的要求，写诗更多的是一种业余爱好吧。我会把这种经历转换成培养学校里的一些爱好者，学校里还是有一批爱好写诗的学生，在文学社里指导他们写诗。其实那批学生也是从小对这方面很感兴趣，有些东西他们信手拈来就可以把诗写得特别好，你更多的不是指导他们这首诗怎么改，更

多的是激发他、鼓励他、呵护他这个梦，然后更多地包容，而不是说他哪里不好。

这也是我在大学的一个经验吧。因为别人觉得我不会写或者说觉得我写得不像诗，后来我才知道诗的天空是很广阔的，我的这些诗也算诗。所以我对那些爱好写诗的文学社的社员是不拘一格的，让他们喜欢哪种风格就写哪种诗，偶尔我会觉得他可以发展成某一种特点，就会引领他去看谁的作品，可能会更好，可能可以提升他的诗意，因材施教。并没有说你写的不好，你不适合啊，而是呵护他，让他继续去写。一般情况下，你对一下眼神就知道这个人是不是你的同类人，他写的作品比你还好得多，因为少年情怀皆是诗，所以在那些诗歌随笔上你可以看到我的学生江俊杰和吴润凯的诗已经写得很好了，所以我更多的是指导吧，并不教他很多的技巧。

6. 您认为大学诗教和中学诗教是什么样的关系？

我觉得如果把诗教看成诗歌的教学，我觉得太狭隘了。诗教应该是代表一种文学一种情怀，一种艺术的情怀。我觉得大学的诗教可能就是对你这个人的人文性、美的培养，把你引导到美的方向上。所以它教给你的更多的是眼界，提供给你一些可以读的诗人、一些书单，让你在这个方向上可以走得更远，不止是说他讲了什么作品，他教你做什么。

我认为它有影响的，一个是老师讲诗讲文的那种热忱，那种质朴，比如赵松元老师他上古诗的时候，永远是那种非常热忱的态度，他有时讲到一首诗会手舞足蹈，会非常陶醉，浑然不觉，讲得非常投入，和诗人融为一体的感觉。其实你在中学的诗歌教学时你也应该先爱上这首诗，才能讲好这首诗，如果打动不了你，你怎么去打动你的学生呢。教学并不是一蹴而就，不是你备好课就够了，你可以用你的热忱，你的生命去感染学生去阅读的热情，去写作的热情。所以我说第一点诗教的影响是来自老师对诗文的热情。

还有黄景忠老师，他教的是散文。他和赵老师是两种截然不同的风格。赵老师是那种非常澎湃，激情四射的，黄老师是那种娓娓道来、春风化雨的感觉，像那种“随风潜入夜，润物细无声”感觉。他讲《我与地坛》，讲周作人的散文的时候，他是属于另外一种把对文学的爱用另外的一种形式展现出来。一个人可以这样去做一个旁观者或者代入者，非常低调地去表达一些自己的想法，一些猜测，非常谦逊地表达自己对生命，对文学，对艺术，对一切的卑微而又从容的看法。这是我受到的另外一个影响。

所以你说大学诗教对我们最大的影响，可能第一个还是拓宽我们的眼界，给了我们很多一些内容。另外一个方面可能还是那些爱文学的老师，他们对文学的阐述的方式，以及他们对文学的热爱，一直鼓励着我们在中学好好地去把这些人类的精华，这些美好的东西，很有激情地传达给学生们。我总觉得韩师毕业的学生有两个特点，会像赵松元老师，或者会像黄景忠老师。当然每个时代有不同的老师，我现在只能讲我们那个时代的老师。我上课的时候有某些时期特别像赵松元老师，有的时候特别像黄景忠老师。

7. 您觉得在当下中学语文教育环境中进行诗歌教育的重要性和困难何在?

我前段时间和一位长辈聊天，他说："你说这个时代为什么没有很好很好的作品，是不是因为我眼界太窄看不到呢?"我后来想一想觉得可能和时代也有关系，可能是因为这个时代越来越市场化。市场给了我们自由，我们才会竞争才会发展。但是市场给我们带来自由的同时，它必须有一些东西去束缚它，否则的话人什么都可以交换。比如说什么都可以换钱，那我一本小说还没写好就把它卖出去，最好可以把这本小说写成电视剧。所以很少人可以冷静下来安安静静去做一门"手艺"，很浮躁。

那谁来帮助这个民族去改善这个民族性呢？我觉得很重要的就是教育。教育什么东西可以直达学生的心灵呢？就是美的教育。美的教育什么东西是最好呢？读文学，读作品，读艺术等。在这里读诗歌是最直接的，是最有力量的，是好的改造，所以一定要进行好诗歌的教育。只有诗歌的教育好了，你的民族性才能得到很好的改良。所以我希望我们的诗歌教育可以渗透到每个人的灵魂里，那我们整个中华民族性可能就有所改善。这就需要我们教师把真善美、人文主义通过美育给后来的人们。

困难何在呢？首先是高考，只要考试还在那里，就很难说去做一些不切实际的东西。为什么说不切实际呢？我觉得这个时代太学以致用，太功利了，功利化的东西太明显了。读书就是为了考试，考高分才是王牌。所以说如果你考不到高分那你学一些没用的东西又有什么用呢?

可是我始终认为无用最终会在高处汇集成有用的，这将来会成为一个人的格局，一个人的格调，一个人灵魂深处的东西。所以只要考试在，一些过于文学、过于文艺化的东西就会被牺牲掉，像音乐课、美术课都会被牺牲掉。包括像语文的教学更多的是如何获取信息，如何更好地写好议论文，如何快速地写好一篇文章，而不是说怎么去欣赏美。尤其是新诗，新诗是最会被“枪毙”的一块，大部分的中学是基本不教新诗的。

其次的困难还是考纲，考纲里面没有现代诗所以不会去学。还有一个就是在普遍化的认知里面大家认为新诗是一种小我的东西。觉得你把一篇文章截成几节就变成了诗歌。这个可能是世俗观念的一种束缚，这是专指新诗推广的一种困难难度。再有就是写诗的人和教诗的人是两种人。很多中学老师是不怎么读诗的，更多的是读小说、散文和文言文。所以说本身他们是不写诗的，不看诗的，那你怎么去教呢？怎么去推动呢？我总是觉得推广新诗教育是很难的。我觉得诗是需要诗人来教的，但是你叫诗人来教也是不太可能的。

8. 请谈谈您的诗教观。

有一个教育家说：“教育就是一棵树摇动一棵树，一朵云推动一朵云，一个灵魂唤醒另一个灵魂。”我不会只是教学生懂得答诗歌的鉴赏题，那个可能只是我的一个目标而已，而且只是我的一个次要的目标，我希望我能够把那些人类的精华，那些把我打动得热泪盈眶的，那些让我看到那种极度的理智的，让我觉得看到理性光环的东西，不管是情趣也好，理趣也好，情感也好，智慧也好，只要有的话我会努力让学生去感受这种东西，感受里面的那种理性之美和感性之美。以至于我的学生在他成长之后，他还有一些句子在人生当中去温暖他，去给他激情，去让他理智的思考人生。如果更大的希望，我就希望我教会他除了会读，还可以记住一些。如果记住了，他才能读更多的诗。把读诗看成一种需要，一种终身的习惯更好，把写诗可以看成表达的需要更好。

林诗铨诗歌作品（19首）

小马爹

以前我羡慕
一个叫小马的女孩
她可以
坐在你的膝盖上撒娇
后来我羡慕你
有一个女儿叫小马

无题（其二）

春水的声音
流水账似的
我想说
你是一朵花
却被心情流走

莫名其妙的世界
只有天空才会有云朵
才会有一望无际
想哭就哭的乌云

或许一切都不用说明
才有想象的空间
远处的泉眼
悭吝着丝丝的细流
早飞的蜻蜓
该已立在花尖
但是　这个世界
还有大海以及蔚蓝

烟囱与古塔

烟囱与古塔在远处
平行
像两个音乐的分节号
中间
怎样的一段旋律
一时哼不出来
只有一段蔚蓝的天
几片飘动的云
塔的前面可能会是无边的旋律
烟囱的后面也许会有谱不尽的曲子
但此刻　只有蓝天

黄叶尚青，思绪起舞

黄叶尚青，思绪起舞
独自观雨，像一切机智的动物
一样孤独，天空
错过了静默

我认真并放荡着的灵
此刻无语，也许它
轻轻地像兽在靠近猎物一般
捕捉将在雨夜的思绪里进行

那一排排的人影
哪一个才是我曼舞的映像
风中的树若流年
那舞动着腰肢的幻影
我爱过的人　他们的面孔
像一张老曲盘
淅沙沙　淅沙沙

妈妈，我梦见了一片柑田

妈妈，我梦见了一片柑田。
应该是夏天的午后，阳光明媚。
柑树美丽的枝丫无限抽长，
孕育着蓓蕾，像一个个
青白青白的心事，您嘴角的笑意
漫出柑橘的芬芳。哦，妈妈，
我真的梦见您说的那片
您种了多年的柑田。

爸爸的脊梁

医生的意思是骨质疏松。
您说，人老了不中用。
我愧疚，您挺了那么多年，
终于直坏了。

烟　花

我们固执地走
让烟花看我们的背影
烟花一声呼喊
我们回头也看到了烟花的背影

我和你

我们在卧室里见面，
在浴室里相逢，
在很多光线充足的地方形影不离。
你喜欢在犹豫间离开我，是这样吧？

我们所有的从前加起来都不过是
我们逐渐来临的苍老，我或者你
有时会互相爱慕、怜惜、厌倦和哀伤，
更多的时候是莫名其妙。

我和你最熟悉却经常不说话，
偶尔你说了，
我只能用眼神告诉你：
你又开始说谎、放纵、夸耀、自恋、自怜。
我从不屈就。

你最怕的人一定是我了。
你憔悴了，不敢看我；
你内疚了，不敢看我；
你怀疑自己了，不敢看我；
你对生活无能为力了，不敢看我。

我最在乎的人是你，只要你一

出现，

我就会来到你的眼前。

我最关心的人是你，你一忧伤，

我就快乐不起来。

我想对你说：喂，你——

我们重新开始吧？

可是我真的开不了口。

除非你说。

致单位玉兰

想为你读一首诗，在春天。

草色遥看有无，小雨如酥，风不大。

有时日光鹅黄，你嫩黄的笑，羞涩八分，豪迈二分。

你浅绿的眼，多情九分，任性半分，颓废半分。

想和你促膝夜谈，在夏天的傍晚。

飞鸟在你身上盘桓叽喳，

一群飞离，一群又来。

然后你就开花、开花、开花，好像命都可以不要。

秋天。其实我们这里没有没有秋天。

然后是遗忘你的冬天。

一年一年，你一直站在这儿。

你想不想行走，去另一个地方生安土重迁？

一直懂你又不懂你，所以有时会默默看着你。

你不会说话，我也就忘记了怎么说话。

就这样，各自立着，

我站在你的影子里，你站在我的彷徨中。

秋天练习曲

1. 秋天的肥皂

一块风干的肥皂在阳台的洗衣槽的边沿保留着差点要滑倒的姿势，

我不假思索地伸出犹豫了一会儿的手出乎意料又在情理之中地抓住了紧紧结在瓷面上的它，

才确认秋天去除了事物黏糊糊滑溜溜的表面后反而使事物的相处变得更加枯燥而牢固。

就像你说了一句话，

我并不相信，却毫不怀疑。

2. 棕榈的落叶

小女儿用它跨栏做椅子做发出沙沙声的踩踏游戏并不停地叫爹地爹地爹地跟我一起踩，

同事变成纤夫用它做船拖着一个在紧张中暗乐一个笑得合不拢嘴的两个女儿在花岗岩地面上滑行，

我抬头看了看失物者，

它居高临下，微微哼吟。

3. 老家阳台上的母子猫

她自从生了四个小孩就慵懒得躺在地上好几次差点被我踩到和一次实际已经被我踩到都不避开，

今天中午她和她的一个孩子瘫在太阳不热风不大衣服没有滴水的老家阳台像一大一小粘锅的两块猫型厚牛扒，

我经过她们，她一动不动。

她的孩子一跃而起，对我声色俱厉，

秋毫根根在风中挺立成针。

凉夏读张岱

瘦句酬凉风，幽心和俗情。

人说看雪痴，不晓湖心亭。

倏 遇

凉夕入府城，骤雨花灯朦。

倏忽一遇见，落叶邀晨风。

题友人溪心洲别业

绿树斜阳搁纸鹞，远山徊水跃轻鲦。

疏篱一隔溪之洲，卧看云书坐听箫。

朋友善笛，押不了韵，以箫代之。

汤溪雨

（伴友舟游，雨随舟行，前后晴好）

荡桨扬波非西游，汤溪细雨若盘丝。

苍山芷岸皆晴好，空翠未湿雨润衣。

十字令·林黛玉

午

梦寤

身何处

魂在他乡路

念往日里幽愫

付与东风作柳絮

一团团一簇簇逐舞

谁怜伊葬花魂泪斑竹

唯痴紫鹃白海棠绿鹦鹉

忆江南·花袭人

花，袭人

幽发荣府宸

艳色明温公子魄

寒芳寒冷仙草魂

昼暖花袭人

讽贾岛

幽居一阕情何矫，贾岛沉吟推复敲。

雅意清流本造化，文公一语怜

中嘲。

小休归校

一脉春光帘外明，几重卷册案上呈。

黄鹂哪晓人间累，逗弄清音自在鸣。

弃塔

秋中焰火惊天庭，隔岸人潮眼洞明。

而今已是江风冷，沐沐斜阳瘦骨清。

林诗铨学生诗歌作品（10首）

江俊杰的诗（三首）

停靠江南

在江南停靠的时候
无论从哪片花瓣出发
总免不了潮温感觉的漫延
偶尔停足于浓云半遮的山脚
楚竹旁　野水荒滂
鸭子轻意滑过的水痕
便足够用一生的风和日丽去撑航
一路平安　是我对自己说不完的祝福

由于余寒未渗透过江南的皮袄
我没赶上潮涌风暴
几次三番的用甲板去撞击波浪
纵使泪水汪汪　我的日子还是平淡
卧入贝心便只能用硬朗的外壳
推动柔软的泥沙

江南的小巷看着我长高长大
弯着无力的腰　平常咳嗽不停
拨乱幽暗深处的人家灯火
这一直是我明亮的理想
请芦苇伸出的涉水鸟告诉我

在这里，该如何摆渡

狭窄的过道从前就很古老
淅淅沥沥的雨水开始发出阑珊的光泽
石板上的老头深情地说
这一生行船只错过萦绕香漫的对岸
可我在风里雨里的跋涉　到底何时
才能站在水中原谅堤岸

其实江南的小巷和江南的河道一样神秘
纵使一生阅读　也品不出那悠扬的韵味
江南的小巷一拉长就是通海的河道
江南的河道一踉跄便跌进小巷的深处

感情不相信薄烟轻雾
它们的情网本来就模糊得打成蝴蝶结
没人因为阳光而停靠江南
没人因为要回到故乡而从故乡开始流浪
也免不了潮湿的感觉
免不了摇荡湘云　一去不回的远航

有月的晚上

有月光的晚上
在我最初梦痕依约的圣地
月团柔泻的清辉如雪朦胧
不再是无尽的寒谈
踌躇满志的莲海波动
牵牵绊绊的溢满
来自藕断古思的悲伤

有月光的晚上
莲池总是平静的幽凄
没等到莲花把韶光付尽九月
秋风一瞬隔了一个盛夏的等待
匆匆带走了一池清芬的沉默
有月光的晚上

莲的残　是我过秋时

执着的凝重
沧海与桑田的距离

传说与民谣的诠释
不再是季节多余的眩感
迟来的暮秋莲池
又种入了我不眠的情种

记忆带来了伤感
星子归宿了夜阑
在乡河的柔波中
忽有点点凄清洒下

归　乡

小路爬上了额头
山屿渐渐的澄清
超过河水的倒影
路边掉落了足音

再次驻足乡河畔
泪花闪动晶莹
岁月也
思念与感动

吴润凯的诗（二首）

纪念城市

多年以后
城市脆弱地挺立在海湾的臂膀
一些钢筋的肋骨便开始建筑
葡萄架般
骨骼执意在切割天空蓝蓝的玻璃瓶
瘦骨嶙峋的藤蔓啊
投影你血管的颜色
我是否相信春天脸上
有你
浓妆淡抹的胭脂
你说，除了血液的入海口
你再无法感受岁月的去向
年纪吊死在老树桩上最深的那一轮
我靠近，再靠近你遮纱的面庞
颤抖的双手掀动你肉色的眼睑
唯一听见一只老蟋蟀踩痛钢琴键的声音
荒凉得只有哀叹的琴键

滑动你的两滴泪

你是我负重不堪的城市
你是沉默的脊背逐渐弯成桥梁
是不是发髻上的花瓣也漂成了船
年轻的人偷渡在大海的心脏
在更远的地方重复家园的构造
或许以后你的废墟是你的纪念碑
我看见
珊瑚虫的躯体铭刻成“深爱”二字

而那个爱恨交加的春天已在哪里
偷窥记忆深处
伤痕累累的生命

石桥入梦

童年梦中
只有故乡石桥的古老

朦胧中在驻足桥头
遥望水中明月
石桥如霜
岸上的桃花
轻轻飘落几瓣
那飞扬的艳红
是瑟瑟夜风中
流动的歌　或是
坠落沧桑的无奈感叹
在石桥上
几分凄美几分幽清
晚归的渔舟啊
摇碎满江星光
驶进了石桥
石桥底下的轻荡　深藏
几分眷恋几分温情

演绎多少悲欢离合
石桥会是
真爱与岁月的连线
将我与故乡缠结
今夜　长梦之中
会有石桥守候

予你的诗

刘婷婷

想了很久很久

久到连破壳而出的雏儿
都已长成翱翔蓝天的苍鹰
久到连寸草不生的荒漠
都已变成鸟语花香的绿洲
久到连我
明明记住过你所有的喜恶
却再也想不起你的名字
但我还是忍不住提起笔
为你写下这首
在心底酿了很久的诗

我是陨石坠落时喷出的一小点火花
我是仓颉造字是创出的一划笔画
我是无垠的荒漠上的一粒沙
我是豆蔻少女的一丝黑发
我是七星瓢虫背上的一个小黑点
稍不注意
就会被你黑色的瞳孔吞噬

而你
你是黎明射进窗户的第一缕阳光
你是探险者梦中最想征服的沙漠
你是孩童眼中神秘莫测的星空
你是少年青涩又纯真的颜容
但于我
这都不是你
你是那永恒燃烧的太阳
我愿成为那夸父
只为能沐浴于你的光辉之中

我追随你
一心一意地追随你
然而你我之间
还是相隔着几亿个光年
我注视你
目不转睛地注视你
但直到你沉溺于我的泪海之中
我收获的　仍只是你的背影

但还好　我仍固执于你
我愿为你耗尽一生
像移山的愚公与填海的精卫
只因为　太想变成你

我愿意这样地享受青春

林海音

我愿意这样地享受青春
在馨香四溢的书册上
在忙碌充实的奔波中
去历练　去拼搏
像永远抬头的向日葵
像青翠欲滴的芳草
希冀　刚强

我愿意这样地享受青春
在家人喋喋不休的叮咛中
在友人不离不弃的陪伴下
去感悟　去珍惜
像潺潺流淌的溪水

像洒落指间的阳光
柔软　温暖

我愿意这样地享受青春
在挫折中体验苦痛
又在黑暗中寻找光亮
就像蚌病成珠一般
用伤痕打磨出辉煌

我明白前方的险阻艰难
它们可以瞬间把我击垮
那么来吧
我愿意这样
享受苦涩后的欣然
像花儿落到地上
依旧散发出清香

孤　舟

陈嘉桂

入夏风波骤，纷纷宿鸟急。
孤飞翔险浪，振啸掠长堤。
雨霁高枝立，云清峻岳啼。
伫思斜照理，莫是恨天低？

雨后江堤

陈嘉桂

沙堤风雨后，碧浪共长天。
新叶含金露，初荷吐细香。
水明红晚照，云小阔清江。
任教天雕饰，从容依靓妆。

青春的色彩

邵佳炜

青春是蓝色的——
深远的晴空
辽阔
富于幻想

青春是红色的——
初升的太阳
希翼
朝气蓬勃

青春是绿色的——
滴翠的青竹
坦荡
绽放生机

青春是白色的——
行走于雪地
自由
遐想联翩

青春是无色的——
羞涩的晨曦
放纵
乘风破浪
青春是彩色的——

泪水中微笑
绽放
心动花瓣

在柔性的抽象之路上
——黄春龙老师采访稿

1. 您是从什么时候开始写诗的，谈谈您的诗歌写作历程。

从1996年我就开始涂鸦，说起来算比较早，但那时思潮没及时跟上，受传统现实主义影响多一些。应该说在20世纪90年代中期诗歌氛围还是不错的，传统写法也好，现代诗歌也罢，都有很多机遇。文学刊物平台也不少，尤其是打工文学、打工诗歌，如《佛山文艺》《打工族》等，都先后发表过一些小诗。但还是不够大胆，没跟进现代诗潮，导致后来发现诗歌写作存在很多问题。大概在2000年前，我的中学时代，还在《语文世界》《语文报》上发表过一些诗，但再无更多，主要还是学生诗歌，视野、思想上不太成熟。2000年进入韩山师院中文系，诗歌写作更频繁，可以说始终就以诗为主要文体，伴随着写些小散文和文学评论。

2005年在我毕业一年后，当时韩师走出来的写诗的这群人，建了一个网络诗歌论坛叫“后来论坛”，诗歌的传播和交流途径更多；加上那一两年工作的变动，心情起伏，写诗反而写得勤，很多不顾及技巧的诗写陆陆续续出来，现在我的电脑里以时间为序保留了好几百首那一两年的诗文本，看回去还是挺兴奋的。2006—2008年，因为和韩师诗友们编撰《韩师诗歌十五年》，写的、看的也多，陆续发表的也有一些，省内的地市级日报、《中西诗歌》《作品》等，平台更多一些，对自己的激励也更大一些。中间的2007年我和阿兽、余史炎等人创办《粤东文萃》综合民刊，有了自己的刊物平台，视野上也较之前开阔。到2012年、

2015年，这些年总是有一些思想上的不安与思考，对自己的诗写也不断地质疑，同时收敛写作，有些时候写得多一些，有些年份很少。到2015年发起“粤东城际诗会”系列活动和“濠岛同题”，写得才逐渐丰富起来，而且这个时期的诗写也比较满意，似乎有了比较大的进步，总之自己是比较满意的一种的诗写，一直持续到近期。这一系列的平台都是我等自发搭建的，无形中也促进了自己的创作，《粤东诗歌光年》是一个汇总，一本粤东诗歌年志，也是一本民间视角的地域诗歌观察，作为一个平台一直激励着我的诗写。

说到发表，因为主观上比较被动，发表的作品可能只是创作的作品中数量少部分，更多是平台交流。从2012年开始，出版过《诗歌创作与接受审美学》《在南方设计一场雪》，前者是一本诗歌理论专著，内容一半是大学读诗的产物，一半是毕业后的思考；后者我的第一本诗集，收集进去的都是自己比较看得上的诗首。主编的诗集诗选有几本，就不一一罗列了。

2. 您在韩师读书期间参加了学校哪些诗歌社团及诗歌活动吗？韩师生活对您的诗歌写作有哪些影响？请您谈谈这方面的情况。

在韩师我只参加一个社团：韩山诗社。时间是2000年9月至2002年12月期间，2002年之后基本就换届不担任诗社职务了。

当时诗社的活动是比较丰富的，没有活动经费我们就寻找赞助商合作，这在当时还是比较难得的。程增寿当社长，设立了外联部，外联部的同学做了好多工作，找了一些活动经费，使连续几届韩师校园诗歌大赛得以盛装开展。另一个就是韩山诗角和诗报。韩山诗角就是每周贴在东西区一些宣传栏的诗歌荐读。那时很有趣，主角基本是我和阿兽（程增寿）。我俩在笔峰楼816的宿舍里，一人负责版面彩画、装饰，一人负责毛笔书写，这份“工作”辛苦并快乐着，晚上把诗角海报制作好，到几个宣传栏贴好，我俩就走到西区门口吃点白粥夜宵。大概这样干了一年，后来就移交了。还有创办的《诗心》，原来的诗社报纸是一张的，《诗心》是一小册，第一期我负责主编。

说到韩师的校园生活，我想先给你看看我的毕业两年后的2006年写的一篇名为《韩园古韵》的小文章：

我确实感觉，韩园泛着悠古的神韵，萦绕情心，尤其在离开韩园的日日夜夜，神思时常将我带回那悠悠古韵中。

最令人向往的是那一去不复返的旧式楼房——“巴士底狱”。梦中的“巴士底狱”因其古式建筑风格，与历史书籍上的“巴士底狱”神似而名，顽皮的代称，并无它意。葱郁的老木于前，阶青痕痕，历史的沧桑尤见，据传是韩山书院时期遗留下来的本物，于此算来也应不下百载矣，可怜古石苍土，在新校园规划改造中成为牺牲物，本物不再，其影却潜入到曾过往的人心中。我们一代有福与之亲密接触过，学弟学妹们却只能看到一块绿化为草坪，中设玫瑰园的平地。

也难忘那古老的铜钟，于极远便能听见，“咚咚咚……”，俨然回归到历史深渊，是一名书院内的书童倾耳聆听。同学室友在毕业留言中写下一句触我灵心之语：“那一天，我对老人说：让我敲一下韩园的古钟好不好？我敲了，一共敲了六下，那钟声，悠扬的悠扬的，传了好远好远。那是韩园的钟声，我们毕业了，再也听不到韩园的钟声了。”老钟已老，依然以青春的歌唤来韩园脚步的停驻，唤起学子向往深深古韵的情思。敲钟的老人捋着白胡须盎然观物，风雨从他身边经过多少载，见证木棉花花落。是啊，你当然不能忘却高挂铜钟的那棵凤凰树，以及旁边魁梧的木棉树。三月花开，五月结籽，六月飘雪，落地归根，这是木棉年复一年的成长历迹。一盏又一盏鲜红的小灯笼挂上木棉枝头时候，春天刚醒，连木棉枝上绿叶都未及插上，便喜不胜已地挂上红花，暖暖地把握着韩园人的心思。过个把来月，花落地，籽寄洁白的飞絮随处纷扬，那情景，俨然一首诗，一曲青歌，悠然自在，神韵迷人。然而你不必忧伤，凤凰树以更加鲜艳的色彩接踵而来，点缀这所百年老校，恐怕没有再多的装饰可与媲美矣。谁不向往？

韩园是一位依山而居的隐者，自然的笔墨为它描绘清淡的情愫，而情心藏内的韩园，正不躁不急、不忧不喜地安然其态。依山观望韩水，天地山水之气点染其趣，俨然到了“行到水穷处，坐看云起时”之境。悠远的神思缭绕其灵气之间，韩园便成了一座宁静的诗歌家园。

韩师就是这样一种文化韵味的大学校园。我从不说它是封闭、落后，其实对于大学、进修、学习而言，这是最好的氛围。我知道自己的整体诗风是偏于柔和、审美、抒情的，与现代性的冲击、撕裂有一定的距离，就算是我写冲击、撕裂，也常常不由自主地隐蔽了一些。如《集中屠宰》一首：

都是在场者/有些是禽，有些是兽/被集体热身、脱毛、裂膛前/机器在运转/运输车在穿梭/场面很大/鸡毛猪血等待合欢横竖是杀/要杀就一起杀/场面要大、更大，场力就大/噱头愈大，吆喝声愈响/杀得鼓舞，死得壮观/可惜了/它们都是禽兽，听不懂人话

柔和性在我的思想性应该是凝成固体的，很难写出那种特别有冲击力的诗句。我想这些与韩师平静、安宁的校园文化生活无不相关。或者说，正是韩师这种古香古色的校园生活长养了我的许多审美因素。

2014年，我们同学毕业十周年聚会，我主编了一个班级文集叫《相约韩园》，开篇写了一首小诗，大意说明韩师人在外面世界纷纷扰扰中，心都向往韩园这片宁静古朴：

时光消去了，而你从未离远/你应该就在洪钟古木下/观百世苍山、千秋流水/而且不会设置什么障碍/我们可以回到原来的地方/放纵的老虎、狮子或者其他的猛兽/不在心野对你施以威吓、震慑/我们由衷感慨十多年来/恼人的跳蚤不曾影响此时情绪/零碎的生活没有肢解韩园印象/并且告诉时光/我们都未曾走远/故人归来，与当年约定/今晚，枕着韩愈的山水传说江湖

这些，都是韩山师院给我们留下的静谧、美好的印象，它抚平了一个人在校园生活的一些日常波澜，对大学学习生活、创作经历，都是一种很好的氛围。

3. 哪些诗人诗作影响了您的写作？请推荐十位诗人。

宗白华、艾青、食指、余光中、洛夫、于坚、雷平阳、汤养宗、惠特曼、博尔赫斯等。

这些诗人在不同时期里影响我的诗思，他们有美学家、现实主义诗人、现代诗人。我个人比较喜欢沉实、有文化思考的诗人。

严格意义上说，宗白华算不上诗人，他是美学家，他有唯一的一部诗集叫《流云》，早期很喜欢他那些小诗首的抒情，为此还写过他的几篇评论（非文学作业）。和众多的书斋型学者一样，宗白华（1897—1986）度过的是单纯的学者、教授的一生，是少有起落与波澜，平静得近乎平淡的一生。然而，平淡中自有其不平淡者在，从21岁（1918年）加入“少年中国学会”时起，他便发愿为建设未来中国的新文化而奋斗终身。在此后六十余年的漫长岁月里，他对此矢志不移，坚持着，默默从事着他以为应做的那份工作。他有意避开政治漩涡的裹挟，以边缘地带自处，不求闻达，甘于淡泊，唯独对他的学问——艺术境界的追求，至死难忘。

宗白华唯一的诗集《流云》初版于1923年。作为非主流的小诗运动的殿军，

这部诗集在中国新诗发展史上的地位并不显赫。除了得到少数诗人和批评家的好评，《流云》在当时及其后的诗坛上似乎没有产生多大影响。宗白华本人对这些诗作却十分珍视，1947年曾以《流云小诗》之名重版，1986年临终前，又将其全部收入文选《意境》。宗白华曾以他的这部诗集得以复归而欣喜，希望读者将这些诗作当作实践之体验，与那些探究艺境的理论文章合而读之。因此，这部诗作在他的著作中占有重要的地位。宗白华在《我和诗》里写道："湖山的清景在我的童心里有着莫大的势力。一种罗曼蒂克的遥远的情思引着我在森林里，落日的晚霞里，远寺的钟声里有所追寻，一种无名的隔世的相思，鼓荡着一股心神不安的情调；尤其是在夜里，独自睡在床上，顶爱听那远远的箫笛声，那时心中有一缕说不出的深切的凄凉的感觉，和说不出的幸福的感觉结合在一起，我仿佛和那窗外的月光雾光溶化为一，漂浮在树梢林间，随着箫声、笛声孤寂而远引——这时我的心最快乐。"

我觉得宗白华就是不写诗也具有诗人气质，他的诗人气质是柔软的、中国的、艺术的、美的，这与我趋于静的性格比较契合，所以当我读到他的这些小诗时，很自然就情感介入了。

对艾青和食指的认识先是从教材开始，大学教材里有很多他们的作品，艾青的写实、叙述，食指的现实主义与现代思潮的交锋，都令我有很深的印象。余光中和洛夫是台湾诗人的突出代表，当然还有郑愁予，台湾诗人的作品往往给人一种厚重的文化感，也很注重技巧，想象得出他们写诗是很认真的（有些人写诗就不够认真谨慎)。《边界望乡》是比较早接触的洛夫诗歌，一下子就给吸引了。余光中的诗歌可能更受我们那个时代的中学生、大学生欢迎，因为相对比较容易阅读，难度一般不太大，又很有文化和现代感，对我来说都是新颖的。于坚、雷平阳、汤养宗几个当代诗人的作品是后来陆续深读了，于坚总是在探索写作，雷平阳和汤养宗的写法、表达很吸引人，读得多了挺受用。外国诗人惠特曼、博尔赫斯也是比较容易接受的，我可能比较喜欢一些叙述性和抒情性兼顾的文字，惠特曼的诗集在图书馆比较多，博尔赫斯是比较后期才读到的，一读就被他的思考与诗写吸引。当然还有其他的一些诗人，这里也没办法详细说。

4. 谈谈您的诗歌观好吗?

我一直用"诗是梦想的路"这句话来激励自己，如果说是诗观的话就算是吧。诗歌之于我，毫无功利可言，不靠它吃饭、赚钱，但有一种生活叫"诗生活"。诗歌总是一种激励，它成为自己的某种导向；当诗意的内心在现实生活中体验，你就意识到人应该有一点属于内心的东西，那应该是诗，它让你眼睛明亮，走上前方。

在我看来，诗歌是柔性的抽象，所以当强势的繁忙、喧嚣、纷杂出现时，它只能销声匿迹。我便总是在这个时候感到很失落，尽管时常大笑，但并不幸福。

幸福来源于夕阳之后的静夜，有时，我静静地躺在简陋但温暖的床上，想起众人皆语：青年是诗歌的。可是我仿佛已经很难看见“诗歌”的青年。在这个一直号称诗的国度里，很久以来诗歌作为一种高雅的情趣而悦人心性；而今，我们的青年很不屑地看你：诗？他们迷惑的目光里浸染藐视；或者，我们的诗歌青年用各种“体”企图拯救我们的诗歌，有重展“诗的国度”威风之势，然结果成就的不是功绩，遗下障目的行句，仍然与诗歌无关。在这个充满着诱惑、迷离、失落的生活空间，我看到的几乎全是功利、欲望之流。谈何诗？

诗是柔性的抽象。我一直追求这种给予内心无比柔性的抽象。在生硬的白昼我形如僵尸，于暗淡的夜晚我心自然。只有在这些许片刻，诗歌载着柔性驱来，如无声的月色流淌，却比夜莺的歌声嘹亮。我想起用笔来勾画一些心中的诗句。

我想起粗略读过一点的韩少功的《山南水北》，那是一幅现代版的田园诗画；我细读过美学家宗白华的《流云》小诗，钟情于诗人从天地星辰中猎取诗歌的本意。读着读着我便一直在读自己的心。这颗并不伟大的心时而麻木，时而懒惰，时而宁静，时而不安。

在我所写过的文字（《诗歌创作与接受审美学》2012年中国戏剧出版社出版）里，我曾这样阐述自己对于诗的理解：

存在着笔下的诗和心中的诗。笔下的诗是所有的诗歌文本，用文字的形式记载下来的可供读者共同欣赏的诗歌。我曾天真地认为，有些诗仅藏于心中远比写成文字更具美感，因为它更具有缥缈不定性，更具有主观色彩，更具审美自由，这时诗歌仅有作者一位读者。在我看来，形式不能完全等于内容，无论何时何地，内容都比形式下的内涵完整，独到，而任何形式下的文字诗歌，都不可能完全地表达体现思想内的诗情诗趣，诗人心中的诗是完全的又是无法完全翻译成文字的，比如黄昏晚霞艳丽之景，是难以在有限的文本模式下得到完全塑造的，文本抓住的仅是其中的某些特点，显眼点，更完美的景色依然存在于自然之中，映衬在心灵之内，难以言状的。因此文字只是形式上的载体，有限的文字不能任载无限的诗意，一旦心中的诗意换成文字的诗歌，都显得是最坏的差事。在从心中到文字的诗歌翻译过程中，有的诗人运用文字独到，更贴切体现其诗本意。因而产生的诗歌效果强明较好；有的诗人不十分善于运用文字，表达上缺乏，故不能达意，表达不出心中的诗意，效果不佳，原本在每个诗人的心中诗歌无所谓好坏，好比观同一个夕阳落山图，各诗人轮着各自的审美态度，无限诗意心怀中而一旦表达成文字则因表达能力的差异而产生诗的好坏。

看完这段文字，有人要称我为完美主义或天方夜谭了。在一个时代影响下，一个人到了内心空无一物（非客观之物）的境地，我们还有何脸面谈论文明进步？倘若这只是一个无关痛痒的问题，那么就苟且活着罢了。

所以，诗（生活）总该当作一种梦想去追求，我觉得这才是好的人生。

5. 走上中学讲台之后，您怎样在语文教学中进行诗教，请您谈谈这方面的情况。

中学诗教，在这里可能不是一个完整的课题。中学诗教，其实更像是一种浸润式诗教。因为中学本身的机制，诗歌被排除在写作范围以外，这就注定了中学里“诗歌”这个文学体裁大多时候是高高在上的，处于一种尴尬的情景。但我们作为韩师中文系毕业的学子，多少有点诗歌创作的兴趣与功底，自然而然就可能浸润到教学中去，我想情况大概是这样的。

在高中语文教材，有一两个单元整单元的现代诗歌作品，不同的老师对这些现代诗歌有不同的对待，往往被教师们忽略掉或选择性忽略。我还是比较喜欢这两个单元的，毕竟现代诗歌被摆在教材里的一个重要位置，你要引导学生去学习去理解，这是可以利用的教材资源。但教材毕竟是教材，文本的选取都来自现当代名诗人名篇，虽然被视为经典作品，但未必都是中学生们喜欢的类型。更多时候，我喜欢淘一些当下诗人的作品，有时是我自己的作品跟学生分享，比如在开学时、某些传统节日时，利用课时一些时间与学生读读诗歌，说说感想。因为我觉得语文教育应该泛文化一些，何况诗歌的节奏适合青少年，可以随意地写句子，随意地抒发，有时就要求他们写写玩，就写了，没有完整收集。还有一个平台，因为近几年举办了许多诗会，这些诗会我是欢迎学生来凑热闹的，有几次特别向他们宣传，果然有差不多20个学生参加了，读诗、谈诗，这是很有意义交流，这很容易促成他们去思考去创作。

所以，说规范的中学诗教，是没有的，就是一种诗意浸润式的，这种方式主要适用于高一和高二阶段的学生，高三就有急迫的高考任务了。

在这么多年里，因为这些诗意抒写的引导，先后给学生做过一些小文集，有些是诗的，有些是文的，但终究是“诗意”的行为，目的都是训练学生的语言灵动性和思维灵敏度。如近期编印的一本学生诗文集《致青春》，在序言里我写道：

我想说的，既然遇见是一件偶然的事情，那么务必使这一“偶然”展现出应有的精彩。于是，从高三的讲台来到高一的教室，九月的风都是清爽的，你不用再机械地去研读许多资料，你可以用诗一般的语言去描绘这个校园，你可以用讲故事的形式去叙述这一年来发生的点点滴滴。这时，我们遇见了。我们有了那么一些闲适的时光，从九月开始，我曾信誓旦旦地准备与你们在“大语文”背景下，来一系列口语与笔力的约会，尽管由于实际的原因，未能朝着设想圆满完成这一系列动作，终究还是雁过留痕，存下这么丰富的情感思想代言。

……

按照主流的规律，你们的“青春”必须与这些“遇见”的事物紧紧为依，我也不希望你们有特别的异路，除了哪一天实在有同学破了格。实际上就算是天才，也必须遵循许多基本的路线行走，总不能蹈空向上，总不能无中生有。故而在2018至2019这一年间，你们必须开始懂得一些东西、领会一些东西，我以为当你们懂得和领会一些东西甚至比考出多少次令人羡慕的分数重要地多——从语文学科的角度说，应该懂得学习：学习实在不是一件简单的事情，它必须兼备包容的视野、诚恳的态度、坚定的行动，照本宣科，课本里的那几首古诗、几篇古文、几部小说仅仅是抛砖引玉、典范作用；应该懂得为人处世，中华文化的精髓，不是教人独立和处世吗?“老师，我想对您说”和“研学笔记”两个部分正是这些内涵的点滴记录。

我以为，青年在于“青”，这是资本也是骄傲之本；而饱满的精神、旺盛的精力应该承载更多重。在你们身上，秉承着青年人本有的活力，也遗留着人性本身的缺陷，只有在强力意志下，以活力之青年战胜缺陷之青年，方为“青”本质。

我觉得，中学里的诗教，不只是文本的诗教，教师需要一种情感思想的“诗教”。我想韩师中文系的学子们在各个教师岗位，更有这种“诗教”情怀。

6. 您认为大学诗教和中学诗教是什么样的关系?

我觉得大学诗教是一种大气象、大文化的、甚至影响人生观的诗教，结果是培养出一批有诗意情怀、诗人气质的大学生或大学生诗人；中学诗教是在应试教育环境下的一个柔软的富于人文关怀的教育偏角。两者应该是相互相成的，大学受过诗教毕业出来的中学教师，带着诗教情怀反映在中学语文教育的各个细节中；而中学诗教从素质教育上讲是很有利于学生的身心成长的，从语文知识层面说也是一种很不错的语言思维训练方式。我隐隐觉得，富有情怀的教育，应该是从中学诗教浸润开始，到大学进行大文化层面的诗教，这样我们的大学生毕业生会拥有更丰富的人生情感体验。

7. 您觉得在当下中学语文教育环境中进行诗歌教育的重要性和困难何在?

我觉得在当下中学语文教育环境进行诗歌教育是很必要的，有几点原因：

首先，当下的语文教育较之以往，更自由开放，是大语文时代。也就是说，即使教师把教材知识全部灌输给学生，也不能保证带来好的教学效果，教师和学生都必须在泛文化世界里涉猎各种文化知识，才能形成自己的语文素养，形成自己的思维模式，而诗教就是其中很值得开展的一个途径。

其次，我觉得诗歌教育的意义不在于培养一名小学生或中学生诗人，而是启悟重于形式，引导学生阅读那些富有青春情怀的诗歌，引导学生写作那些自由的句子，能很好地放飞青少年的思想，去熟悉一种自由开放的思维方式，这种思维方式的形成，将有益于他们在平时学习中对问题加深思考，以获得比其他学生更独到的答案。

最后，更具体一点说，用诗教训练一下学生的语言表达能力，也是一种作文教学与训练。

然而中学诗教也是存在困难的，最根本的是应试教育固有的评价标准，无法评价到诗教所能带来的价值。由于诗教未必能短期带来直观的效果，而导致学生考试成绩不佳，则可能会招来学校管理者的责备。除此之外，当下的中学诗教普遍缺少氛围和土壤，也就是说校园文化的建设者未必能考虑到这些，靠个别老师单打独斗是很难开展的；同时诗教本身需要具备诗教能力的教师作为基础配备，而中学语文科组中坚持写作的老师本来就比较少，有诗歌创作能力和独立诗歌思想的老师更是凤毛麟角，这必然给诗教带来很大的困难。

8. 请谈谈您的诗教观。

我认同一种自由开放的、具有情怀（而非势利）的、富于诗意内涵而积极向上的中学诗教，所以我觉得诗教是打开青少年自由情感思想之门的钥匙。

首先，学生也需要情感的寄托。我认为，诗是生活的技艺，它让焦虑不安的心灵得以平息，使平凡人的生活充满和谐的色彩。如果我们能够理解古人之为“隐寓”“归园田居”，那么也能把握在繁杂的现代社会中用诗意调节内心的不安、焦虑、欲念等违背自然生存的情绪，使自己在现实生活中知足常乐、悠然自得地面对人生社会。因此，具体形式的诗最终的归宿必然是诗意化的。当下中小学实际“承受”的负担太多，但大多都非情感所致，学生也应该有自己的诗意空间，那么文字里的诗歌让学生得以自由书写，内涵中的诗意让学生获得一种情感安置的境界。

其次，好诗是一种好的人生经验，好诗能给学生传达好的人生情怀。诚然，我们的生活已经严重缺乏“诗歌”，在这种情况下，诗教更应该扛起培育幼小诗心的担子。在现实中，毕竟诗非实用粮食之物，亦非饰品，之于生活远比相隔许多光年的星辰还抽象；诗承受弘扬真理、美感、善意的义务，肩负创造精神家园的任务，它可以是个人的独行私语，亦可为大众的审美倾向；可以是自然主义的客观展示，浪漫主义的遐思，现实主义的冷静或现代主义的反思，但不论是积极向上还是颓唐沦落的情绪，最终都必须蕴含着憧憬、改造或向往。诗是一抹柔和的月光，抚慰个人的疲态。所以青少年应该学诗，诗能打开他们的情怀、思想，让他们在固有的各种体系之外，有一个属于自己的心灵空间。

黄春龙诗歌作品（10首）

春天里

远山近了，丢失的事物陆续回来
桃花开在溪边
水鸟约会河畔谈情
没落的家族精神焕发
老厝在雨雪后
撑开更多缝隙迎接光芒

枯坐的人
看见野地的秘密被打开
颜色渐衰又盛，形态或方或圆
她们似曾相识
又彼此陌生
穿堂而过的阳光平淡无奇

所　在

我所在的时间里
藻荇努力地抽芽、助长
小溪从家门前穿过
少女们似雏鸟一般抖动衣裳
或追赶冬日里暖过来的阳光
现代的事物行走得很慢
我怀疑它们仍沉浸在汉唐的诗赋里
我所历见的空间上
草木疯狂地爱，争宠于江湖
后山上的乔木孤立，化零为整守寸土
顺着共青河流过的干涸地方向
女人们做了城的王后
享用人们口口声声证实的黄金时代
我在纷繁中只听见黑铁铛铛声然

医院里的花草

它们一定也有一颗远大理想的心
每天坚持抬头、低头，沐浴有限的阳光
双目游离不安，想对邻居说几句温情的话
在方寸的窗台或者狭小的书案上
它们也常摆出复杂的表情

它们也有妖艳的时光
终于等到春天的气息，欢呼又一年
空气里的水气荡漾出暖心的内涵
随意逮住一米阳光，并拉长

期待延伸到下一个季节

我知道低垂是它们的常态
夜里经过的嘶吼与呻吟平静下来
不再发出异响，也不期待天亮
不像野外的花草迷恋晨曦与晚霞
它们分不清时辰和节气

耗尽一生的精力也未必能成功突围
一些花儿尚未打开就已经糜烂
有些根须还没收复便遭遇变故
倒是在主人离开前送进回收场的弃儿
不用继续萎缩在小范围，得以重见光日

他　们

他们终究要离开出生地
远走他乡，而后忽然感觉失落
换一种方式归来
在不同纬度的时间里寻索
尘封温暖过的书页
或者早已面目全非
佳人留下的气息被隔离在彼岸
没什么会原样长久留存
经营一生的土地蔓草丛生
地下的河流曾有过的激情
消逝了当年的狂野放荡
如果还有一些线索可以引向远方
他们也只是眨一眨眼皮
似乎未曾来过这个苍茫的世界

赶路人

他们都去了何方
而我还在路上
祠堂前魁梧的凤凰树剩下几片干瘪皮毛
窄小石板路连接官道延向东方
一跨就成了八百里鸿沟
眨眼便不见了向时的事物
老人留下梦话
长大的孩子继承风土习俗
这些或真或幻的遗风逐一淡化
留守的青藤在泥砖残损处枯萎
你看！我超度过一次次喜极悲切
路上的音符也已所剩无几
它们都去了何方
而我仍要赶着车驶过高山大河
高山大河恍惚又不是彼时所向
转瞬就淡化了途中所有遭遇与奉迎

他们从不同的方向回来

终究，他们从远方与高处回来
从不同的方向回来
回来就回来了，不动声息
俨然昨日还存在
明天依旧未抵达视界
正有好时光恭候众神
准备好心情善待万物

澎湃的浪潮终究缓和、平静
他们看见山丰水满
并轻轻叩开曾经关闭的门
哦，原来早有不谋之约

回来的人

她会想起什么而无从说起
失陷了的门框被广角镜放大到模糊
她会做点什么却觉得毫无意义
回生的竹园长出奇异的眼睛
听见远来人细微的鼻音
遗落的细微物镶嵌于缝隙中
好多年不被召回原籍
她触摸什么都显沧桑
流失沙石后的脊梁消瘦不堪
丰腴的身体在彼岸塑成标本
她看天井之上依旧湛蓝无比
恍惚刚从这里经过

她们心里明白

有些苦涩的词在春天表达不出
春天必须用来歌颂丰满与华彩
她们时而垂下头，时而昂首
反正这一大片园圃常年招展
要把胸脯挺得更高，更高
以便被人注目，也必须施展媚术
说许多不在心里的话
风轻易地吹走鲜妍
它们被储存在秋季
被人拿来显赫：看吧，这就是丰硕的果实
是啊，丰硕如她们的处子之身
采摘时辉煌弥漫视野
但是她们内心有许多话
从不轻易说出来

隐形人

现在，这么多隐形人仿佛就站在我面前
有些模糊不可见，但我相信认识她们
面容清晰的，也难得有绽开的笑
她们俨然要说什么，声音没被传送出来
世界是静止的，看不见时光流淌
而我分明知道她们曾经是村庄里的劳动手
只有统一的名字叫农村妇女
很少人叫得出她们的名字
包括远去的祖母，也有我年迈的母亲
我觉得离她们越来越远

终有一天她们都躲到印象的死角去
看见我以及想看到的人
而我却看不见她们的隐身

终其一生

光在她来之前已抵达
整理好隔世弥留的什物
她就顺着大地的路线
从莫名的地方来了，并能第一眼认出
存在于温亮之地的风尘无字碑

接着春天就近了
上季冷漠的情绪被风吹散
被雨洗净，视界回到自然的姿势
她渐次遇见消沉与更新的事物
有一句话说在心里，别人听不清

后来树木的皮毛爬上她的腰际
攀上她的眉间，再也无处可去了
就连同她的身骨一片片剥落
光顺势关上了门窗
她只看一眼路过的什物

黄春龙学生诗歌作品（6首）

春节有多美（外一首）

黄书馨（10岁）

春节有多美？
春节，就像
那绽开在空中的
烟花一般美丽。
春节，就像
你穿在身上的
新衣裳一样漂亮。
春节，就像
妈妈戴在脖子上的
金项链一样闪闪发光，
美丽动人。

您是一朵盛开的康乃馨

妈妈，您曾经做过许多不好的事，
也做过许多很好的事。
但是，您永远是我心中美丽的百合花。
您骂过我，打过我，
但是，您还是一朵漂亮的玫瑰花，
有刺，但美丽无比
而在母亲节到来时，您是我心中美丽的康乃馨，
散发着温馨，母爱的味道。

贴对联

郑逸琳（12岁）

一大早我来到奶奶家贴对联
长长的对联
有一年一样长
我贴上墙壁后发现
会不会贴反了
贴反了会不会
这一年就反着过呢

妈妈，我想对您说

黄子琪（10岁）

您，
就像那变色龙，
一会儿严厉，
一会儿温柔。
有时，
您像那夏天的炎热和冬天的冰冷，
对我冷冷热热，
甚至对我发脾气。

有时，
您却像春天的美丽和秋天的凉爽，
给我无微不至的照顾，
我知道，不管您怎样对我，
都是想让我快乐地成长。
妈妈，
那么至高无上的您，
整体为我们奔波。
您总是说，
您不累。
可我们都知道，
您累了！

成语漫画书

陈若涵（10岁）

我有一本有趣的书
当我不开心时
里面的人就跑出来
给我讲故事

我的节日

黄润琪（10岁）

今天是“六一”，我是一棵松树
我的身上长满了鸟窝
风一吹，鸟窝随风飘动
红的，白的，蓝的，粉的
还有大小能住人的
我下定主意
要请松鼠、兔子和小狐狸、小刺猬
住进我树上的鸟窝里

不会吹牛你就死定了！
——程增寿老师采访稿

采访人：冯琳琳（韩山师范学院文学与新闻传播学院，2017届汉语言文学6班）

被采访人：程增寿（韩山师范学院2013届学生，一级教师）

时间：2019年8月29日星期四

方式：微信文字采访

2019年7月，班主任老师在群里传达了一个好消息，我们班可以在赵松元、陈培浩等诸位老师的带领下参与到“韩派名师”的诗教采访工作中。知道这个消息我非常激动，因为我们可以通过这次机会接触到许多优秀的老师。程老师不仅仅是一位在揭阳普宁工作了12年的资深一级教师，同时更是我们同校的师兄，这让我倍感亲切。在这次采访中，程老师可爱又非常细心地“吹起了牛”，让人在开怀中获益良多。

1. 您是从什么时候开始写诗的，谈谈您的诗歌写作历程。

为什么总是喜欢问这个问题呢？好尴尬！那个谁说的：婴儿的牙牙学语本身就是一首首诗！少年时候的涂鸦算不算诗呢？那时候，在乡下，放学后晚饭前，无所事事，就总喜欢爬在门槛上和蚂蚁一起涂鸦，那时候我觉得自己就是一个诗人呀！许多年后回头再看那些文字，虽然没什么诗写技巧，但那时候的我是多么有诗情呀！铅笔一挥，就是一摞作业纸，后来都被老妈当废品清理了，要不我就可以证明，我是从很小很小的时候就开始“写诗”的。玩笑归玩笑，说到这个“写诗”的问题，我还是觉得这个问题好难回答！

除了上述关于“诗”的认定问题，还有一个“写”的问题。其实，我内心时不时都会涌现各种各样的美妙的莫名的感觉，我称之为“诗意”，诗者，原本只是一种意念罢了！当我们落笔，将这种意念化为文字，很多时候会遭受各种制约甚至被人为的主观牵引，导致最后生产出来的诗文本与原本内心的意念南辕北辙，面目全非！所以，越到后来我越不敢说自己写过诗，我总是觉得我写出来的那些都不能称之为“诗”，最多只是一些文字罢了！诗，还是放在心里吧！有那种诗之意念，岂不快哉？！

2. **您在韩师读书期间参加了学校哪些诗歌社团及诗歌活动吗？韩师生活对您的诗歌写作有哪些影响？请您谈谈这方面的情况**。

号称“自小就写诗，从来未发表”的我，进入韩师那年，就暗里明里说自己不写诗了，我要写小说了！但除了某人，谁也料不到，就在我们正在沾沾自喜绸缪小说素材的期间，某人已经和某理事会密谋好，将我推上“风口浪尖”。后来我听很多事中人说，那时候的“韩山诗社”已经好几年没有动静了，几乎就快要被人遗忘了。因为我当时是误打误撞加入诗社的，所以当时的诗社理事会认为，像我这样的料，“可以”当诗社社长！嗯，这策略倒是挺对的——死马当作活马医嘛！于是，我就稀里糊涂地当上了韩山诗社第十四任社长。

这下可好了，当着很多人的面儿说过不写诗的我，当了诗社社长，岂不是笑话吗？还好，那时候脸皮薄，就假装自己可以重新写诗嘛！而事实上，这件事对我此后的人生起到了非常关键的作用。因为被“社长”，所以不好意思地“自食其言”重新写诗，又因为怎么说也是一个“领导人”，不能写得比社员差太多，就强迫自己苦练勤写，直到写出了《那些年，我所眷恋的事物和人》，基本完成了一个

校园诗人的定位——夺得某届校园诗歌大赛的一等奖！那时候，我已经将诗社整顿得差不多了。该重建的部门重建，该新设的部门新设，该重启的赛事重启，该加设的活动加设，基本可以说是“风生水起”，连学校团委社团部的年终评优中，也“迫于”诗社的优秀业绩而将“优秀社长”赋予了我——我那时候是争取过换个“优秀社团”的，但没有被同意，因为社团部的两位负责人一个太漂亮一个太帅！我都不好意思跟他们生气！一年后，选定了社长接任人选，逐步移交各项事务，我就变成了“老骨头”！

这段生涯对我今后的道路影响很大，是那时候我未曾料到！毕业后，组织网络论坛“后来”，诗社的刊物也改为了《后来》，后来组织当时诗社的骨干人员办起了《粤东文萃》，再后来转化为《粤东诗歌光年》，毕业后十几年，和黄春龙（当时的诗社主编）等一起都在为粤东地区的文学（主要是诗歌）的发展奔忙，虽然是民间性质，但主要力量还是来自韩师。这大概就是不解之缘吧？但更加让人意外的其实也是意料之中的是，今年（2019年）7月份，黄景忠老师席间一句话，就将连续出版了四年的粤东地区诗歌年度选本《粤东诗歌光年》划归了韩师，让这本源自韩师的年度选本回到了家！那种幸福，那种宿命感，在我内心涌起了诗的意念，还有比这更动人的诗歌文本吗？

3. 哪些诗人诗作影响了您的写作？请推荐十位诗人。

其实，我不喜欢借鉴别人的诗歌文本来知道自己的诗歌写作，我更热衷于从其他体裁汲取营养重新进入诗歌写作。就像我大学期间创作的《三月二十四日下午》一样，融合小说和戏剧的技巧，也就像苏轼用散文进入词的写作一样，让诗歌产生多种可能。

当然，我并没有去坚持，到后来，我的诗歌创作曾经中断过好多年，有好些年我都在手机上涂鸦古体诗词，但我写古体诗词也不局限于传统诗词写作套路，其实，我是用古体诗词的“镣铐”融入现代诗的一些元素，从而试图打破传统诗词和现代诗歌的界限，所以，有好兄弟开玩笑：看我的古体诗词，就像在读现代诗，看我的现代诗又像在读古体诗词——我曾经用强迫齐整的方式写过一些作品，口碑还算比较高的那首《那些年，我所眷恋的事物和人》就在此列。

最后，我想说，最好的诗歌写作，应该接通自然万物，而不要仅仅停留在理论和技巧上，那样会离我们内心的诗之意念越来越隔膜越遥远！也许！

4. 请谈谈您的诗歌观。

同上。

5. 走上中学讲台之后，您怎样在语文教学中进行诗教，请您谈谈这方面的情况。

“诗教”这个提法非常好！在我的语文教学生涯中，“诗”这个关键词始终是中心词。我所教的学生，我从来不会强迫他们去背诵课本上的古诗词，我喜欢让他们“玩耍”，比如，你一句我一句，比如你几个字我几个字，比如还可以更给力：根据格律知识对打乱的诗句进行重组。在这些“玩耍”中，他们不知不觉地了解古诗词的写作规律，拿起古诗词就不再担心能不能背诵，只担心能不能更好玩，能不能玩出更多的花样罢了！

此外，在作文教学中，我曾经运用过格律诗词的结构方法对他们进行构思训练，如“起承转合”就是一个非常棒的结构，完整、流畅、饱满、生动。

特别是在作文教学中的“如何剪裁素材”也就是找到写作文的切入口的阶段，我的保留节目就是：一节课吃透王维的《山居秋暝》！王维这首律诗是绝佳的作文写作“选点切入口”教学的范本。从题目就可以让人顿悟：作者要写的内容是“山居”，但作者没有一年四季都写，只选择了“秋”，因为秋天的山居生活才是让人印象深刻的；写“秋”也不是无所不写，而是有所不写有所写，只着眼秋天的“暝”，就是黄昏，因为山居生活的秋天的黄昏是最有特色和内容可写的：“明月松间照，清泉石上流；竹喧归浣女，莲动下渔舟。”有物有人，有动有静，有描写有叙述，有场面有细节，有自然有生活……这样的文章内容放在考场作文中，必然是会点亮阅卷教师们疲倦的眼神的！

这方面可以列举的太多，但我急着谈最后一个话题，那就是“诗与吹牛”的关系。课堂上，诗词名句甚至整首诗都是信口就来的，顺便鄙视那些古诗词还不会背的懒虫们！我知道学生们有时候会纳闷：诗可以干嘛？我绕不开的话题就是：诗除了“兴观群怨”，还可以吹牛！我再强调：教语文，不会吹牛你就死定了！同理，学语文，不会吹牛也就死定了！我所教的学生每人都有一本最厚的本子，我统一命名为“废话本”，随走随记，不拒绝废话，就是要废话，废话越多越好，牛吹得越乱坠越好！久而久之，语言表达能力效果出来了，在必要时候再进行正规训练。我们常常以为“吹牛”是不正经的，但事实上，一个不会吹牛的教师不是一个好学生！实际上，有一个关键问题我忘了讲：让你写几个字你气都喘不过来，哪来的力气吹牛呢？所以，先学会吹牛，下笔自然千言！当然，要让学生信服你，你自己先学会吹牛，而且要让他们觉得你不是在吹牛！——惨！这下，牛吹大了！嘿嘿！

6. 您认为大学诗教和中学诗教是什么样的关系？

韩师的诗教是有优良传统的，这在很多毕业生的涵养就可以看出来，在韩园的日常中，也处处可见诗教的踪影。这在全国高校中也是独树一帜的。大学的诗教对于中学的诗教其实是一脉相承的，也可以说是直接影响的。因为很多人在韩师的学习中直接从诗教中受益匪浅，所以在内心也必然希望所教的学生从诗教中受益。这是一个良性循环，也是一个富有功德意义的教育工程。

7. 您觉得在当下中学语文教育环境中进行诗歌教育的重要性和困难何在？

随着教改对古诗文的比重加大和整个社会风气对传统文化的青睐，当下中学语文教育环境对诗教的开展大大有利，也是到了必须大力鼓吹和推行的时机了。困难主要来自功利性的教学评估系统，如果你能坚持自己的理念并适当结合考试的规律，做到效果彰显，我想在语文的诗教路上是可以“任那个谁行”的！我本身就是这样过来的，在普宁二中实验学校工作十二年，其中十年初三毕业班教学生涯，我所教的班级连续七年中考语文综合评估第一名，所以从第一年上初三领导们的虎视眈眈，到最后他们都懒得理我了，同事们也懒得理我了——说我有核武器，又不告诉他们！但我也苦哇，同志，我整天跟学生吹牛，我容易嘛我？

8. 最后，请谈谈您的诗教观吧。

我吹牛的。谢谢！

陈崇正老师采访稿

采访人：周晓松（韩山师范学院文学与新闻传播学院，2017届汉语言文学6班）

被采访人：陈崇正［韩山师范学院2002届学生，二级作家（副高）］

时间：2019年9月2日星期一

方式：微信文字采访

非常有幸能够参与“韩派名师”诗教采访工作并采访到我们的师兄，现为花城出版社《花城》杂志编辑部副主任、花城数字出版中心总监的陈崇正老师。同时陈老师也是中国作家协会会员，韩山师范学院诗歌创研中心副研究员。陈老师在诗歌创作以及诗教方面有着自己的独特见解和经验方法，并取得了很大的成就。现在，让我们通过文字问答的形式一起走进陈崇正老师的“诗歌写作”和“诗教之旅”。

1. 陈老师您好，请问您是从什么时候开始写诗的，谈谈您的诗歌写作历程。

我从2002年入读韩师开始学诗至今，写下的诗歌应该超过500首，我几乎把所有的诗歌技巧都操练过一遍，也在不断变化自己的切入角度以求突破，但我发现自己已经开始重复自己的创作。这是很要命的事。也就是说，诗歌这种比较先锋的文体在我这里已经失去它技术实验的价值。我的阅读视野及其他因素已经决定我在这方面的探索失去了前进的能力。

另外，本来形式的失地可以在内容上找回来，因为诗歌确实也是一个“写什么”的问题。在“怎么写”的探索之后，诗歌应该回归到“写什么”的正道上来，因为毕竟一个文体不能单纯依靠它的实验性来生存。技巧只是一张信纸，而信的内容才是收信人最为关切的。但我突然发现，回到这个问题之后，我陷入混乱，我找不到接受这封信的人。我记得一个诗人（忘记名字）在诗歌里写道，我靠着一首写诗歌的诗，摘得诗人的桂冠，但那个乞丐依然是乞丐（大意）。的确，我们无法用诗歌去改变一个乞丐的命运，诗歌的边缘越来越小，正在慢慢丧失它的社会功能，仿佛只有地震发生的时候，诗歌才重新成为大众抒情的需要。即使是打工诗歌（姑且这么定义），看起来似乎举起某种干预现实的大旗，但里面的悲悯情怀也因为它的功利性而变得十分可疑。至此，我们似乎可以说，古代的诗词是有用的，而现代的诗歌是无用的。一旦现代诗歌变得有用，它很容易就陷入媚俗的境地。

很多人只是将诗歌看成是一个语言学校，在诗歌中完成自己的语言提升之后，就转战其他，不会恋战。这里面也涉及另外一种可能，那就是诗歌写作的动力问题。

许多人年轻时候亲近诗歌，更多的是亲近情诗，或者说与爱情这个动力源泉有关的诗歌语言。我曾论证过，爱情是诗歌最为完美的动力源泉，它不但为诗歌提供一个潜在的写作对象，也为诗歌写作提供足以引起狂欢的情绪能量。有了方向与力，于是诗歌之舟顺风顺水。然而随着年龄的增长，诗人会发现自己的假想抒情对象不见了，心灵中为爱情而储备的能量业已耗光，此时，他就会选择放弃诗歌，甚至放弃写作。

这种可能给我们一个提示，那就是，一个人选择放弃写作，放弃某种努力，或者是因为他失去了做这件事的动力，或者是因为他失去了做这件事的方向。后者还包括在写作中遇到的难度让人失去方向。

顺便说一下，古人的酬唱之诗往往写得自然真切，千年之后其中的情感仍然历久弥新，其原因也在于酬唱之作也有既定的写作动力和写作对象（即方向）。而现在我们对朋友的感情并非就消减了，只是各种通信工具提供了各种可能去平分这股感情能量，而诗歌从公共话题中淡出，也让人感觉送一束玫瑰花要比送一首诗歌来得更合时宜。

而对我个体而言，我在诗歌写作中遭遇的写作难度让我不能不暂时放弃在这个文体上的努力。

所以，在诗歌写作的内容上，我在写作对象和写作题材上都陷入困境。我的写作对象是否需要诗歌，我没有信心；我却又无法说出更为深刻的道理。在没有摸索出新的诗歌方向之前，我只能暂时停止它。

而在小说这种文体上，我相信自己还有努力的空间。我通过自己的双脚踏实地感觉到小说应该是去描写人物的生存感觉，而不是其他。我慢慢去建构自己的主题：恐惧、妥协、抵抗、宿命。

在我心中，诗歌和小说是两个平等的文体。但它们又是平等而不平行的。诗歌轻逸，小说浑厚，相对于诗歌对功力的苛刻，大概小说有更大的容量去包容一个作者的缺点和不确定吧。

2. **您在韩师读书期间参加了学校哪些诗歌社团及诗歌活动吗？韩师生活对您的诗歌写作有哪些影响？请您谈谈这方面的情况。**

开始这些诗歌都是当日记那样去写的，更多关注自己。后面慢慢频道就变宽了，觉得自己只是一个标本，更多应该去关注这个世界上人们的生存感觉。在十几年前，大概2002年或2003年这个阶段，计算机网络慢慢普及，网络文学慢慢兴起，而诗歌论坛在此后几年迎来了一个全盛时期。我以为网络交流的加剧一定程度上推动了地处偏远的韩山诗歌，网络成为打通韩山与外界交流的重要渠道，所以那几年在校的韩师校园诗人显得十分活跃，也写出了许多不错的诗歌。2003年底，诗人黄昏骑着他的铃木摩托来到我们宿舍楼下，嘴巴里叼着中华烟和我说话。他那时才四十岁出头，讲话的时候笑声从喉咙处吭吭发出来。我们在宿舍里煮红薯汤，聊他的往事，很快就混熟了。黄昏爱抽烟，随身带着两只手机，他用手机上网，但不是互联网，而是移动梦网，每个月话费都很高。我们那时候都不太知道移动梦网这样的平台，他却说上面可以发诗，还打开给我们看，都是黏糊糊的情诗，我们也不好意思说不好。他说在上面还认识一些朋友，他仗义疏财，还帮助过几个有困难的网友。当时我和郑子龙合作印了一本书，叫《生命不过是一种意淫》，黄昏很慷慨，说他赞助一千块的印刷费。十二年前的一千块还是蛮多的，这事让我们感动了很久。后来我们摆地摊卖书，卖出去拿了钱就去吃夜宵，有时候黄昏也来，韩江边的风慢慢吹，女朋友的手很温软，一群人就围在一起谈诗歌，聊过去和未来。那样的时刻似曾相识又非常遥远，那是我们的黄金时代，虽然很穷却没有太多值得焦虑的事，也总觉得未来的自己能成就一番事业，后来很多事被证明是想多了。但我们还是非常感谢黄昏，他带着一颗童心加入这个圈子，意气相投，彼此信任，应该说是忘年交。

我说了黄昏这么多好话，其实是想表达一个观点：一个诗歌民刊的背后，都有一个富有个人魅力的主编：《中西诗歌》的黄礼孩、《故乡》的游子衿……诗歌民刊众多，能够长久坚持，形成诗歌群落的毕竟不多，而这些民刊有一个有意思的共同点，则是主编的个性，能团结一帮诗人，引领一种风格，才能有一个好的诗歌生态。

2003年我还干了两件事值得一提：一是发动宿舍四个人凑钱买了第一台计算机；二是创办了韩师的诗歌刊物《后来》。第一件事被我视为当年校园诗歌网络流变的重要标识，而第二件事直接促使黄昏来到我的宿舍，我们一起谈起应该办一本诗歌民刊。而当时郑子龙和陈剑州正在打算私下办一份诗歌报纸，名字就叫《九月诗报》，但报纸没有办下来，结果这个名字就用来作为诗歌民刊的名字。第一期的《九月》有点丑，但长得很像《后来》，体例很像，就连刊名也是与时间相关。当时我们都是学生，口袋里没钱，黄昏自己掏钱印刷，我找了一个在湖南读美术设计的老同学设计了封面。封面很个性，但印刷效果却不能令人满意。所以第二期的时候黄昏追加了资金，找了一家比较好的印刷厂，依旧是骑马钉，但纸张比较好,《九月》看起来就丰满了一些。但2005年黄昏带了两期《九月》去茂名参加一个诗歌活动，回来之后显然大受打击。他带回来一些当时的诗歌民刊，装帧设计都非常豪华大气,《九月》置身其中就像一只盗版的丑小鸭。活动上潮州籍诗人世宾跟他说：“形式也是内容的一部分，不如一年就印刷一期，把它做好一点。”所以《九月》变成《九月诗刊》，逐步成为专题化的做法。我忘记专题化的做法是不是我的提议，若是则跟我在《韩师青年》这份报纸那边学习体悟到的报纸专题规划有关。

这十几年中，诗歌实现了从纸的时代到屏幕时代的转向，诗歌移民逐步从纸上到互联网上，再到现在的手机终端。我们大概见证了诗歌论坛的崛起林立，互相骂战，到逐渐消亡。今天的微信诗歌传播，在重新划分诗歌的版图。诗歌所依赖的媒介总在不断发生变化，对于印刷品的信仰依然存在，但已经无法成为主流的阅读场地，更多人会在林立的微信群里获取诗歌的信息。我并非在这里预言诗歌民刊未来的走向，而是希望提供一个在诗歌民刊林立背后的另外一个坐标，则是网络诗歌，或者说数字化的诗歌现场与民刊中间存在一个参照。在十多年间，诗歌民刊与数字化诗歌现场存在着千丝万缕的联系，它们互相印证，又互相支持，这是其他文学体式所没有的。小说和散文不会存在如何火热的在场，也不会有如此多的非营利性民刊。《九月诗刊》置身于诗歌民刊的创办洪流之中，在众多轮变中坚持和坚守下来，它的存在，已然成为诗歌的喧嚣和非诗歌的喧嚣中间一面旗帜。

作为《九月诗刊》的联合创办人之一，我比韩山诗群的其他成员更为幸运的是，一直在参与和见证这本民刊的成长。后来我离开潮州，再后来我基本离开诗歌写作，但因为每个寒暑假都回潮州的缘故，我几乎每年都与《九月诗刊》的老朋友能聚几次。纵观《九月诗刊》的办刊历程，它因韩山诗群的崛起而生，因韩山诗群得到重视而存，但今天也必须面对韩山诗群式微所带来的剥离。虽然黄昏、培浩、则强等人的办刊方向未曾改变，但学生群里中的诗歌领袖却已经多年没有出现,《九月诗刊》的门户角色大于它的枢纽作用，这样的现状也令人堪忧。

诗人需要激发和培植，诗歌永远属于情绪和智力操控的精英，也只能是纯粹心灵的真诚镜像。《九月诗刊》作为韩师和潮州的重要文化品牌，我相信它未来的位置会越来越重要，必将成为韩山诗歌的火种，我期待并相信着。

3. 哪些诗人诗作影响了您的写作？请推荐十位诗人。

我的诗歌视野其实比许多人都窄。我读的诗歌不多，国内有海子、顾城、徐志摩、于坚，国外有里尔克、阿米该、策兰、米沃什、辛波斯卡等。更多的是网络上朋友之间的相互阅读，不过近几年读诗也很少，越来越挑剔。

我的写作一直也比较驳杂，小说、诗歌、散文都写。有一阵子还写过剧本，拿过小奖，东莞电视台还播过我写的栏目剧。但主要是小说和诗歌，以前是小说诗歌都没放下，一直在写，之所以给人感觉以前比较侧重诗歌，大概是因为诗歌的圈子比较热闹，你活跃一点，写得别太差，也很容易获得认同。小说方面我一直眼高手低，也就是说我能清楚自己没一个缓慢提升的步骤。而在诗歌方面，我的边界一直是比较模糊的。有那么一段时间我感觉自己似乎把握了诗歌写作的真谛，但很快又自我否定了。诗歌对于我一直都比较模糊，我小时候刚开始阅读的时候，看了很多《故事会》，有一天我一个堂哥拿了一本诗歌杂志，我忘记是《星星》还是《诗刊》，上面有一首歌颂煤的诗歌，我读了一遍没明白，却不料我堂哥一把将杂志抢过去说，这是诗，你读不懂。此后一段时间里，对这种“读不懂”的文体我有一种说不清的感情。我觉得人家写了那么多字，我读不懂是很伤自尊的事。及至高中时候我开始在本子上写分行的诗歌，我其实还不能十分确定自己写的就是诗歌。高二的时候我拿自己写的诗歌给语文老师看，结果语文老师说："诗歌是属于自己的，别人没法修改。"我虽然认为这样说有点搪塞的意思，但也觉得这话挺对的——你写了啥自己有时候还闹不明白，怎么让别人帮你修改？后来有了网络，我最早读到海子的诗歌是在网络上，只感觉世界瞬间打开了。诗歌完全可以无所顾忌，只需要把握语言内在的节奏，用节奏来表达情绪就可以了。后来我在形式上参照了于坚的《零档案》，写了很多"胖体诗"。所谓胖体诗，其实是回避了诗歌分行的难度，直接将句子切成断句，这样比较容易表达节奏和情绪。

我初期的诗歌大概分三个阶段，最初是以情绪驱动为主的，随后是情绪和想象并重的，最后是比较迷恋于想象的。因为我渐渐发现，如果诗歌的价值完全依附于起伏的情绪，那么总是有点神经质。当时我阅读了一些长诗和西方的诗剧，觉得可以赋予诗歌更为具体的形象，甚至有一段时间曾雄心壮志想复原诗歌中的叙事传统，想把情绪、想象、语言节奏全部统一到诗歌的叙事之中，当然，这个很难做到。

4. 谈谈您的诗歌观好吗？

人类离开真正的黑暗已经太久了，我们熟悉电，熟悉灯光和开关，但是也许需要真正的黑暗才能让我们重新理解生命的卑微，理解诗。回望童年，那是一个冬夜，我手里托着一只瓷杯，小心翼翼穿过黑暗不见五指的小巷，去给一位巫婆送热茶。那时我六七岁的模样，村子尚未通电，到处黑灯瞎火，巫婆总必须在深夜作法，而我爷爷笃信神佑之力，非得命我前往奉茶。巫婆用哆嗦的嘴唇轻呷一口热茶，喉咙深处发出突突的声响，我在一旁大气不敢出，轻轻揉搓着被烫得生痛的手指。这样的情景在多年之后，被我写进了小说和诗歌中，成为我写作中一个重要的起点，其中丰富的细节支撑起了想象的穹顶。

漆黑的村庄，暗夜独行的小孩，一个简单而平凡的场景，似乎不值得倾注更多的心力。但我相信细心的读者不会一闪而过，他或者她，在盛夏或者寒冬，如果稍微凝视这样一个情景，就会明白这样神秘的氛围中凝结着作者生命中最神秘的那一个音符。透过文字细密的编排，我相信时空遥隔的理想读者可以读懂其中吹弹可破的梦境。

而这样的一个普通的记忆，恰恰是通过写作才会被重新唤醒的。如果没有写作，这样的一个情景大概也无法焕发任何光芒，而只会沉入阴暗的忘川之中，没有谁能将之擦亮。

诗歌对我而言，还有日记的功能。时光易逝，太多东西在眼里和心里跑马而过，而终于还是没有留下任何印记；而能够刻下一道痕迹的，或深或浅，都是生命的密码，里面的快乐与忧愁，皆可化为一曲幽歌。记忆之于我们自己是宝贝，敝帚自珍，灼灼可人；而对于他人而言，不过破铜烂铁。我们背着破铜烂铁穿行于人世，而缪斯在暗夜中穿行，唯有写作能沟通人神的秘境，将记忆重新唤醒激活，成为珍宝。一个人安静下来时，在骨子里扎根的寂寞，柔软地生长开来。

孤独是另一种暗夜。无论在哪里，无论在什么时间，我都时时可以发现自己只是孤身一人，无所凭依，无所替代，无所分享。情绪和感觉，有时候并非文字和语言所能完整表达的。它们都是三棱锥，搁在心里，把你刺痛。这么些年来，我只能享受着它们的伤害，欣赏着它们的毒液，寂寞的毒。文学都带有微毒，如果无法致幻，如果无法给出梦境，那就不是好文学。

脚步不由自主地前行，而寂寞时时反顾，给我温暖，也给我辛酸。在去翻看多年之前写下的诗歌，那些句子，已经隐隐有些陌生，像一个个被遗忘的密码。它们把我带回幽深的记忆之林，在那里，刀光剑影，欲望昏黄，大火燎原，星星起落。生命的老死，记忆的消失，终究是躲不过的。我有保存旧物的坏习惯，但我知道保存不了整个回忆，整段人生。诗人都是贪心的孩子，要把整个人生都放进作品里吧，我要不停地写，不停地让它们凝固下来。只是到头来，依然无法抵抗遗忘。

写诗是一种生活方式，而我离开这种状态已经很久了。只是偶尔因为需要用诗歌来调整我的状态和语感，处理其他文体无法处理的情绪，我才会开始写诗。

几年前我曾统计过，我从2004年开始写诗，加起来足足写了十万字的诗歌。这几年我停滞不写的原因，是因为我对自己产生了怀疑，我的内心荒芜而苍白，缺乏诗歌生长所需要的磅礴激情。所以，诗歌并不需要我。

而我需要诗歌。我需要诗歌来治疗我的幻想，需要用写诗来温润我尘封的诗歌之心。这样说有点矫情。我很少写诗的另一个原因，也是因为这个世界已经够浮躁了。并不是诗歌无法满足我的需求，而是我没有足够的才华去支撑诗歌腾空而起的能量，也没有足够的才华让我的诗歌具备洞察这个时代所需要的穿透力。

所以我只能回到内心，在物我的联络中给我的诗歌写作一个新的定位。诗歌于我是孤狼之嚎，只在月夜，只在方寸腾挪之间，那些自然流淌的文字组成了繁复的图景。

幸运的是，暗夜中缪斯时时反顾，偶尔还可以与诗神对坐，还能够被阅读，这已经是对我写下的这些分行句子最为从容的赞美。

5. 走上中学讲台之后，您怎样在语文教学中进行诗教，请您谈谈这方面的情况。

2006年大学毕业之后我从教8年，这样一段经历对我而言非常重要。对我而言，在中学阶段进行完全的诗歌教育只能说是个别的辅导，但是诗教如果理解为诗意的教学，那么这样一种教学方式是自始至终存在的。对于一个作家的语言而言，内在的音乐感其实还不是最内在的，相对于内在的准确性，音乐感只能算是外层的包装。对于很多描述，准确是唯一的准则。准确就是你面对眼前的事物情景如何去把握的问题，这是一个作家的根本能力，也是作家才华的决定因素。换言之，如果你连准确都达不到，其他的因素都会因此失效。准确甚至可以涵盖诗意，或者说诗意就是另一种准确。从你的眼睛到事物的本质之间，有唯一的一条直线，如何用你的文字直达本质，就是一个作家必须直面的第一个考验。

我经常给学生举余华小说的例子，是因为他的小说语言充满了诗意。曾有人说长篇小说《在细雨中呼喊》是余华最好的小说，而不是《活着》。这种评价见仁见智，但《在细雨中呼喊》很明显调动了余华最多的童年经验储备。让我印象深刻的是其中这么一段描写："刚刚吞没了一个生命的河流却显得若无其事。我是在那个时候知道河流也是有生命的，它吞没了我的弟弟，是因为它需要别的生命来补充自己的生命的。在远处哭喊的女人和悲痛的男人，同样也需要别的生命来补充自己的生命。他们从菜地里割下欢欣成长的蔬菜，或者将一头猪宰杀。吞食了另外生命的人，也会像此刻的河水一样若无其事。"

这段描写，是在"我"的弟弟溺死于河中之后，我凝视着河水的所思所想。在这个极度悲伤的情景之中，悲痛的情感被转化为一种类似哲理的东西——首先这样的感受是一种准确，我们总是容易在悲痛中产生哲理（比如失恋的人说话总像哲学家），其次这样的概括性体验，是对世界把握的另一种准确。河水吞没了一个人，就如同我们屠宰动物、割下白菜一样若无其事。在这里河水不但被拟人化而成为一个敌人，而且也将这样一个意外的事故与万物无常的命运联系起来，从而产生了一种诗意的转化。刚才说了，诗意是另一种准确。

诗意的描述是许多作家的追求，我还常常给学生展示王小波的小说作为例子。

在另外一篇很短的小说《我在荒岛上迎接黎明》里（应该是王小波早期的作品），王小波借用主人公之口抒情道："在冥想之中长大了以后，我开始喜欢诗。我读过很多诗，其中有一些是真正的好诗。好诗描述过的事情各不相同，韵律也变化无常，但是都有一点相同的东西。它有一种水晶般的光辉，好像是来自星星……真希望能永远读下去，打破这个寂寞的大海。我希望自己能写这样的诗。我希望自己也是一颗星星：如果我会发光，就不必害怕黑暗。如果我自己是那么美好，那么一切恐惧就可以烟消云散。于是我开始存下了一点希望——如果我能做到，那么我就战胜了寂寞的命运。但是我好久好久没有动笔写，我不敢拿那么重大的希望去冒险。如果我写出来糟不可言，那么一切都完了。"写作成为诗与非诗的战争，如果写出来近乎诗，就是成功，若相反，则"一切都完了"。所以王小波总将自己当作一个行吟诗人，他曾在小说里引用他创作的一行诗："走在寂静里，走在天上，而阴茎倒挂下来。"读这样一句诗歌，我们不禁要笑，一个俏皮而倔强的形象跃然纸上。在他心中，人的精神家园应该是"孤独，寂静，在两条竹篱笆之中，篱笆上开满了紫色的牵牛花，在每个花蕊上，都落了一只蓝蜻蜓"，你无法不说这就是诗化的语言，而且这样的表述又是唯一的诗意，因为它准确。

同样的，在卡尔维诺（这也是王小波推崇的作家）的小说《看不见的城市》中，他这样描写道："咬着镶琥珀柄子的烟斗，忽必烈一边听马可·波罗讲故事，神色淡漠，一边在缎子拖鞋里弓起脚趾，他的胡须垂及紫晶项链。这些日子，入夜时总有一股淡淡的忧郁压住他的心……可汗有时会突然有心满意足的感觉。这时他就会离开座垫，站起来大步走过铺着毯子的小径。靠着亭台的栏杆，以迷茫的眼光环厦整个御花园，挂在香柏树上的灯照亮了花园。"

这部由一则则短小的章节串联起来的小说，其实应该是一组长诗，而且是及物的长诗。除了优美的语感之外，整个小说笼罩着一种说不出的情绪，将之当成一组长诗也未尝不可。

6. 您认为大学诗教和中学诗教是什么样的关系？

我在中学担任8年的语文教师，2014年之后，我几乎每年都会在大学里兼职一些创意写作的课程，或者开一些讲座，跟大学生聊聊。如果说大学诗教和中学诗教有什么关联，我觉得应该是盆栽和园圃之间的关系。盆栽主要是定点培育，让中学生在内心埋下诗歌的种子，慢慢发展，在一个虚拟的环境中接触感性的东西，认识阳光和水。而移植到园圃之后，就需要更多的养分，根要扎得更深。激发诗歌创作灵感的情绪一般都比较负能量，但不代表它是坏的。我也相信欢乐的时刻可以写诗，但很难像带痛感的文字那样深刻。所以到了大学之后，应该学会如何转化负能量，让黑土地开出绚丽的花朵。

7. 您觉得在当下中学语文教育环境中进行诗歌教育的重要性和困难何在?

一篇散文写得很像小说，或者一篇小说写得近似于散文，这在文学史上并不罕见，比如鲁迅的《社戏》、郁达夫的《沉沦》、余秋雨的《苏东坡突围》、史铁生的《我的地坛》，你说它们是散文呢还是小说？汪曾祺甚至曾主张打破小说和散文的界限——人们似乎十分能理解这两种文体之间的边界混淆，但诗歌写得像散文或小说，却变成一件无法容忍的事。其实各种文体的边界并不是一条线，而是一个区域。应该允许诗歌和散文、诗歌和小说中间具有一个交集，有一片原野可以共存，而不是简单的非此即彼。

从“梨花体”到“羊羔体”，再到后面的“馒头体”，近年来诗歌出现在公众视野，都是以小丑的形式出现的。在古代，诗歌艺术一直是中国这个国度最主要的文体，新诗出现之后，它的地位就如古时候的小说话本一样，基本是不入流的。诗歌走过它曲折的历程，是不是现今的世界已经不需要诗歌了？我以为只要石头还在，火种就不会灭；只要诗意尚存人间，诗歌也会有它存活的价值和尊严。

我看到了诗歌这种先锋性的问题正在变得不先锋起来，它在试图接近大众的时候却遭到了大众的质疑。即使有诗人用所谓“零度抒情的白话手法”为那些直白的诗歌辩解也是无效的。诗歌离大众已经很远了，新诗在九年义务教育的教材中基本是处于不讨论的地位的。对于这样一种先锋的文体，教材中诗歌之陈旧，也是触目惊心的。网民基本都是受过中小学教育的，但是网民依然对诗歌所知甚少。所以对于诗歌最基本的理解，很多人其实连眼睛都没有入门，更别提动手写诗。

诗歌确实被边缘，好在新诗自从诞生之日就从来没有中心过，但它却存在每个人心中。诗意的生成是十分自然的事，但有时候并不一定表现为诗歌，它可以是一张照片，一幅画，一首音乐，一个姿态。诗意成为诗歌是一个偶然，一个学生成为一个校园诗人更是偶然。千万不要去执着在乎诗歌是否边缘，因为那本来就不是诗歌所关心的问题。诗歌是事物印照在内心之后的产物，是多层次的发现的过程。一件东西每个人的心中都可能存在，又有什么边缘与否可言？即使边缘，又有什么关系？岂非更是一件好事。

8. 请谈谈您的诗教观。

诗教应该就是直面世道人心的教育。所谓文以载道，大概说的是这样一种被激发的责任感。在我的个人写作中，我重新启用了诗歌的抒情和隐喻特性，将我对外部世界的一种直观的感受和情绪熔铸了进去。但后来我反思自己这一系列的诗歌时，发现这种“代言人”一样的诗歌在当下其实非常常见，只是有些诗歌的题材更加标签化而已。我慢慢觉得这样的诗歌似乎也不是我的追求，偶尔为之无伤大雅，如果委身其中不能自拔就俗了。

我如果重新专注于诗歌，大概会往两个方向走，一个是之前我所说的，重新挖掘诗歌的叙事传统；另一个就是往小处写，写精致了，这个方向很多人在做，好像已经走尽了，但我觉得恰恰是诗歌的正道，以小见大，举重若轻，用最简单的语言表现复杂的当下，这其实是最难的，也是无止境的。

现在诗歌几乎不写，但我会鼓励学生写诗歌。我说的几乎意思是偶尔会写，要不是酬和，要不是内心有比较强烈的痛苦需要表达而又无法明言，这是诗歌就会发挥不可替代的作用。写诗其实不是技巧问题，而是一种生活状态。我虽然动笔写诗少，但诗心依旧，对事对物的感受并不会减弱。学生学习写诗也是一样，坚持写很重要，而保持对生活的诗歌之心更重要。

李才波老师采访稿

1. 您是从什么时候开始写诗的，谈谈您的诗歌写作历程。

读小学时，我就喜欢诗词，那时除了熟悉小学课本的诗词外，还自学读了大半本《唐诗三百首》。我都是用潮汕话朗读诗词的。因为那时，我们的语文老师大多不会说普通话，都用潮汕话上课。读初中时，我在地摊上买了一本破烂不堪的书——王力的《诗词格律》。回家后认真研读，很多内容不知道它说什么。没有人可指导，问语文老师，老师也不懂。记得老师还跟我说："正经的书，多读一点，这个可以不读的。"

到高中时，阅读视野逐渐变大,《诗词格律》自然也看得懂了。还是一样没人会指导我，但我还是自学了，尝试写了一些"七绝""五律"，甚至"七律"。这个时候，我坚信的一点：用潮汕话读古诗词，有利于写作诗词。那时作的诗词，我都抄在各科课本的封二、封三的空白处。那些作品现在看起来是十分幼稚的。大概相当于我现在指导的学校学生诗会优等学生的水平。实际上，读中小学期间，我的语文成绩总体并不是很好，只是对诗词有点专攻而已。

到潮州读韩师时，认识了一些有共同爱好的同学，开始和诗词界有交流。我到潮州不久，写了第一首诗叫作《潮州城》，诗云："旧郡昌黎治，中原气韵悠。三山如鼎立，一水绕垣流。祭鳄亭台在，迁官姓氏留。湘桥春暮涨，仙阁客槎浮。"那时，班里的同学陈伟，对诗词兴趣也很大。我们经常交流彼此创作的诗词。当时我们申请了一个潮州明清碑刻研

究课题。周末或寒暑假，经常结伴出门合作做古碑刻拓片，平时有空就一起研读和碑刻有关的潮学文献资料。在这些文献资料中，我们读到了不少古代潮人的诗词作品。当时，教我们《潮汕历史文化》课的老师是曾楚楠先生，他是潮州诗社的社长。我和陈伟上门请教曾老师关于课题的问题，也顺带些个人诗词作品，让老师批评。我们的作品经常被老师批得体无完肤。虽然被严批的心情不是很好，但是对我们作用很大。我们知道了哪个地方不足，就不断地修改，不断地推敲，因此都进步得很快。在曾老师家里，我们也认识潮州市诗词界的很多朋友，如现在还一直有交往的林光伟师兄等人。当时，师友们都写《赠曾楚楠师次吴志敏同题韵》的诗，我也跟着写了一首，诗云："锦心无意染纤尘，明月窗前作雅邻。笃志诗书通圣域，忘情茶酒漉围巾。虚怀传道长修德，和气为人乐养身。闲到文公栽木处，高吟白雪赋阳春。"

大学期间，我除了去图书馆借文史类的书来看外，还经常到市区各书店买书，买的基本也都是文史书籍。到大三结束时，我买了两千多本书，其中诗词诗论类占了很大的比例。当时，雇了一部面包车帮我载二十多箱的书回普宁。那几年我的阅读量很大，知识面、思想境界自然也慢慢地发生了变化，诗词水平也略有提高。

我大学读的专业是历史学（旅游管理方向）。历史是我们的专业，旅游也是我们的专业。由于专业的需要，我们班同学经常利用周末结伴出游。每次出游，我几乎都有写诗。如《过王大宝墓》："车到山前意兴遒，石雕人马见春秋。奇才赢得君王喜，高义承当冠剑忧。革蔽护民安海宇，抗金靖志复神州。可怜南宋偷安命，多少英雄涕泗流。"《游潮阳灵山寺》："山水钟灵秀，茔台舌镜安。禅香绕朱阁，春色溢青峦。致意书存壁，寻幽客倚栏。飘然心渐悟，何故遗衣冠。"有一次，我们班同学四十多人去潮州江东镇的韩江滨沙滩上烧烤。秋天的江东沙滩上，景色很迷人，诸友皆为陶醉。一同学问我能否写首词表达一下。我当时想到杜牧的诗句"江东子弟多才俊，卷土重来未可知"，乃附和其意，凑了一首《少年游·游潮州江东》，词曰："风凉雨霁作遨游，南国好清秋。征帆去棹，明河共影，妙处画图休。江东子弟多才俊，英杰出如流。霸王骁勇，周郎貌美，享尽大风头。"

大三时，我有幸参加了潮汕三市青年诗人沙溪笔会。在笔会上，我认识很多潮汕诗词界的精英人物。也就是在那时认识了今天和我经常相处共事的普宁诗友张坚河老师与赖先楚老师。沙溪笔会上，我写了六首作业诗，有一首五律《游沙溪水库·宝云岩》经笔会的指导老师曾楚楠先生、熊东遨先生等修改过，发表于《潮州日报》，其诗云："一湖涵秀碧，山势入青霄。日色勾深浅，钟声破寂寥。先贤留胜迹，后学仰高标。鹤影知何处，鸣呼在九皋。"

大四第一学期，我们整班同学千里大迁徙，北上天津师范大学读书。在天津，我发现古籍的书店很多，价格也不贵。那时，买书就跟中了魔似的，经常逃课走几条长街去新时代文化广场买书。到期末时，我买了八百多本书，大多是诗词及古文学类的书籍。记得那时去天津火车北站托运这些书回家，都花了四五百元。天津师范大学的教授李海涛先生很欣赏我和陈伟的诗词，给了我们很多的点拨和鼓励。过年前，我们要离开天津时，李教授送了我一部价值几千元的上海古籍出版社出版的《廿五史》(十二本16开精装本)，让我特别感动，其后写了很多首诗表达谢意。在天津半年多，我们游遍市区大街小巷和周边塘沽等地的景点，还以天津为据点，游历了附近的北京、石家庄、洛阳等城市。这段时间，我写了50多首"日记式"诗词，总体质量都不高。如《游津门黄崖关》："四望何萧瑟，长龙卧跳峦。雄关山势险，迷阵敌心寒。有意供玄武，无形立将官。古来多少战，历历眼中观。"《游盘山》："迤逦三盘路，行人魂欲销。泉声喧白涧，石壁薄青霄。迎客松长立，经冬叶未凋。翠屏峰下寺，袅袅佛烟飘。"《游故宫》："宝座腾金紫，龙颜总不如。登基堪炫耀，转眼即空虚。南北三宫殿，明清二代居。时移天祚变，从此别王储。"《游颐和园》："佛阁浮颠顶，群山入眼朦。石舟连矮屋，湖岛拱长虹。借得江南景，修成林上宫。天年可颐养，和气沐清风。"《游圆明园遗址》："日落湖山夹泪痕，天边银杏掩黄昏。洋人烧尽皇家殿，唯有洋楼柱石存。"《游圆明园遗址》这首，不知何时被人用去做了北京圆明园的资料介绍，现在百度还可搜索得到。

大学毕业后，我回普宁工作。在潮汕学院学院办公室做过一年宣传干事。潮汕学院位于普宁莲花山麓，面对普邑镇山铁峰。一夕与同事饮酒大醉，早晨被军事化管理的校园军歌吵醒，无奈起床，即兴写了一首七律《乙酉潮汕学院工作感赋》，诗云："铁峰迴耸与云齐，山势莲花秋草萋。笑我无才非作是，访朋有酒醉如泥。风摇岭外聆松韵，日现楼头闻战鼙。幻化浮生何处乐，南柯梦过五更鸡。"

后来，赖先楚老师介绍我加入普宁铁峰诗社。我登门拜访了诗社几位老前辈，如江东先生、黄大斌先生、王路风先生、伍乘森先生等人。2005年底，王路风老师请我协助诗刊《铁峰诗苑》的校对编辑工作。从此，我就做了《铁峰诗苑》的编辑，一直到现在，近十五年了。后来铁峰诗社换届，我被选举为理事会成员，先后被任命为副秘书长、《铁峰诗苑》执编、副社长等职务。2006—2010年，我先后加入了揭阳诗社、揭阳楹联学会、广东中华诗词学会、广东省楹联学会、中华诗词学会、全球汉诗总会等诗词对联社团。

大学毕业至今，我写的诗词在《铁峰诗苑》《揭阳诗词》《揭阳日报》《岭海风骚》《诗词报》《诗词月刊》《当代诗词》《中华诗词》《寰球诗声》等几十个诗词刊物上发表过。如2008年写的《拟普宁八景诗怀古兼贺铁峰诗社二十华诞次漳江进士杨大鸿韵》，发表于《揭阳日报》，后来这八首诗被作为百度百科“普宁八景”的景点介绍资料。2011年2月，五律《赠伍乘森老师》发表于《中华诗词》，其诗云：“天山尝论剑，回雁五湖春。和气精神爽，锦囊诗句新。不祈官作伴，辄与德为邻。物外藏奇志，闲云自在身。”2012年全球汉诗总会刊物《寰球诗声》第1期为我开了一版诗词专栏。

2013年11月，我参加了在惠来举行的潮汕三市青年诗人研习会。我撰写了一篇论文《浅谈感悟思维在诗词创作中的运用》，参加会议研讨。会议及采风期间，我共写诗词近二十首。开研习会议那天夜饮大醉，四更酒醒闻雨，有兴写了一首古风《惠来笔会夜饮大醉四更醒悟闻雨有作》，诗曰：“飘游瀛阆里，饮惠访仙家。驾雾步霄汉，追云驱日车。瑶池始招宴，琼树已成花。景淑迷庄蝶，声繁笑井蛙。烟笼虹影渡，风吻练文斜。神马享驰誉，鸾笙争斗奢。啼猿随彩仗，嘶雁避凝笳。天迥星窥管，河深女织纱。沿洄槎路远，举陟客思赊。醒悟滋情兴，披襟起赞嗟。色空禅可解，酒美义堪夸。执笔开书卷，敲诗瀹茗芽。龙渊连野谷，江沫拥金沙。蝉露珠帘映，蜃楼岩壁遮。葵潭浮瑞草，甘泽濯韶华。钩月摩峰顶，曙钟传海涯。”

2014年2月，我被普宁教育局聘请为教育刊物《普宁教育》的编辑，每期负责2个页面的诗词和12页面的论文的编改工作。因为有这2个页面诗词的阵地，我发现了教育线中有不少教师诗词人才。我逐一介绍或培养他们进入铁峰诗社，有效地充实诗社后备力量。2014年5月，我参与全球汉诗总会成立廿五周年特刊《四海唐音》的编辑工作，任执行编辑。《四海唐音》收录海内外数百家的诗词作品，全书大概25万字，全由我亲自用手完成打字录入整理工作。2015年至今，我一直任全球汉诗总会刊物《寰球诗声》的责任编辑。

写诗这事情，一要有闲情逸致，二要有交游见闻。三兄二弟聚一起，总离不开烟酒茶。经常几个朋友在家瀹茶谈诗或品酒论世，几条烟筒没熄过火，整个房间一下子就是烟雾迷蒙。有了这些交往，有了这些烟酒茶，就有了诗词的酬赠唱和。如2017年写的《与光伟兄品茗叙旧于无是斋》："交逢如愿引壶觞，酌罢掏茶啜凤凰。泉冽山前车捆载，情深杯里味芬香。昔贤七碗腋风起，此日二人神采张。置腹叙谈还赋咏，拙斋蓬荜借辉光。"

工作以来，我写了一系列的咏物诗、赠人诗，还写了十几首咏物赠人诗。咏物赠人诗要做到既咏物又赠人，还要在诗中设置明暗线和词语机关。使得这首诗若标题删掉赠人，咏物也能通顺，若删掉咏物，赠人也通顺。我咏过梅兰菊竹风云雪月等，都是既写物又赠人的。如《咏风赠古炎景兄》："何意吹嘘切，潜形伴虎行。暗添塘草色，远递管弦声。喜怒原无定，寒暄自有情。炎庭飞石燕，景序报瑶琼。"这首诗句句写古炎景其人，也句句写风。我曾以《咏风》投稿，在诗刊《中华诗教》上发表。我也曾经闭门在家里造过一个系列的诗，2011年有一天，我在家无事，写了《金》《木》《水》《火》《土》五首五律，2015年有一晚通宵没睡，写了《咏兰》十二首七绝。

在潮汕学院工作了一年后，我回到普宁教育局属下的中学任教了三年。2009年调至普宁职校办公室工作，从干事做到人事秘书，后任组织人事科副科长，一直都是很忙。白天忙人事工作等公务，基本没有时间做诗词相关的事情。晚上8时至11时的时间，每有朋友来家喝茶或应约出外会饮。《铁峰诗苑》《普宁教育》等大量的编务及为他人修改诗词、本人的诗词创作都要留到晚上11时后做，经常要到凌晨2、3时以后才能睡觉。长期的熬夜、食酒、抽烟，身体渐渐开始反抗了。2014年爆发了肾结石，痛了好几天，服了很久中草药。后来好了，竟忘记了痛，又连续喝酒一段时间，肾结石又爆发。如此循环好几次，苦苦折磨了3年，直到2017年方才排出。排出后，欣喜之余，写了二首七律《咏肾结石》《咏石》。诗云："谁教肾水蕴酸流，遇钙化融成石头。积火多因熬夜久，发炎绞痛惹人忧。不为生产器和用，竟在膀胱刺与揪。有草金钱能治尔，顺行蹦出享清幽。""补天遗恨落红尘，渺渺茫茫假也真。楚将

弓张尝饮羽，秦皇鞭逐岂缘神。叱之羊化成仙道，煮者芋餐为异人。一片精诚堪贯透，此心不变究何因。”这三年酒喝少了点，实际是次数少了，量却没有少，而夜一直没能少熬。试看2016年国庆日写的《丙申国庆日感作》，诗曰：“遥思当日泛槎人，长伴江天抱本真。百物荣枯皆入目，一生非是不关身。浮沉起落诚如此，壮志豪情曷启陈。品饮连宵未尝醉，潜惊潘鬓又翻新。”2017年生日时写的一首七律《丁酉初度》，也表达了那些的心境，诗曰：“金风伴我沐熙阳，诣友谈玄兴味长。日醉三回成影事，夜吟七律润诗肠。闻鸡南岭谁还舞，赏景北窗神自昂。玉镜为弦天降祉，此生最喜菊兰香。”

2017年开始，我觉得写诗词似乎到达瓶颈了，不知如何写才好？后来读宋诗，受到几首诗启发，便改变方向，转写仄韵诗。虽然，仄韵诗以前也偶尔有写，但是不像现在几乎首首都随便就用仄韵。几乎遇到任何仄声字，只要有意思，就可以它作为韵脚字来押韵。去年我的单位普宁职校创建“中华诗教先进单位”，北京的专家要来验收。我想到做诗教工作已经十几载了，不如用“载”字起韵来写首欢迎诗吧。于是，写了首七律《迎接中华诗词学会领导验收普宁职校创建中华诗教先进单位工作有感》，诗云：“诗苑勤耕超十载，施肥浇水育金蓓。几多风雨辄吹淋，无数蝶蜂常恋采。丽日炎炎照未休，深宵寂寂灯犹在。创先立志为中华，竞秀春花呈衎凯。”最近，大家都在写庆祝新中国成立七十周年的诗词。诗社接到上级的通知，要多创作相关题材。这个题材，写起来很容易是老干体，要动笔实在是有难度。一天晚上，偶然想起中华文明五千载，何不也用“载”再写一首。于是写了首《中华人民共和国成立七十周年有怀》，诗云：“吾邦泱泱数千载，青史烟云呈五采。挽近遭逢戎鬼凌，觉醒吼叫兽虫猥。征程曲折竟昂扬，特色和谐能革改。七十古来指一弹，复兴路上春风待。”

韩师毕业至今，我至少写了1500首诗词，有记录保存的大概有1000首，有很多首是QQ群或微信群上即兴的，没有及时整理保存。以前流行QQ空间或博客的时候，有部分诗词保存在空间和博客。后来，流行公众号微刊。有很多友好微刊，都有发我的诗词专辑。我自己也主编了《普宁诗词》《普宁铁峰诗社》《普宁职校春华诗会》等几个公众号诗词微刊，不定期推出诗友们的作品。在后面的一段很长时间，估计我仍是一边做诗词编辑修改别人的诗词作品，一边争取时间创作自己的诗词作品。忙，这个字，似乎和写诗关系很密切。在忙中偷得来闲情，就是写诗的一个特殊境界。

2. 您在韩师读书期间参加了学校哪些诗歌社团及诗歌活动吗？韩师生活对您的诗歌写作有哪些影响？请您谈谈这方面的情况。

在韩师，我只参加了韩山灯谜学社一个学生社团，任组织理事，主持过学校的灯谜活动。没有参加过任何诗歌社团。韩师内部的诗词活动，我没有印象有参与过。受诗词的影响，至今我的灯谜制作总喜用七字句式。我也尝试做过一些诗谜作品，既是一首诗，同时也是一则灯谜。2019年正月，我主持了普宁农商银行三周年庆新春灯谜会，设九场活动。每场活动都要求挂出一条大谜，奖金五百元。我制了多条，都是结合各场次实际情景创作的。如在举办占陇镇的那场灯谜活动时，已近元宵，我便作了一首《欢度新年元宵》的诗谜。它是一首五律，又是一条大谜，其诗谜曰：

谜面：

欢度新年元宵①

玉梅当户放②，四处播妍芳③。
祈福迎元帅④，看花兆吉祥⑤。
新朋连旧雨⑥，地久与天长⑦。
繁绣江山壮⑧，裁诗护我疆⑨。

谜目：

①成语三；②吉祥语一；③运动员一；④泊号一；⑤红楼梦人二；⑥运输名词一；⑦礼记句一；⑧商标二；⑨新词三。

谜底：

①成语三：其乐无穷、后起之秀、一朝一夕；②吉祥语一：五福临门；③运动员一：周雅菲；④泊号一：石将军；⑤红楼梦人二：张华、双瑞；⑥运输名词：交通；⑦礼记句一：父母存；⑧商标二：美的、中华；⑨新词三：创文、创卫、创强。

3. 哪些诗人诗作影响了您的写作？请推荐十位诗人。

李白、杜甫、王维、张九龄、白居易、李商隐、杜牧、韩愈、欧阳修、苏轼。

4. 谈谈您的诗歌观好吗？

我的诗歌观主要有以下三方面：

一是诗歌要有思想内涵，有真情实感，不能空洞无物。一首诗歌在创作前一定要立好意，再谋好篇，确定先写什么，再写什么，重点写什么，最后写什么。这样的作品就自然成为一个不可分割的整体，它的主线自然很清晰，中心内容一定明确。当前，很多诗词"高手"拼凑堆砌能力甚强，他们作诗从不用立意谋篇，随便"即兴"就能作一首"好诗"，堪称"快手"！他们的诗，每句看起来很高深的样子，有很多词汇普通人不认识的，甚至有句句用典的。在网上，我看过一高手的一首用了十几个典的七律。我曾向某高手请教，让他说出诗词要表达什么，具体某个句子要表达什么，没想他支吾其词，自己竟也不知道。真是啼笑皆非！王国维说："境非独谓景物也。喜怒哀乐，亦人心中之一境界。故能写真景物，真感情者，谓之有境界。否则谓之无境界。"所以，我们写诗一定要能写真感情、真景物，方能创作出有境界有内涵的诗歌作品。

二是诗歌一定要重视韵律、语言等规范。韵律是诗歌的主要特点之一，是诗歌区别于散文的重要标识。近体诗是一定要严守格律的，平仄位置一定要全对，押韵一定要押平水韵同一部韵。一切出律的理由都不是理由。古今名家的出律例子是他们的缺陷，而不是今天我们出律的理由。我觉得今天的自由新诗，还是必须押韵的，可以押《中华新韵》或《中华通韵》。古典诗歌发展到现代自由新诗，其句子形式已和散文没有区别了。一首新诗，若不被排成一行一行，而将它们排成一段话，它原来就是普普通通的散文，你说它还是诗歌吗？所以诗歌也要有其独特的语言特色，并不是简单把散文分成一行一行而已。

三是写作诗歌要写个性作品，不要写共性作品。一首诗，如若换个标题，它还读得通顺，这首诗就不是好诗。因为它写不出事物的专有性，是写出了事物的共性。去年，我有一个诗友，写了一首《贺港珠澳大桥胜利通车》的七绝。我看了觉得写得气势够大，境界似乎也很高，就是和港珠澳大桥关系不大。于是，我帮他改了个标题叫作《游黄河壶口瀑布》。后来将该诗发在微信诗词群，大家都说是一首写得十分不错的游黄河诗！此友此诗就是写不出个性，而不能表达所要写的内容的一个典型例子。写共性诗，是当前很多诗人的常见写法，特别是旅游诗，都大同小异，大部分写不出景物的专有性，而写出了天下类似景点的通性。譬如，某人游凤凰洲公园后，写一首《游潮州凤凰洲公园》的诗。后来游潮州西湖公园，把《游潮州凤凰洲公园》的诗换个标题叫《游潮州西湖公园》，内容照常读得通。若再游其他的惠州西湖公园、揭阳东湖公园、普宁流沙公园等，该诗的内容都可用。那就证明某人写的这首诗是天下所有公园的共性作品。

5. 走上中学讲台之后，您怎样在语文教学中进行诗教，请您谈谈这方面的情况。

我毕业后在潮汕学院院办做过一年宣传干事。2006年8月至2009年8月，到普宁市教育局属下中学教了三年历史课和地理课。2017年6月，普宁职业技术学校成立春华诗会，邀请我出席成立大会。其后，我帮助他们诗会学生修改诗词稿件，编辑诗刊《春华诗苑》。2009年8月，我调进普宁职校办公室工作兼任春华诗会指导老师。

语文学科在中职学校是基础课，是一门副科，中职三年只有三学期有语文课，每周节数才2—3节。中职学生大都是初中考不上重点高中或成绩较低的学生，语文基础大都不好。要在语文课堂开展诗教，难度很大。我调到职校，做的是行政职务，可以不上课。为了不辜负“老师”这个称呼，我坚持每学期开选修课，我开过的选修课有《潮汕文化》《诗词格律与鉴赏》《中国古代官场游戏规则》《传统管理智慧》《儒家管理智慧》等。有时，学校语文老师欠缺，专业系的教学主任请我帮上一个班的语文，我也调整时间接受。中职语文一周2节或3节课，上完教学任务都很难，要指导他们写诗，确实是不可能的。对班里一些可以培养的个别诗苗子，我都建议他们申请加入学校的春华诗会。

普宁职校直属普宁市政府管理，是副处级国家示范中职学校。学校的组织人事科科长是赖先楚老师，人事科副科长是我。赖老师和我是在2014年的潮州沙溪笔会认识的。现在，我和他都是普宁铁峰诗社副社长。我们的主要事情是做学校的人事工作，兼任诗教的指导老师。作为指导老师，我们除了定期给诗会学生和学校诗词爱好者义务授课外，还举行了一系列的活动。学校的诗教活动得到前任校长江瑜彦、现任校长林日阳的大力支持，这十几年来开展得很顺利。为全面增强诗教工作实效，我们对每项具体工作均进行精心策划，具体如下。

（1）开设课程，普及格律

整理编写《诗词联格律入门》的校本教材。先后把幼师、文员班作为诗教“试点班”，也曾多班级一起“上大课”，还有诗词选修课、讲座等，授课形式灵活多样。

（2）悬挂诗牌，环境熏陶

从教育心理学角度出发，重视“硬件”建设，重视环境的隐性教育作用，统一规划，布设诗牌。

一是统一规划，制订“一桥一廊两校区”诗牌布设整体方案。以南校区诗词长廊、天桥诗词知识宣传牌，连接南北两个教学区，统一规划的诗牌，形成特色鲜明的校园文化建设新亮点。

二是在不同功能区悬挂对应内容的诗牌。如在图书馆门口等公共场所悬挂毛泽东的《沁园春·雪》、岳飞的《满江红》，以壮阔豪迈意境培养学生的爱国情怀及崇高理想；在实训楼悬挂“纸上得来终觉浅，绝知此事要躬行”等鼓励动手实操的诗牌，在阅览室则悬挂“问渠那得清如许？为有源头活水来”等劝人勤学积累的诗牌；在厨房食堂则悬挂“谁知盘中餐，粒粒皆辛苦”的诗牌，等等。

（3）打造品牌，构建“阵地”

学校着力打造诗教品牌，构建“四大阵地”：①《春华诗苑》期刊——这是发表师生诗词作品的主阵地；②《春华诗园》板报——及时报道诗会动态，刊出会员新作；③“春华诗韵”——《普宁职校报》每期都辟出版面刊登学生诗词习作的专栏；④“网络春华诗苑”——微信公众号，刊登学生作品，开展交流活动，通过互联网平台扩大诗会影响。

（4）强化背诵，抓好创作

1）出版诵读校本教材，举办诗词朗诵大赛

学校组织人力整理出版校本教材《诗词鉴赏与背诵》，举行过多期“背诗标兵大赛”、诗词朗诵大赛。

2）成功举办校园“飞花令”大赛

2017年，在组织观看“中国诗词大会”各期节目之后，并借鉴其“飞花令”比赛模式，组织海选、初赛、决赛三个层面的校园“飞花令”诗词活动，取得成功，反响强烈。2018年11月，在中华诗词学会莅校检查验收诗教工作之际，我校举行“飞花令”邀请赛，中华诗词学会林峰副会长亲自为获奖选手颁奖。

3）开展多种形式活动，提高学生的创作水平

通过举办诗词知识讲座，组织采风活动，举行诗词创作大赛，社团交流联谊活动，等等。激发会员们创作热情，提高诗词创作水平。

（5）及时整理，出版专辑

2012年，在20周年校庆之际，我校出版精装本《春华诗词选》，为20周年校庆献礼。

2016年12月，春华诗会与语文教研组紧密配合，汇编出版《普宁职业技术学校诗教论文集》，既作阶段总结，也以之进行对外交流。

2018年11月，又整理出版历届诗词创作大赛作品点评集《诗花竞秀》，广东中华诗词学会丘海洲会长热情为该集题写书名。

（6）唱响诗教，立体宣传

创作春华诗会会歌《绽放青春的诗花》，增强会员的荣誉感与归属感。以青春激情，唱响诗教。

学校广播站还推出“经典咏流传”栏目，每周二固定以配乐朗诵、吟诵的形式推介经典诗词作品。

2018年5月，经与音乐教研组密切配合，编写《天籁之音——古诗词配乐歌曲专辑》校本教材，该书由广东中华诗词学会丘海洲会长题写书名，由华南师范大学硕士生导师、著名指挥家苏严惠教授写序。各班级音乐课教唱古诗词歌曲，优美的韵律飘扬整个校园。把诗教从语文教学推向音乐课堂，实现诗教与音乐美育的无缝对接。

普宁职校从2007年6月成立春华诗会至今，诗刊《春华诗苑》已出刊17期，在县级、省级乃至国家级诗词刊物发表学生诗词作品已超过1000首，其中在国家级刊物发表100多首。2008年12月，普宁职校春华诗会被广东中华诗词学会吸收为单位会员，2011年7月，普宁职校被评为“广东省诗教先进单位”，2013年1月，春华诗会被广东省教育厅授予“十佳社团”称号，2017年6月，春华诗会被共青团揭阳市委、揭阳市学生联合会联合评为“揭阳市优秀学生社团”。2018年12月，经过实地检查验收，中华诗词学会授予我校“中华诗教先进单位”称号，2019年3月，举行“中华诗教先进单位”授牌活动。

6. 您认为大学诗教和中学诗教是什么样的关系？

大学生的总体素质要比中学生要高得多，特别是二A以上的院校学生。大学里的精英师资人才多，环境相对宽松，学制较长，很适宜搞诗教。高中有高考压力，中职在校时间短、学生参齐不齐，开展诗教难度较大。大学有专门的中文系汉语言文学专业，是开展诗教的最好阵地。

我觉得大学诗教和中学诗教的关系是：①中学（中职）应该向大学学习，请大学的教授到中学参与诗教活动，指导有关工作。②大学里有参加诗教活动的学生，毕业以后，可以争取到中学从事诗教工作。③若条件许可，大学和中学也能合作举办诗教活动。

7. 您觉得在当下中学语文教育环境中进行诗歌教育的重要性和困难何在?

诗词文化是中华传统文化最精华的一部分。在古代一段时间，诗词是考试的必考科目之一。在今天，诵读诗词和创作诗词对陶冶我们的思想情操，降低生活压力仍有很大的作用。习近平主席说过，“学诗可以让人情飞扬、志高昂、人灵秀”“我们要坚守中华文化立场、传承中华文化基因，展现中华审美风范”。语文课是小学到高中最重要的一门课，是学校进行诗歌教育的重要阵地。所以，在当前的中学语文教育环境中进行诗歌教育显得十分重要。

当下中学进行诗教活动的主要困难有：①学校领导不重视不理解不配合，甚至没有给予任何资金或设施支持；②学校里没有会创作诗词的语文老师，或有会诗词的老师但是不愿意出来指导；③大部分非语文科老师不赞同，对诗词无兴趣的语文老师不配合；④高中学校升学压力大，中职学制（在校二年）较短；⑤很多学生不感兴趣；⑥家长不理解，认为高考诗词占比例不大，没必要花那么多时间在诗词上。

8. 请谈谈您的诗教观。

中国的诗教态度一直是温和委婉，即所谓“温柔敦厚”。韩文公治理潮州，采取的就是温柔的疏通办法。他重视教育，请潮人进士赵德为老百姓的老师，重视农桑，用文章祭走鳄鱼。后世百姓评价韩文公“功不在禹下”。我们今天教育中学生也要采取这种手段，要用疏导的办法，不能直接用压和堵。由此可知，推行诗教，不仅仅是为了教学生写诗，还要教会他们做人。

我在实际给学生开大型诗词格律讲座或平时的小组培训中，我都强调，既然要学写诗，就要学习最高规格的近体诗——律诗和绝句，就一定要坚守格律——平仄和韵。特别是韵，目前诗词界一片混乱。我主张，无论流行什么《诗韵新编》《中华新韵》《中华通韵》，我们都不要理他们，我们坚守平水韵就行。某地某诗社的社长，头脑突然走火，想到七律可以放宽押《词林正韵》，我们也千万不能学！我编辑普宁铁峰诗社刊物《铁峰诗苑》十五年来，对只要不符合平水韵的诗词稿件，就把它们列为硬伤，直接封杀掉的。我坚信一点，既然要搞诗教，就要先遵守大原则。我曾经在学校诗词课堂上即兴一首五绝《普宁职校诗词格律教学课堂上有寄》，诗曰："诗韵用平水，千年不变轨。今朝诲尔曹，晓得唐音美。"

做诗教这个事情，一直要很有耐心，要不厌其烦，不计较个人得失，否则根本无法坚持下去。对待一批批刚刚教会他们平仄或基本掌握格律的学生就要毕业离开时，那个心情也是很复杂的。学生的诗词作品不堪入目，要仔细帮他们修改，学生的诗词行为不合常规，也要温和委婉，疏导引导他们。这种无偿的付出，学校领导永远不会明白理解的。这种境界，学校其他科目老师是想象不到也难以达到的。喜欢诗词的人，会真情实感写诗的人，他们心中自然和别人不同，因为他们有境界。

在普宁职校从事人事工作也好，从事诗教工作也好，我都有一股蛮劲，奋不顾身，经常不分昼夜工作，确保按时按点完成任务。我相信很多诗教工作者都和我一样，既有耐心又有激情。我们这种精神，学生都会很快被我们感化。我们用真情，学生也回以真情，师生用真情写成诗词，这才是诗教的目的和本质。最后，我用去年写的一首关于诗教的五律《在普宁职校做校园诗教工作十载有怀》来表达我的中职诗教观，诗曰："中华崇德治，诗教本温柔。职校兰花笑，燎原韵火稠。迎新还送旧，聚乐伴离愁。工匠骚人质，篇章每唱酬。"

普宁职业技术学校诗教指导老师诗词作品（22首）

李才波

游盘龙湾温泉度假村

温谷流清韵，新知旧雨逢。
花香袭吟袖，玉液润神容。
盘逸梦成蝶，轻舒杖化龙。
弭忘争进意，适志养疎慵。

咏　金

五色黄为贵，披沙掘地深。
质纯经火炼，铎脆倚风吟。
一诺称天价，四知传德音。
礼贤台不见，闪烁自明心。

咏　木

矻矻当春发，离离争向东。
颜随时序变，体与地天通。
鲁匠削鸢鹊，秦君称霸雄。
成舟非本意，缘有涉川功。

观烧土窑

搬弄堆成塔，燃烧火焰红。
推翻藏物象，覆盖逼和融。
人事循环理，地灵施化功。
趁时颜色美，甘脆醉山风。

南海风云有作

一纸掀风浪，侵残惹是非。
水深鲸口呿，云黑剑光晖。
吕宋逆天意，猫狸假虎威。
芳华元素雅，臭美总相违。

游七星岩

岩身浮水面，树影浸湖塘。
奇洞蕴溪月，扁舟通福乡。
匆匆山色改，碌碌俗心忙。
读石追前事，星辉入梦长。

重阳咏菊花

纷华落尽独登场，曾遇陶公举酒觞。
阵阵幽芬盈客袖，纤纤嫩蕊蕴金黄。
喜邀二友松和竹，笑傲三秋露与霜。
隐士风流谁得比，相逢一醉水云乡。

夜听张国荣歌曲有作

风急风清风起时，曾经快乐醉痴痴。
重观笑面还归去，轻吻发边难忍离。
苦痛忧伤胡乃洗，悲欢泪水始终垂。
柔情蜜意在心里，不必追询记着谁。

丁酉年卯月抒怀

惹来浮累太多情，率直无为笑此生。
人鬼难分忘宠辱，是非何事醉逢迎。
仁违义负如云暗，酒话茶言照水明。
长望海天心自阔，数根白发最真诚。

咏冠豸山

御史官冠元不俗，易来宝地连城玉。
擎天大柱果超凡，接水幽门常涨绿。
交泰和谐万物生，迷云隐约七仙浴。
思求长寿觅灵芝，参悟刚柔情自足。

中秋有作

仲商望日最多情，皎洁蟾轮天宇清。
露洗千峰皆净彻，光临万户愈通明。
故乡相聚精神悦，异县孤居愁悒生。
对月高歌同举盏，心期两地每牵萦。

秋怀步韵阮三《鉴湖感怀》

琴音绕耳韵千秋，分夜杯觞消百愁。
安得通谙人世事，任由起落木兰舟。
鸟啼窗外惊清梦，浪滚江中笑白头。
成败是非归万古，闲吟揽月独登楼。

父亲节有作

义方是训望充闾，七彩人生尽在书。
自古深严培孝子，于今溺爱饲愚猪。
高桥低梓元为实，旧念新观难务虚。
肯构肯堂安得继，互相涵亮复何如。

游婺源县熹园

槠树无言八百秋，风吹岸柳弄晴柔。
观瞻画舫冬晨好，品读廊碑韵味幽。
集注传经思滚滚，理先气后道悠悠。
天光云影何相似，叩问方塘活水头。

游都江堰

岷水奔腾出万山，润滋天府焕新颜。
淘滩作堰分深浅，截角抽心辨正弯。
凿破离堆先有口，锁防戎狄始开关。
降龙太守庙祠在，千里游瞻莅此间。

游德安里有作

屋接厅连排娅长，竿头烜日照轩房。
军门府邸三连寨，史事是非千堵墙。
教化救孤称善德，安怀浚水誉佳方。
缘何民怨书难尽，嗔恨大人清办乡。

丁酉元日步陈小明会长韵

觅韵敲诗说彩霓，丹毫弗把丙申题。
暖晴百里东风律，啼唱千门南岭鸡。
做客携家看射虎，谈心听道学修齐。
嘉言劝侑欢歌里，数盏琼香到晚西。

贺郑俊河先生河西轩开张

夹岸代迁三十秋，东来紫气到西头。
山峦俊丽花争发，湖色幽奇水顺流。
尝在醉中谈韵事，每于闲里上层楼。
幸逢河海得清宴，云鹤九皋鸣自由。

车上观阳朔月亮山有作

洞形随位变，弦半到团圆。

若不见真月，吴牛误喘天。

酷暑潮州遇雨

黑云压境龙车缩，风剑狂挥神鬼哭。

暴雨倾盆喜且惊，恶溪水涨鳄鱼逐。

沁园春

年少疏狂，未省吾身，万事矫常。向竹松深处，寻幽选静，一筇烟雨，几度斜阳。出道谋生，图名为利，信笔纵横胡发扬。偿文债，有隔年不了，假日犹忙。良朋雅兴徜徉，每携客临流游醉乡。忆吟边茗碗，鸣禽习习，醉中率舞，其喜洋洋。唤起东风，吹醒宿酒，诣谒才贤仰草堂。君知否，觅春逢阆苑，满袖天香。

念奴娇·高中学友聚会

读书缘会，俱生就、儒雅风流标格。人世浮萍，今已是、熙攘江湖漫客。影事前尘，年华十七，瞥忽浑如昔。芳音依旧，倘遇无语谁识。 笑道梦里曾逢，一诚赢八拜，惺惺怜惜。聚首洪阳，心缱绻，踊悦倾杯相激。欲上层楼，趁良辰美景，畅谈来日。群鸿腾翮，步云程赏春色。

普宁职业技术学校春华诗会学生诗歌作品（32首）

逝　水

2018级会计8班　李钰璇

桥边杨柳风飘絮，袅袅轻烟水泛舟。
指点江山人有寄，如斯逝去万年愁。

时　光

2017级多媒体3班　赖婉婷

人生苦其短，求学惜时光。
日夜不停读，识多心自芳。

丹　青

2016级多媒体3班　陈杰豪

青红二色最存神，写意写情还写人。
虚实是非罗万象，书生妙手为求真。

念　想

2016级多媒体3班　冯淼鑫

清风飒爽日悠悠，叶落花黄几度秋。
当日良朋何处在，冰心一片水空流。

早　读

2015级财税班　李银虹

大地初明沐日光，一园春色百花香。

树枝摇曳闻啼鸟，朗朗书声绕屋梁。

别　友

2015级商务行政班　尤晓期

春深离别问缘由，阵阵晨风送客愁。

此去南山千里路，桃源何日再同游。

秋

2015级商务行政班　赵梦琦

清风黄叶舞，人世喜金秋。

多少痴情客，登楼争赋愁。

下象棋感悟

2013级电子商务2班　张树畅

小小棋盘战事忙，楚河汉界隔相望。

切勿冒进贪微利，协作齐心不可忘。

赠　友

2012级建筑工程班　李文美

云水高山天际流，有心寻伴赤松游。

逢春草色还依旧，觅得纯真始自由。

春

2012级汽修2班　陈勇帆

暖气长吹花竞发，溪河汇处水争流。

纷纷世事皆归海，千里云山一望收。

元　旦

2012级服装工艺班　许恒超

万树欣随练江绿，百花争向艳阳红。

一元肇始创新业，铁岭常吹峻雅风。

读　书

2012级电子商务2班　陈敏琪

到校学才技，有成花伴吟。

为人须奋翼，不可久栖林。

画

2012级电子商务2班　张晓妮

堂前飞燕至，落笔巧生花。

万蝶空中舞，春回惜物华。

悟

2012级文秘大专班　罗晓红

茫然无所托，夜读揖星辰。

北斗辉河岳，和谐万里春。

夜　思

2012级电子商务2班　张晓妮

白日勤书案，夜深饮月光。

亲人千里外，一梦到家乡。

冬　至

2011级财税1班　张妙君

黄叶前庭落，寒梅踏雪开。

夜深神自爽，缘有暗香来。

咏　月

2011级幼师2班　李菊珠

金镜行天宇，穿楼触处明。
是非元有定，圆缺本无情。

竹

2011级商务英语班　黄民丽

何事生枝节，虚空非本心。
清风来做客，起舞伴微吟。

赠　友

2011级商务英语班　赖洁纯

读君诗一首，提笔写吾心。
千里燕鸿远，江湖情谊深。

斑　竹

2010级经管1班　罗君茹

斑竹油油绿一园，秋山空寂路留痕。
金风过处声如玉，有节虚怀更有根。

诗会活动听老师讲诗有感

2010级财税2班　李秀贤

万物有规律，师言诲谕深。
做诗如做事，处处要留心。

田园景色

2010级文秘3班　张婷婷

春光笼雾霭，树影映池塘。
群鸟枝头唱，老农荷担忙。

普宁职校校园生活

2009级汽修1班　林坤炎

植物园中捉过蛇，大楼实训学开车。
身怀技术自豪气，共绘前程锦簇花。

思　家

2009级汽修1班　李阳国

今早寒风起，心怀故里愁。
家中老祖母，是否着冬裘。

观残疾人表演

2009级动漫班　郑比美

舞台施技艺，个个有名堂
吾辈未能及，身残志更强。

茶　趣

2009级电子班　陈铠泽

清水有余韵，松风杯底吹。
神舒心致远，万事话相知。

韩　江

2009级幼师班　余丹霞

江水何曾恶，其中隐意深。
韩公留姓氏，湘子奏潮音。

望古稀老人饮茶有感

2008级文员1班　庄勉云

平生不善烟和酒，一泡香茶独泛舟。
品得此中清趣味，江湖风雨亦悠悠。

观梅咏怀

2008级文员1班　吴银珍

树上梅花万朵开，侵窗倚绿报春来。

凌寒漫道清香异，世上谁人解雪怀？

别　离

2008级商务英语班　薛燕鑫

此刻别情绵似丝，唯将万语化篇诗。

同君把盏邀新月，明日千山雁影稀。

咏　怀

2008级多媒体班　陈洁慧

闲来芳草地，坐看白云飞。

万事平心对，人间少是非。

十六字令

2008级文员1班　郑云秀

春，万物生辉又变新，花争艳，满地尽香尘。

和诗歌谈一场马拉松式的恋爱
——梁彬老师采访稿

采访人：叶柔（韩山师范学院文学与新闻传播学院，2017届汉语言文学6班）

被采访人：梁彬（韩山师范学院2004届毕业生，高级教师，揭阳市揭东区新亨镇硕榕中心小学校长）

1. 您是从什么时候开始写诗的，谈谈您的诗歌写作历程。

我喜欢诗歌是从传统诗词开始的，而我喜欢传统诗词是和古文一起喜欢的，几乎每一个喜欢传统诗词的人同时都是古文的爱好者。我们的语文教育让我们很早就接触传统诗歌，让有兴趣的人能够爱下去。它的音乐美、节奏美让我们这些对语言有兴趣的人沉醉其中，诗歌对于我们是那么神秘和不可抗拒。当然，首先你必须对语言感兴趣，或者某些暗示也有可能影响你去喜欢它。

我的祖上出了几代秀才，听爷爷一辈讲，我们家还分了“秀才田”，特别是我曾祖父出过国，在国外开过报社，虽然已去世了几十年，但在村里的名气还是很大，那些年纪稍长的长辈一见到我就会跟我讲曾祖父的轶事，现在想起来其实他们就是希望我能以曾祖父为榜样，认真学习，延续这样文化基因。曾祖父的故事听多了，我这个“文人的后代”也慢慢觉得应该努力学文，争取靠近曾祖父，曾祖父慢慢成了我潜意识中的榜样，整个少年时期，我都在努力搜寻曾祖父留下的痕迹，听说我们“公厅”上面的题字“五房公祠”和“磐西”是我曾祖父所书，每次经过那里我都要

驻足端详许久，后来我也把它写进诗里：“磐西遒入楷，吾祖旧曾题。”每天放学后，看望爷爷后我便会跑去叔公的旧房子里，在曾祖父的遗像前，听他讲曾祖父的故事，叔公是个鳏夫，年近古稀还蓄着长发，年轻的时候属于高大帅那种，因为“成分”不好，没讨到老婆，依旧住着曾祖父的房子。但他很乐观，天天和一群老兄弟听戏、喝茶，偶尔做点茶叶的营生，倒也轻松快活。他很喜欢我这个好奇的孩子，知道我喜欢旧物件，偶尔弄个清朝大龙铜钱给我，偶尔送个毛主席像章给我，但我最喜欢的是他送我的那些曾祖父在国外时期寄回来的“番批”。“番批”上面那些娟秀的小行书让我陶醉，而它的内容同样让我陶醉，那些半白半古的文字和偶尔出现的一两首诗让我有一种想一股脑吃进脑袋的冲动。那个时期，我开始特别重视语文课本里面的古文和古诗词，一字一句我都要弄懂了背诵下来，我想学曾祖父那种写诗、写古文、写漂亮的书法。

现在回想起来，虽然我曾祖父没有留下系统性的诗文集，但是他给我的熏陶和留在世间的暗示，让我爱上了传统，爱上了诗书文。

潮汕地区传统文化积淀深厚，这是共识。虽然因为面朝大海，商业文化使这个地方的人看起来貌似很浮躁世故，但我们的骨子里大都崇敬文化、尊敬文化人。传统的文化存在我们的语言、风俗、观念和建筑里，每一个旧村落都分布着很多祠堂，大一点的村庄拥有几十个祠堂是很常见的。这些祠堂里设有“书斋”，其实就是先人的“私塾”，祖先们聘请“先生”到书斋，教授房亲子女文化知识，让他们参加科举考试，中举后回家建祠堂，光宗耀祖。这些光耀门楣的祠堂建筑同时也是婚丧喜庆及祭祀祖先的场所，被人们视如传家之宝一代一代保留下来，并经常修缮，但无论怎么翻新，大门两侧的诗书文绝不会被铲掉。所以，在潮汕地区生活的小伙伴们，有很多学习诗歌的素材，每走过一个祠堂，只要用心一点，你就能看到一些当地先贤名家的书法和诗文。在读书不多的乡亲们看来，这些祖先们留下来的诗文，跟祖先一样庄严，是神一样的作品，而对那些看得懂、写得出祖先一样诗文的人也倍加尊敬。毫无疑问，很多人想成为这样的“高人”，潮汕地区的乡间也确实存在为数不少的这样的“高人”。

读初中的时候，有一段时间我的学习成绩出现瓶颈，叔公很担忧。那年暑假，为了让我成绩好起来，他带我去了隔壁村拜访了我曾祖父的一个朋友，是揭阳第一中学退休的老教师，当时这位老先生已经八十多岁了，我估摸他姓郑，因为那个村是郑姓村，又因为和我曾祖父同辈，我对他丝毫不敢造次，总是恭恭敬敬，每次去的时候，如果他在休息，我便立于床边，不敢打扰，等着他醒来再请教，这就是我的“程门立雪”经历，当时我连他的名字也不敢知道，现在成了我的遗憾，因为他和我叔公都已作古多年。

当时郑老先生耳朵背、视力不佳，已长年卧床。但他告诉我，维持着他生命的就是书籍，他每天会借着精神好的时刻，用放大镜看书。他是个“全才”，除体育，高中的课程他都教过，所以整个暑假，我每天早上踩单车去他家，分别向他请教语文、数学、英语的问题。而每当讲到语文的时候，他似乎特别有激情，他会增加很多古诗文和诗歌史，我第一次听到如此系统的古诗文讲解，知道了押韵、平仄、粘对等格律知识，听得入了迷，知道了传统诗词的博大精深，但因为理解力和文字基础较浅，只是知道个概念而已，根本无法吸收，更别说是创作，但对传统诗词的爱又加深了一层。

而真正和诗歌面对面是读大学的时候，我们的古代文学课程由赵松元老师任教，赵老师就是各路诗仙、诗圣、诗佛派来“超度”我们的，在他之前，我不知道诗歌可以带出这么多激情。赵老师非常“博爱”，不挑食，一本古代文学史里面的诗人和诗歌，他在我们面前从头到尾爱了一遍，爱得激情四射，爱得缠绵悱恻。为了不漏掉他在课堂讲的每一句话，我逼自己学会了做笔记的方法，先写关键词，下课了再把余下的语言通过回忆补上去，当时单单他的课就记了五六本笔记，一个好老师的形象就是这样被学生原原本本地印在脑海里的，永远都抹不掉。赵老师的课好到什么程度？当时我们的师弟黄剑锋（三缺浪人），是个不爱读书的混世魔王，但他会经常跑来旁听赵老师的课，而赵老师这个男神级的人物也经常跑到我们中间，有时还来到我们宿舍，和我们聊天谈诗歌，偶尔也透露一点他年轻时写诗的经历和轶事，他强大的描绘能力，为我们描绘了一个多元的、美好的、高贵的诗歌世界，让我们迫不及待地想钻进去，与其说我们被诗歌俘虏，不如说我们找到了一个浪漫屋，来装载我们对未来的憧憬和内心的悸动。我开始写诗也是从这个时候开始的，当时在赵老师课程与课程的间隙中我会努力写诗，为的就是下一次课把作品呈与赵老师指点，这些指点为我后来的诗歌创作打下坚实的基础。

2. **您在韩师读书期间参加了学校哪些诗歌社团及诗歌活动吗？韩师生活对您的诗歌写作有哪些影响？请您谈谈这方面的情况。**

我的诗歌创造涉及传统诗和现代诗，都是在大学时期就开始写的。我觉得身边的文化对一个人影响是巨大的。当时韩山诗社举办各种诗歌比赛、活动，一直让诗歌活跃在我们的校园生活中，身边的师兄弟陆续出刊物诗集，也让人羡慕、向往,《后来》等诗歌刊物，特别是阿兽等人编选《韩师八年诗选》，让我知道了诗歌原来存在于身边每一个人心里，虽然所谓“诗选”，只不过是由普通纸张打印而成的简单校园读物，但这本小册子让我很惊讶于校园诗人们的才华，一段时间我会模仿里面的作品进行创作，至今坊间还流传着我倾慕辛倩儿师姐的旧事，当时就很喜欢她诗里的古典意象，经常会在诗友的闲谈中聊到，而那几年并没有遇见过她，更非常遗憾地没有发生轰轰烈烈的故事。

当时那种浓郁的诗歌氛围确实推动着我的写诗的热情，让我的诗歌水平虽无法急剧提升，但却乐在其中。诗歌成了我们饭余宿舍里、草地上、酒樽边不可缺少的话题，我们就这样用诗歌去装载青春的快乐、迷茫和忧伤，现在回想起来，要不是诗歌，不知道我们的青春还能留下些什么回忆?

至于社团，因为没有程增寿的活力，无缘跻身，活动倒是参加了韩山诗社举办的一个“韩湘杯”诗歌比赛，因为水平确实不突出，获得“三等奖”，聊以慰藉。

3. 哪些诗人诗作影响了您的写作？请推荐十位诗人。

说到影响我写作的诗人，的确很多。

在传统诗方面，杜甫肯定是最重要的，中国诗歌史上，杜甫是包罗“法度”最全的诗人，通读了杜甫，你的诗歌风格就开始改变，懂得了“沉郁顿挫”的美；精读了杜甫，你就知道了传统诗的法度高深莫测、表现多元而瑰丽。杜甫是那种对诗歌的探索认真、执着到生命层次的诗人，绝句都非得对仗，如《绝句·两个黄鹂鸣翠柳》，律诗更不肯放过，如《登高·风急天高猿啸哀》，竟然做到四联皆对却“踏雪无痕”，中国诗歌史上仅此一人而已。在他写诗的一生中不断追求不断探索，攀爬着诗歌的珠穆朗玛峰，为后人留下了一笔宝贵的文化遗产。当然，因为时代变迁，他身上那种传统士人的“致君尧舜上，再使风俗淳”情怀我们是学不来的，而另外一个对我影响重要的诗人李白则连法度都没得学。

李白和杜甫的性格差别很大，杜甫认真到近乎古板，所以他在法度以内极尽完美，而李白则在法度之外开辟广阔天地，所谓格律、对仗都难以束缚李白，而没有遵循法度这件事并没有成为李白的硬伤，可见他开辟的那片天地是多么的醉人。李白以才华著称，人们认为他是天生的诗人，故而称之为“谪仙人”，估计这份才气是杜甫所欠缺的，杜甫对李白仰慕之至，留下了许多思念李哥的诗，但如果让他们比邻而居，我想就他们的性格和观念而言是不可能成为好朋友，呵！我认为初学诗应在杜甫身上学法度，学成法度，再从李白学习飞翔。

还有一个诗人也曾让我意乱情迷，那就是“小杜”杜牧，他的七绝堪称上上品，我喜欢他的原因可能是他张扬的风流气——落魄江湖载酒行，楚腰肠断掌中轻。十年一觉扬州梦，赢得青楼薄幸名——这种带点悲情的风流气息正好符合了我少年的心境，于是，我也曾邯郸学步：“万里风潇忆灞亭，一壶浊酒醉沙汀。十年光景催将去，暮雨芦花自昔零。”杜牧的七绝佳品极多，咏史视角高远，堪为学绝句者范。我认为什么年龄写什么诗，杜牧的诗是属于年轻人的诗，拥有少年英气的人才能写出来，待到夕阳西下，浸泡再久的小杜诗也写不出风流气了，所以努力要赶早，学诗、写诗也不能拖延。

后来我爱上了田园风光，喜欢上了陶渊明，但也不是爱上，我喜欢他自然的一面——种豆南山下，草盛豆苗稀。晨兴理荒秽，带月荷锄归。道狭草木长，夕露沾我衣。衣沾不足惜，但使愿无违——这样的诗让我开始感觉到每首诗都注重起、承、转、合的可笑，就像天天穿西装的人突然穿起休闲服，就再也不想脱下来了。但我不喜欢他“言志”的部分，每首诗都要标榜归隐这件事，听久了就腻了，就像我写格律诗，写久了也腻了，我开始关注古风，于是《古诗十九首》进入我的视线，这个时候，我已经望见中年的门槛，感时伤世是难免的，而我在《古诗十九首》中遇到的古人竟然发出了我心底的声音，而且那种率真直达心灵，我觉得写诗就应该敢于直面自己，喜欢美酒咖啡，喜欢荣华富贵就直接道出来，不必遮遮掩掩，同时,《古诗十九首》也带领我冲破格律的藩篱，走上了自由之路。

此外，刘禹锡、龚自珍、郁达夫也是我非常喜欢的诗人，限于篇幅，不再赘述。

在词方面，和大多数人一样，我最初也是受豪放词影响极深的人，写过“魑魅舞于登极道，青獠，皆作齑微雾里消”这样充满戾气的句子，真是惭愧难当。直到有一天，我真正遇到了“今宵酒醒何处？杨柳岸，晓风残月”的情景，我才真正明白了长短句的意义所在，句不长短无以缠绵悱恻、扣人心弦。我通读了柳永和秦观，阅尽宋代风花雪月，知道了唯有“不隔”(现代诗指“准确性”）才能抵达人心最柔软处，秦观的词值得反复玩味——春去也，飞红万点愁如海——他的“细”和“真”抵达了文学的真谛，钱锺书先生《宋诗选注》说他的诗“修辞却非常精致”“对文字的琢磨功夫……细密”。虽然在题材上受人诟病，然非真性无以见真情，王国维《人间词话》说：“永叔、少游虽作艳词，终有品格。方之美成，便有淑女与倡伎之别。”我也不太喜欢周邦彦，在这里不谈他，但相比另一个我喜欢的词人——“烟花巷陌，依约丹青屏障”中的柳七的某些艳词，如“霎时云雨人抛却，教我行思坐想，肌肤如削”，确实品格有高下，当然，我不是批评柳永，我对他的几首长调也爱不释手、欲罢不能。

有时候我们不喜欢一个人的作品是因为我们还没有达到那种欣赏水平，所以我们要不断提高自己的欣赏水平，《人间词话》是个不错的选择。这本书不能读一遍，要读很多遍，而且最好一年读一遍，你会发现每一次读都会有新的理解和收获。王国维是个心细如发之人，他把词讲透了，但他自己并不是个一等一的词人，原因是他对诗词太懂了，到处都是典故和技巧的痕迹——水抱孤城，云开远戍，垂柳点点栖鸦。晚潮初落，残日漾平沙。白鸟悠悠自去，汀洲外、无限蒹葭。西风起，飞花如雪，冉冉去帆斜——美则美矣，只是丢失了自己，没有属于个人的新意，懂得太多规矩有时候等同于画地为牢。

在现代诗方面，我喜欢写意象诗，不得不说一开始是受到海子的影响，如果说诗人有天生之说，那么海子和李白一样特殊，当然，此处没有水平高下之分，也并不代表海子是现代诗领域最好的诗人。但海子以其瑰丽繁复的意象、“加速度”的语言节奏和高超的语言驾驭能力创造了一个独特的诗歌世界，让我感受到现代诗的美，当然，这种天生的诗人不好学，他的法度在天外，我只能继续在人间寻求。

比如另一个已故诗人梁健，我们先来看他的诗——这个时刻适合沉默/适合思念/让酒的队伍在我毛孔的迷宫里/彻底安静/从八岁起我就不再拒绝风/不再思考骨头的重量，并且相信/总有一个岛/保留你的钢琴和眼泪，那里/木鱼围绕/下雪的时候我将回家/我将怀抱一坛酒/坐在你的面前（《姐姐》）——梁健是一个深谙写作技巧又不被技巧所俘虏的诗人，他的诗有时如佛家偈语，以跳跃的方式呈现安静的禅意，并覆盖诗歌制作过程的刀斧痕迹，让人如饮醍醐，可惜和海子一样英年早逝，最后还是谈一个正在创作并以创作为乐的诗人吧。

余怒是一个怀疑主义者，他怀疑语言，甚至怀疑时间空间，这种怀疑使他乐于解构语言，他的诗歌是一个错乱而充满奇幻想象的词语世界，读之仿佛置身于一部情节错综复杂的科幻电影，有时候不知所云却始终停不下来，推荐学弟学妹们去看一看。总之，我认为现代诗不能太口水，否则没有了诗味也就失去了诗的根本。

谈了这么多诗人，有褒有贬，纯属一家之言，仅供参考而已。

4. 谈谈您的诗歌观好吗?

诗歌是一种表达情怀、情绪、意味的文学体裁，相对于其他形式，它的特点就是小而轻，在品类繁多的文体中，我认为应该给诗歌“减负”，剥离其曾经的实用功能，让诗歌更多地关注“个体”，勿让“宏大”去压垮它。

不可否认，诗歌曾经被用于“言志”，而传统的“志”更多体现为公共意志，被“道”统一了，鲜有“个体”存在。当然，我们也应该看到“诗言志”相比“文载道”而言，从出生开始诗相对于文就已经比较自由了。

然而随着当代人思想的解放和自我觉醒，继续用诗歌来表达公共意志，你会发现根本提不起读者的阅读兴趣，众多的“老干体”为人敬而远之的原因正在于此。公共意志只会让诗歌泯然，当代的精神喜欢新鲜的、能引起个体共鸣的、委婉的、能触及心灵最柔软部分的文字，这种文字在我观念里才配被称之为“文学”，这种文学提纯了，才配被称之为诗歌。

就我个人而言，相对于格律诗，我更喜欢词，它的细腻、荡气回肠让人迷醉，我觉得词就是那个时代的“现代诗”，特别是婉约派词人的作品，那种敢于表达内心、表达自我的任性，才是文学的本来面目。柳永、秦观之所以被追随千百年，正源于此。我的诗词集《浦云吟草》在选稿的时候也遵从这个原则，将“自我”作为选稿的主要标准，删去了许多应酬之作。

具体到传统诗词方面，一首好诗的标准是什么？我个人认为意境、想象、性情缺一不可。

意境是中国传统美学的创造，它是传统文化审美的集大成，出现在各种传统艺术中。对于意境，王国维在《人间词话》中曾做过论述，它的形成颇为复杂，像传统山水画中的“高远、深远、平远”一样，要获得好的意境诗歌必须有层次交错的空间，能为读者打开一个广阔的天地。但通常比绘画考虑更多的一方面是“时间”，诗歌利用时间的穿梭和空间形成变换穿插，从而创造一种时空感，这种时空感其实就是“宇宙”意识。回到诗里比较直观，比如杜甫的“窗含西岭千秋雪，门泊东吴万里船”。近而小（窗、门）、远（万里）、高（西岭）、久（千秋）、大（东吴），各种元素组成一句包涵无穷意味的诗，在这里，意境好像拥有了四两拔千斤之势，打开了一个宏远的、意味无穷的世界。

意境还有“隔”与“不隔”之分，《人间词话》提出“隔”如“雾里看花”，又如“谢家池上，江淹浦畔”“高树晚蝉，说西风消息”。“不隔”如“豁入耳目”，“语语都在眼前”，又如“天似穹庐，笼盖四野，天苍苍，野茫茫，风吹草低见牛羊”，“生年不满百，常怀千岁忧。昼短苦夜长，何不秉烛游”。在我看来，“隔”是表达不准确、笼统，“不隔”就是精确、生动，作品要“不隔”境界才高，好的意境不仅要在“时空”上下功夫，还要“不隔”上努力，一首好诗才会出现。细腻的描写、准确的比拟和表达、不着刀斧痕迹的自然流露应该成为诗歌创作的追求方向，我不是说优秀的诗词作品就没有粗言壮语，苏东坡的《念奴娇》是最豪放的，但最终也必须以“一樽还酹江月”的静穆收结，简单而言，粗中必须有细。所以如果要我喜欢一首豪放词，我宁愿喜欢婉约派词人写得豪放词，如柳永的：“云树绕堤沙，怒涛卷霜雪，天堑无涯”，或者姜夔的：“数骑秋烟，一篙寒汐，千古空来去”。也有可能是品味问题，我对那些爱作豪言壮语而缺乏细腻表达且无意境可言的“老干体”，总是抱有一种敬而远之的态度。

一首诗空洞呼号，就事说事或者就事论事，便是没有才华的表征，《诗品序》说，“理过于辞，淡乎寡味”是也，其实这也涉及个人“想象力”的问题，一个人没有想象力，就像一只小鸟没有翅膀，他叫得再好听，也无法在天空划出优美的弧线。古人曾道，诗应该“想”落天外，如果你的想象只落于脚下，那么，就和写议论文或者说明文没什么两样了。

以上说的意境和想象是从技巧上来看一首诗，但一首好诗单单有技巧也是不行的，诗人还必须是一个有足够的性情之人。《诗品序》曰：“气之动物，物之感人，故摇荡性情，形诸舞咏。”我们看李白，他就是个性情爆棚的人，很多时候他把格律丢到一边，能遵从当然遵从，但当格律冲撞了他的性情，他便直接轧过去。我们叫他“诗仙”，并没有人会因为格律去诟病他，因为他的性情足够强大，强大到一开口就成诗，而诗也满满地带着他的特点和情怀，这是他“情性”的力量在作用。

情性有浓淡，理性也一样。唐诗总体上来说以“情性”胜，我们叫它“唐代风神”，宋诗大多以“理性”胜，我们叫它“理趣”。但放在诗歌史上，我们一般认为唐诗是中国传统诗词的高峰，因为作为文学，我们普遍认同“情”。当然，钱钟书先生《谈艺录》开篇说：“唐诗、宋词，亦非仅朝代之别，乃体格性分之殊。天下有两种人，斯分两种诗。唐诗多以丰神情韵擅长，宋诗多以筋骨思理见胜……非曰唐诗必出唐人，宋诗必出宋人也。”其实一本《全唐诗》四五万首诗，并没有每首诗都风神备至，而只要你有足够的“风神情韵”，生在当代也可以发出“唐音”。

很多人写传统诗词爱考究格律，有时候甚至到了吹毛求疵的地步，也有一些人白首穷经地把使典用事和挖掘生僻字词作为毕生的追求，我很赞同继承传统诗的审美“套路”，写诗的人也必须会，这是基础，但我觉得没必要过分强调，就像我们没必要为了强调我们的黄皮肤而把自己整得跟橘子一个颜色。我和林楚拥师兄探讨过这方面的问题，师兄说：“诗如人一般，在城或衣裳布帛，在山或残袍兽皮，得其方便而已。外物皆所负累，重在明心见性，去赘存真。”其中所提及之“物”，在我看来就是格律等形式，而所存的“真”，便是真性情也！

在现代诗方面，我倒坚持形式本体论，虽然感觉自己已经开始在发生变化，但至少此前一段时间如此。

掐指一算，现代诗在中国发展不过一百年左右时间，在很长一段时间里，我们在现代诗里扮演“香蕉人”的角色，一直写一种披着现代诗外衣的传统诗，相对成熟的西方现代诗，我们的现代诗很年轻稚气。如果不盲目自大的话，你会发现，我们有时还走着几百年前他们走过的路子，我们的现代诗要发展，何不先汲取他们优秀的写作形式，并在这个过程中好好想想怎样把我们传统中优秀的部分融进去呢？这样估计就能写出属于我们自己的又能走向世界的现代诗。

每一种文化土壤生长起来的文学形式都跟那种文化趣味和审美息息相关，西方现代诗正是基于西方人的思维模式和审美产生的。我们看西方的电影，里面充满奇幻的开放式想象，这种思维反映到现代诗里，我们会看到许多片段式、跳跃式的叙述，而这种局部情节的截取或想象的驰骋要求读者必须由被动阅读变为主动思考才能获得完整的阅读体验，所以很多人认为某些现代诗晦涩难懂，其实是我们的文化和阅读习惯决定的。当然，我并不是认为现代诗必须写得晦涩难懂，而是不能以“晦涩”去指责现代诗，我们应该摒弃那种傻瓜式的惰性阅读习惯，调动思维，参与到作者天马行空的想象中去，或者学会在诗歌语言迷乱的世界里安定下来，谈一场不以结婚为目的的“恋爱”，就像喝咖啡，别总想喝饱，那样咖啡很受伤。

我们传统诗歌最初是配乐而制的，我们诗歌有抒情的传统，当我们看到“抒情”的事物会说“就像一首诗”，因此“豪情”“伤情”“悲情”等系列情愫为每一首诗奠定了感情基调，以前我们并不忌讳把它直接了当表达出来，像诗仙李白。也有人学会了克制，把情融化在境里创造出意境，用内敛来提高诗歌的文学性。其实，西方现代诗也发现了中国的“意境”，并把它借鉴到创作里。

为什么西方现代诗也喜欢“意境”，这是现代诗的“内抒情”决定的。毫无疑问，没有“情”不成诗，然而，怎样去表达情？现代诗和传统诗是有区别的。传统诗不避抒情，不具备内敛意境的诗歌比比皆是，亦非传统诗的硬伤。而我并不喜欢在现代诗里高调地抒情，我喜欢“内部叙述”和“低视角”，所谓内部叙述，就是把“我”放在和物平等或低于物态度中，以平视或仰视的角度看待事物，也就是“以物观物”的态度，何也？这可能跟我的世界观有关。在大自然、在世界、在时间面前，我感觉自己渺小如蝼蚁，我不敢去高看自己能“胜天”，我只有卑微地和世界相处、保持敬畏之心才能安静地活着，所以在我的现代诗里，基本不敢有豪情壮志，不敢大声抒情，后来，这种“卑微”也延续到我的传统诗词里。

在我看来，在现代诗里保持“内抒情”或“反抒情”，才更容易抵达诗歌、抵达文学的内核，我们传统文化中的“天人合一”和意境中所追求的“无我之境”，正是一种敬畏天地、顺应造化的表达方式。因此，我反对现代诗无情，也反对现代诗大肆抒情。

“诗歌，是一切文学作品的开路先锋。”我觉得除了在形式和想象上是这样，在语言上也是如此。历史上很多新词汇都是诗歌创造的，而现当代，诗歌也追求语言和表达的创新，这种追求高于其他任何文学体裁。我想是因为诗歌短小精悍，如果再没有“亮点”，它就会被淹没在百花丛中，而语言就是它出彩的武器之一。我喜欢的现代诗语言里必须有敢于打破常规的词语组合、节奏或断句，它让我在阅读的过程中感受到语言奇特的魅力，更让我在创作的过程中有一种不断突破的快感，这便是我的诗歌观。

5. 走上中学讲台之后，您怎样在语文教学中进行诗教，请您谈谈这方面的情况。

我的做法简单粗暴，就是照搬赵松元老师的方法，用激情点燃诗情，用诗歌装点课堂，用诗人轶事放飞遐想。对大多数初中生而言，诗歌只不过是一种必考知识，你看他们朗读就知道，大多采取“念”的方式，目的是识记，而不是品味，更不知道如何随着情感起伏抑扬顿挫。在对诗歌的理解上，一般是被动接受的，他们照抄老师的讲义，并把讲义背诵下来，这种机械的学习方式不是说毫无裨益，但绝对只是慢节奏的积累和提升而已。我的课堂一般通过生动朗诵的渲染，让学生直观感受到诗歌的内涵和气场，并不时在课堂中引用诗句，让他们感悟诗歌是“才华”的外衣，他们便会慢慢走进诗歌的世界并不自觉地爱上诗歌了，这种教学方式曾经在我身上作用过，我相信其效果并乐意去实践，结果屡试不爽。我以前教过的一些学生，虽然学习成绩很一般，毕业后也并非从事文化工作，但奇怪的是，在他们的朋友圈经常会看到他们引用诗歌说话，跟他们的谈话后得知，原来是读书时候受到我的传染，在惊讶之余，我内心是窃喜的。

我觉得诗教最关键的一步就是兴趣的提升，对诗歌没有兴趣总归会把它们通通忘掉的，就像我忘掉英语单词那样快，而兴趣最重要是情感感染，人类的感情是可以传染的，比如打哈欠。我刚教书的时候，我的校长是语文老师出身，他跟我说语文的备课，有一方面经常被忽略，那就是“备情感”。老师要进入课文、进入情景、进入角色，才能在课堂中形成气场，学生的注意力才能被你吸引过来，做到这样，你才算得上是备了一节成功的课。这是经验之谈，也在我的课堂上一次一次地被印证，回想起来，我和诗歌谈的这场恋爱，就是被赵松元老师这个红娘成美的。

6. 您认为大学诗教和中学诗教是什么样的关系?

上个问题的答案正好也可以回答这个问题，没有大学的诗教，我不可能有这样的诗教观念，也不可能总是不自觉地把诗教融入到语文课堂中，更不可能拥有足够的诗歌知识积累去支撑诗教。后来我把诗教放在学校特色教育构建的层面上去实践，也是基于对诗教认识的逐渐加深，这些“水”的“源”在于我大学所接受的诗教。

反过来，我教过的一些学生进入大学后，当有了足够的发展个人兴趣爱好的空间时，他们便自然而然地走进诗歌，并因为有基础，他们的成长很迅速，本次我所选的学生作品其中就有我正在读大学的两位学生的近作，其中一位已屡获国家级诗歌大奖，而他诗歌的启蒙，正是从我的课堂开始的，虽然这样说显得我这个老师有点厚颜无耻，但关系肯定是脱不了的。

所以我认为大学诗教和中学诗教是相生的。

7. 您觉得在当下中学语文教育环境中进行诗歌教育的重要性和困难何在?

主要困难应该是教育管理者的观念和教师诗教水平问题。在应试观念的左右之下，很多诗歌特色教育只是停留在表面，我见过一个搞诗歌特色教育的学校，整个校园布置满经典诗歌作品，也编了诗歌校本教材，但我看到展示出来的学生作品水平很一般，教室里也没有诗教痕迹，跟学生交流之后得知，学校并没有开设专门讲授诗歌的课程或将诗教融入到课程中去，因为作业繁重，孩子们根本没时间搭理诗歌，这种停留在水面上的诗歌教育将如浮萍，一阵风就能轻易把它吹散。当然，其中的一个重要的原因是师资问题，老师不懂诗歌，传统诗相对好一点，在参考书中基本可以找到尺规，但也只能实现诗歌积累量的提升，无法在创作方面给予学生充足的指导。对于现代诗问题就更大了，老师们大多“不识货”，有时会把一些颇为一般的作品拿来做范本，简单粗暴地称之曰美，这无疑是一种可怕的误导。

如果教育的冲锋旗指向诗教，那么学的和会的人自然就多起来，这两个难题迎刃而解，而现状，我们只能通过渲染和引导，多创设平台，让诗教缓慢前进，至于其对语文教学的重要性当然是不言而喻的，特别是传统诗歌涉及汉语言文字的押韵、平仄、对仗、炼字，又涉及文学典故、表现手法等，对语文综合能力的提高的作用是不可估量的。

8. 请谈谈您的诗教观。

诗歌虽然高深莫测，但它是一种短小易上手的文学形式，引导学生读诗、写诗，是把学生领进文学殿堂的捷径之一，从这个意义上讲，诗教的作用是很大的。而且诗歌特别是传统诗，它可以直达传统文化的心脏，我们可以通过诗歌让学生领略传统审美和博大精深的中国文化，让学生爱国爱传统，在道德教育上的意义也不可小觑，这也是我孜孜不倦地进行诗教的原因。

所以，我接下会将诗歌作为我们学校特色教育文化的重点来打造。

梁彬诗词作品（20首）

简介：

梁彬，“80后”，广东揭阳人。诗歌、评论均有涉及，出版个人诗词集《浦云吟草》。现为广东省作家协会会员、中国诗歌学会会员，揭东区诗词楹联学会会长。

梁彬传统诗词作品（10首）

春　聚

昔共灯窗砚，今重集一堂。
休弹孤士铗，当醉故人觞。
恣性清宵短，流年密语长。
东湖春澹澹，细雨绿垂杨。

山　中

曲道入云空，车高耳欲聋。
新茶香立夏，白鸟杳联丛。
浅浅晨阳雨，酥酥谷雾风。
青春如有待，览尽北山桐。

闸坡渔港

湛色染无央，温风曳舫廊。
海天舒极目，舟次尽澄觞。
亭午高阳暖，青春客路长。
当怜萍水谊，一醉解疏狂。

驿路桃花

一帘红雨落，蹊径见容华。
粉放枝枝倩，青穷点点奢。
有心勤着相，无语懒承夸。
日暮身何寄，孤思或九遐。

过北河

朔风又入北河西，长野恢恢卧草齐。
杨柳昨依征客道，芦花今散采薇堤。
朝曾浴咏吾与点，岁自逝徂鸿踏泥。
旧业无增安日富，可堪白首夜闻鸡？

凤凰山行吟

千重叠嶂一层纱，乌岽缘何戴锁枷？
霢霂车前迷曲路，梧桐枝末展新芽。
山声幽似思君赋，草味香为老宋茶。
遥望凤凰栖所在，满川烟雨叩窗花。

鼓浪屿

夕阳摇碎影婆娑，风送西南石鼓波。
国姓乡园月留井，玉堂书屋壁牵萝。
诗情欲起橡英落，肉味不知琴语过。
梦里依稀身异域，龙头巷末卖花歌。

临江仙

其一　韩江

鳄渡江风绪绪，湘桥春水氤氤。书生曾著白纶巾。远山鸿雁老，低涘故蹊新。
芦荻北堤绝絮，花棉玉立还颦。芬芳疑是旧时人。回眸红影渺，微雨入离津。

其二　沙洲

广济楼前灯杳，韩祠江上风鸣。早年桥肆醉泠泠。彩舷歌月夜，古院入苍暝。
兄弟饮酣疏语，杯盘狼藉无情。离人仍在旧沙汀。栏杆尽抚遍，续酒壮归行。

东方第一枝·次韵阿兽《寄梁彬》

灯火十年，光阴何补？朝吟暮咏无路。旧心已在乡林，不想还来顾遇。拳拳两叠，又惹起、满笺愁句。有酒付、楚国钟生，菊蕊此朝新露。

烟雨道，丈夫岂惧？但恨难、唤春且住。忆曾卧醉沙洲，一见相知如故。依依杨柳，酒人在、浦云桥渡。只负了、道观桃花，已放满园千树。

大寒日

节至大寒，有雨霏霏，心事如山，作诗自散

重翳迷八表，暮雨降大寒。
尽日淹窗牖，悻悻未得宽。
期功没垂成，反复在心肝。
抚膺悲日月，无乃皋下湍。
有声振庭曲，断木破玉坛。
风云旦夕至，螳臂岂相干？
徒有千尺干，叶尽此冬残。
人在尘世间，岂能遂心欢。
二三能与语，八九在绪端。
不如解鱼网，无为久盘桓。
瓮存陈佳酿，庐篱有竹兰。
呼几旧心友，携壶共林峦。
古来长生物，唯酒与素纨。
素纨贵难服，有乐食一箪。
岂直匍匐行？笑煞彼邯郸。

元　日

嘉日当元首，焕阳举新朝。
驱车长天下，流云履山椒。
野立寒松柏，魁有霰后骄。
极睇复洗如，使我旧愁消。
思彼岁暮雨，晦暝纵严飙。
零落百卉木，寰中何萧条。
户牖摧欲破，杞人五内焦。
时运周其期，天氛转和调。
沃然土喧润，井畦拔新苗。
春水盈沟涧，以待菑畬浇。
春醪亦已成，逝将理兰桡。
邀旧共携室，江湖待逍遥。
岂自悲往昔？徒令华容憔。

梁彬现代诗作品（10首）

父亲节

我们都在逃避这个日子
我逃避女儿们，你在逃避我

究竟是什么力量让我们成为父亲
一个人看着太阳每天从东边滑向西边
忙碌交替睡眠，潮起潮落，本来很好

可我们太迷恋完美，也无法拒绝
一树盛放在春天的风铃木
你每天经过她，你爱上了她，她属于一个每天经过的你
然后她凋谢了，而你依然每天经过
第二年再开的时候，她已经不是原来的她，而你不是你

有些美确实无法替代
你今天选择了孤独
就像荷叶用颓败来祭奠早谢的花朵
你把自己囚禁起来以拒绝四季的轮回
让我也开始觉得
这样的日子，适合冬眠

危险行为

如何与一株绿萝产生有效的对视
它蹿出的新藤证明渴望的存在
就像我有时也会，在渴望上面证明
更多的渴望存在——那是生物学范畴
的问题——我们被锁定在两条平行线之间
并被分类称之为“动”“静”。当你
在午夜的酒里加快时间燃烧的速度
接着便会落入虚空般的死寂，因此
作为一个乌龟的崇拜者
我对一株植物的越轨行为感到危险

灵魂出窍

让所有美好毁于一旦的方法便是

用酒引诱自己的灵魂出窍
鸟被狂妄挟持不愿待在巢里
而上帝擅于打制明晃晃的猎枪并瞄准
夜间不守交通规则的灵魂
于是，荷叶上的露珠被打碎
雨下在午夜，梨花倾颓

如果时钟可以倒走
我愿意呆在壳里，安静地守着一朵睡莲
不说话，不说话。

腰椎病

当时钟走到某一点
你开始迷恋上某些静物
孤独的石头和老树发新芽这一类
孩子们当成白面粉一样，捏在手里又
随意丢弃的事物忽然间
占据你所有想象
并让你为之感到羞愧。眼睛天生
喜欢色彩，白马习惯奋蹄
鲜花热衷怒放。这些危险行为
使我每天夜里心惊肉跳
我应该培养对时间的耐心
努力抵御那些思想中的飞行者
并对物质守恒定律
保持高度的尊敬

风　筝

许多事物不喜欢与世界纠缠
窗外的龙眼树，桌上的笔

墙角灰头垢脸的哑铃
他们在人潮散尽
的傍晚开始卸妆，舞蹈
并展开各种恋爱情节
耻笑人类的脆弱

一种需要填补的心境叫空虚
一个需要回应的笑容叫自卑
草地上的风很清爽落霞很美
我突然
对那只昂扬的风筝
产生强烈怜悯

放弃重量

我同意放弃重量，漂浮在
稀薄的空气中，荷叶即将
把持不住水珠，就让她
继续滚动下去，去某个黑夜的边缘
逃遁，我喜欢过山车冲上顶点
安静的一刻，就让她停留
把一秒钟当成一个世纪，也未必
不可。除了死亡，没人能把控时间
也没有人能阻止一条蛇的蜕皮并逃离
那个软绵绵的壳——她已经
丢弃了若干个——我们被
分成若干的线排列在时光里
交汇时便用力咬住对方，让疼痛
提醒存在的喜悦，平行着
就随水的方向流向大地深处
请安定一些，眼泪不可避免

总有花儿会谢去，让轮回
安静地去完成这个世界
的各个步骤

皮皮虾

水族在缸里的自由
是由玻璃的完整保证着的
我对皮皮虾的弹力表示担忧
这种容易爆发欲望的物种应该
向一部特工电影学习小心
不要藐视导火线一闪一闪的
虽然细弱却威力惊人的冷笑
它需要把自己飘浮在水中
将发力点通通消除
让筋骨恢复柔韧，用极限
覆盖岌岌可危的想象——所有
欲倾的大厦，黑云下剧烈摇晃
的大树，让一片海洋去包裹。我喜欢
巨大和无限，它让畏惧缩小到微观世界里
让你自负并坚强得连一丝微风
都无法打动你

人间的纪律

把窗户关闭，回到
一个合理的世界，你应该为
掉入人群感到庆幸
没有人能同时踏入两条河流
在科学的世界里从来都是非此即彼
也包括试图逃离的唯心主义——这是
一颗子弹无意识打碎玻璃时

我在渣子中捡到的尖刀——我们
必须找到那个开关，让荷花
自如开合，就连春天来了
也不要对一只蝴蝶
露出笑脸

午夜：在一部电影面前

（一）

不想睡，想在黑暗中点燃自己
先摘下身上挂满的石头
有千疮百孔的青岚，美丽的玛瑙
然后，我就可以赤裸地面对
一部午夜的电影——
他们在人生的剧情中沦陷
由“本应该”沦为“不应该”
我羡慕一次极限的冒险
在那些鲜活的生命看来
死亡并不是人类
的畏惧所能够理解的轻松

（二）

就像鱼儿想逃离水
所谓的爱就是
水为鱼们所需要的一切
安排好一切，让他们按时间顺序
产卵，繁殖。然而
我分明在鱼的眼中看到木头的悲伤
此刻，有一尾鱼不需要睡眠
他要在困意中苟活或者
无能为力地死去

（三）

你藏在玛利亚·波兹哈娃里
请用龙的火焰彻底燃烧我
春花秋月总会逝去
可你的眼里
装满了整个大高加索山的传说
我愿意回去
就像历史愿意回到历史
那么安定那么高贵那么热烈

（四）

太沉重
以至于我不敢靠近以至于
我怕折断候鸟的翅膀
到现在我还不清楚真相
是我爱上一片云
还是一片云愿意为我停下脚步抑或
我是爱上一片云的安静又抑或
爱上一片云的浮动

（五）

可能，我应该死在
一个角落里
不要让你听见悲伤的呻吟
我们宁愿不认识，就像
一个流浪者并没有值得黑夜惦记
就像时间冷漠得
不会关心某个地点昏黄的灯光下
一只鸟卑微的涅槃

（六）

我理解了所有流行的悲伤
但那种悲伤无法被流行理解
比如此刻的孤独
我从没有如此热爱过夜，热爱不眠
它就像一个永远，在云端，在记忆深处
我要在它当中死去
你此刻也应该安静地睡去，和我一起
在彼此的此刻中死去

多巴胺的流失过程

（一）

把太多的自我囚闭起来
让身体接触人声鼎沸
让眼睛注视屏幕，回归
11：30放学13：00打开校门的日常
关注每一个孩子的打扮
并从他们稚气的表情中发现异常，以便
给值班人员一点
体现制度严谨的触动
女同志的诉求向来比较多
用微笑去接纳她，用玩笑去
化解它。一个文科出身的领导
应该发挥幽默诙谐，让同事
感受到和蔼以外的才华。除此之外比如写字
也是一种消暑的好方法，写得慢一点
不给满脑子的多巴胺
有喷涌而出的机会

（二）

连日的空调让我
悟出候鸟迁徙的悲伤也让我发现
自己身上的漏洞不止一个两个
整个房间弥漫着
生化泄露的味道和一个嗜毒者
微弱的喘息，此刻他的脑袋里
爬满了公螳螂和黑寡妇的前夫
他们将鸩酒一口喝下
缓缓地走向上帝的迷宫

（三）

鼻子的不安分成功
将我从午睡中拉出来
我呆坐，识趣地
按照感冒的方式咳嗽，喝水
并心平气和地想象一辆火车
的维修过程

经过一个早上的无效抵抗
鱼儿们已逃脱殆尽
此刻正在隧道中，重新回想昨晚
那场飞机失事的电影
茫茫雪山中人类被美洲狮嘲笑的场景
我忽然觉得
办公椅硕大呆板的样子的确
有点可笑

梁彬学生诗词作品（20首）

蔡浩彬：现就读于东莞理工学院城市学院汉语言文学专业

水调歌头·汴西湖遐思

蔡浩彬

汴上古形势，遥望气如初。人间放眼无数，锦绣缀明珠。朝挹春风三月，暮对斜阳十里，灯满玉光舒。一醉梦华录，疑入上河图。

魏之畿，周之国，宋之都。千年弹指，风光终属汴西湖。莫问西施何处，闻道东坡在此，词气至今殊。他日重逢后，能觅菊花无？

（该诗获2019第六届“诗兴开封”国际诗歌大赛二等奖）

水调歌头·登黄鹤楼

蔡浩彬

黄鹤几时去，鹦鹉草方苏。江山天下唯一，鸥鹭两相呼。起看龟蛇动静，坐赏晴川缥缈，景象古今殊。来往尽骚客，踪迹有还无。

崔颢诗，太白气，武昌鱼。风流未散，当年豪杰说孙吴。万里狂涛漫卷，千驾飞车疾骋，浩荡向新途。歌到高楼上，谁望楚天舒。

［该诗获第九届黄鹤楼诗词大赛黄鹤楼奖（最高奖）］

木　棉

蔡浩彬

请看寰瀛浩荡春，唯卿如火最精神。

一枝可住化庄蝶，千簇曾为倾国身。

送客歌吟杨万里，哀时谁似屈诗人。
不劳杜宇啼红血，留得英灵润路尘。
（该诗获第四届“珠江月杯”传统诗词大赛三等奖）

题秋尽用老杜原韵兼感今秋上大学由揭入莞

蔡浩彬

此日河山望几回，吾家远在白云隈。
可怜衰草连愁结，怕是多情把酒杯。
古巷欲荒声渐去，名城未老我初来。
相逢何必悲秋尽，也学黄花次第开。

拟登高

蔡浩彬

云壤相离几尺遥，此身中立接层霄。
清泉直下因谁去，征雁南飞似我招。
愁起空山烟荡荡，碑遗终古草萧萧。
登临最忆江湖旅，道是西风不可撩。

分韵『旧家乐事谁省』得谁字咏秋水

蔡浩彬

秋水涓涓事未移，古今愁煞是男儿。
齐飞鸥鹭终非我，遍布蒹葭欲待谁。
剪去横波思若解，嗟来淑女见犹离。
何年可视江为竭，不必相望各一涯。

陈越：现为揭东区诗词楹联学会副会长

赠晓曼师妹

陈　越

客路浈江转寂寥，风吹木叶又萧萧。
他年回首烟波上，记得携君过此桥。

西泠桥吊苏小墓

陈　越

瘗得芳魂气最柔，波光明似美人眸。

西湖千载无双景，应是香车恣性游。

访风雨茅庐

陈　越

绮梦难禁风雨摧，红皮树下旧相偎。

人间各有伤心史，莫遣柔情一例灰。

注：风雨茅庐，即郁达夫与王映霞在杭州筑起的爱巢。

携侣游望天湖

陈　越

小伫芳园花气侵，湖山冷落待登临。

烟生远浦峦容淡，人倚回阑水色深。

几度同游歌白日，经年最忆是青襟。

明朝又作长亭别，销尽相逢一片心。

寄　友

陈　越

还记当时手一挥，茫茫天地信音稀。

独持幽思三年过，重作清谈百事非。

风色满城秋寖盛，浮生到此意多违。

琅峰气象仍依旧，何日登临共夕晖。

黄山雅集次步堂先生韵

陈　越

万木森森惬我情，偶然吟兴此间生。

得瞻雅道襟怀豁，为有茶烟意气平。

云海幻成同啸傲，尘途勘破始逃名。

试看晴日驱幽邃，一派山光似解酲。

沈园

陈　越

到此伤心万古同，我今擎伞对空濛。
一春池阁仍多雨，满目风光未有鸿。
弢衷之间情易死，别离而后梦难通。
桃花摇落长欺客，忍忆当年老放翁。

旅次丰顺韩山

陈　越

烟封韩岽不知年，胜景嘉名亦久传。
山覆秋晖高阁外，风摇黛色宝湖边。
岂辞幽境长为客，顿息机心便是仙。
认取昌黎留迹处，往来吟啸更怡然。
（该诗获“韩山杯”潮汕三市青年诗人诗词大奖赛二等奖）

深圳赴东莞道上

陈　越

伊为心之属，情为愁之始。窗外霓虹灯，起我无限思。
此生缘分薄，岂在分两地。今夕一城里，看月人各异。
彼身虽不遥，我心不得遂。久矣谙别恨，生离固天意。
车驰疾如箭，夜色何深邃。默坐觉茫然，红尘身是寄。
（该诗获“2019诗词吾爱·相约七夕”爱情诗词大赛三等奖）

陈凯侨：现为日本神户大学语言音声学研究生

春暮行六甲山

陈凯侨

其一

冷淡天光海色空，高台坐久堕鸿濛。
春心一段难吟得，游女争簪数朵红。

其二

十里香溪行欲远，天涯回望是重山。
如今怕问春归处，明月依稀上碧鬟。

偕所欢姑苏游园

陈凯侨

携手初惊淡淡妆。小园移步雨生凉。
云鬟香沁蔷薇露，玉指辉飞菡萏光。
洞石斜穿三叠曲，葭汀同泛一桡长。
迷踪忽入桃源里，仿佛温柔是旧乡。

浣溪沙

陈凯侨

独坐小窗对素纨，相思拈取更无端，落花时候雨轻寒。
绮梦依依飞彩蝶，琴心可可付青鸾。啼痕红叶背人看。

临江仙·东瀛雨朝看落樱

陈凯侨

嫩晓新凉时候，垂枝瘦怯无端。东君犹未解矜怜。绮云留不住，惊皴碧川寒。
行客惯随春老，遮般容易摧残。闲愁吟断转无言。琼香曾几度，怀抱又经年。

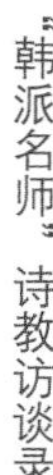

许泽平老师采访稿

采访人：郑佳淳

被采访人：许泽平

1. 请问您是从什么时候开始写诗的，谈谈您的诗歌写作历程。

初中就开始了，应该是初二。当时写了很多，都是一本一本的A4大小的练习本。后来还留下了有一两麻袋这种练习本。这种训练断断续续，高中时代也有，一直持续到大学。但当时只是一种抽屉文学，也没有想过能够发表，只是比较单纯地作为一种个人化的写作。大学之后开始有了电脑，就基本在电脑上写了。

2. 您在韩师读书期间参加了学校哪些诗歌社团及诗歌活动吗？韩师生活对您的诗歌写作有哪些影响？请您谈谈这方面的情况。

在韩师参加了诗社，担任了诗社的编辑部长，出版了一期《后来》杂志；后来黄昏老师开始办《九月诗刊》，也有一定的参与。

诗社和《九月诗刊》聚集了一批热爱诗歌的朋友，我们就是在相互鼓励的状态下进行着诗歌的阅读和创作。当时培浩、增寿、春龙等师兄已经毕业，在校的有我、崇正、子龙、泽森、则强、仲龙、野弟等人。应该刚好是韩师诗歌人才比较多的一个时期，大家志同道合，因此有很多的鼓励和促进。

3. 哪些诗人诗作影响了您的写作？请推荐十位诗人。

影响我的诗人还是蛮多。国内的我推荐：海子、顾城、李元胜、苏浅、阿翔、蛾子、康雪、吴小虫；国外的我推荐：保罗·策兰、辛波斯卡。

4. 请谈谈您的诗歌观。

我所向往的诗歌世界，既非浓郁的古典浪漫，又非激烈地不可缝合的现代焦虑，也不是平面化、时尚化、碎片化的后现代风情。我想要的，或许是此中种种的复合，以一种精致的语言，重构这个变形的世界，重新发现人世渺远，天地苍茫，我们的歌哭，和此生之牵挂。

5. 走上中学讲台之后，您怎样在语文教学中进行诗教，请您谈谈这方面的情况。

主要是发现一些适合用诗歌方式来重写的课文，并让学生做诗歌练习。在诗教中，我比较重视学生自己的创作实践，我不会说太多，我做的就是筛选，选出他们写得好的那些，并在班上做展示，让他们明白，自己也可以写出诗歌。并且诗歌大概是一种什么样的语言和感受。大概花了一年时间，我训练了两个初一的班级各出了一本诗歌合集，效果还可以。这两部诗是《我的青春遇见你》和《我们心中的岛屿》。

6. 您认为大学诗教和中学诗教是什么样的关系？

大学诗教应该是一种专业上的引领，更注重名家来传授阅读和创作的经验，多为学生创建交流的平台，给予他们更多的空间，让他们尽可能地创作更多的作品，并在同人之间交流。

中学诗教应该是一种经验的传授，把教师自己对诗歌的领悟以恰当的方式教授给学生，这是一种经验的引领，因此就要求，教授人本身要具备一定的诗歌创作经验。

7. 您觉得在当下中学语文教育环境中进行诗歌教育的重要性和困难何在?

诗歌是语言的桂冠。懂得诗歌写作，一般作文不会太困难。因此，诗歌是对语言的训练，当然极其重要。困难的地方在于，基本没有太多人懂得诗歌，或者说，很多一线教师没有诗歌创作经历，不懂得诗歌该如何教。因此诗歌的教育很难推进。

8. 请谈谈您的诗教观。

教会学生阅读诗歌，在阅读的基础上，鼓励他们自主创作，并给予他们一定的专业指导，培育他们写诗的信心。诗歌是一种非常好上手的文体，只要稍加点拨，以孩子纯真的天性，写好诗歌不会太困难。

泽平诗歌作品（10首）

泽平，原名许泽平，“80后”，文学硕士，青年评论家、诗人。著有诗集《在时光与落日之间》《独脚站立的人》，评论集《在时代的暗夜中穿行：“80后”诗歌考察》等。入围第二届“诗探索·中国新诗发现奖”，获得东莞文学艺术精品奖、广东省有为文学奖（诗歌奖）等奖项。

秋 意

十一月的夜晚，沉积着
过去所有日子的记忆
深色的树木在风中站立
星星低垂着。我忽然想起
未曾对你说的话。那如波涛一样绵长的
沉默。或者，如松林间一样长久的叹息
是的，秋天了。当我回头
所有的时间重叠在一起
你的笑带着微微的凉意
像还没有到来的雪
在日光下熠熠生辉

未知的一切

溪水在暴涨。天尚未透亮
四下无人。野花落了一地
一条鱼，越过了池塘，它在喘息
这短暂的自由，在微冷的山坡之上

没有人知道
如何经历一个劫后重生的夜晚
一只蚂蚁，正从泥浆中
挣扎着，走向朝霞的另一边

空鸟笼

比风更自由的
是一只空鸟笼

古旧的衰朽的摇摇欲坠的空鸟笼
挂在一架翠绿的藤蔓之下

它的门已然消失
并且不再有住客。日光穿过它
在墙下留下摇曳的阴影

看着它寂寂的样子
比一座森林更多的鸟鸣
在我的脑海里叽叽喳喳地响起

是的，再没有任何岁月可以禁锢它了
再没有可怜的生命会因它而在寒夜里悲鸣了
它早已不是它自己
它是它所不是的事物

月光可以自由出入
雨水可以自由落下
甚至黎明，也会看见：一只在晨风中独唱的
鸟

需要雪

天冷的时候
就插上电茶炉，身体的热需要一杯
从高山上下来的清茶

孤独的时候
就读诗歌，灵魂的冷
只有在灵魂的碰撞中才能取暖

而人世的苍茫
需要雪，需要大雪三日的覆盖
那么多苦难和无助，那么多往眼睛里流回去的泪
它们没有声响，洁白、广阔
即使我们倾尽一生，也难以抚慰

麋　鹿

迷路的时候
忽然看见了麋鹿的眼睛
像山冈上偶然的雪，有点冷
带着不能转述的晴朗和干净
像白云，从深冬的什么地方
蹦跶出来，昭示着一个下午的无限空阔

而此刻林中没有雪
我们之间，仅仅隔着三棵黑桦树
有那么一瞬间，我们互相注视：
这陌生旅途中突然的震烁

但我知道，很快我们就将分别
回到各自的世界。是的，我们存在
但终将消失在彼此的视野。仿若傍晚的云彩

变幻着，走向闪烁的不能言说的深渊

欢愉的山雀

但灰烬从来没有离开
落下的，寂静的，闪耀的
都只是此刻：未来正在成为现在

树林里
山雀以歌唱为乐
它们察觉不到时间的碎片
察觉不到来时的路：它们只剩下欢愉

而我，想伸出枝条
把这僵硬世界轻轻覆盖
雨水落下来：写满时间

山椒鸟

雨水落在台阶上
世界安稳：像夏日里睡去的猫

而树枝搭着树枝，夜晚夹着夜晚
黑暗里，它想同繁花一起复活

苦涩的山椒鸟，请原谅吧
你歌声里的那些光：留不住它

海边的乌鸫

潮水不属于任何人
也不属于海岸：它是自由的
如果此时，晚霞来临
一只独自踱步的乌鸫
便是这个世界孤独的灵魂

它低头思索，偶尔抬起金色的眼眸
向着夜的方向。但它不曾离开
黑暗覆盖了它的羽毛
涛声遮住了它柔弱的颤音
但它倔强：藏起低低的悲哀
我的记忆突然与此相连
想起一个重要的人，他永远留在海上
我们不曾道别。因此难忘

古德曼鱼

古德曼鱼都有一张娃娃脸
用三条腿走路，偶尔上岸来
晒晒太阳然后在日落时分回去

古德曼鱼有时早上就出现在你的门口
在你开门的时候向你问好
顺便吓你一跳

古德曼鱼爱抽烟，它会坐下来
装出沉思的样子，慢慢吐出烟圈

古德曼鱼从不对你说起寂寞
对于自己的长生不死，它总是沉默不言

感　谢

这一生里
如果还有什么需要我致敬
我愿意说：感谢坏天气

感谢所有灰蒙蒙的黄昏
感谢所有还不够丰满的雨水

感谢那个时刻，她像个小妖精
撞到我怀里。根本不在乎我只是刺猬一只

如果还需要，我想感谢这些年的记忆
感谢风，总是在我一个人的时候让我听见
感谢坐满星星夜空，感谢你们
从来不曾出声的沉默

东莞中学松山湖学校学生诗歌作品（28首）

指导老师：许泽平

空心树

袁煌文　初二（4）班

一棵绿油油的小树
嘲笑空心树
“你这没心的老树”
空心树笑了
“我空心里全是温暖”
说着，几只小鸟从空心树中蹦出

知了的叫声

钟永祺　初二（4）班

炎酷的夏日，总会带来一些悲伤。
树上的知了无休无止，
一天到晚地叫，
令人烦厌
但它们只是在祈祷，
痛苦的生活请快走开。

露　珠

肖婧　初二（4）班

一颗小小的心啊，
多么柔软！
柔软得只能挂在草尖上，
只能藏在花蕊中。
我，
小心翼翼地靠近。
多想，
轻轻抚摸。
又担心，
她会逃跑。
我该怎么办？

我

许诺颜　初二（4）班

或许我很难告诉你
我是谁
唔？
爱背着包在学校里游荡的是我

操场上跑步最慢的是我
下雨天套着垃圾袋蹦蹦跳跳的是我
打了水却不肯喝一口的是我
响指从来打不出声的是我
呐
正在写诗的人
是我

我　想

范雨欣　初二（4）班

我想夜晚是温柔的
一如既往
擦去人身上的色彩
洗掉眼里的黑
我想风是喜欢我的
一开窗户
就冲着进来
围在我的身旁

看医生的鳄鱼

邱心怡　初二（4）班

牙疼的鳄鱼
跑去看牙医
“我的牙齿又疼又松”
它把嘴张得很大
让牙医看看
“你午饭吃的什么？”
鳄鱼挠挠头
“只不过吃了6个易拉罐
那味道真不好”

舞台中央的小丑

叶钰欣　初二（4）班

在聚光灯上的舞台
戴着傻笑面具的他
像醉酒一样乱转
逗乐了黑暗中的欢笑

突然
他转着跌进了下方的黑暗
红色从他永远傻笑的面具涌出
两颗白牙摔在地板上
“哈哈哈”
欢笑像利刃一样又一次响起

“妈妈，小丑先生哭了啊”
女孩大叫
“怎么会呢？肯定是演的啦”
母亲大笑
女孩听了也大笑着
欢笑声越来越大
刺破了那张假面具里的脸

天　鹅

韦昕桐　初二（3）班

一对雪白的天鹅
轻轻地在湖滩上降落
好像湖心里飘着两朵白云
又像天鹅衔着云朵
也像云朵驮着天鹅

白　发

吴惠莎　初二（4）班

我，发现了个魔法
只要我一哭
妈妈的头发
就多了些白发
于是我变得爱哭了
到处分享我的魔法
有一天我抬起头
猛然发现妈妈已满头白发
可我
再也找不到解除的魔法

大海和海螺

梁小璐　初二（3）班

蔚蓝的大海孕育了海螺
海螺为了感谢大海
把大海的故事旋进了螺纹里

大海里的海螺无忧无虑
它包容了一个柔软的生命
也为寄居蟹提供了避风港

但是有一天
海螺要走了
浪花哭泣
海螺带走了大海的故事

夜

熊俊淇　初二（4）班

晚上，我躺在床上，
阳台外闪着微微的光晕，
灯喝醉了酒，
迷迷糊糊地，
时而亮，
时而暗。

树上发出轻轻的声音——
蝉还没有睡——
它在讲述自己的故事，
听着听着，
灯渐渐地睡着了。
我也渐渐地睡着了。

没有翅膀的荷花

涂嘉宁　初二（4）班

月光的脚步向来是没有声响的，
青色的月光透过迷彩的窗，
照出一朵枯黄的荷花上。
它褪去了昨日的光彩，
它折去了自由的翅膀。
唯有月光来为它驱寒问暖。

月光湖

樊骏　初二（4）班

月光湖，
在夜晚，
它能穿上不同的衣服。
有时是满月衣，
有时是半月衣，
还有时是繁星点点，
这些都是天空做的衣服。

花

田思思　初二（4）班

妈妈新买了一盆假花
它很漂亮，比真花还漂亮
用塑料做的绿叶衬托着
那有点粉得发红的“花”
中间的几根花蕊“开”得正艳
我，却有点悲伤了
既使它开得再美丽
也，不会有蜜蜂
来给它传承后代

没有心的木偶

刘漪棋　初二（4）班

有一个没有心的木偶，
从出生以来就没有笑容。
无论是调皮的笑话，
还是可口的食物，
都无法让它感到快乐。
主人将破旧的它遗弃，
一个乞丐小女孩将它捡起，
她朝它露出一个喜欢的微笑，
笑得那么灿烂，那么温暖，
木偶的嘴角竟勾起一个弧度，
啊，似乎有一个东西，
正在它心底里跳动呢！

鱼

刘漪棋　初二（4）班

你说你要离开
去往无垠大海
不是我不悲哀
是泪
不允许自己落下来
微笑着送出祝福
七秒的爱
请在心底永世深埋

我的手

肖兰馨　初二（3）班

我有一双好神奇好神奇的手。
手抓抓头，
头变鸡窝。
手抓抓脸，
脸变红苹果。
右手抓抓左手，
哈哈，是一只猴子喽！

幻　想

张哲涵　初二（3）班

有时候
会希望自己是鹰
翼尖擦着天穹
是天空的领主

有时候
会希望自己是狼
对着满月嗥鸣
叫声低沉而悠长

有时候

会希望自己是鲸
畅游在海洋中
漫无目的也悠然自得

但大部分时候
还是会觉得
真好
生而为人

甜　蜜

张诺瑶　初二（3）班

我喜欢吃糖
在我的味蕾上涌上一股甜蜜的味道
让我想起开心的往事
就像在夕阳的余晖中
看见了美丽而罕见的火烧云
对于我来说
甜蜜这个字眼
就是那片火烧云

我是一片蓝

谭智桓　初二（3）班

我是一片蓝，
迷失在夜的黑暗，
看不见月亮，
也看不见星星眨眼。
我是一片蓝，
迷失在多瑙河畔，
找到到问路的人，
也找不到承载的船。
我是一片蓝，
在寻找红颜知己，
在寻找自已的一片天。

镜　子

向梓豪　初二（3）班

爸爸每次都说：
“你看你，
要是能成为别人的镜子，
那该多好啊！”
但我讨厌成为别人的镜子，
我只想有一个甜蜜的梦。

雨　啊

王杰镛　初二（3）班

雨啊
滴滴答答地下
落在冰冷的泥土里
我的心啊
也随着雨滴
落进燥热的人世中

风

陈玉倩　初二（3）班

风是无声无息的
风是无影无踪的
当它拂过大树时
我看见了它
当它吹过烟熏时
我看见了它

天气预报

张煦柔　初二（3）班

我知道
楼下晾着的被子
其实是专属小孩子的天气预报
如果被子在晾衣绳上跳舞
说明一天都是好天气
可以出去玩
不用在家吹空调

多　变

徐定欣　初二（3）班

我可以像樱花般热辣灿烂
也可以像牡丹般端庄大方
可以像桃花般甜美可人
又可以像多肉般朴实无华
不仅可像紫荆般锋芒毕露
还可以像桂花般深藏不露
我是一个多面体
至于多少面嘛
你猜啊

港　口

郑芷菁　初二（3）班

有时我在清晨醒来，
我的灵魂甚至是湿的。

远处海的声音和回声，
这是个港口。

我在这里等太阳升起。

鹤

高嘉璐　初二（3）班

一身白
白成一种象征
也是一个起点
世界
本一片空白
轮回千年
世间万物都着了色彩
唯有她
白得孤傲
白得可怜

流　星

杨子淮　初二（3）班

流星
它拖着长长的尾巴
奔向远方
它要去哪里？
谁也不知晓

它是夜空里璀璨星光中的一颗
它像一个淘气的小孩
时常在宁静的夜空中奔跑、玩耍
永不停息
直到……
它玩累了
就会在一颗星球上
定下永远的居所

方锐升老师采访稿

2019年9月10日，韩山师范学院王钰涵记者采访深圳龙华区和平实验小学一级教师方锐升。

方锐升：2008年毕业于韩山师范学院，深圳龙华区和平实验小学一级教师，安全处负责人。

王钰涵：今天是教师节，教学这么多年，想必您对于教育有着自己的见解，而作为小学语文老师，在诗教方面，您也一定有自己独特的启蒙方式，今天想通过几个问题了解一下您的想法和经历。

1. 您是从什么时候开始写诗的，谈谈您的诗歌写作历程。

说句实话，在诗歌写作方面，我算是个菜鸟，最多只算是个教小学生读读诗、模仿课文写写句子的小学语文老师。谈到自己的写诗历程，其实很单薄。

说起第一次写诗还有一段故事。那时候我初三，从学期开始就在紧张地备考高中。八月的夜晚是闷热的，简陋的教室封闭不严，还有蚊子叮咬，我坐在后排，一个蚊子嗡嗡地在我耳朵边飞，我就伸手去抓，一下还没抓住，我就再抓，还没抓住，如是再三。

恰巧，我的班主任老师从教室后门转进来，站在我的身后看我抓蚊子，我浑然不觉，直到一个书本从天而降拍在我的脑袋上，我才发现他已经注意我多时了。那会当然少不了一顿批评，老师走后，我当然不服啊，毕竟当时年纪小，心里老是过不去那个坎，就在草纸上乱写乱画，忽然想起来前几日在一本书上看到的几句诗“可恨青龙偃月刀，华容道上不斩曹。至今留下奸雄种，逼得诗人坐后艄”。我有样学样，具体的诗句已经不记得了，唯一记得两句是“叹哉往日咤风云，伸手驱蚊都不肯”，前段时间和我的老师谈起这个事情，我们都笑得前仰后合，看那时候乱七八糟的，连诗都算不上，但在我的印象中却是我的第一首诗。

后来我们又学了《周总理，你在哪里》等现代诗，学了信天游的《回延安》，“宝塔山上留脚印，毛主席登上了天安门”，这种信手拈来的诗句对我产生了很大的影响。到了高中，学习更紧张，但我还是抽出时间来写写所谓的诗。记得当时年少狂妄无知，所有诗都敢写，所有的词牌都敢填，回头看看个个低劣驽钝，不过在当时我还是很得意的。这就是我印象中与诗有关的一些经历。

2. 您在韩师读书期间参加了学校哪些诗歌社团及诗歌活动吗？韩师生活对您的诗歌写作有哪些影响？请您谈谈这方面的情况。

在韩师读书期间，我参加的社团是创新教育协会。说实话，在大学期间，我很少接触诗歌。接触写作，是被我的室友所影响。他是一个看起来有点深沉，却总是能写出让人百读不厌的文字的老男孩——陈泽韩。还记得有一次，写了一篇文章给他看，让他点评，他说了一句话，我一直记得，想飞却夹着翅膀。

从那以后，我扩大了自己的阅读面，从中学时对诗歌的偏好到进行小说的阅读。但说来惭愧，一直在诗歌方面没有什么进展。但这样的经历，对我也有积极影响的一面，它让我在踏上讲台之后，更能关注到写作方面比较薄弱的同学。毕竟，我曾和他们一样，在一种“想飞却夹着翅膀”的状态中吃力地寻找突破口。

对于韩师，我想用一个词来形容，那就是“朴素”。既具深厚的历史底蕴，又兼具朴素的民风，就是这样一座城市，就是在这样城市里的一所学校，让性格浮躁的我沉静了不少。这些影响也在我的教育教学生涯中刻下了烙印，我对那些走得比较慢的学生常常会用一种“静待花开”的姿态伴随着他们成长。

3. 哪些诗人和诗作影响了您的写作？请推荐十位诗人。

对我影响比较大的诗人，细数一下，中国的古代诗人有李白、杜甫、张若虚、王勃、孟浩然；中国近现代的诗人有徐志摩、艾青、戴望舒、汪曾祺、海子。

要说起诗作，首先在我脑海中浮现的就是李白的那句“我愿为君锤碎黄鹤楼，君亦为我倒却鹦鹉洲”，这是何等的襟怀，何等的大气！诗仙李白的作品中，真的带着仙气。记得我曾经有一本《唐诗鉴赏辞典》，好多年了，都脱线了。李白的诗中有一句“青天骑白龙”。大家可以想一下那个意境，天青万里，白龙蜿蜒。一位白衣飘飘的秀士，骑在龙背上，是不是颇有浪漫主义色彩？从李白那里，我学会了夸张，把所有的事物都无限放大，把所有的自然界的东西都想象成神仙世界。记得前几年，我去黄果树瀑布游玩，看见那瀑布奔腾而下，当时就在脑子里出现了两句诗“仙君醉酒懒归去，挣断金锁走玉龙”，细细分析不是那么高明，但是这里面真的有模仿李太白的痕迹。再说杜甫，苦吟诗人，飘飘何所似，天地一沙鸥，在颠沛流离中走完了自己的人生。这种人是多灾多难的，但是他的诗句必定是言之有物的。虽然他没有李白的豪放风流，但有对民生疾苦的关注，对下层人民的悲悯。杜甫的诗句平实易懂，也有千古名句“无边落木萧萧下，不尽长江滚滚流”，记得早些年还有人专门研究过，这个落木的木字用得好，我不以为然，我认为这并不是杜甫刻意为之，而是饱读诗书，饱经战乱后的信手拈来。

至于张若虚、王勃，他们都是以某一篇或某一句吸引了我，比如张若虚的《春江花月夜》，王勃的“海内存知己，天涯若比邻”，直到后面接触到《滕王阁序》，才对这个三尺微命、一介书生的初唐四杰有了更深入的了解。提起孟浩然，那是大大的有名，从《春晓》到《过故人庄》，整个语文学习中都贯穿着他的作品，但是真正让我心动的却是他的一首六言诗。其中两句是这样的“花落家童未扫，莺啼山客犹眠”，这不是活脱脱的山中隐士吗？花落花开，黄莺婉转，一概不看，却在卧榻酣眠，大有王右军东床坦腹的气势，这样我才知道原来我们的诗佛也有这么不为人知的一面。

近代的几位诗人，首先接触的是徐志摩，高中时，读了他的《再别康桥》，一时间“悄悄地我走了，正如我悄悄的来”整日在脑海中盘旋，老师又推荐我们读了他的《沙扬娜拉》，“最是那一低头的温柔，恰似水莲花不胜凉风的娇羞”，这句

子太美了，也太暧昧了。可想而知，对我们这样情窦初开懵懵朦胧的少年有多大的影响。和他类型差不多的便是戴望舒，撑着油纸伞，走过那悠长的雨巷，见了一位丁香般一样的姑娘，当时的冲击力，真的不次于现在的“天王巨星”对青少年的影响。我当时就在想，是什么样的人才能写出来这样的诗句，是什么样的阅历才能让他们发现生活中这么惊艳的美？艾青、舒婷，他们给我的影响大多在国家和民族的层面上，“为什么我的眼里长含泪水，因为我对这土地爱得深沉”，让我们的爱国思想得到了升华。汪曾祺的诗作对我影响主要是生活层面上，或许他没有前两位诗人那么恢弘的格局，但是他的一觞一咏，一字一句都带着浓浓的生活气息，都闪烁这哲理的光芒。

这些诗人都对我造成了巨大的影响。

4. 谈谈您的诗歌观好吗?

诗歌，我认为是世界上最美的语言。中国诗人一向不缺情怀，家国的、艺术的、文化的、文人的情怀……我现在觉得，诗要有趣，我是说有趣应该前置，放在第一位，要不就没人读了。有思想的有情感的东西应该放到有趣里去表达，意思也许就更丰富了。进一步，我觉得在现代诗里，有趣应该成为诗歌的元素之一，有趣并非仅指表达的内容，同时也包括表达方式。

把诗写到过去以为不可能的地方去，同时保持诗的正途。前者是指诗歌永不停歇的探索精神，而后者，则是永恒的纯正诗心。所谓诗心纯正，非关正统，乃指正路与正心，不投机取巧，不旁门左道，不心存妄念，不图谋不轨，不欺世盗名。诗心纯正方能探索不止，方能无邪，方能有持，方能为诗所养，方能老而弥坚，愈老愈醇。对于作品中的梦，阅读者们总是试图从中找到象征与寓意之类的非梦信息。实际上，对诗人而言，悲悯首先是不及物的，它在诗人自己的精神里面，是诗人的自我浸润和浸淫。悲悯的情怀是诗人对世界的一种善意，流动在血液里，充盈在身体里，既是对待自然万物和人类社会的一种态度，又是一种认知的目光，也是书写时的一种底色。在诗里，悲悯不是一种理念或者声音，而是一种气息，它弥漫，但不张扬；它渗透，但不穿越。

同时，诗歌也应该是坦率的。多少流传千古的名作都是袒露真性情，心口如一。无病呻吟的诗歌是经不住时间的考验的。李白有一句诗写道“我醉欲眠卿且去，明朝有意抱琴来”，这就是一种率真，一种不做作，还有一句“郎今欲渡缘何事？如此风波不可行”以口语入诗，却趣味丛生，值得吟咏。如果诗歌失去了率真，无异于词藻的堆砌，金玉其外败絮其中。

在小学教育中，我对学生的要求是，诗歌仿写，要多用生活中的语言，不要牵强附会，用文字写出自己的所观所想，有这个底子，略加点缀就是一首充满童趣的诗。

诗歌是不应受到束缚的，这一点在近代诗歌中表现得淋漓尽致，长短不一的诗句，不那么严格的韵脚，更不用提平仄对仗了。所以我认为现代诗是最适合学生仿写和阅读的，朴实的语言，如讲话般娓娓道来，既保留了诗的神韵，又摒弃了条条框框，展现出一片自由的世界。

总之，我的看法就是，诗歌应该有正的本心，率真的初心，自由的信心。这三点相辅相成，才能成就优美的篇章；在教学中把这三点融合一起，能让学生在宏观上知道了诗应该是什么样子的，开阔了眼界，深化了思想，加固了记忆和知识的理解。在语文学习中，潜移默化地影响学生，把初心、信心和本心流露出来，在写作中，在阅读中，在仿写诗歌中。

5. **走上小学讲台之后，您怎样在语文教学中进行诗教，请您谈谈这方面的情况。**

我认为，小学诗歌教学首先就是要让学生体会诗歌的趣味性，课堂上改变原来的思维定式，加强师生互动。

学习是学生努力和教师监督的结合体，诗歌也不例外。一般我把诗歌学习分为三个步骤，首先是预习，让学生养成习惯，知道怎么去预习；其次就是课堂讲授，课堂上将重点着重标出，要求学生进行勾画、补充；最后就是带着理解去诵读，目的不是记住这个文字组合，而是在诵读中得到更深层次的理解。在具体的授课过程中，我主要按照以下几点进行：

（1）内容具体化

诗歌在语文知识中一直是重难点。以前很多老师在对诗歌讲解时，都用很快的进度，避免学生提问，机械式地灌输给学生诗歌大意，我认为是十分不可取的。我在讲解诗歌时，力求把每一个词句都表达清楚，包括所蕴含的思想感情、句子的词语使用技巧等，这些都是我在课堂上讲解的重点问题。

小学生的思维还是趋于形象化的。在课堂上，我经常给学生提供一些其他的方式来了解诗歌，比如挂图、音乐乃至多媒体课件。我认为这样能让抽象的诗歌转化为形象的画面、声音或者场景。由此引出诗歌新授，比单纯的文字讲解显得更生动。所以，在课堂上，应该让时间变得紧张而有序，保持课堂内容的饱满，以此锻炼学生的基本的语文能力。

（2）展现不同题材

小学的语文学习重点在知识的广度而不是深度，在课程的内容安排上，尽量避免把内容安排得过于费解。在这个阶段，学生的思维是逐渐上升的，是一个积累的过程，教师应该引导学生进行感受知识与知识的碰撞，而不是让学生深挖一个知识点。不管是抒情的诗歌还是托物言志的诗歌还是叙事的诗歌，都要给学生推荐，让学生进行简单的了解。

（3）营造课堂意境

课堂气氛是影响学生学习诗歌的重要原因。我们经常会发现这种现象：课堂上完全是教师在讲，学生在下面听得迷迷糊糊的。如何才能避免此类情况发生呢？学生和教师之间应该形成良好的互动，在一问一答间学习知识，在老师的引导下积极发言。

课堂上如果学生有足够的参与度，那么大部分学生在下课的时候就能够对一首诗进行识记。教师要让学生意识到课堂参与的重要性，这也是一种让学生减轻课余负担的好方法，在课堂上应该形成读诗的意境，结合学生们的生活，去更好地理解诗歌。

小学语文的教育是基础性的教育，诗歌教育在其中起到很大的帮助。我们只有科学地讲授诗歌，才能让孩子提高诗歌的兴趣，增长诗歌知识，进而增强语文的听说读写能力，为今后的学习打下坚实的基础。

6. 您认为大学诗教和小学诗教是什么样的关系？

小学诗教是大学诗教的基础，大学诗教是小学诗教的升华。小学诗教主要是增长知识和提高语言表达能力。小学生的主要任务是学习知识，以便长大后成为社会的有用之才。但我们不要忘了，诗歌同样可以让学生增长知识，就如孔子说的：“小子何莫学夫诗？诗可以兴，可以观，可以群，可以怨。迩之事父，远之事君。多是以鸟兽草木之名。”（《论语·阳货》）如果我们要了解以及研究春秋时期各国的政治、经济、文化、外交、各地的风土人情以及华夏先民的生产、生活、爱情、婚姻、家庭等诸方面的知识，那么诗经就是必读书，其重要性丝毫不亚于《左传》《国语》等史学著作。如果我们要了解汉末三国时代的社会状况，那么三曹、建安七子的诗歌就非读不可。比如从曹操《蒿里行》的诗句“白骨露于野，千里无鸡鸣”中，我们对汉末大动乱造成的巨大破坏有了一个直观的体验。如果我们要了解唐代安史之乱前后的社会状况，那么诗圣杜甫的诗歌就非读不可，而从《三吏》《三别》等诗篇中，我们可以感受到安史之乱给底层人民带来的巨大灾难。

7. 您觉得在当下小学语文教育环境中进行诗歌教育的重要性和困难何在?

诗歌教育在小学语文中是非常重要的，而现状是诗歌不被大多数人所重视。从教师、到家长、到学生对诗歌的重视程度都不够。

首先诗歌是能极大程度提升语言表达能力的，经常读诗的孩子词汇更丰富的；经常读诗的孩子思维是更开阔的。他们能从普通的景物中捕捉到诗意，这是难能可贵的。就最近十几年来看，小学生语文水平的持续下降已经成为一个不争的事实。有经验的语文教师都知道，熟读乃至背诵经典是提高学生语文水平的非常有效的途径。而诗是语言艺术的精粹，因为诗歌讲求以最精炼的文字表达最丰富的意蕴，亦及追求言有尽而意无穷的艺术效果。通过对诗歌的大量反复熟读直至背诵，小学生们可以培养语感，积累词汇，掌握遣词造句的规律等表达技巧，乃至在平常说话、演讲、作文中引用诗词中的经典名句，从而使自己的语言文字表达更有文采和艺术感染力。同时，诗歌在其历史发展过程中还形成了各种不同的美学风格，学生在诵读吟唱各类不同诗歌作品的过程中，不仅可以获得美的享受，也有利于作文时的语言表达水平的不断提高。

诗歌教育的困难主要在三个方面，首先老师对诗歌的重视程度不够，有的老师认为诗歌是大人学的，小学生只需要会背就万事大吉了，能应付考试就行，没必要掰开捏碎地讲。其次是家长的不重视，家长现在的想法都很现实，怎么能让学生考高分就怎么学，还有家长煞有介事地给我分析过试卷，说诗歌内容大约占卷面总分的百分之八，言外之意是占比太小，不值得下功夫学。殊不知，孩子在阅读理解和作文中，诗歌的优势是绝对的，作文中出现几句名言名诗句，会为文章增色不少。最后就是学生本身的不重视。因为小学生本身还是抗拒学习的，乖巧懂事，从小就知道学习的孩子少之又少。家长的态度和老师的态度对孩子的影响是起决定性作用的，家长和老师都不重视，更不用指望孩子把诗歌的学习当回事了。

以上就是诗歌教育的困难所在。

8. 请谈谈您的诗教观。

读诗，是一种精神层面上的交流。这种交流可以跨越时空、跨越地域、跨越种族。比如我们读一些边塞诗歌“明月出天山，苍茫云海间”，一种边塞的悲凉和从军的铁血气氛喷薄而出；读田园诗“绿树村边合，青山郭外斜”，浓浓的田家风景笼罩着我们。所以在对学生的诗歌教育上，我认为诗歌具有德育、美育和提升学生语文能力的作用。

诗歌是一种浓缩的艺术，用精炼的语言描绘出生活百态，包罗万象，各个领域都有涉猎：山水田园、从军边塞、游山玩水、借景抒情等，诗歌中也包含了很多的人生哲理和处世方法。诗歌是犀利的，每一句都必有所指，隐喻各种社会问题，细读能引人深思。

小学阶段，学生的行为和习惯尚处于形成期，在家长和老师的言传身教下，逐步完善，慢慢树立正确的人生观和道德观念，诗歌教育在这方面起得很大作用。比如学生可以从诗歌中知道什么可以做，什么不可以做，做什么样的事情是对的，做什么样的是事情是错的。《悯农》一诗即教育学生要珍惜粮食，珍惜他人的劳动成果，从朗朗上口的诵读中达到了教化作用，学生在不知不觉中接受了诗中的观点。现代诗歌同样也具有这样的作用,《田家四季歌》中“早起勤耕作，归来戴月光”“身体虽辛苦，心里喜洋洋”，都是在向学生反映有耕耘才有收获，想收获就不能怕吃苦的观点。这些诗歌虽然浅显，但对于小学阶段的德育帮助还是很大的。

诗歌教育还能很大程度上帮助学生认识美、发现美。美学对孩子来说太深奥了，如果光讲美学理论，恐怕成年人也会觉得枯燥。但是诗歌却能在不经意间把学生带入美的享受中，不断刺激学生发现美、认识美。比如《春晓》中“夜来风雨声，花落知多少”，以一个问句方式结束全诗，留下了无限的遐想：晚上风雨声声，淅淅沥沥，还不知道院子里的花落下了多少。即使低段的学生也能在脑海中勾勒出这样一幅画面。语文的教学中，建立学生的审美观是很重要的一部分。诗歌的语言、韵律都是十分优美的，首先认识了诗中之美，对生活中的美的发现必然是敏锐而具有针对性的。学生的审美是渐渐走向成熟的，诗歌的引导作用是毋庸置疑的。

在语文教学中，诗歌教育对听说读写都有较大帮助，尤其对学生写作能力的提高有着举足轻重的作用。诗歌助推了学生写作水平的提高，至少文字的运用上能有一个较好的进步。诗歌对于文字的精炼到了登峰造极的程度，用最少的字词表达出最丰富的韵味，传达出最真挚的情感，往往几十字便可传达出整个故事，包括时间、地点、人物，人物所处环境、所思所想以及所要表达出的情感。这些都会影响学生在写作时的习惯，学生会模仿诗的思路，用简练的语言写出各要素分毫不差的文章，这在写作练习上是一个质的飞跃。

语文是一个综合性较强的学科，集思想性、知识性、生活性、文化性、美育性于一体，诗歌教学必须与之沟通才能更加充实和生动。以诗歌为载体，通过课堂教学辅之以德育，加强爱国主义教育；辅之以美育，使学生发现诗歌中的语言美、自然美和心灵美，从而获得一举多得、一专多能的教学效果。

总之，诗歌教学的目的是让学生获得精神层面上的满足和富有。真正的诗歌教学艺术将会使学生既为了获取知识而听课，又为了欣赏美、追求美、享受学习带来的美感而参与。这个过程绝不是痛苦的。在这种教学氛围中，学生的学习兴趣被极大的诱发之后，必然产生极大的学习主动性和积极性，教学效果的改观自然也是不言而喻的。这不是天方夜谭，不是痴人说梦，这是通过孜孜不倦的努力教学而达到的必然结果。

方锐升学生诗歌作品（10首）

骄傲的孔雀

二（4）班　李洺湄

小孔雀，
请你不要低着头。

你是百鸟之王，
所有鸟都得听你号令。

你骄傲的目光，
只有抬头，
我们才能看到。

猫

二（4）班　陈洁莲

小猫咪，
请不要耷着胡子，
撇着嘴。

别忘记在你
身上
有阳光。

妈　妈

二（4）班　薛烨晗

妈妈你可真奇怪，
你会开心，
你会生气。

我喜欢你开心时，
笑眯眯的眼睛。

可我不喜欢你生气
把头埋进枕头的样子。

那样，枕头也会
下雨。

降落伞

二（4）班　郑雅桐

天空这么高，
在我身旁。
云朵那么远，
在我手上。
城市那么大，

在我脚下。

而您那么小，
却撑起我整个世界。

风

二（4）班　张　煜

风
它是巨大的风扇。
吹过高山，
吹过大海，
吹过整个地球。

轻飘飘的风扇，
吹过的路，
一点汗也没有。

彩　虹

二（4）班　张　煜

彩虹，
是一个害羞鬼。

一定要
先下雨，
出太阳，
才露出半个腰来。

我的白裙子

二（4）班　陈洁莲

我的白裙子，
新买的。
星期五到星期天，
我最想穿着，
到学校或公园。

也喜欢在学校走廊，
散散步，
像白色的喇叭花。

小花的笑

二（4）班　伍雅欣

小花，
你可真奇怪，
为什么你不爱笑？

只有春天，
妈妈回来时，
你才敢偷偷地，
露出一个笑脸。

大　树

二（4）班　唐毅航

大树大，大树高，
大树叶子，在欢笑。

春天叶子嫩，
夏天叶子绿，
秋天叶子黄，
冬天叶子掉光光。

大树别慌，
大地妈妈，

已在帮你织衣裳。

划船大赛

二（4）班　李乾程

雨停了，
三个小伙伴又去划船。

不高兴划得最快，
总说："慢吞吞，快点。"
慢吞吞也总认真地
回答："好……好……来了。"

慢吞吞还是没追上，
不高兴还在加速，
而不说话还是不说话。

清灯疏影夜谈诗

——黄立荣老师采访稿

采访人：韩山师范学院文学与新闻传播学院　2017届汉语言文学6班　李晓君

被采访人：潮州市潮安区宝山中学　黄立荣

时间：2019年9月4日

方式：电话采访、微信联系

百年韩师，钟毓敏秀，孕育英才。韩山、韩江吸引了多少求学之士；“勤教力学，为人师表”，韩师这片诗风醇厚的净土孕育出了多少韩山诗人。他们是韩山的教师，他们是韩山的诗人。从学生到一级教师，站在三尺讲台上，十几年光阴一晃而过，光阴的故事给他带来了什么体会，今天就走近宝山中学的黄立荣老师，聆听他的成长心声。

1. 您是从什么时候开始写诗的，谈谈您的诗歌写作历程。

我大约是从高中时期开始写诗的，那是十多年前的事情了。当时念高二，课本里有现代诗单元，语文老师刘老师布置课后作业，让我们练笔，写一首现代诗歌作为课后作业。绞尽脑汁，冥思苦想了老半天，我进军诗坛的处男作就这样终于给生产出来了。

这首诗叫《思念》，只有简单的四句：

夜饿了，
偷咬了我的心；
我哭了，
吵醒了整个黎明。

颇有点朦胧诗的味道。这首诗后来也被我收录到个人现代诗集《梅花爱》中。

真正开始诗歌写作应该是韩山师范学院汉语言文学系求学之后。上了大学，个人可自由支配时间大大增加，又正值青春，爱美之心可可，时时如小鹿乱撞。喜欢班上一女同学，便整天琢磨着怎么样才可以打动芳心。一来当时身无长物且貌不惊人，不具备富二代的阔绰潇洒，更不具备当下流量明星的高颜值；二则从小多读古典文学作品，作品中书生以才华写文赋诗俘虏美人心的情节深刻脑海，又想起西方著名诗人里尔克坚持每天为自己的爱人写一首诗，浪漫得一塌糊涂，便以为寻找到“登陆爱情诺曼底”的致命武器——咱也每日写心爱的女孩写一首诗呗。

恰逢班级举行朗诵比赛，同宿舍的兄弟们便决定比赛时统一朗诵我写的情诗，人口一首，为我助力。这次朗诵会后，班里的同学自然都知道了某某会写诗。但，天下几乎所有的单相思大抵都是美好而苦涩的。理想很丰满，现实很骨感，书上才子佳人的故事并没有在现实中上演。但这个事件却阴差阳错让我爱上了诗歌，用心去阅读诗歌，去尝试写作诗歌。

此后几年，我便把韩山师院图书馆里几乎和现代诗歌有关的诗人作品集、选本、评论集都过了一遍，兴之所至，便站在东丽E幢六楼宿舍前的栏杆边高声朗诵一些现代诗歌名篇，如洛夫的《烟之外》、北岛的《回答》、海子的《今夜，我在德令哈》等。那时不知天高地厚，朗诵时大有睥睨众生之感。

我的诗歌写作也由此拉开了序端。我读诗，觉很多作品总有妙不可言之处，常若有所悟，便将其付诸于笔端。有时在电光火石之间，脑瓜里闪过一个很有意思的句子，便赶紧拿笔在纸上记了下来，大有点李贺的感觉。那时计算机还不像现在普及，我便经常在深夜，在昏黄的灯光下，拿着笔，一个人在十几平米小房间里，在草稿纸上写写涂涂，涂涂写写。草拟一章之后，反复诵读，心里快慰，无以言表。人常说“文章是自己的好”，确实不无道理。那种舒畅之感快慰之情，无物可比。

在韩师求学四年，算是我个人诗歌写作上的高峰期。其间，我也参加一些诗歌征文比赛，获得一些个人奖项。但获奖、出名（尽管是韩寒说的那种想出名但怎么也出不了那种），都不是我真正想要的。写诗对于我，最大的益处是能够让物质上贫乏的我获得精神上的充实和满足，让我重新获得勇气和自尊。诗歌是我精神上一块未被红尘俗世沾染的“桃花源”，那是我自己的领地，我是这领地中的

“王”。在那一片自由自在的空间里，我可以忘记生活的屡屡挫折和艰辛，在诗歌的写作中获得内心的平静和自由。

在我走上讲台的十几年后，我已经几乎停止了诗歌的写作。但在微信朋友圈仍然为诗歌保留着最后一块净土。看看现在朋友圈，不是卖保险就是做微商，时时刻刻被刷屏，眼花缭乱。但我仍然愿意，隔一段时间，一有所感，便写上几句发在朋友圈。我想啊，大概很多不知我者谓我迂腐穷酸。但即便我是众多微友圈中的一股浊流，也无所谓。毕竟，那是我的青春，我的梦。谁没有青春，谁又没有梦呢！

2. 您在韩师读书期间参加了学校哪些诗歌社团及诗歌活动吗？韩师生活对您的诗歌写作有哪些影响？请您谈谈这方面的情况。

我在韩师声势浩大的诗歌创作群体中算得上是一个另类。当时，在韩师风行的“韩师青年”“三角梅文学社”“韩山诗社”等诗歌创作的主阵地——我一个也没有加入。比较时髦地说，我当时俨然就是一个自由撰稿人哇。当然，这并不是因为我是与世无争的绝世高手，也不是我有特立独行的性格不随波逐流，只是因为我希望把更多的时间用在阅读上。我几乎每天去图书馆借来5本书（当时规定一次只能借5本），隔天一换。课余看，上课时也常看。感谢那个时代还没有智能手机，不然我得少看多少书啊。

我喜欢诗歌，喜欢写作诗歌，但我不喜欢诗歌之外的东西。参加社团组织，总避免不了要参加一些活动，会打乱自己内心的平静，影响诗歌的写作。按道理说，我这样潜心学习写诗水平应该芝麻开花节节高，然而并没有。我写作水平不见增长，反而错过了许多多姿多彩的大学社团生活。不得不说是一个遗憾。

我不加入诗歌社团，但我仍然会关注学校诗坛的动态。例如，学校有哪些著名的和非著名的诗人，会阅读学校官方的和非官方的诗歌刊物。韩园诗坛大大小小的明星们我大多听得“名熟”。这其中我比较喜欢陈剑州师兄的作品，他曾出了一本诗集《幸福的疼痛》，那是使我强烈萌生我也要出版一本诗集念头的发源。

我最喜欢还是余史炎师兄的一首诗《过路人》：

向河流打听一位少女
想知道谁做了她的丈夫
并托南风跟她说

我一直在去乡的路上
别问我是谁
我只想知道谁做了她的丈夫
并且想让她知道
我一直在去乡的路上

我一直认为这是我在韩师看到的最美的抒情诗。

当然，大学四年，我偶尔也参加各级别的一些诗歌创作比赛，也陆陆续续获得一些奖项，在一些文学刊物上零星发表一些作品。印象最深的是参加“南粤大学生艺术诗歌节”，写了一首300字左右的怀乡诗，获得了省二等奖，拿到了500元奖金。虽说钱财是身外之物，可我实实在在高兴啊。想我工作第一年，每月工资拿到手才1100多元。一首诗就顶半个月工资，这是我迄今为止感受到的诗歌写作带给我的实惠。

真正开始接触韩师的诗歌圈反倒是在工作后，出版个人诗歌集的时候，认识了黄昏老师，再后来是史炎、增寿等韩园诗歌的主将。我大约可以算是一个半只脚踩在韩诗圈里的局外人吧。

韩师四年的大学生活对我的诗歌写作产生了重大的影响：

它是我创作的源泉。如果不是那一段无果的喜欢，自然就不会有后来的诗歌写作；如果没有大学四年广泛的阅读，自然我也没有写作诗歌的底气。我自觉或不自觉地将大学期间的所见所思所感和喜怒哀乐投影到诗歌当中去，诗歌也不可避免有一股“韩味”。例如,《雪的童话》一诗便有陈剑州师兄《幸福的疼痛》影子。这期间，认识的一些诗兄弟姐妹，他们也对我产生了一定的影响，影响了我对大学生诗歌的认知，在我心中树起高或低的榜样。

3. 哪些诗人诗作影响了您的写作？请推荐十位诗人。

理想中的校园诗人们都是要抽烟喝酒天桥上纵歌的啊，但我不抽烟不喝酒五音不全，完全跟诗人沾不上边。但身边的人都知道我写诗，大家都管我叫诗人。那时候的我，经常蓄起半长发，像半截泼了墨漆的树桩，穿着拖鞋，啪嗒啪嗒地在校园里走来走去。有一个女同学叫我“拖诗”，但我立刻联想到“拖尸”，这让我诚惶诚恐，以为我写的诗，也是那种那一段话五马分尸后再凑在一起的“尸”。

现在文艺圈流传着一个笑话：写诗比看诗多，诗人比读者多。我也加入一些诗歌微信群，群里面的诗人让我好不羡慕，到处游览名山大川，鱼肉满席，莺歌燕舞，我流着口水，艳羡不已。心想，诗人真是个好职业，不用工作照样吃好玩好，可谓人生赢家。但他们的作品却远远赶不上生活的精彩。他们自然也很难对我产生什么影响，如果有，只能说让我产生自愧不已的负面影响。

回归正题，在读诗的过程中，自然有一些诗人和作品对我产生了重要的影响。我简单谈一谈。外国诗人和诗作我不熟，不像有些诗人或诗歌评论家，言必谈《荷马史诗》《瓦尔登湖》，艾略特、里尔克、庞德、叶芝、帕斯捷尔纳克等。说实在，读外国诗，这些都是绕不过去的，但我很难产生共鸣。本人外语水平不佳，没有办法阅读原版，所以很难读出其中的精髓来。因此，我还是谈中国的诗人为好。

古诗方面，我非常推崇杜牧。唐代熠熠生辉的星空中，杜牧不是最大最闪亮的一颗，但小李杜被誉为“唐诗最后一抹灿烂的晚霞”，其地位也是极高。杜牧的诗歌清新俊逸，朗朗上口，名篇佳作如《泊秦淮》《清明》等众口传颂、流传千古。我向往其诗，更神往其人其事。杜牧扬州为官十年，流连青楼，为青楼女子写下若干美丽动人的诗篇。虽然他自己后来在诗中说“十年一觉扬州梦，赢得青楼薄幸名”，大有懊悔感伤之意。但他对歌女的深情却又如此动人，正如他所写的“春风十里扬州路，卷上珠帘总不如”“蜡烛有心还惜别，替人垂泪到天明”，其用情之深，感情之真，让人为之动容。当然元稹的悼亡诗更是写得深情款款、催人泪下，但一了解元稹生平，总觉怪不是味，好比远望是一桌盛宴，但走近一闻，全馊了，大倒胃口。

另一位喜欢的诗人是杜甫。如果从写诗的技巧、内容和思想性来说，说杜甫是唐诗的集大成者毫不为过。后人多效仿杜氏，以致杜诗有领袖群星之感。杜诗入选中学语文教材篇目较多。讲得多了，我注意到，杜甫诗歌的思想境界非其他诗人可比。他自己家的草屋屋顶都让狂风卷没了，想到的却是天下寒士何时俱欢颜；同登岳阳楼，孟浩然想的是“欲济无舟楫”，杜甫想到的却是“戎马关山北”，情怀高下立判；邻居寡妇来偷他家枣子吃，杜甫还专门写了一首诗给亲戚吴郎，告诉他人家也是饿得没办法才来偷，对偷者态度要好一些，别吓到人家。如此不胜枚举。在杜甫的诗歌当中，始终洋溢着对众生深沉而热烈的爱，是儒家思想最典型的体现。梁启超说“杜甫是情圣”，他视天下苍生为情人，为情人他“虽九死其又未悔”，我觉得这正是当代诗歌所缺少的。诗歌就应该为爱而歌，而不是为一己之欲而发骚。

讲讲现当代诗歌吧，我对朦胧诗比较偏爱，朦胧诗常用的写作技巧和表现手法我非常喜欢，如蒙太奇等对我影响深远，我习惯用于小说写作之中。对舒婷、顾城这两大朦胧诗的代表人物自然也是喜欢。舒婷诗文俱佳，名满天下自不待言。顾城诗歌的童心实属可贵。20世纪90年代名声大噪的海子，其诗歌也值得品读，淳朴厚实的乡土情结、天马行空的想象力都是我极力模仿但模仿不来的。

余光中和洛夫的诗，也打动过我。如抒写乡愁一类的《乡愁》《边界望乡》等。《边界望乡》是洛夫代表作，但却我更喜欢他的《烟之外》，唯美而忧伤。早期的伊沙是个独树一帜的诗人，《结结巴巴》《梅花：一首失败的抒情诗》曾让我觉得特别惊艳。在特定的年纪，读这类诗，觉得爽利。但可惜作品后来彻底“口水化”，也很难称其为诗了。还有一个小众诗人江一郎，他的《再见春天》《老了》等，清新、热烈，笼罩着淡淡的忧郁，很贴合我的心境。学生参加朗诵比赛，我还专门指定用《再见春天》这个作品。

最后，谈一谈我最喜欢的当代诗人——北岛。北岛是具有国际影响的大诗人，朦胧诗的代表人物，数次入围诺贝尔文学奖提名。北岛的诗，特别是1985年以前的作品，诗风冷峻，语言凝练，善于运用逆向思维、蒙太奇等艺术手法，在诗歌主题上有鲜明的时代烙印，思想上则带着强烈的批判性和思辨性，具有很强的艺术感染力和表现力。他的诗歌有直抵人心的力量。还记得我第一次读到《回答》时的那种内心的震撼，真的让我爱不释手。十多年后的今天，我仍能一字不差背诵出来。北岛的诗歌给了我写作的使命感——诗歌应该去承载一些社会责任，或者叫人格上的正能量。

4. 谈谈您的诗歌观好吗?

“诗无达诂”，什么是诗歌？什么是好的诗歌？见仁见智。但是当代诗歌走到今天，显然已经走进了一个死胡同。最明显的特征就是，写诗的比读诗的人还多。没有了广大的读者群，诗歌就失去了生存和发展的土壤，也就没有了存活的价值和意义。时代的回响变成了几个人的寥寥的狂欢和自我陶醉。诗歌没落的成因复杂多元，我觉得跟缺乏好作品问世有很大的关系。

个人浅见，优秀的诗歌大约具备以下三个要素：

一是诗要抒真情。诗歌一大功能就是抒情。为什么现在诗歌很难引起读者共鸣，无人问津，很大的一个原因就是很难获得大众的感情共鸣。所谓的诗人们整天把自己喝酒、吃肉、泡妞甚至上厕所大小便都写到诗里面来，试问哪个读者会关心你上厕所擦屁股是用了三张还是五张草纸。我不是说他们不抒情，他们是太滥情了；也许还可以这样说，他们不是抒情，是抒欲，把自己内心的各种私欲都赤裸裸地坦露在读者面前。逢场作戏、信口开河，七步能写八首诗，曹子建看了都要含羞九泉。矫揉造作，大大背离了诗歌的抒情功能。举个例子，李白的《静夜思》，也算是白话诗口水诗吧，但里面的游子望月思乡之情不就是全人类最朴素最美好的感情吗?《静夜思》能流传千古，原因不正在于它触动了人们心里最柔软的那根弦吗?

二是诗要有社会责任感。在个人主义和个人利益至上的今天，时代赋予诗歌和文艺作品的使命我觉得有必要拔高一下。文以载道文以明道，我觉得在今天，不但不落伍，更应该奉为写作的金科玉律。我们的生活中有那么多美好的人与事，有那么多的榜样和力量，为什么就非要写吃喝拉撒这些隐私的东西呢？甚至一些诗歌更是下流，打着黄腔侮辱女性。我觉得好的诗歌应该承担起一定的社会教化功能，起码三观要正确，能给青少年正确导向。当然，不是说诗歌就一定要全是高大上的内容。最起码的，对写进诗歌的内容要加以筛选。就算是没办法拉动时代的车轮，但也别拖时代的后腿嘛。

三是诗要有深爱。这种爱，可以是对个人的小爱，也可以是家国情怀的大爱。也看过一些诗人的作品，车站看到一个女的，立马就在诗里想着她晚上躺在我怀里，这是爱吗？这是禽兽不如啊！侮辱了爱这个字。孟郊的《游子吟》，歌颂母爱；林则徐的“苟利国家生死以，岂因祸福避趋之”，是对祖国的爱，这些为什么读了就让我们深受感动，而一些诗人们的爱就让我们哑然失笑甚为不齿？究其根源，只因为爱不是爱，爱得不深。

总而言之，用我之前说过的话来概括，我认为好的诗歌应该是歌颂人世间的真善美，鞭笞丑恶和龌龊，应该给当代诗歌重新树立一个崭新的形象。

5. 走上中学讲台之后，您怎样在语文教学中进行诗教，请您谈谈这方面的情况。

走上中学讲台之后，我在语文教育中进行诗教，除了常规的一些方法、模式之外，我采用了以下四种方法：

1）翻译重摹法。由于古诗以文言写作，绝大部分学生在阅读时往往体味到的不是诗歌的美感，而是文言文的艰深晦涩，因此很难形成审美的意趣，对意境的把握自然偏颇。在课堂教学中，可以让学生在理解重要意象含义的基础之上，尝试让学生对古诗进行现代文的翻译，翻译可以遵循以下几个原则：不改变原意，不遗漏重要的意象，不拘泥已有内容，适当调整、补充。在翻译的过程中尽量使内容呈现情境化、故事化。比如岑参的《逢入京使》，教参书上如是翻译：回头东望故园千里，路途遥远迷漫；满面龙钟两袖淋漓，涕泪依然不干。途中与君马上邂逅，修书却无纸笔，只有托你捎个口信，回家报个平安。一个同学改成这样：那天，天阴沉沉的，我正走在路上，回头东望故园千里，故乡已经遥不可见，一路黄沙滚滚，我泪流满面，眼泪把袖子都湿透了，在这半路上，我遇到了你，我想写封信托你带给故乡的亲人，可是偏偏又没有笔啊，只能托你捎个口信，告诉我家里的亲人，说我一路平安。经过这么一重摹，很多同学很容易就理解了作者是想表达羁旅之思怀乡之情了。当然对大学生而言，先翻译后感知意境是不提倡的，因为会削弱诗歌的美感，但是对于学力和阅历相对不足的中学生而言，笔者浅见，这倒是一个从实际出发利大于弊的小方法。

2）多媒体教学。多媒体教学作为一种现代的先进教学手段，在诗歌教学之中，有着很大的优越性。在客观条件许可的情况下，教师在进行古代诗歌鉴赏教学时，应适当使用多媒体教学。在课堂上，尽量向学生展示与诗歌相关的图片、视频、音频，让学生“耳濡目染”，从声色光影入手，全方位调动学生的感知能力、联想能力，从而激发学生的审美，更直观清晰地感知全诗，把握作者思想感情。

3）对于许多叙事诗来说，我们还可以借助课本剧的形式，将抽象的诗歌具体化，形象化，让学生在情境之中更直观地感知诗人的主观感情。如杜甫的《石壕吏》一诗，我就曾让班上的同学以课本剧的形式表演出来。在表演的过程之中，我要求同学着力表现出官差的蛮横，老翁的胆小，老妇的痛苦麻木。在表演的过程当中，许多同学看到官差的嚣张蛮横时，大都义愤填膺，从而理解了民不聊生的战乱年代里普通劳动人民的悲惨命运，体会到杜甫思想中浓烈的人文关怀。

4）阅读竞赛法。古语有云，“书读百遍，其义自见”，要让学生更好地感知诗人的思想感情，在课堂教学中对诗歌反复地诵读是必不可少的；更重要的还是必须增加学生的阅读量，不断积累学生阅读素养，这要求语文教师在课堂教学中应当强调课余阅读的重要性，以朗读作业的形式，要求学生课余多去阅读经典，谈诗论词。教师可以通过举办一些课堂竞赛，如古诗词记忆大赛、古诗词朗诵比赛等，从而激发学生阅读动机，激发学习兴趣。惟有发动学生广泛阅读诗歌，从心里爱上诗歌，才是提高学生诗歌鉴赏能力的根本途径。

6. 您认为大学诗教和中学诗教是什么样的关系？

我认为中学诗教和大学诗教是一脉相承的，中学诗教是基础。打个比方，整个诗教工程好比是建造一栋房子，中学是打地基，大学诗教就是造一座金碧辉煌的楼阁，没有地基，自然不会有空中楼阁。试想一个大学生，只知道立白不知道李白，只知道豆腐不知杜甫，那么你让他怎么来学习诗歌，怎么进行诗教？这么说可能有些夸张，但很多学生确实对诗歌常识几乎是一无所知。

中学生诗歌素养的全面提高为大学诗教提供可能性和可塑性。如果说中学诗教会不可避免沾染上功利色彩，那么大学诗教我认为更培养人的文化底蕴和情怀。中学阶段，对于诗教我想大多数语文老师考虑得更多的是规范学生答题的思路、步骤和语言组织，引导学生利用各种手段去拆解诗歌，寻求答题分数最大化。因此，中学诗教很多时候往往是枯燥乏味的，是千篇一律的机械作业，当然，它也能鉴赏诗歌，但对于学生而言，他们在精神层面能领略得到的诗歌的美感，不但少得可怜，从质上讲，恐怕也远远比不上试卷上古诗鉴赏题目拿多一两分所带来的快感强烈。

中学诗教往往注重的是技巧讲解之类的东西。但大学诗教应该是上升到一个更高的层次。它首先应该是一种审美，得优先培养学生欣赏和领略诗歌的美的能力。诗歌美可以是语言美、内容美、感情美，可以是其中的一种，也可以是多种融会贯通。但这应该与考试无关，脱离了功利，是能让人发自内心感到喜悦的某种东西，它带给人的应该是一种高级的精神享受。

7. 您觉得在当下中学语文教育环境中进行诗歌教育的重要性和困难何在？

我认为中学语文教育环境中进行教育的重要性有以下三方面：

首先，是中学生提高语文核心素养的诉求。目前高考语文考试有一道必考题，古诗词鉴赏题。考查范围多为古诗词写作技巧、表现手法、思想内容、主题感情等语文核心素养构成要素。这已然明确要求我们语文教师在中学阶段就必须重视诗教。可能有人觉得谈中学诗教显得有点超纲了。实则不然。诗教做得好，从小的方面来讲，有利于学生提高高考语文分数，这是短期最直接的收益；从长远的角度来看，则回归到当下语文教育的热点问题——提高学生的语文核心素养。在进行诗教的过程中，学生读诗、背诗、欣赏诗，甚至自己写诗，这些都切切实实提高学生的诗歌鉴赏水平，从而有益于学生语文核心素养的提高。

其次，是培养学生气质的内在诉求。我们进行诗教，不是要把所有的学生都培养成诗人，但如果我们的学生随手来上一首五绝或七律，同学往来，吟诵唱和，不亦雅事一桩？俗话说，腹有诗书气自华，在读诗、学诗的过程中，学生们既充盈了自己的文化内涵，提高了自己的文化修养。在诗歌中接受传统文化的熏陶，可以使人由内而外散发出一种温文尔雅的气质。这大概就是我们经常说的书卷气。气质这种东西，只可意会，难以言传，用心方可感知。事实上，不同的人往往会有不同的气质。如看到一个光着膀子袒胸露乳满头大汗手拿尖刀的，哎呀喂，杀猪大哥啊。

最后，是传承和发扬传统文化的必然要求。习近平总书记提出“四个自信”，其中就有文化自信。自《诗经》始，中国诗歌至今已经有几千年的历史积淀，有数不清的杰出诗人，数不清的优秀作品。它们作为传承优秀传统文化的载体，对整个民族的文化熏陶是潜移默化的。不知多少人从诗歌当中窥探到历史的镜像，例如，从《诗经》中了解到春秋时期的民风民俗；不知多少人从诗歌当中明白了人生的哲思，如“不识庐山真面目，只缘身在此山中”；更不知多少人从诗歌当中感悟到人世间最美好的情愫，如“曾经沧海难为水，除却巫山不是云”。我们从诗歌中去感受传统文化的魅力，把那些最真最纯最美好的精华一代代传承下来，又在传承中发扬光大，从而激发学生去热爱我们的国家，我们的民族，我们的传统文化，收获文化自信。这方面，国家走在了我们的前头。2019年新入学的学生将使用部编版语文教材。部编版语文教材最大的特点是什么？就是大量增加古文、古诗词的篇目。这说明什么？说明国家高度重视传统文化的传承和发扬。相比之下，我们一线语文教师反而后知后觉，走在了国家的后头。

至于制约中学诗教的瓶颈，我认为也有以下客观困难：

首先，没时间。中学生有中考、高考的压力，在考试指挥棒，不，是考试大棒槌面前，学生必须合理分配各科的学习时间，把各科都学好，才能考衡水中学、华师附中，才能考“双一流”。按照广东省目前的情况来看，中考科目有九科，高考科目有六科，平均下来，给语文的时间其实很少。而语文教师又必须按照学校的教学计划安排教材的教学，能用来诗教的时间自然少之又少。

其次，不重视。无论温儒敏教授说的“语文考试要让15%的考生做不完试卷”，还是大量的语文刊物上面鼓吹“得语文者得高考”之类的口号，都很难掩盖在实际教学中语文被大部分学生打入冷宫的事实。特别是高中阶段，听说过学生课外辅导数学、英语的，听说过学生课外补习物理、化学的，你说去补习语文，那要笑掉人家大牙。为什么呢？语文书上教的高考都不考现成的啊。再者，一线的语文教师几乎都有一个共识，语文学科要考高分，要靠锱铢累积，非一朝一夕之功。很多学生心里想，反正读了也不考，何必浪费时间？于是便将有限的学习语文的时间也投入到了无限的学习其他科中去了。

再则，不喜欢。以我所在学校为例。我们学校有一个文学社，以前一到招新季，人头涌动，随便一招便是百十号人，搞征文比赛、出作品集，举办各种活动，办得红红火火。但近年来，每况日下，人员锐减。我便问新任社长怎么回事。她长叹一声说，人都跑街舞社和舞蹈社去了。当然这是一个小的样本，但取大的样本，我们也可以放眼整个诗坛、甚至文学界，其实也就是就是外行全不看，内行在独欢。文学的边缘化造成文学爱好者锐减，并迅速影响下一代。文学之死、诗歌之死，并不是危言耸听。诗教，缺少的是可施教的群体。

最后，不专业。我身材比较“伟岸”，因此人家第一次见到我总以为我是体育老师。一听我是语文老师之后，常会带着很崇拜的眼神说：哇塞，教语文的，很厉害哦。我便郑重其事告诉他：只要认识字就能教语文。日常教学中，非语文专业的老师教语文教得比科班出身成绩好的屡见不鲜。但能教和教好是两码事，教的学生考试分数高跟语文教得好也是两码事。我理想中的语文教得好是让学生听课听着听着，在不知不觉中就过完一节课的那种状态。

但教诗，我认为恐怕很多语文老师是不大能够胜任的。说句不好听的，不看教参老师能看懂课本的诗歌篇目算我输。换而言之，很多语文老师脱离了教参，就没办法上课了。因为老师本身就缺少诗歌教学的素养啊。比如讲律诗，平仄你得多少懂一点吧？讲唐诗，唐诗大概分几个阶段有哪些流派有哪些代表诗人你也总该知道吧？遗憾的是都不知道，只知道李白、杜甫写得好，好在哪？教参拿过来念一念。你总得有自己的感悟吧？统统都没有。中学诗教最缺的其实是有诗歌素养的老师。不信看看身边的同行，有几个能按格律写一首正儿八经的格律诗出来？恐怕是凤毛麟角吧。有人说，你说得好像自己很能似的。不好意思，其实我所知所学也只是一鳞半爪，我也不是一个合格的诗教老师。

8. 请谈谈您的诗教观。

首先，我认为在中学阶段，诗教是要伺机而为的。诗教是重要的，但施教是有条件的。在中学阶段，诗教可能作为探究性学习或者语文第二课堂活动比较合适。当然，在实际教学中，还要取得学校主管领导的支持才能开展。就目前而言，在中学阶段，学科成绩依然是作为衡量科任教学质量优劣的一个重要指标。开展诗教活动，能把班级学科成绩提上去固然是皆大欢喜；万一，所任教班级学科成绩波动了，下降了，那是不是诗教给影响的？这就有点说不清、道不明了。这是一个普遍存在的制约诗教开展的重要因素。

诗教应该从小学开始。我认识的同行当中，就已经有教师在童诗诗教方面进行了积极的探索和尝试。一开始我认为小学生的作品肯定是稚拙的。但后面看到很多童诗，大都充满了奇思妙想，灵动生气，有时还为之拍案叫绝。韩师走出去的一位师妹，在这方面进行了积极的探索，取得非常优秀的成绩，也正式出版了学生诗选集。这些都说明，诗教可以提前到小学开始。从小学到中学再到大学，甚至于“活到老，学到老”。

诗教内容应该严格筛选。中学生、大学生是受教的主体。他们是国家和民族未来的顶梁柱，但世界观、人生观、价值观还未成形。我们在施教的时候，要选择一些经得起时间考验的作品进行教学，要让诗歌对他们产生积极的影响，取精华弃糟粕，树立学生正面的诗歌观，让学生抱着歌咏真善美的情怀来学习诗歌、创作诗歌。

诗歌无处不在，语文教学中更是重要。诗歌见证了黄老师的成长，也成为他语文教学中的一个初心。他用他的故事告诉我们诗歌的力量和诗教的必要，非常感谢他配合这次的采访！

黄立荣诗歌作品（10首）

梅花爱上李白

从来没有想过
竟会在最后的时刻遇见了你
你的模样依然忠实于文学家和史官的笔记
安禄山和史思明的战车和军队
驮走了整座固若金汤的大唐江山
却丝毫无损
你的天才　你的奔放和不羁

那天傍晚　残阳如血
“燕山雪花大如席”
长安城楼乌云灌顶
你牵着一头拔跛脚的青驴　落魄得像一个凡人
身后繁华如梦的长安城　被你映衬得
仿佛一折充满变数的悬疑剧情
你穿着单薄的青色长裳　不住地呵气
多冷呵　这人生的行旅
灰黄的云层在你的眼里折射成一声沉重的叹息
你自欺欺人地安慰自己：
因为伟大　所以孤独
冻僵的声音裹不住太多的辛酸和忧郁

浪漫而锐敏的你始终没有察觉
长安古道的一边　有一剪寒梅正试图用数点嫣红
温暖你那雪绒花般　凋零的心
诗人呵　你又如何能知道
我是多么深情地爱着你
爱你一口气干尽三斤竹叶青
爱你扯去束发的纶巾　迎风而立
爱你“铿”一声拔出腰间的佩剑弹剑长吟
“人生在世不称意……”
你长发如诗　仰天长啸　仗剑而歌
冰凉的锋刃流动着耀眼的光芒
这光芒　照亮千里之外长安城的千年黑暗
这光芒　使我双眼刺痛
千——年——无——眠！

或许是漫天的黄沙卷起了你的

愁绪

又也许是这一树落英让你触景生情

你突然走近我身边　点点我的鼻尖　问道：

“寒梅啊　寒梅

究竟是什么力量

让你凋残得如此安详?”

我的心猛地抽紧

傻瓜

如果今生注定不会遇见你

我又何必美丽

古　寺

必须承认

那尊逐渐褪去光环的佛陀

早已习惯了躲避施舍

只是信徒　却更加虔诚

春风　一年一度

去了又来　却无力

吹落昏睡千年的香灰

梁上蛛线参差

犹如通向神秘墓冢的地图

古老而陌生的文字隐匿其间

像一个个单纯的寓言

早早地　就被掐断了进化的导火线

大师笔下的青龙舞爪张牙　可惜

两眼皆瞎　注定

只有在一场涅磐的火焰中才能重燃光明

细草　从石板缝隙钻出

又在游客脚底　从容地死去

像恪守着一个永恒的真理

一只沉默如石的乌龟

驮着沉重的信仰

在名人题写的匾额下

匍匐　一动也不能动

至于那个被赶出山门的野和尚

偶尔还会带着妻子回来

混在游客中间

好奇地东张西望

携着青春流浪

我把一路上的风都背在肩上

在上帝的别墅里我丢失了天堂

白云和我各有各的无奈

无论是谁安慰谁

都只能引起第三者莫名的感伤

古老的传说里住着古老的村庄

厚厚的城墙围住了高高的群山

我一只手握不住一滴泪水的重量

对不起，泪流满面的天空

我实在无心要翻起你的绝望

这些年我们一路向北，却总口口声声

说要追逐朝阳说要一起去远方流浪

我在苍茫中勒马四顾：
有人在山顶放声歌唱
有人在路上偶染风寒

上帝说守住麦田你就无法悲伤
如今我两手空空，走在路上
含泪凝望故乡那个长头发的少女
将我锈迹斑斑的青春
织成了一件落伍的风衣

和　弦

海鸥幸福地拍打着双翼
摆着逐渐清醒的黎明
仿佛不断上升的陆地
正在告别湛蓝的荧屏
海　孤零零的
梦　很遥远

你早已习惯
将紫色的梦抛向云端
跳动的心泛起血的潮汐
所有的苦水将你重新洗涤
你　孤零零的
我　很遥远

潮水勾勒着崭新的海岸线
海风传来你清脆的呼喊
我追逐着，张开双臂
孤傲的帆啊，请莫将我遗忘
我　孤零零的
你　很遥远

沙滩上你我都睡去
梦穿越我思念的栅栏
斜靠在你的唇边
脚印冷冷清清
梦　孤零零的
海　很遥远

九　月

我廓清九月的天空与大地
归还给远方路过的一只侯鸟
我背着吉它　在银河上谱写丰收的乐曲
六月的雪　抱着六月的雨
相偎相依　并肩坐在彩虹细小的腰上
七月的流火燃尽八月的烟花
九月里　谁说谁孤独谁说谁伤悲
谁说谁的青春如匆匆的流水一去不复回
陌生人　你又何必问我
疼？疼！疼又怎样？！
那个人的心事永远是淡绿的苹果
高挂秋天无法到达的枝头

由一场交通事故想到了你

雨湿漉漉的
青石板湿漉漉的
布达拉宫湿漉漉的

听见你说
又有一辆开往昆明的列车

在太阳以西　悲壮地与轨道分离
可我依然虔诚地跪在佛的面前怯怯地
追逐着你的眼睛
你却毫不犹豫
亮起警戒的红灯　这时
我想起了那句被说了无数次的话
嘴唇动了动
你也没有看见

你的眼睛也是湿漉漉的

子夜读信

夜的孤独是一把刀
谋杀了多少英雄寂寞的眼泪
你的来信分明只是
思念小河里的一条游鱼
而别情却像一个重洋
压得我
双手颤抖　发乱如愁

熟悉而亲切的笔迹
像故乡的青山　扑面而来
不由分说　把我的心脏
重重地撞伤
我捂住心口　低下了头
像接受一次已空等了千年的审判
多少个梦里　我饮马黄河
刚过七月　黄河就早早地枯涸了
恍如母亲哭瞎的双眼

我一头撞向天空那朵你曾向她日夜祷告的云
太平洋顿时倾斜
长江水也跟着泛滥决堤
湿了　湿了
我的眼睛　你的祝福

偏偏这时
那颗徘徊在想象之外的卫星
断断续续又传来
故乡不断咳嗽的声音

流　星

今夜我将遇见世间所有幸福的一切
但依然不会遇见你

谁能比我幸福
一个人拥有整座村庄
还有温柔腼腆的平原以及
荡气回肠的呜咽的河流
但是
我依然没有遇见你
那么
又是谁偷偷告诉南风
说我在夜色中受难
暮色茫茫

美丽的流星呵　美丽并不是你的过错
是我的心欺骗了自己的眼睛

今夜

我拥有世间所有一切的幸福

但依然没有遇见你

黑夜十四行

凌厉的风把脊骨修剪成抛物线

圆滑得失掉原始的重心

黑暗强吻着斜日落寞的脸

排逗着邪恶无耻的欲望

真理被时间的情妇射杀在路旁

愤怒的正义无力搁浅在荒凉的海滩

初生的婴儿开始张口呼吸

死亡就已不停地逼近

魔鬼在半空傲慢地叫嚣

神圣的防线如同廉价的贞操

古老的冰川竟在刹那崩塌

溅射出一束诡异的流光

七彩的灯光背后是阴森的坟场

中间竖着倒挂的白幡

雪的童话

我站在远离地面三万英尺的雪莽

扬着青涩的脸

用白白的雪

在泪迹斑斑的天壁上

堆砌着一道道长长的伤口

如果我能够

我愿将我的心挖一个缺口

让你的所有填满我的心头

然后，平静地在雪地里守候

守候北风中轻轻荡漾的温柔

倘若那朵雪莲花

可以长在我的心口

我决不会吝惜我的体温

它的绽放是我所渴望的呀

那是你微笑着的脸

芬芳而无瑕

尽管我知道

思念只是一只断了线的风筝

守候的身影也不过是

孤独矗立的一座墓碑

背影后的那座雪丘里

埋着的是

那褪了色的斑斓一季

直到我也害怕孤独

我才会用雪堆一个你的塑像

用缤纷的光线编织你最精致的衣裳

然后站在用疼痛堆积起来的幸福上面

看妩媚的雪

多情地滑落

也只有在这个雪白的童话世界里头

我才敢像一个稚气的孩子

天真地把你当作最后的情人

从此，不再孤傲也不再彷徨

黄立荣学生诗词作品（21首）

魏艾婷作品：

做个好梦

今晚的夜空没有松鼠来跳舞，
我倚着一棵枯树，
看见睡不着的星星数着人类，
月亮轻轻给我盖了层被子，
路过的风在讲它的际遇，
一位女子在它经过时落下一吻，
夹杂着花朵的甜腻，
路途遥远
群山在黑暗中轻轻打着哈欠，
我就这样　沉沉睡去。

雨

雨
纷纷，洒洒
细如丝，宛若倾盆
流莺悄飞，伴桨低语
隔纱朦胧眼，晶莹坠南枝
眉心未止微凉，恍惚囍字红装
孤枕伴雨悄轰隆，眼角清泪已风干。

那　是

那是
风的宴会，
它欢快地吵闹地从身边经过，
那是年轻的不羁，
它途经的声音，
感染着每一个倒影，
发丝跟着欢悦，
旋转着跳动着，
影子映出它舞动的痕迹，
树跟着摇摆，
替他们欢呼，呐喊，
来不及躲避的尘土，
被席卷而入，
迷了归人的赶路。

林泽珍作品：

你是我故事书里的一棵树

你是我故事书里的一棵树
沿着绿叶的叶脉
我描绘出生命的地图
顺着你微笑的轻扬
我触碰到温暖的阳光

我的梦会醒吧

黎明的光在梦的尽头
深夜是属于你的
那无声的沉默，是我
那些时候的眺望
这些日子的目光
似乎难以逾越
一个个的笑容
一次次的擦肩
这些都是
那六月之前
你从未来过的，闪着光的日子

林奕怀作品：

九张机·秋山林

叶染秋，空阶林里暗香流。斑驳日影清风扰，燕双归去，纸上欲言休。

南乡子·秋

风扰梦，夜侵窗，情书行墨曲吟伤。云后广寒应似故。霓裳苦，难记昔时门外树。

无　题

月覆千山无怨落，
花香盛夏纵飘零。
无人共赋悲欢事，
便自独歌聚散情。

雨

雨落寒风迷故影，
胭脂醉笔入凡心。
才将墨染情先怯，
水逝襄王梦不临。

陈培燕作品：

花

花，代表相思，代表纪念
花，春夏秋冬都会绽放光彩
花，诉说着属于自己的故事

在某个特定时间会有属于自己的精彩

在绿叶的衬托下的花显得格外引人注目。

花也代表一生，虽然会重生。但它的美丽也给人们带来幸福和快乐。

而多少怀春的少年也在花面前失了方寸。

花是大自然的馈赠，给人们带来芳香四溢。令人心情愉悦。

雪堂作品：

水调歌头·寄宝山数载诸事有成

九州春将尽，蜀道海棠香，长亭浊酒对饮，浅柳折马鞍，缘岸子规轻啼，回望身后明月，远隔剑门关，江水尽东去，深情理春山。过驿站，登高楼，夜茫茫，花落间处，与谁共醉倚斜栏，秦岭冷风北雁，枫林凄雨秋蝉，万情最难瞒，孤影行幽径，泪溅青衫寒。

念奴娇·沈园题纪

塞外荒野，谁犹念，天山明月飞雪，悲歌淋漓，谁抚琴，慰以此生浮萍，霜鬓白头，恍惚思绪，飞入故园游，城南夕阳，已过四十春秋。复归流国行路，若痕画昔柳，遗踪何处。残墙尘埃，可曾是，酒下春色亭台，不渝深情，泪溅惊鸿影，犹似相逢。风雨香断，梦里落花匆匆。

花漓灵作品：

桃花怜

关山几重无问津，桃花数瓣皆白蘋。

今懂黛玉葬花泪，它惜落花叠露尘。

花满天

千树花现风萧草绵
天街瘦骨乞难觅
一月几餐钱
江湖深浅
参不透俗事变迁
花谢花坠
孰逐月
霓裳羽衣青丝难忘
关山月牵空悲切
一曲偶怅归
凡尘半仙
算不出缘起缘灭
镜花水月
梦翩跹
风卷花谢泪初现
孰怜花满天
灯火阑珊红绳卷
独自深思念
春泥新淀
谁为花归土怜
一场烟雨灭
幽梦终究碎翩跹。

璃灵作品：

微雨殇

雨湖心往，沙逝乱世殇，泛起的涟漪上，苦笑不堪。

酒入愁肠，秋千绳两断，一口浊酒孤冷欲为你驱寒。

闭月羞花，倾尽谁江山，吾一生的厮杀，唯一利那。

兵荒马乱，伊究在何方，踽踽行道莫笑，此生沧桑。

曲未散，词依然，伊人微笑已渐忘。

墨干词未完，吾之伤，注心上。

红线断，雨渐完，伊人微影远难望。

徒留吾独自吟唱这微雨殇！

玉　环

诗绝凤舞霜叶秋，霓衣锦裳，前枝几舟。

博得君笑千里台。柳黎纷飞，艺展亭楼。

羞花之貌泉暗流。一人相思，两情哀愁。

红颜薄命鸳鸯除。香消玉殒，孰位心头。

冬　雪

豪饮举杯
良晨美景曾欢喜
揭红顶
诉尽山盟海誓的心语
我在人间
寻不到你的地狱
冬雪飞
凡载枯荣发霜鬓
前世相依
逃不过轮回天意
幻化百年灵魂
只为找寻你的痕迹

一圈年轮一伏笔
一条红绳一幻影
一棵菩提一场冬雪
一掩擦干着泪滴
一生繁华一阵雨
一曲轮回一叹息
一执天涯海角我伴你
前世仙境
前世红尘前世情
前世残了的思慰
怨进我的一世执念
一圈年轮一伏笔
一条红绳一幻影
一棵菩提一场冬雪
一掩擦干着泪滴
一生繁华一阵雨
一曲轮回一叹息
一执天涯海角我伴你

渐渐祸已待旦夕
渐渐情到至深执迷
渐渐辗转到灰飞缘一方梦醒
北方冬雪已落尽
关山万重结霜雨
乾坤万里何处寻
何苦执念这天与地
可不可能不执迷
可不可能齐化雨
倘若可以的话我陪你

冰篱作品：

冬　时

寒风凛冽冷冬迢，遥望平原万物销。

日暮雪飘行古道，天涯孤客世尘飘。

居淳静作品：

无　题

更深月朗探幽芳，水皱明湖映岸棠。

几载蟾宫空自顾，暮云春树枉离肠。

花漓灵作品：

桃花怜

关山几重无问津，桃花数瓣皆白蘋。

今懂黛玉葬花泪，它惜落花叠露尘。

陈贺达老师采访稿

1. 您是从什么时候开始写诗的，谈谈您的诗歌写作历程。

初中时，有一次到我同学家里，他送给我一本没有注解的《唐诗三百首》。一直听说“熟读唐诗三百首，不会作诗也会吟”，所以对这本书爱不释手，每天要求自己背一首，遇到不会的读音就查字典。因为没有注解，对其背景和解释不得其要，那时手机和电脑还没普及开来，查找资料很不方便，但我还是囫囵吞枣，生吃硬啃，把整本唐诗三百首背了下来。高中时，在校门口买了一本《宋词鉴赏辞典》，宋词华雅的措词和脱俗的神韵深深地吸引了我，比如“月上柳梢头，人约黄昏后”“落花人独立，微雨燕双飞”“少年听雨歌楼上，红烛昏罗帐。壮年听雨客舟中，江阔云低、断雁叫西风。而今听雨僧庐下，鬓已星星也。悲欢离合总无情，一任阶前、点滴到天明”，所以我也要求自己背下来。初高中，就停留在背诗背词的阶段，压根没想到自己能写诗词。大学时，来到韩山师范学院中文系读书，眼界开阔多了，发现这里有百万藏书，还有韩山诗社、三角梅文学社、韩山诗群，又听说我们的中文系主任赵松元老师能写诗词，他还不时邀请海内外名家给学生开讲座。这些对于一个来自农村的我而言，简直闻所未闻，甚感新奇。于是，我也开始动笔尝试写诗词了。一开始，我都不知道有格律这个概念，以为用典雅的词汇凑个五言或七言，就是诗词

了。当时，我们班里也有一个同学写诗词，有一次他拿他写的诗词给赵松元老师看。赵老师指出他的诗词不符合格律，又问他是哪里人，我同学告知他是潮州人。赵老师说，潮州话保留了百分之九十多的入声字，辨别平仄很容易，应该把格律学好再写诗词。我同学回到宿舍后，把他和赵老师的对话告诉了我。我当时就下定决心要把格律写好，于是每天就去东区图书馆借阅与格律相关的书籍，比如王力的《诗词格律》、龙榆生的《唐宋词格律》等，后来又在网上买了《平水韵》《诗词韵律合编》《诗韵合璧》《诗韵新编》等韵书，经过一番阅读，终于弄清了格律的来龙去脉，知道了写格律诗要避免孤平、三平尾、三仄尾等诗病。那一段时间，我一天写好几首诗词，当作练笔，每写完一首就拿到“红袖添香网”的诗词版块发表，如果格律不过关，版主会给你退回来，我以此判断我格律的掌握程度。我是潮州人，从小喜欢潮州的人文故事和历史典故，终于会写诗词了，心血来潮，想给潮州八景写诗。清代时，我凤塘的同乡郑兰枝已经给“潮州八景”写了八首七律。我用一两天的时间，也给“潮州八景”写了八首七律。刚好韩师那时有一个诗词比赛，我就把这八首诗拿去参赛，没想到获得一等奖。评委是陈伟（字渺之）老师，我们也因此结下了诗词的因缘。后来又认识了中文系几个喜欢诗词的师兄，比如曾鑫洁、王奋、张加和，我们几个人相见恨晚，每到周末就到饶宗颐学术馆找渺之兄，一起聊诗词，一起连句，一起唱和，有时还到江边或山中雅集，每天坐而论道，飘飘乎如遗世独立，羽化而登仙，有点魏晋之风的感觉。2009年的春天，韩师中文系成立韩山师范学院诗歌创研中心，赵老师邀请了钟振振、刘梦芙、徐晋如等老师参加，我听了他们对诗词的理解，更增加了我对诗词写作的信心。2010年，我开始准备考研了，诗词就停下不写了。2011年到南京读研，我的专业是古典文献学，每天忙着说版本、做校勘的，写诗词的氛围没有韩师好，我诗词也就写得少了，除非特别有感受才动笔。读研期间，我每天去南京图书馆看书，读了很多前人的诗集，虽然自己写得少，但也提高了自己的诗词鉴赏能力。研究生毕业后，我留在南京工作，羁旅之情、思乡之情骤浓，无从寄托，于是夜深人静的时候，又开始写诗。2017年初，我回潮州与渺之兄见面，经他介绍，认识了徐战前老师。徐战前老师的梦想是做一个诗词APP，后来这个APP开始做起来，名为“诗天下”，我参与“诗天下”APP诗词内容的编辑工作，涉及诗词与地理位置的匹配问题，每天开始做大量的考证工作，古今异名、地理考、诗人足迹、时间断定、文字脱误等问题错综复杂，但也增加了我的诗词阅读量，对古今诗词文献、诗人年谱、诗人足迹、名胜景点有了基本的了解，这对以后我做诗词的学问应该是打下了比较扎实的基础。后来，“诗天下”APP又开发了诗赛平台，支持赛事的发布、稿件的征集、结果的公示，我负责诗赛平台的具体工作，这期间也认识了当下海内外的很多诗人，对当下诗词创作者这个群体有了基本的了解。

2. **您在韩师读书期间参加了学校哪些诗歌社团及诗歌活动呢？韩师生活对您的诗歌写作有哪些影响？请师兄您谈谈这方面的情况。**

我在韩师读书的时候加入了韩山诗社，后来发现韩山诗社写新诗的多，也就很少参加他们的活动。2008年，我参加了三角梅文学社的一个征文比赛，得了一等奖，评委是渺之兄，因此互相结识，后来我们中文系几个人，如曾鑫洁、王奋、张加，我们经常一起去饶宗颐学术馆找渺之兄讨论诗词，还认识了渺之兄的舅舅（号如是庵），我们称他为“阿舅”，大家倾盖如故，风云契合，成立了蒙社。已经离开潮州近十年了，我特别怀念韩师，也特别感谢韩师的老师们，特别是赵松元老师和渺之兄，他们是带我走进诗词世界的领路人。赵老师身体力行地给韩师提供了一片诗歌创作的土壤，不时为学生们提供诗词创作交流的机会，所以我到了韩师，得以认识渺之兄，得以认识海内其他著名的诗人词家，也让我在诗词写作的学习路上，避免走弯路和邪路。毕业时，赵老师勉励我们“怀抱芳馨兰一握，纵横宙合雾千重”，这一句康有为的诗也成了我的座右铭，每当人生走到困境的时候，想起这句诗，便信心十足，困惑顿释。当年选修课，我报了张福清老师的“宋词导读”，一个学期下来，我对宋词的特点也有了基本的了解。毕业酒会上，我给张老师敬酒，念了黄庭坚的“桃李春风一杯酒，江湖夜雨十年灯”。没想到，十年后，在南京遇见了张老师，一起喝酒时，我又念了这句诗。也许这就是所谓的诗谶！读研究生期间，我有一段时间心情陷入谷底，周录祥老师发了两首诗鼓励我。读完后，我也慢慢从谷底走出来。韩江、韩山、韩师、韩师人，让人每每想起都特别亲切，四年的本科生活是我非常怀念的时光，所以我后来在东丽湖边的水岚园买房定居，我想留住一切美好的记忆。

3. **哪些诗人诗作影响了师兄的写作呢？请推荐十位诗人。**

影响我写作的有当下的诗人，也有前人。比如渺之兄，他词心别具，措辞推敲，流丽婉畅，自成一家风格，是我学习的榜样。他的每首诗词，只要过我眼的，我基本能记下来。他曾经告诉我：“找喜欢的名家诗集读，过段时间，就能感觉日进千里。”我按照他说的去做，亲身体会后，确实如此。后来我请教他如何写好

《鹧鸪天》这个词牌，他让我学习辛弃疾的《鹧鸪天》，我读后，确实受益匪浅。前代诗人就比较多了，举一漏万。我觉得自己还处于诗词写作的学习阶段，没有什么经验，不敢轻易推荐。但我个人偏喜陶渊明，“爱嗜其文，不能释手，尚想其德，恨不同时”。正如萧统在《陶渊明集序》中所说：“尝谓有能读渊明之文者，驰竞之情遣，鄙吝之意祛，贪夫可以廉，懦夫可以立，岂止仁义可蹈，亦乃爵禄可辞，不劳复傍游太华，远求柱史，此亦有助于风教尔。”诗词是为己之学，我觉得只要你自己喜欢的经典，多学习，多模仿就好。

4. 谈谈师兄的诗歌观好吗?

孔子说：“志于道，据于德，依于仁，游于艺。”诗词属于艺，它不是一种谋生手段，诗人词家也从来不是一种职业。孔子又说：“弟子入则孝，出则悌，谨而信，泛爱众，而亲仁，行有余力，则以学文。”我觉得诗词不能游离于道德仁义之外，也不能脱离于社会家庭生活。

我特别喜欢陶渊明这一句“悦亲戚之情话，乐琴书以消忧”，陶渊明是魏晋时最有人情味的，也是最有识见的，他不只是飘逸潇洒的真隐士，还是重情重义的大丈夫，在家庭生活中，他是一个孝子，一个合格的丈夫，一名慈父，一位仁兄。他是儒家君子人格的典范，是田园耕读生活的楷模。

5. 走上中学讲台之后，您怎样在语文教学中进行诗教，请您谈谈这方面的情况。

毕业后，我并没有从事体制内的教学工作。毕业后，我一开始在南京做中小学的课外辅导。语文的教学中，我也会给学生教诗词。2017年，我与出版社合作出版了一套《小学生经典启蒙国学主题诵读》，里面挑选了一些经典的唐诗、宋词，进行讲解和拓展。另外，我自己编订一套《潮语古诗文教学》(尚未出版)，用潮州话教家里的孩子读古诗文。我认为方言读诗，是从小培养孩子诗心最好的方法。母语是最亲切的语言，用平仄清晰的方言教孩子读诗，韵律优美，抑扬顿挫，是人生的一大乐事。

6. 您认为大学诗教和中学诗教是什么样的关系?

我觉得中学诗教的重点在诵读和鉴赏，大学诗教的重点在模仿和创作。中学诗教重点在技的层面，大学诗教重点在道的层面。

7. 您觉得在当下中学语文教育环境中进行诗歌教育的重要性和困难何在?

当下中学语文教学环境中进行诗歌教育的重要性有三：

一是塑造人格。清代的徐增说："诗乃人之行略，人高则诗亦高，人俗则诗亦俗，一字不可掩饰，见其诗如见其人。"陶渊明之淡泊、李白之天真、杜甫之醇厚、苏轼之达观、辛弃疾之豪放，读其诗，如见其人，前贤高贵的人格深深影响后世读者，冥冥中有助于我们塑造健康向上的人格。

二是美化语言。"眉山出三苏，草木为之枯"，不读诗词，不足以感天地草木之灵，不读诗词，不足以见流彩华章之美。网络措辞低俗化的倾向很严重，多读诗词，多写诗词，能够美化口语，提升口语。

三是诗意生活。"云天收夏色，木叶动秋声"，原来立秋到了！"露从今夜白，月是故乡明"，原来白露到了！"何夜无月？何处无竹柏？但少闲人如吾两人者耳。"有两个闲人坐而论诗，此乐何极！

当下中学语文教学环境中进行诗歌教育的困难有四：

一是教材的问题。虽然教材中也增加了诗词的量，但片麟半爪，赏读不成系统，学生们就如盲人摸象，只见其头、其尾、其耳、其腿，不见全身，因此诗词语言之精妙，诗词意境之灿烂，他们无法深刻体会到。二是师资的问题。现在的教师考核系统有沧海遗珠之憾，我见过很多诗词水平很高的人，就无法通过教师资格考试，通过考试的，也未必成为文学素养很高的老师。三是出题的问题。中学诗词鉴赏题的出题方法将诗词的美打乱得支离破碎，公式化的出题解题方法大大降低了师生们的审美情趣。四是升学的问题。学生有升学的压力，只读能帮自己拿高分的书，只背考试范围内的诗词，功利性阅使得人性凉薄、情感贫瘠、思想匮乏。

8. 请谈谈您的诗教观。

"不学诗，无以言；不学礼，无以立"，我认为诗教的同时，也要进行礼教，两者不能偏废。我们凤塘陈氏的族训中有一句"惠泽昌吉，诗礼传家"，我爸是"诗"字辈，我是"礼"字辈，我也经常用这句族训自勉。

诗词容易让人自我感觉良好，所以写诗的人常有"怀才不遇"之叹，其实诗词只是古今中外诸多学问中的一门，所以我觉得既要读诗词这些内学之书，也要多读经时济世那些外用之书。同时，也要避免成为"懒而好辩，懦而多怨，好语仁义，寡廉鲜耻"的诗人。

另外，"作诗"要与"做事"并重。十个诗人九个懒散，这是我的个人体会。很多人写起诗来倚马千言，一到做事，便不知所措。"枕上诗书闲处好，门前风景雨来佳”“禅向静中能妙觉，诗于闲处得冥搜”，很多诗人喜欢闲适，不喜欢做事。“只言旋老转无事，欲到中年事更多”“袈裟未著愁多事，著了袈裟事更多”，害怕琐事、逃避俗事的想法，古人今人一样，但是事本身并不会因为你害怕或逃避它而远离你，反而围攻你，所以杜牧和杨万里都有“事更多”的感慨。既然生于尘世，不能绝尘避事，何不欣然接受王阳明“人须在事上磨”的观点，做到世事洞明，人情练达。我自己总结了做事的几句自劝语：“欲雅从其俗，置易攻其难，就简驭其繁，好逸先其劳。”

詹启源老师采访稿

采访人：方芷婷

被采访人：詹启源

1. 您是从什么时候开始写诗的，谈谈您的诗歌写作历程。

我开始写诗，最早要追溯到高一的时候。语文老师讲解王维的《山居秋暝》时，提出一个问题，大概是“竹喧/归浣女，莲动/下渔舟”这一联按照事物发生的逻辑应该是“浣女归/竹喧，渔舟下/莲动”，诗人为什么要作这样的调整。回答无非是说诗人从自己的感觉来描写他的所见所闻的，他先听到竹喧然后才了解到浣女归，看到莲动才知是渔舟下。但还说到是为了押韵和格律的问题，所以要把“舟”放在最后。老师当时提到这个是比较偶然的，然而我就很奇怪，为什么诗人可以做到一写出来就有格律在里面呢?

我这位高一的语文老师后来送了王力的《诗词格律》给我，我开始认识古诗，这就是我的诗歌启蒙。2005年，我们这里还是一个课外书稀少，课外知识贫乏的县城，学校没有图书馆，学生也没钱买书，只买得起几本盗版，所看也是小说等通俗读物，并且大部分时间都用来学习课本内容。读诗，甚至了解并真正接触古诗，如同在黑暗小屋里探出头看到了天上星光，发现了世界的另一面，既痛苦而又喜悦。我到现在都一直记着我的这位老师，深沉地尊敬她。

然而我大学期间没有加入韩山诗社，当时我对现代诗有隐隐约约的“偏见”，因为我了解到诗社里是现代诗人居多，我当时所风闻却恨不能一见的“中文系四大才子”也并没有在里面。而我这种偏见的萌芽也是来自高中时期，我的高二语文老师给我们讲了他们那个年代的文艺岁月，他们对诗歌都有一种疯狂的热爱。20世纪90年代到21世纪头几年，是他们那一代人的疯狂，他们管那时流行的汪国真叫作“汪尸人”。说着，语文老师在黑板上写下这三个字，口气眉宇间散发着对一去不复返的青春岁月的眷恋。我们哈哈大笑，但我却对“尸人”的表述却从此有了不好的观感，似乎有嘲讽的味道。

大一，我在中文系通讯社的一年一度校运会场上追逐着运动员的脚步、制造新闻时，一个通讯社的师姐拿来了诗社比赛的结果，也不知道是什么比赛，问上面的名字是不是我，我的一首词得了优秀奖。那是一首《忆秦娥》：“肠断处，飞花渐落离愁苦。离愁苦，几回往事，雨隔风阻。春深料峭残红舞，韶光欲逝情难诉。情难诉，清凉回首，向潇湘去。”这是我第一首获奖的作品，却是我高三时写的。当时看了《诗词格律》，照着上面最简单的其中一个词谱填写，现在看来很稚嫩。而且，我现在只写诗不会填词。当时既惊讶又高兴，它似乎暗示着，我的诗歌入门得到了肯定。

大三那一年，中文系开设了古典诗词课程，一周晚上两节课，授课的是陈伟老师。我们是这个课程的第一批学生，我每周就盼着这天晚上的到来，然后早早去教室坐着，坐第三排。整个人都是亢奋的，算是小迷弟了。渺之师才大学博，根植深厚的学养让人折服，教学方法灵动有趣。上课时，他会带着好多诗人前辈，里面就有传说中的“中文系四大才子”。我为什么坐第三排？因为第一排有粉笔灰不要坐，第二排要让给他们坐的。四大才子之一的豫之师兄会摆上工夫茶，径泡起来，热气腾腾，据说其泡茶技术举世无双。每次我们都在意犹未尽中结束上课，对我来说，这是当年一大盛事。老师和师兄们还开设诗歌讲座，除了课上诗词知识的传授，我们课下还有对对子，馀社社课的主题写作及评点，以及野外踏青等形式。我就是在渺之师的课上及其平时的耳濡目染中，开始了进一步的学诗。毕业之后，回来过韩师母校两三次，每次都很珍惜与赵主任和渺之师的交流。在工作的地方，因为地域文化氛围的不同，诗歌写作氛围淡薄了许多，很多时候都是自己一个人，常感孤独，但也正因如此，诗歌也成为这孤独中的一份慰藉。

2. **您在韩师读书期间参加了学校哪些诗歌社团及诗歌活动吗？韩师生活对您的诗歌写作有哪些影响？请您谈谈这方面的情况。**

韩师生活丰富多彩，社团是大学生活中回避不开的一部分，相信你也是，刚来大学时会看到轰轰烈烈的社团招新，罗列在校园小道两边，给人春风十里扬州路的感觉。社团很多，当时也不知道哪个是搞什么的，只是觉得好像必须跟着大家一样去选择一个，否则心理就过不去，会被孤立了一样。宿舍有一段时间讨论的也是谁加入了什么社团的话题。但是很奇怪，在诸多讨论之中，我至今仍留下深刻印象的，是我一个同届的同乡饱含激情对我绘声绘色讲他对韩山诗社的向往，到如今我都仿佛能看到当时他眼睛里闪射的光。他邀我一起去参加韩山诗社的笔试。这个人很活跃，精神常常饱满，性格也是大大咧咧不拘一格。如果他是诗人，他应该属于豪放派的。后来他是如愿入了诗社，创作激情四射，非常高产。我因为带着高中“汪尸人”的阴影，最终没有去笔试。所以我和诗社的关系，是周一围的关系。

我真正加入的唯一社团是“三角梅文学社”。在某个历史时段，谈文学显得有点不切实际，它仿佛是漂浮不定的，能够触摸到它的人要么勇气可嘉要么是天之骄子。但我加入文学社还是希望能实现自己对文学的最后一点憧憬，发几篇文学作品。那一年三角梅文学社的编辑部部长是陈琪琪师姐，首先她很漂亮，小巧玲珑，娴静温婉，很有文学feel，看见她，我才打心里相信文学。她文如其人，文字充满灵气，你得相信，有些东西的出现便自带诗的特质。文学青年只有用在她身上才能变成褒义。

大二时我负责了编辑部的工作，做过几期的三角梅作品出版，也包括一些诗歌。爱好文学跟做文字编辑工作是两回事，这种区别这就像做一个作家和做书评家，前者要能创作，后者要具备鉴赏能力。文学社比起诗社，涉及的范围更大，要做到满地开花，所以更难做好。你还得进行编辑日常运作和文学交流的工作。文学社能单独体现出诗歌地位的，是一年一度的文学社征文比赛，比赛分文体征文，有论文、散文、小说和诗歌，诗分古诗和现代诗。不知现在还是不是这样。

参加的诗歌活动到大三才多了起来，除了馀社社课之外，其中有一次是渺之师带领馀社成员参加的潮汕三市青年诗人研讨会，同去的还有四大才子中的两位师兄。不管是什么形式，重要的是爱诗写诗要具才学识，才不才已然注定，识又需建立在才与学之上，在求学的阶段，我们能做到并且应该要去做好的就是学，学在我。学在我一人，如果个人没有沉潜下来，认真去把自己的专业学好，往自己的兴趣方向深入发展，除让自己具备生存能力之外，还要有一种对文艺对诗歌的亲切感和激情，那么外界再多的干预都无法起到作用。前两年赵主任曾来在惠来举办的潮汕三市青年诗人研讨会，召我前去，席间说工作是安身立命的，只有做好工作，才可以去做好自己的兴趣。鼓励我不要放弃对诗歌的热爱，令我受益匪浅。

嘤其鸣矣求其友声，独学而无友，则孤陋而寡闻。如若没有切磋琢磨，就不会有长进，毕业这些年尤其感到如此。所以你可以想象我在韩师的时候，有这么一些才学识俱在我之上的师友的提携是有多么地幸福，三几好友聚在一起讨论欣赏评点诗歌是多么令人享受。老师和师兄们教给我的，除了诗歌，还有达观健康的人格，“打得开，合得来”正是师兄的箴言。

另外，潮州这座城也让人喜爱，在潮州的生活尤其能给人一种幽静安然的感觉，不会有在大城市的浮躁。悠久的历史，古老的城墙，深厚的文化沉淀，在这座城市都保存得很完整。湘子桥、牌坊街、韩山之上的俯瞰，每一处都能激起我们的思古之情。还有西区悠长的石板路，只有在童话里才看得到的西区老树的大树根，早晨宁静的韩文公祠……这就是我在潮州的生活，我在韩师求学的生活，在这样的环境中生活学习，我们都很难不满意，很难不去找一个地方独自看书，度过漫长又短暂的半天。韩师是一个充满诗意的校园，所以如果要问韩师生活有没有影响到我的诗歌创作，她几乎就是在“逼迫”我们成为诗人。

3. 哪些诗人诗作影响了您的写作？请推荐十位诗人。

大二时，用了一年时间看完了钱谦益《钱注杜诗》，诗和注都仔细看过。我对杜甫是有偏爱的，原因有很多。一是这之前我没有这样从头到尾看一本诗集，会有先入为主的作用；二是杜甫是集大成的，当时在选择的时候会有一种像现在集敬业福的心理，希望自己要看的诗人必须是十分厉害了得的，这是指诗歌成就上的；三是从小就接触杜甫的诗，对其人格非常的敬仰；四是我不太看得下李白的而是杜甫的，缘于自己的气质和杜甫的郁闷型比较接近。总之，杜甫是对我影响最大的诗人，后来还和诗友开玩笑，说有老杜小杜，我就是“嫩杜”了。

王维在我的认知中是比较特殊的一位。一个人一旦被划入某个流派，其形象似乎就真的定格在某个位置上，这有一种刻板印象在那里。但是首先一个诗人被归类的依据应该是其作品，我们翻开《王右丞集》，看到很多作品是在讲他的隐居生活，写其隐居的体验，其中带着对田园山水的细致描摹。第二类是送别诗，要么是送别赴任者，要么送别失意者，而且其中很少涉及自身的失意。第三类是写历史人物的，像《老将行》《西施咏》等，一般这类诗应该要代入诗人自身的感喟，但王维的这类诗是最无力和最无感情的。秾挚是一种感情，冲淡是一种感情，但他在这些诗里可以说是没有感情。

往往我们对一个诗人的认识，会发现在以仕途穷达为一种人生衡量标准的古代，他要有一种对仕途的主体情感线。我们看陶弘景“山中何所有，岭上多白云。只可自怡悦，不堪持赠君”就能看出一种态度，看陶渊明“衣沾不足惜，但使愿无违”，能看到他是真正属意于田园生活，躬身行之。再看杜甫，他很有抱负，也不讳言想在仕途上有作为，一路跟着行在跑，有人开玩笑地说，世界上最长的路，是杜甫追着唐肃宗（行在）所跑过的路。但他至死不渝，内心澄澈，可歌可泣。由此反观到王维，他有过一段话，曰：“我则无可无不可。可者适意，不可者不适意也。君子以布仁施义、活国济人为适意；纵其道不行，亦无意为不适意也。苟身心相离，理事俱如，则何往而不适？”可以看到王维的“道”之高低。

这里不作品评，只作一点分析比较。王维的伟大之处，一方面在于他是真的，不虚伪。每个人都会有心理矛盾，有些人会隐藏起来，在文字上故作清高，但王维就将他的状态全都付诸于诗，我们看到他的淡薄，也看到他对官场的割舍不断，这才是真的诗人。这给了我们评价诗人和分析作品的一个角度，在思想丰富和诗艺高超的前提下，真诚是诗人不可或缺的品质。

陈散原和陈寅恪父子是我近期比较关注的诗人，大概乱世中的诗人，较易引起我们的共鸣。我想是我们的文化中自古就沉浸着对家国天下的殷忧，所以他们的每一声哀叹，每一丝愤慨，都能触动我们的心弦，感同身受。诗人的品格和格局在诗歌中是如此重要，君子出处行迹如日月，众人仰之。散原老人面对外族入侵的绝食，陈寅恪最后二十五年的无声反抗，都可见出其古士大夫之气节，无限悲凉。而形诸诗歌，则气郁而高，意悲而远，哀感顽艳。这也是我要努力追求的。

推荐十位诗人：屈原、曹植、杜甫、李白、李商隐、苏轼、黄庭坚、陈三立、郑孝胥、陈寅恪。

4. 谈谈您的诗歌观好吗？

我觉得可以从感物谈起。有两句话，一句是《诗品》里的“气之动物，物之感人，故摇荡性情，形诸舞咏”，一句是《文心雕龙》里的“人禀七情，应物斯感，感物吟志，莫非自然”。综合这两句话，在一个崇尚自然的时代，没有人工智能，没有机器，没有一切现代社会所存在的工业，没有能够干扰人性情的繁杂的事物，有的只是那些“在天成象，在地成形”的东西，都是自然之所成。而古人仰则观天，俯则察地，会受到这些自然之物的影响，起心动念，感到似乎自然之物能通人之情。反过来讲，我们发现自己和自然有某种共鸣，甚至还有意去寻找这种共鸣，感受这种共鸣，通过这种共同性去表达自己的七情六欲，甚至将自己的情感投射到自然之中。嗯，这就建立起了人和自然的情感上的桥梁，在这种结果之下，诗歌与自然的关系呈现出两种形式，一种是通过开头对自然景物的描摹来引起对所真正要说的内容，这是兴，另一种是通篇描写自然事物，但自己的情感就寄寓于期间，且不论哪种方法高明，但人和自然的密切关系就体现出来了。

然后再是“物感”。为什么人被摇荡性情之后就要形诸舞咏、感物吟志呢？如果说形诸舞咏是一般动物都能做到的或者说是一种本能反应，那么诗歌却是在这种感性之后的理性行为，或者还可以说，是理性之后的再次感性的行为。

当提到“诗”这个字，你是什么感觉呢？如果一时不能回答，可以先看看《文心雕龙》里所提到的其他文体：诠赋、颂赞、祝盟、铭箴、论说、诏策……对比之下感觉就出来了，这些文体让我们感觉很严肃，很理性，很干巴巴的没有个人感情；相反的，提到诗，我们的心马上就变得柔软了，变得充满感情，甚至是浪漫，就算是不用去看具体的某一首诗作，都会不知不觉地有了美感。所以诗注定要表现美好的东西，它注定要和美并存，失去美就不是诗。所以，诗歌应该是一种审美，这美不仅指所描述之物的外在美，当然包括残破美、缺陷美，还包括其内涵上的，或者其指向上的。写诗读诗，都是审美。孔子说诗可以兴观群怨，诗除了是一种文艺行为之外，还是社会人际关系的互动，其中最重要的是怨。怨不是怨恨，是抒发情感，表情达意，就是上面提到的“物感”了。感物是感受事物，物感则是把这对事物的感受表达出来了，所谓抒情言志。

从对自然的描摹甚至是与自然情景交融，到对自己内心的审视，表现情志。由客观到主观，由外到内，由兴观群到怨，无疑是诗歌文体内涵的逐步体现与本质的展露。我们听过“文以载道”，却不曾听过诗以载道。文章是开放性的，有外向性，语言要明白晓畅，主旨要明确，力图把自己所要表达的思想传达给对方，力图公开地承载某种使命，而且可以说，在某种水平范围前提下，对方理解和接受度越高，文章就越好。但你要是把这些标准用来要求诗，就完全变味了。诗是隐秘的、幽微的、内向的，它设置了一条曲折悠长的小道，甚至故意设置路障，让人去探索，如果你愿意，你可以走完，但你不能把握需要花多少时间，花多大力气。这些到达彼岸的障碍必须存在，有时它就是诗歌的本身。诗的这种特质，使得“怨”成为“兴观群”的基础。最后有没有弄明白是别人的事，但写诗的人把它明白晓畅地展示出来并加以标榜，就是他的不对了。

所以，诗是个人的，通过眼睛（心灵的窗户）去看到外面的世界，内化为一个人的心史。这来自我们共通的人性和审美，对当下或未来共通的预感，然后我们才可以眼睛对眼睛地见诗人之所见。读完一首诗，我们还记住了诗人。

5. 走上中学讲台之后，您怎样在语文教学中进行诗教，请您谈谈这方面的情况。

中学语文诗教应该包含内容和方法两个方面。总体上，诗教需要当地文化观念的支持，甚至是受整个社会的认知影响。我们的中学教育受高考的牵掣还是比较多的，日常教学都会围绕它来展开，提倡的是“备考备三年”。所以在这样的教育环境下，诗教的内容更多的是指课内的诗歌。那我们课内诗歌都讲些什么呢？诗人的写作技巧，遣词能力以及提供写作背景或者知人论世式地探讨思想感情等。我前面讲到，通过诗可以看到诗人的精神世界，那么了解诗人当时的情感也是有必要的，但了解了之后，我们要得到什么呢？课堂上的语文诗教的问题就是本末倒置甚至避重就轻了。

课堂上讲一首诗，除了上面的内容，我一般都要求学生背下来，背下来之后能不能有其他的看法就任学生去感悟了。然而很多学生还是有疑问，觉得这些诗虽然是课本的，但和考试风马牛不相及，为什么要背呢。其实这也是语文教育的现状和困境，其教学内容和应试教育下的考试内容没有直接的关系，学了有什么用呢？然而，教材虽然作为工具，但也应该作为基础，作为一种衡量的标准，连课本上的内容都不能学好，怎能去提其他要求。

以上是语文教学中课内的诗教情况，从中我们看到了诗教中一个很重要的东西，就是诗词积累。以课本上的诗歌内容作为背诵的基础篇目，其好处在于，学生对课本还是有一种亲切感，熟悉感，接受度相对比较高，比起劝他们去读课外的诗所遭受的阻力就低了一些。但我们终究不能放弃对中学生的课外诗教。基于我自身学诗的过程和经验，虽然高中就已经接触了诗歌的创作，但是应该算是自发的行为；大学头两年因为缺乏老师的指导，学诗亦处于萧散的状态，不知从何入手。现在想来总有与诗歌相见恨晚之感。对于诗歌这样更关系人心的文体，在初学阶段它更需要氛围的营造和指导。

所以我在课堂之外，更尽可能鼓励学生接触课外诗词选本，给予明确的作品阅读背诵指导。其中，诗选用蘅塘退士《唐诗三百首》，间讲近现代诗人的一些作品，如若某些学生有自己的情有独钟的诗人，就更好了。词则为引起学生兴趣，不如何推荐慢词，多是五代北宋诸家令词，并建议读龙榆生的《近三百年名家词选》。当然，朱彊村的《宋词三百首》是避不开的好选本。你会发现我推荐学生读些近现代古诗和清词，除了它们的成就颇高，号称中兴的原因之外，另一个很重要原因是它们年代距今不远。我们和这些诗人词人的生活习惯，思维方式，甚至是所经历的历史事件和所受到的影响也是接近的，有共同性的，学生更容易理解，也较易引起情感共鸣，我想这不失为一种引起学生学诗兴趣的方法。

6. 您认为大学诗教和中学诗教是什么样的关系？

我认为有承接关系。像前面所讲，中学诗教分为两个部分，一个是课内的教材教学和一些延伸内容，一个是课外的，可能我们现在认为后者才是真正的诗教。两者当然有内容的交叉和相互的影响，但任何一方都不可偏废。单纯依靠课内的诗教，不足以达到我们想要的诗教目的，因为作为教师我们得首先帮助学生解决他们的问题，根据经验教授做题的方法。从学生角度来看，一个老师不讲诗歌鉴赏的做题方法，不是不懂就是“耍流氓”；从教师角度来讲，在中学阶段，能让学生学会审题并较好地给出答案是教师的责任。而单纯依靠课外的诗教，中学生的课业压力太大，这类发展资料的东西，可能不足使其用心。所以只有二者结合。把大学教育和中学教育连接起来看，不管你愿不愿承认，其间的延续性非常明显的，中学的教育对大学教育的影响也是非常深的。

所以现在学生间也经常调侃，包括他调和自调，说文科生如果真的厉害就应该去选理科了。社会观念也是如此。从中学阶段来看，有这么几个特点，一是总体上理科生比文科生学习能力强；二是聪明的学生考试成绩大都比较好，反之亦是；三是考试是体现学生学习能力的有用方式。我这么说可能有人会不以为然，毕竟现在社会弥漫着对应试教育的反感和强烈吐槽。但是，对于毫无背景，从农村来的学生，在中学的年龄阶段，有什么方式是能够让他提升自己、体现自己能力的呢？

突然讲这些，不是要辩护，是要说，能接受大学教育的，往往正是学习能力强的，也是他们将中学之所学带到大学，这个角度看来，大学的教育就是中学教育的延续。但也不全如此，第一，我现在问你一道数学、物理、化学题，你可能已经答不上来了，但如果是在你高中时期，你可能挣扎一番还能解答出来。第二，高考完之后，学生会有撕书扔书的行为，因为这些书偏离他们的方向太多了，甚至是偏离了他们的渴望，他们要扔掉。一个中学生最后往往能够记住的是什么？不是课本上的东西，而是那些他们感兴趣的，或者能表达他们心声，靠近他们的心灵的东西。所以这里所说的延续和承接，并不指作为工具存在的课本内容，更多的是教育过程中，我们作为教师传达给了学生什么理念，要让学生明白什么，往低了说是举一反三的能力，往高了说，是通过器以观道。

中学要有诗教，作为与大学诗教的连接，它是前奏，是种子。作为人文教育，它可以弥补中学教育过分注重僵化的知识的缺陷及所带来的学生内在精神活力和感受能力不足问题。从长远来看，我们的教育不能只是公式教育、技巧教育，不把学生当作机器，那就当成人来教育。所以要有心灵教育，审美教育。就诗教而言，中学是铺垫，它就像《长安十二时辰》里徐宾一句“一个铜钱可以买两个胡饼”在毛顺国师心里种下的因。大学有足够的胸襟和资源去容纳、发展、塑造学生的性情。中学的诗教是迫切的，它所能起到的启蒙作用巨大，大学的诗教则是必然的，系统的。

好吧，二者完成了质的飞跃。

7. 您觉得在当下中学语文教育环境中进行诗歌教育的重要性和困难何在?

首先就得说说当下中学语文教育的环境是怎样的。不知为什么想到了“哀鸿遍野”这个词。初中生要争取考一个好的高中，高中生就不用说了，高考是独木桥。“得过者便化为龙”，考不上就曝腮龙门了。就语文而言，本来是最要积累的一个科目，狭义上如果说“读书”，那么读的就应该是语文。有人说过读书如吃饭的话，虽说得对，细想总还不雅。其实我们还可以说，读书就像前世今生的孽缘，是贾宝玉那一句“这妹妹我曾见过的”。你可能说不清楚在哪里见过，但只要在适当的场合，你就记得了，而且那种感觉是愉悦的，美好的，能够让自己相信爱情的。

但是我们的中学语文教育不可以只是积累，还要有做题方法，更不可能是发愤忘食还乐以忘忧然后不求甚解的那种。近年来提倡素质教育，要给学生减负，我们似乎看到了人文教育的曙光。但如果高考的本质没有变，谁减负谁输。在这种环境下，学习就是痛苦的，谁快乐学习，要么天才，要么疯子。所以中学语文教育的问题之一，是人文教育的缺失。人文教育不一定是某一种技能，譬如有人会想到音乐、绘画、书法，虽然也算，但这些和诗歌还是有很大区别。

单单强调诗歌教育的重要性，并非只是偏爱。且不说诗歌是中国传统文化的精华，中国是诗的国度这些套话，诗歌的美首先得益于汉字的美，以其有声调，故有格律；以其有独立的形体和单音音节，故能押韵。其间的音律便已给人以美感。其次，诗歌一开始就直接诉之于人的感情，你看一首诗，即使是看到其中某一句，就已经能觉到了某种情感的感发，而不是理性的思索。有人说“教育就是一棵树摇动另一棵树，一朵云推动另一朵云，一个灵魂唤醒另一个灵魂。”如果不是树与树的同类相聚，云和云的柔和易融，而拿一个冰冷的灵魂去温暖另一个冷冰的灵魂，最后只会变成一个鬼故事。在一首诗面前，至少我们的情感起点是在同一个水平上的，在吟咏之间悄焉动容。因此，诗歌教育弥补的，是在只计较于理性与功利之间的当下环境教育的情感教育的不足，如果我们教育出来的学生是无情的，是冷漠的，是自私利己的，是不是悲哀呢？如果说哀乐过人是天赋，那么细致、优美是我们可以学而致之的。诗歌教育，是使人有感觉、有温度的教育。“子夏监绚素之章，子贡悟琢磨之句，故商赐二子，可与言诗”，正在于此。

最后，就是诗歌通过极其简短精炼的文句来表达无限的含义和思绪。往往动用很多写作技法，如“天寒翠袖薄，日暮倚修竹”，便在凄美、寥落、矜持之上有高贵、独立、坚贞在，用了通感、象征、比喻等手法，给人不尽之余味。这一点要讲的，是诗歌中除了词句、音韵、共情等方面，让我们感知到了一种不可言说但却很有韧性的源源不断的情感、人格力量。这是最重要的，但也是比较抽象的，于是诗教的困难也在这里。有时候老师讲了很多，却还是没讲清楚没讲透，很多事很多时候就是差那么一点点。或者讲完之后学生一脸更加茫然让你觉得不如不讲。

从外而言，首先诗教与当地的教育观念和文化水平都是有关系的，而且，相对大学而言，中学的课程比较密集，时间和精力明显不足。再者，可以说是最重要的一点，就是师资短缺问题。有时候你会感觉我们的教育是一个封闭的循环，一直在一种固定的轨道上运行，教育缺什么，教师和学生就缺什么，然后一直缺。从内而言，学生的问题在于文言文阅读理解能力较差，因为诗词就是以文言词汇为基本词汇的文体，具有严格而完整的韵律。他们在字面上首先就看不懂，更不说要求他们去深入探究了。这也证明了中学诗教的重要性。

8. 请谈谈您的诗教观。

首先要说说“诗教”的概念。《礼记·经解》说：“温柔敦厚，诗教也。其为人也，温柔敦厚而不愚，则深于《诗》者也。”这里提出了两个问题，一是诗教是“温柔敦厚”的：温柔者，温和柔顺；敦厚者，朴实厚道。二是“不愚”：不愚昧，不愚蠢。“则深于《诗》者也”，为人温柔敦厚而且不愚昧，才是真正得懂得诗的，说明两者不仅不冲突，而且是缺一不可，相辅相成的。这看似是矛盾的，有人认为温柔敦厚就会愚，愚就是无用。

“诗教”应该包含教诗的过程和目的。过程我们在上面第五点已经讲了，就是不能离开作品的学、讲、欣赏、接受。其实我们在看《诗经》及其他诗时，会发现有一些诗表达很激烈，情感很愤激，完全不合上面的温柔敦厚。譬如《相鼠》

里面不死何为、不死何俟、胡不遄死接连着说了三次死，是有多大仇多大恨，毛传说“刺无礼也。卫文公能正其群臣，而刺在位承先君之化无礼仪也”。说到底是为了赞美卫文公。还有《巷伯》里面“取彼谮人，投畀豺虎。豺虎不食，投畀有北。有北不受，投畀有昊！”也是够恨够狠的，但我们看一下郑注说：“谗人谮寺人，寺人又伤其将及巷伯。”原来是怕牵连无辜。他们有一个共同点，就是出发点都是好的。其他年代的诗也是这样，虽然有自伤自弃，嗟老叹卑，但我们看了并不会去嘲笑他，相反是有美好的东西没有被人的发现重视的悲剧感。同理我们不会去肯定一个小人谗毁别人之后在诗里表达的沾沾自喜（可能没有这种诗)。所以，诗教是让人感受美，感受正义的过程。

《文心雕龙》说：“诗者，持也，持人情性；三百之蔽，义归‘无邪’”，无邪就是诗教的目的，这类表述我们还可以找到很多，如“诗之为体，论功颂德，止僻防邪，大抵皆归于正”“乐而不淫，哀而不伤”“《国风》好色而不淫,《小雅》怨诽而不乱”，等等。通过诗教，我们会塑造什么样的人呢？就是具备内在美，具备正义感的人。

甚至，诗教是一种使命。有“甚矣吾衰也！久矣吾不复梦见周公”，有“道丧向千载，人人惜其情”，有“大雅久不作，吾衰竟谁陈”，对道丧的失落，对当下的不足的不满，就是我们人格完善的不竭的动力。但不管如何，诗教就是要给人以积极健康，还不仅关乎当下，还放眼未来。叶嘉莹说，诗，让我们的心灵不死。

再说说“无用”。其实“用”这东西本来就是很主观的，此一时彼一时，此一事彼一事，此一人彼一人，世间万物，人人各取所需。然而，很多时候，这种有用与无用的判断，大多是以当前的情况来确定的；其次，是以能否获得物质方面的利益来作依据的。那么这往往局限于当事人的眼光之长短和对事物的认识的程度的深浅。毕业过后，我们反而渐渐发现对我们影响至深的往往是那些“没用的”东西，是大学的时候逃课干的喜欢的事，一个人留在宿舍浪费了我们很多时间去摆弄研究的东西。惊鸿一瞥的一瞬间，却承担了整个世界的永恒。说回诗歌，不见得当下读了一首诗你的生命就会有什么改变，这是一个量的积累过程，个人气质变化和不经意间的自我发觉中体现出来的。最后想用庄子来形容诗教作为结尾：“今子有大树，患其无用，何不树之于无何有之乡，广莫之野，彷徨乎无为其侧，逍遥乎寝卧其下。不夭斤斧，物无害者，无所可用，安所困苦哉！”

詹启源诗歌作品（10首）

春分次日天气骤冷看实中桃花

消瘦春光曾曰归，平芜零落缀红衣。
横波隔世流江永，画瓣藏香照眼非。
鸟白相呼终古怨，苔青合比去年肥。
翻寒消息应迟到，不但虬枝对夕晖。

读《陈寅恪诗集》

烟消云散剩心灰，吹向蓬瀛万不回。
负手斜阳著孤愤，种桑沧海绝尘埃。
高吟数卧春残梦，闭目实亲岭外梅。
去住天涯迷故国，廿年行迹证元胎。

打破茶杯，茶水湿书有作

泼茶两袖自芬芳，一碎心声翰墨凉。
夜半灯枯蚊吸血，思盈眼困梦梳妆。
小窗微浸阑珊雾，青鸟疏鸣广漠航。
赚得知音埋旧纸，四书从此有茶香。

傍晚驱车到圣龙泉

杂花繁复擅藏辞，长夏幽深渐觉悲。
一路鹧鸪断林夕，三桑旧宿老酬诗。
烟霏自谷轻生梦，风冽于山听属谁？
逝水何劳论醒醉，茫茫怀抱负当时。

登惠来一中新校区大桥望惠城

日暮山城虚雾列，尘霾几底掩途穷。
含愁不独甘斯世，偃草何年许德风。
梅子留春托红雨，孤鸾舞信隔帘栊。
侧身无梦桥边冷，千古忧虞一望中。

有　待

雨过尘劫一春遥，三十年心似剥蕉。
占梦天花襟上落，断魂云海别来销。
红楼星暗迷居处，仙境神伤隔凤箫。
病后维摩空说法，蚌胎终古待寒潮。

游惠来虎头岩普陀寺二首

其一

唐高僧大颠云游至此修持，遂为佛门。岩石有米泉，上镌“未了凡心断泉米”。又有巨石“色究竟”。

胜迹馀泉眼，天心自在流。
石生究竟色，物契万般秋。
花月古今梦，江山寂寞游。
钟声传不尽，襟薄晚寒稠。

其二

深山叠翠绝纤埃，云谲梵音茶盏开。
世界花天来法雨，洛伽何处隐残灰。
一江分色燕窥槛，人境耽时几作材。
是处鱼龙应夜起，临风写意踏高台。

春日赠高三诸生

迢递丹枫路，由来半岁华。
炎方真可望，青木始交加。
落魄江湖远，积阴天地斜。
何当调一味，叩月泛仙槎。

游十力禅院

萧寺寄林末，山深闻梵音。
雕檐才啄翠，花色久飞襟。
隐约知前世，混茫觉旧心。
冥搜传杀贼，万籁正愔愔。

候　人

夜色减清怀，候人无际涯。
秋风忽迢递，独自下台阶。

陈春薇老师采访稿

采访人：李扬（韩山师范学院文学与新闻传播学院，2017届汉语言文学6班）

被采访人：陈春薇（韩山师范学院2013届学生，二级教师）

时间：2019年9月2日星期一

方式：微信文字采访

近日，我校开展了一个“韩派名师”诗教采访活动。本次活动，我负责采访陈春薇老师。陈春薇老师是广东省二级教师，系韩山师范学院2013届汉语言文学专业毕业生，现任教于汕头市潮阳河溪中学。从教以来，陈老师一直致力于中学诗教的工作。下面是我对陈春薇老师的采访记录。现在让我们通过文字问答的形式一起走进陈春薇老师的“诗歌写作”和“诗教之旅”。

1. 老师您好，您是什么时候开始写诗的呢？可不可以谈一下您的写诗经历？

我是在大二的时候开始写诗。准确来讲，应该是高中的时候，不过那时候没有经过正规训练。大二的时候遇到了陈伟老师，他开了一门课，专门教写诗。印象比较深的是第一节课，老师问有没有同学自己有写诗，同桌把我的手举起来，然后就认识了。不过这门课仅仅是普及诗歌吧，但是它就像一座桥，联通了一个诗歌大门，有兴趣的人可以走进去，我就走进去了。结识了老师，结识了一些诗友，大家开始玩玩闹闹，写起来了。

2. 老师是写古典诗的吗？请问您曾经加入过哪些诗歌社团呢？

是古体的。我们自己组了一个馀社，赵松元老师和陈伟老师都是指导老师，属诗歌创研中心的一个部门。

3. 老师您参加过什么诗歌活动或者诗歌比赛吗?

有啊，参加学校每年都办的诗歌创作比赛活动，还有之前跟中山大学合办的诗歌创作比赛，好像叫“蒹葭杯”，毕业后也有参加一些地方性比赛。当年创办馀社，不设社长，只设理事，我是理事之一，主要负责日常的社程运作，组织社课活动开展，还组织了中文系诗歌创作比赛，发现一些新苗子。馀社办了报纸和杂志，叫《馀音》，主要刊载社中成员的作品，以及社外来稿，作为大家交流学习的资料。可是青黄不接，听说早就停办了，希望后来人有时间有心思的话，再鼓捣出来。因为这件事挺有意思的，也挺有意义的，当时一批人在一起写诗，老师也好，学生也好，其实大家没有一个严格的上下级，或者长辈晚辈的关系，就是朋友，是同学，甚至是知己，毕竟有相同爱好的人是非常少的，能够聚在一起，极其难得，纵观古今，这样的事又有多少呢。当时大家非常亲密，有空就聚在一起，开社课，写诗，联句，闲聊，或者出游，形成的这一个小小的团体，这个团体可以说是学校，乃至于潮州古城传统文化传承的一脉，现在想来还是觉得很有意义，虽然大家毕业后散落各方，但潮州韩师永远是第二故乡，那时是一段黄金时代，青春的高光时刻。

4. 老师可不可以分享一下在馀社的有趣经历呢?

馀社成立之后，如无特殊情况，每月开展一次社课。社课会提前设定一个社题，如对对子，联句，或者写“菊”“西湖春游”等。西湖的那次社课，是老师带我们去西湖春游，我们绕着西湖逛了一圈，林荫道里古木盘虬，长长的藤蔓垂下来，轻拂行人脸，我们一行人边走边聊，后来在湖心亭设茶座，并写诗交流。渺之兄对我们的影响是非常深远的，无论其个人人格魅力，还是诗词艺术美学，都让我们看到一个文人真正的风骨，也让我们懂得该如何去做一个写诗之人。他在韩山上有一个书房，叫“隔江草庐”，背倚笔架山，面向韩江，书房古朴清幽，前面围一圈竹篱，栽有一片菊花。这里也是我们经常聚集之地。大家面江而坐，一盏小泥炉用扇子轻轻掌握着火候，煮茶论诗，春风清爽，冬日和煦。时至今日，这些温暖的时光仍是最幸福的大学回忆，他带我们出游的身影，对我们诗词点评的话语，仍然记忆犹新。而渺之兄当年对我们诗教的方式，也对我后来进行诗教有所启发，甚至我会传承他教育我们的方式。特别地，他不会因为关系亲密，就对我们创作的质量要求不严格。有时候一个社题，他要求我们要一写再写，直到写出相对满意的作品为止。例如，当时在训练我们对对联的时候，他出了一个上联，要求我们每人要对出至少十个下联。再比如，我写过几首“咏莲”的诗，被他否定了，原因是写不出莲花的品格，内涵不深刻。这些教育方式，严格却有效，后来是我教学生了，我也会对想要学习写诗的同学进行严格要求。例如，学生偷懒写了打油诗，还大言不惭说不需遵守格律，对于这点，我坚决持反对和批评的态度。我找出《红楼梦》中林黛玉教香菱写诗里的说辞，除非是有特别的妙句，无可替换，否则在组织词汇成诗时，一定要以遵守格律为最基本的原则。连平仄和押韵都不愿意遵守，谈何创作古体诗词呢？再如，我出了上联“揣摩月色成青卷”给学生对，“揣摩”是一个连绵词，学生对的时候，有一些词汇对不上，我会要求他们重复改，尽量做到词性相对，意义相承。当然，在诗教之路上，我所走的不过还是很短的一段旅程，浅尝辄止，也没有做出什么成绩，因为学生本身高中学业负担重，能够分出来学诗的精力和时间是非常有限的，并且一届一届教过去，这学年教完，下一学年不一定还是我来教，没有办法跟进这方面的学习情况，学生很容易一下子就忽略了在诗这方面曾经的尝试，没有继续深入去写下去。所以目前没有出过多少成果。未来任重道远。这个教学内容并非在教学大纲内，这是一项孤独的工作，需要我耐心去坚持，去发掘更多传承传统的人，也要想办法去激发学生独立地自觉地去坚持创作。学诗容易，写诗难，坚持写诗更是难上加难。

5. 老师您觉得韩师四年的生活对您的写诗经历有什么影响吗？

影响是还是蛮大的，因为大学生活，毕竟相对比较安定宁静，跟我个人的性格比较符合，所以我的诗会比较平和。另外，没有遇到大学这群诗友，不知道世间还有同样爱好的人，会孤独。这种爱好在现代比较边缘化。虽然现在身边没有同好之人，但知道在他处有曾经旧友，就能会心一笑。

6. 老师，是哪些诗人影响了您的写作呢？能不能推荐十位诗人？

大学主要学姜夔，学他的长调，所以那时写啥都像他，渺之兄开玩笑说我是：白石附体。其他诗人当然也都有涉猎。李白有他的洒脱狂放，但他是不可复制的。老杜有诗法可循，学七律要多看他。小杜清丽，七绝可以学他。辛弃疾是真正的男子汉，“醉里挑灯看剑”，每次读这句都很辛酸。苏轼则是旷达，但他没有自我标榜所谓的超脱，因为人生在世，不可能脱离这个苦海，他懂得如何在苦作舟的同时哈哈大笑。李清照则是少女心，保有好奇心就是保有诗心，她是非常灵动的，至少在古代那种腐臭的闺房之气里，她极其漂亮，甚至有女性觉醒的某种意味在里面，很有个性。以前喜欢王维的精致隐居，简直就是我心目中最向往的生活。但是，后来越来越喜欢陶渊明，他才是真正富有情味的隐者，白天认真在劳作，即使“草盛豆苗稀”，生活很艰难，但他还是努力在过日子，傍晚则开始潇洒地对待人生，喝喝酒，养养花，读读书，有时候也不开心，但更多的是怀着最平静的心态去面对现实，虽然现实是乱世，但他活出最从容澹淡的样子。然后，现当代有一些诗人我也觉得很赞，能够用现代的词汇，用现代的思维，写现代的感觉。我也一直在观望现代人诗歌创作的走向，在向他们学习。

7. 老师，谈谈您的诗歌观可以吗?

我认为今人进行古体诗词写作，必须在旧框架内，用新语感，写新声音。毕竟是奔着写古体诗而去的，所以，最基本的原则就是遵守格律。最近听说一编辑，对于打油诗不加严格审核，照单全收，发布在公共刊物上，听到批评的声音后，却反过来攻击对方食古不化。像这种负面例子，就是对于写古体诗没有深刻的认识，格律并非是让你带着镣铐跳舞，而且引导你的作品进入典雅化的格局，辅以音韵，增强艺术美感。这是所谓旧框架。但是今人写诗，应该与古人有别。古人用过的词汇，写过的内容，想过的问题，要尽量避开，否则诗歌太熟了，缺乏新味。现在有很多写诗的年轻人，所写的诗让人眼前一亮，这种新鲜感就来自他的新语感、新思想，把现代的生活情味融入旧框架中，化陈出新，着实令人品之不尽。

8. 走上中学讲台之后，您怎样在语文教学中进行诗教，请您谈谈这方面的情况。

在日常语文教学中，我提倡按部就班地进行诗教。第一步，强调诵读。诗是富有韵律的文字，平仄抑扬，节奏跳动，音乐感强，只有通过读，才能通过节奏还原其生命力，回到诗境中，在平仄抑扬中体会情感的表达。第二步，求甚解。陶渊明说自己读书“不求甚解”，因为他个人文学修养已达到一定高度，能够在读书过程中直接体会作品的气韵，所以无需过度解析。并且他的诗中旁征博引，可见读书之深，“不求甚解”或是表现其超脱之态。所以面对高中生，我们应该为他们“求甚解”，才能真正理解诗歌，欣赏作品。如何求甚解，除了文字表面意思，还要知人论世，结合作者经历、时代背景来体会诗文深层内涵。并以一首诗，一个诗人，一个时代这样层层构建一个诗歌知识体系。第三步，指导创作。创作属于最后一步，而且面向的学生范围大大缩小，并非所有学生都有兴趣、能力、精力来投入创作。指导创作首先是为其疏通格律问题，然后从对联练起，最后在深入学习诗词写作。

9. 您认为大学诗教和中学诗教是什么样的关系？

我们中华诗教传统有两个阶段，一个是先秦时代，孔夫子著书讲学，他编《诗》，并提出了“不读诗，无以立，无以言”这一主张，开启了以《诗经》为主的诗歌教育，意图培养君子，完善自我人格，教化社会风气。汉以后，文人诗登场，大批才子涌现，诗教不仅仅是读诗的教育，也是写诗的教育，文人通过诗歌创作，达到自我情感的抒发和调节。我认为，这两个阶段，刚好对应中学诗教和大学诗教，以高考为分水岭，经历筛选的学生已经具备比较深厚的文化基础。因而，大学诗教和中学诗教是一种阶梯性辅助教学关系，中学以下诗教侧重于从对前人诗词的品读中培养文学素养，大学诗教则进一步，引导学生更深入地解读，并且建构诗歌知识体系，同时，引导学生从品读进入正式的专业性创作阶段。

10. 您认为进行诗歌教育的重要性何在？

进行诗歌教育的重要性，一则在于传承优秀传统文化，一则在于培养后来者。这两方面是相辅相成的。我们的诗歌文化历经千年而不断流，这是我们的辉煌，我们的骄傲。但是进入现代社会，古诗词这种文体特征、写作方式、情感表达方式等，很难在时代的语境中找到比较大的存在空间，甚至难以被焦虑的现代人所容。反观社会，快餐文化大行其道，低俗信息随处可见，真正的文学在边缘孤寂徘徊。所以，如果没有进行诗歌教育，学生们估计没有意识到去主动地传承诗歌文化，主动地把祖先的智慧精神融入血脉中，主动地承载着不可割断的使命去前行。

11. 您认为诗歌教育的困难又何在？

诗歌教育的困难在于语境的异化。传统诗词的载体是属于封建时代的语言，现代学生对他们进行学习，会遇到语境不同这个最大的困难。一是文言文和白话文之间表述方式的差异。自白话文取代文言文成为全民语言，传统诗词的表述载体就断层了，学生们没有在日常生活的语言环境中锻炼文言语法，对古诗词的语境非常陌生，理解古诗词比较费劲，创作的话则要求学生的文言知识更加扎实。二是语言情感色彩的差异。古汉语和现代汉语之间的文字情感色彩已有易变，举一个例子，“恨”这个字，在古义中是遗憾之义，在现代语境中却是怨恨、痛恨的意思，情感色彩加强了，却失去古义那种婉转低回的韵味，学生在理解这个词时，容易套进现代语义去理解，自然没法透彻体会其中滋味。三是古今人物情感语境的变化。历史洪流滚滚，社会裂变之后，文化近乎断层，要疏通断流之水，非一己之力可为，幸好语文课堂仍然保有对传统诗词最深沉的敬畏，语文教学也以古文教学为重。但是，人们生活的时代背景、社会氛围大以不同，“焦虑”是一个现代存在的普遍的人心状况，社会躁动，大多难以静下来来内省自我，倾听内心的声音，激发内在的情感活力。所以古人笔下这些活泛的情感，今人难以理解，难以代入。而今人在信息爆炸的时代，情感的复杂性大为加强，却在传统的创作框架中找不到适合的抒发方式。这是诗歌教育中最困难的一个方面。

12. 老师，可否谈谈您的诗教观呢?

我的诗教观是引导学生群体读诗，指导学生个人写诗。我认为高中诗教包括引导读诗和指导写诗，而且侧重点在于前者。这两方面的对象是不同的。总体而言，学生的文学积累水平不同，文字修养各异，如此不一致的学力，使得他们对诗歌解读的程度不同，因而不能要求全部的学生都能够被激发出对诗词的喜爱之情，甚至不能够排除个别对其有抗拒心理。教师只要能够在课堂中将书本中的诗词透彻讲解，把其中的文化内蕴展示给学生，让学生了解到其存在，品味到其魅力，那么这个诗教的课堂就是成功的，只要做到让学生们在心中留有一块净土，存放我们的诗，并保有敬意地时时勤顾看，那么，群体的氛围就有了艺术的因子，社会焦躁的浮尘或可落下，还一片清风明月。诗如同春风，能够吹绿社会的原野。在这一片青青草原，总有小树苗的存在，对于这些，园丁的作用非常重要。个别极富艺术气质、诗性才情，并对诗有真正热爱的学生，需要老师用心地重点培养，除了为其讲诗之外，授其鱼更要授其渔，教会他们诗词格

律和写作基本技巧，重点指导他们学会将现代的情感、思想用传统的诗词表述方式进行抒发，引导他们通过创作诗词，激发其才华外现，让他们更深入地走进诗歌殿堂。

附：陈春薇老师获奖经历

2009年，参加中文系“第四届班际辩论赛”，获得“总决赛最佳辩手”；

2010年，参加韩山师范学院“第四届院系辩论赛”，获得“总决赛冠军”；

2011年，参加韩山师范学院第十七届校园诗歌创作大赛，获得“传统诗词组优秀奖”；

2012年，在参加韩山师范学院宣传工作中，被评为“优秀编辑”；

2012年，参加韩山师范学院第十八届校园诗歌创作大赛，作品《法曲献仙音》获得“传统诗词组一等奖”；

2013年，毕业论文《枯坐式冥想——以〈镜中〉为例论张枣诗艺与西方理论的关系》被评为韩山师范学院2013届优秀毕业论文；

2018年，参加“韩山杯”潮汕三市青年诗人诗词大赛，获得“三等奖”。

陈春薇诗词作品（10首）

过丹樱生态园偶作

别来心事未轻陈，此日观花知又春。
一样东风吹不尽，绿潮红海认前身。

雨　花

无痕无色渺光华，一粲嫣然绝俗葩。
屑玉片珠皆我种，人间开遍自由花。

旅次丰顺韩山

古贤留迹处，水石看清华。
一笼云归岫，来收露作茶。
谷风生白月，秋气坼寒花。
暂拂尘襟去，浮生忘有涯。

减字木兰花·整理旧作有寄

检翻旧札，恰似清凉山谷月。鬓上尘踪，不碍来簪陌上红。
黄衫白马，一骑飞扬风散野。火胆冰肝，漙露秋英俱可餐。

鹧鸪天·梦回韩山看格桑花开

陌上依然又一秋，当时曾作少年游。从来恋蝶真如梦，自此看花俱是愁。
红未尽，绿难休。山中岁岁月空流。格桑许我开成海，散入清风任自由。

小重山·夏莲

此夕骑鱼试拟仙。泠然风善也，渡荒烟。清凉国里举田田。泉石气、藉作一池莲。

弱水任三千。其中开灿烂、是红禅。别无他物守花前，明明月、与汝共清圆。

金缕曲

清露弥天雪。又移西、银河缓涌，缕云轻拂。商洛紫芝开已老，不见伊人采撷。只似睡、千峰瘦骨。漱石清溪泠在耳，唤枕边飞去逍遥蝶。奈万象，恍然灭。

蒹葭白水清凉绝。散浮烟、秋磬磬漠，夜如如澈。玉霰合将寰宇洗，斫得心花无缺。向此夕、衣垂流霓。拓落襟怀何所有，或久藏胸次玲珑月，山际柏，海之碣。

踏　歌

思切，敛眉山，极目天涯阔。凭阑意，莫趁花时节，更流莺叶底歌声滑。

看彻，任茫茫细雨如烟拂，散浮絮片片倾城雪，有丁香拥紫千千结。

春又去，绿未歇。相思久，只作寻常别。对抱白凝黄、亘古琉璃月，问可能替谁无缺？

法曲献仙音

龙润萧疏，凤林清素，几度秋澜憔悴？岸泊帆声，鉴留云影，萍风浪迹芳岁。漫独解焦桐语，幽耕泽兰意。

老鱼绻，嘱红衣、绿团何计？同染就、霜画露描尘世。大梦久归来，寄鸿书、休问桑梓。欲济浮槎，恨湖岚、笼罩仔细。竟江城残照，白了芦枝峨髻。

霓裳中序第一

珠帘锁蹙额，细雨流光千里白。堪惜晚城寂寂，任桃坞似然，春山如墨。惊鸿信息，瘦损梨衣旧颜色。青青也，一湖暮霭，鲤素怎寻觅？

寒食，软香晴泽，恨未敌莺催蝶袭。楼高休倚清夕，小字梅笺，忍卷残籍。此情难会得，叹柳陌无心自碧。而今怕，闲人追问。不语弄横笛。

沧海拾珠

——陈春薇学生对联作品（13副）和诗歌作品（3首）

对联：

（101吴婉玲）

秋风迭起红枫谢，春雨如丝翠草生。

揣摩月色成青卷，缱绻箫声满旧楼。

（101吴佳玲）

波流今古月，册载往来王。

波流今古月，物叙暮朝情。

揣摩月色成青卷，量测朝云入素笺。

（101吴娇珠）

松龄知岁月，鹤语寄春秋。

（102周岳涛）

落叶寻芸窗访古，折枝赠旧友长安。

（102吴泽鹏）

鸿鹄志在云霄上，燕雀欢于草木中。

波流今古月，鸥诵海天歌。

（102吴奕航）

随心歌数曲，倚醉梦千年。

（102吴晓展）

朝观花独秀，夜梦蝶双飞。

（101陈燕玲）

波流今古月，海纳夕晨云。

（101魏秋珊）

醉画青山千里墨，清吟流水万年诗。

诗歌：

（105魏静容）

闲　情

懒打疏帘人未醒，青缸红藕任聆听，
暮云若解心中事，不教黄昏锁雨庭。

（209郑游熙）

桃　花

东风昨夜绿茵茵，洗尽胭脂拭玉尘。
未锁窗台香暗探，谁人寄我一枝春？

（210周楚燕）

读杜甫《又呈吴郎》替吴郎回信

鱼书读罢泪沾巾，便插疏篱太较真。
今日开扉迎老妇，来年且待太平春。

庄丽如老师采访稿

采访人：蔡林萍（韩山师范学院文学与新闻传播学院，2017届汉语言文学6班）

被采访人：庄丽如（2010届韩师校友，东莞市东华小学语文老师）

1. 您是从什么时候开始写诗的，谈谈您的诗歌写作历程。

高中的时候接触汪国真、徐志摩、闻一多、胡适的诗，那时候对诗歌就开始有感觉，零零星星写了一些。不过当时只是写着玩，没当回事，一来是老师没有讲过，也没有重视；二来考试压力大，就没有继续写。

在韩师就读那几年，收获很多，遇到很多良师益友，在这过程中，对我的人生产生深远影响的是——遇见诗歌。还记得那时候选修课有现代诗写作，很热门，我没有选到课，但是会经常跑去旁听，当时给我们上课的有黄昏老师、陈培浩老师、姚泽强老师。三位老师上课风格各异，黄昏老师风趣，培浩老师侧重理论，泽强老师更多的是从写诗技巧上进行引导。

至于老师当时给我们上了什么课，我已经忘却。但那节课后，黄老师再次唤醒我写诗的热情。黄昏老师不仅诗写得好，而且上课也风趣幽默。还记得老师当时说了句：我的普通话很普通，大家将就听。这句话把在场的我们都逗乐了。闷热的天气一点也不影响大家听课的热情。后来才知道，黄昏老师不是专业的老师，而是一个在政府部门工作，却因热爱诗歌而创办《九月诗刊》的诗人。

当时写诗的师兄师姐很多，比较出名的有郑子龙、陈崇正、陈剑洲、黄春龙、余史炎等。他们都已经出版了个人诗集，读着他们的诗集，年轻的心也跟着飞扬起来，谁年轻的时候不曾拥有过一个文学梦呢？我多想和他们一样也能有自己的诗集。

因为诗歌，遇见《后来》，遇见《九月》，遇见一群爱生活爱诗歌的伙伴，是诗歌打开了我用另一种方式生活，也是诗歌打开了我看世界的窗口。从大学开始，我就养成了写诗的习惯。有时候夜深人静了，头脑了里面偶尔蹦出几句诗来，我便欣喜不已，会立即起身写下这一两个短句；有时候读书，读着读着，你就来两句诗。后来机缘巧合，在毕业前夕学校要出一套诗集，黄昏老师让我整理自己的诗歌，看有没有机会一并出诗集。当我打开自己的本子，看着那些自己曾经写下的诗歌，突然涌上一股热泉，它们见证了自己的青春，见证了我的心灵旅程，我坐在电脑前，敲下一行行诗句，于是有了后来和黄立荣师兄的合集《梅花爱》。《梅花爱》的出版给了我极大的鼓励和信心，也正是因为有了韩师浓浓的写诗氛围，才令我有了坚持写诗的动力。从自己出诗集，到作品陆续刊登在各类报刊杂志，我的诗歌之旅越走越坚定。

多人工作后就把诗歌丢了，但是我还好，哪怕工作后我也还一直保持写诗的状态，只是一直没有经典的代表作，这一点比较遗憾。唯一一首觉得比较好的就是当时登在《九月》的《墓志铭》。除此之外，确实还没值得骄傲的作品。但哪怕如此，都没有停止过诗歌的阅读与创作。

2. 您在韩师读书期间参加了学校哪些诗歌社团及诗歌活动吗？韩师生活对您的诗歌写作有哪些影响？请您谈谈这方面的情况。

韩师当时只有一个三角梅诗社，因为当时我加入了韩师青年，所以没去报名其他社团。

但是韩师是我集中写诗的阶段，当时很多同学一起写诗。我们06级写诗的人不多。

3. 哪些诗人诗作影响了您的写作？请推荐十位诗人。

高中的时候，因为大家都读汪国真，我也读，起初写的诗，就跟汪国真一样，比较口语化。

后来读徐志摩、闻一多、海子、北岛、顾城等。对我影响比较大的是海子和顾城。尤其是顾城的短诗，非常喜欢，不仅影响到我自己写诗，还影响到我后来教孩子们写诗。

但对我产生深渊影响的是工作后接触的写儿童诗的诗人：王宜振、金子美玲、谢武彰、金波、圣野、冰心、谭旭东等。他们的语言都富有童真童趣，完全别于成人诗的表达。打开了我的诗教之路。

4.谈谈您的诗歌观好吗?

诗歌是什么？一直以来，都有不同的说法和定义。我不管专家学者如何定义这些短小精悍的句子，在我的世界里，诗歌自有她特殊的定位和意义。有生活的地方就有诗歌，有生命的地方就有诗歌。今天，我要讲的仅仅是属于我个人的诗歌。诗歌对我来说，是我记录生活的一种方式，是生命的一种载体。这是我在2010年和黄立荣师兄的诗歌合集《梅花爱》中阐述过的一个观点。很多人跟我说写诗需要技巧。可我天生就是一个不会很好修饰自己的人。所以30多年过去了，我依旧在用最原始的颜色来遮掩我那些稚笨的想法。黄昏老师很多次跟我说，写诗除了要有感觉，还得有语言。作为一个生活的哑言者，我整天在这个古老的东方，寻找可能属于我的棱角。中国人喜欢中庸，喜欢圆滑，我独不喜欢混迹于此。我喜欢棱角，这样我可以在圆滑的地平面上多些痛感。就像我喜欢流浪，喜欢折腾一样，舒适不适合我。

阿根廷诗人博尔赫斯说："每当我们读诗的时候，艺术就这么产生了。"也就是说诗歌改变了我们的审美，改变我们看世界的视角。但是，诗歌并不能给我的生活带来什么变化。反而是生活的变化，或者说那些折腾的人生经历，给我带来了诗歌。朝圣路上，没有捷径，诗歌也一样。2018年10月，我出版个人诗集《爱，在边缘》。从第一本诗集到第二本诗集，中间跨越了8年。在这8年的时间里面，我的人生发生了天翻地覆的转变，唯一不变的是对生活的热爱以及对诗歌的热爱。

从潮州的舒适区走出来，很多人都不理解，但只有我知道，我的生活，需要这样的转身。正如我前面说的，诗歌并没有带给我什么变化，反而是生活的变化给我带来了诗歌。在人生轨迹的转变过程中，我笔下的诗歌还在继续。来东莞三年后，我决定把自己三年来写的那些短句，合成集子。我从来不把自己定义为诗人，诗歌只是我的一种表达需要，我通过这样的方式去记录我的生活，我的情感，我的思考。

就像黄昏老师说的那样，她一直生活在诗歌的中心地带，接收着各种各样的诗歌信息，但她没有随波逐流，而是始终站在边缘的位置上，以自己的生活经验和表达方式，诗写着属于她自己的人生。

5. 走上中学讲台之后，您怎样在语文教学中进行诗教，请您谈谈这方面的情况。

中学那会我带着他们读普希金，读海子，但是无法开展诗教。初中的教学已经开始迈入比较大的压力，尤其是初三的教学，基本上是一种备考的状态。在那样的状态下，我用诗歌自我慰藉，却无法让学生感受到诗歌的魅力。现在想来是一种遗憾。在初中，唯一上过的一个诗歌课是初二的时候读普希金，我给孩子们读《假如生活欺骗了你》。那个时候的他们，正处于叛逆期。很奇怪的是，当时读这首诗的时候，不知道是不是我自己正处于一种人生被欺骗的状态，读得很投入，结果学生也很激动，他们跟着我读着读着，竟然有女生哭了。当时就感慨普希金的魅力，更感慨诗歌的魅力，那么短小的句子，却字字直击人心，戳中泪点。确实，随着年龄的增长，我们越来越发现，生活有很多你不得不接受的谎言与欺骗，而你只有像诗中所说的那样：不要悲伤，不要心急，相信吧，快乐的日子将要来临。虽然只是一节诗歌课，但我想那时候我们师生共读的情景，一定会对孩子们产生影响。

由于初中的诗教几乎没怎么开展，我在此不赘述。

我主要谈谈我在小学教学中的诗歌教学吧。

在城基中学教书的时候，我也偶尔会教孩子们写诗，但是由于升学压力比较大，所以诗教并没有正式开展。直到2016年2月，我来了东莞东华小学，接触到有时天真可爱，有时调皮捣蛋的孩子后，我才开始了真正的诗教之旅。

从初中到小学，我感触很深：①相比之下，小学阶段的孩子思想很单纯，他们的世界很简单，他们对爱的需求也很简单，一个微笑，一个拥抱，一次表扬，一份小小的奖状，一颗糖等，都足以让他们非常开心；②孩子们的语言童真有趣，他们眼里的世界和初中生真的很不一样，他们的想象力有时让我非常惊讶。

触发我教他们写诗来源于：2016年9月，一个炎热的下午，我和孩子们在操场上活动。孩子们看着身边其他班的同学买冰淇淋，羡慕得不得了，问我能不能买。我随口说了一句，可以啊，写诗呀。如果写得好，就能买。凭“√”买冰淇淋。没想到孩子们真的都开始动笔写了。那天晚上，全班同学几乎都写了，收上来30多份优秀作品，其中有一首诗成为我们冰淇淋诗歌的经典：

冰淇淋

李 想

教室在三楼
小卖部在一楼
我和冰淇淋之间
只差一首诗的距离

他们这些诗触发了我的诗心，给了我极大的震撼。我激动得快跳了起来，抱着孩子们。他们理解不到我的心情，这些句子岂是一个冰淇淋所能给予的？！我终于明白人们常说的那句：孩子是天生的诗人！从前我不知道，也没那么深刻的体验。但孩子们的诗句，却让我明白了这句话的真正含义。

这是他们的一次创作，着实给了我惊喜，也让我下决心要带着他们写诗，并将他们的处女作合成一个小集子，并且命名为《冰淇淋的诱惑》。

类似这样有趣的诗的确给了我惊喜。所以我决定：开始教他们读诗和写诗。

真正开始指导他们写诗源于学校一个活动“相约春季·守望成长”。当时为了教他们将自己养护的植物写入诗中，我自己做了一个课件，将自己养护的植物从发芽到长出叶子的过程写了几首诗，然后他们也跟我一样尝试写。真的印证了那句话：孩子就是天生的诗人。他们写出来的诗，给了我很大的惊喜。像李想这首《向往》：

我种了一棵小苗
放在窗台里面
每天去看它
发现它永远把头伸向窗外
向着太阳的方向微笑

晚上

我把花盆转个方向
让它看着我进入梦乡

清晨
我发现这个调皮蛋根本没看我一眼
偷偷地转过身
又去追寻太阳升起的方向

小苗为什么不乖呢
哦
我明白了
小苗向往着阳光
就像我追逐着梦想

这些诗歌真正拉开我的诗教之旅。我的诗教之路刚开始走得有点孤单，也有点跌宕起伏，因为没有人指导，一切都靠自己摸索，后来陆续遇见了一些开展诗教的同伴，虽然在不同学校、不同城市，但彼此之间的交流和学习，还是给了我很大的帮助。

刚开始由于缺乏经验，我也只能摸着石头过河，买儿童诗集，网上搜，关注

公众号，看到好的诗歌，要么下载，要么拍照，要么自己录入电子文档，然后做成课件，形成他们刚开始的一个诗歌“读本”。想要教学生写诗，必须自己要先阅读大量的诗歌和诗歌理论。所谓想要给学生一杯水，首先你自己得有一桶水。所以大量阅读是老师的前提，这当然也是学生创作儿童诗的前提。

刚开始找的诗没有主题，后面为了配合我们的节日，我就开始找各种主题的诗给他们读，比如四季的、母爱的、父爱的、写文具的、写动物的、写植物的。除了我课外找一些，做成课件，在课前朗读、看视频。还有提供书目，让他们自己买来读。每个人都有一颗诗心，关键在于什么时候被唤醒。越早被唤醒越好，在这个童年，他们收获了许多诗意，也收获了自信。他们觉得自己会写诗，多么美好的一件事，爸爸妈妈还不会写呢。

刚开始写诗，如果不给他们主题，孩子们会不知道从何下手，但是写了一段时间后，发现孩子们的诗歌创作已经完全被打开了，我如果再限定的话，难免又陷入写作的俗套。刚开始我会围绕自己限定的主题，然后根据一些经典儿童诗的句式，让他们仿写，像《我想》《如果》《听听，秋的声音》，后面我直接放手，从扶到放，大概花了半年多的时间。这个过程出现了许多好玩的诗。孩子们现在写诗已经成为常态，无论发生什么事，他们都喜欢用诗来表达。在班上，有两件这样的趣事。一个下午，我们正在上课，突然刮来了一阵风。一盆绿萝被风吹倒了，孩子们大惊失色，都喊了出来。我笑了笑说：连窗外的风，都想进来和你们一起读书了，一着急，就碰到了这盆绿萝。说到这，有几个孩子立即阻止我说下去：老师，你不要再说下去了，我要来写诗。我有灵感。我能做什么？我惹的祸，只能我承担啦。所以那天真写出了很多好诗。又比如有一次晚修，地上不知什么时候来了一只蜜蜂，怎么都没飞起来。孩子们都议论纷纷，问我怎么办。为了不影响晚修纪律，我拿着纸巾，准备把蜜蜂抱起来，结果他们都大声制止了我：老师，不能伤害它！放了它。我哭笑不得，我只是送它出去！孩子们终于安静了下来，你们猜，他们干什么：写诗。结果这位不速之客成了那天晚上孩子笔下的主人翁。

如果你有时间，就写诗吧。这是我经常跟他们说的话。在我们班，赏花和写诗是必修课，每天，他们都忙碌地照顾自己的话，忙碌地记录自己的话。我不敢说每个孩子都写得非常好，但只要他们感兴趣就好了。我不是要培养诗人，我只想唤醒孩子们的诗心，让他们以后无论遇到什么问题，都能有自己看问题的方法，都能通过诗的方式记录自己的生活。

为了激发他们写诗的兴趣，我会鼓励家长帮他们投稿，自己也会关注很多平台，将征稿信息告诉他们。到现在为止，我们班发表的诗歌已经很多，无论是东莞、广东或者国内的公众号，还一些报纸期刊，诗集，都有小草班孩子的作品。此外，我们班有自己的班刊，有自己的诗集。现在诗集在出版设计中，班刊已经在第二期的设计中。虽然很辛苦，但我觉得这些东西对孩子们来说很重要。

课堂上、二课堂的草地上，可以是我们朗诵的舞台；甚至我们班组织的亲子户外活动，都是以诗歌朗诵为主题，每个孩子带着自己的诗歌朗诵给父母和其他家长听；我会带着孩子们去参加一些诗歌活动，让他们站在更大的舞台上朗诵自己的作品。这些平台，一次次增强孩子们的信心。

到了四年级，是孩子们创作诗歌的高峰。我手头上积攒了太多他们的作品了。只是这些作品怎么处理？当时我的诗教启蒙老师跟我说："你学生的作品完全可以出书了。"后来，我和东莞文化馆的方舟老师和母校的陈培浩老师也聊了一下这个事情。没想到方老师和陈老师极力赞成。方老师对我说："这可能是中国目前第一本班级儿童诗！非常有意义的一次探索。"陈老师听到我的想法后，立刻答应我给我们的诗集写个小评。正是这些老师，给我以动力，让我动力满满。于是我便和家委会商量，把这个事情最终确定下来。我负责挑稿，家长负责资金筹备和联系出版社。

《60个孩子的诗》就这样诞生了。这本书可以说是我的诗教之路上一个里程碑，具有非凡的意义。一般编者编书，他们都是广泛征稿。但我的这本诗集，是全部出自我所任教的班级，并且班上每个同学都有作品，作品的质量虽然有高有低，但总体质量都不差。

作品出来后在东莞，乃至整个广东省，包括许多省外一些做诗教研究的城市，引起了巨大的反响。好多老师、家长因此慕名加我微信，或询问诗教的方法，或询问出书的经历。更多的是要购书，《60个孩子的诗》已经不止走向省内各个城市，还走向福建、浙江、黑龙江、云南、北京等省市。

后来，我暑假回潮州，为了把我们的诗教继续传播出去，也为了感恩生我养我的故乡，我带着《60个孩子的诗》回老家开了一次诗歌课。这里要感谢黄昏老师大力支持，提供场地。再后来，我还应大学班主任冯丽军老师的号召，回韩师开了一次讲座和讲了一节诗歌课。自从《60个孩子的诗》诞生后，我也经常应邀到东莞文化馆、东莞一些小学去上诗歌课，还和方舟老师一起参与电台的节目。

可以说，诗歌点亮了孩子们的人生，诗教打开了我别样的人生。

6. 您认为大学诗教和小学诗教是什么样的关系？

我敢说：如果没有大学诗教，就没有我的小学诗教。我们韩山师范学院的诗歌创研中心是省内第一所诗歌研究中心，我们学校一直都有写诗的传统。在我前面有太多太多诗歌写得非常优秀的师兄师姐。我读高中的时候，崇正师兄和子龙师兄就拿着他们的诗集到我们学校宣传。那时候我就开始注意我们学校了。再后来考上韩师，发现学校写诗的人好多。更重要的是我们学校领导和老师都重视写诗这个事，在我们大三的时候，学校在理科楼和文科楼连接的地下通道，隆重地开辟了一块诗歌长廊，把校友们那些优秀的作品都展示出来，做得非常精美。那时候心中无比羡慕这些作品被展览出来的校友们。其中既有师兄师姐，也有比我们小的师弟师妹。我就是在这样的一种诗教氛围中滋养成长的。正是这些，为我日后的诗教垫下基础，包括我给孩子们出班刊，给他们开辟作品展示栏目，都是在大学里面吸收到的经验。这种诗教是一脉相承的。

7. 您觉得在当下中学语文教育环境中进行诗歌教育的重要性和困难何在？

可能很多老师心中有一个疑问：时间有限，你做这么多额外的，会不会影响孩子的考试，怕不怕影响教学成绩。老实说：我怕！或者说，我曾经怕过，尤其是每次大考来了，我就担心了。平时人家在抓基础，抓课内背诵的时候，我没有抓；人家在教阅读，教作文，教技巧，我也没有怎么落实。那考试怎么办？

也许正在做的这些就目前来看是无用功，但我清楚地知道：只是目前。我不想做一个着眼于眼前的老师，我希望做更多对孩子未来有帮助的事，所以我坚持了。至于考试，语文所有东西，应该说是融会贯通的，读诗同样能够开发孩子的智慧，同样能够带给他们文学的滋养，甚至可能这样的滋养是更有意义的。在三年级的期中考中，我们班三个同学的习作给了我惊喜，也给了我坚持无用功的信心。比如何宸睿《杜鹃花真顽强》、蔡建康《三重天生命真强大》《栀子花真美》，这三篇文章就来自于他们平时写的诗歌，在诗歌的基础上进行了详细的描写，从而在考场作文中脱颖而出。我们常说：静待花开。以前我不是很理解，但是看到他们这样的习作之后我终于明白：很多事情急不来，每一朵花开放的时间都不同。这个期间，需要我们用心去呵护，用心去滋养，总有一天，他们会开出灿烂的花朵，散发迷人的芬芳。

当下的中学语文教育环境相对都比较应试。大部分老师埋头在一堆试卷和备考资料中。我是一个从中学走出来的老师，对这种窘境深有体会。所以相比之下，我非常享受小学的教学，相对而言，有比较多的时间来尝试。但是我看到泽平师兄虽然也是中学老师，但同样带着他的学生写诗，也写得非常好。从他的身上我们可以看到，哪怕是中学的教学，也可以诗教。而且诗教非常重要，不管是中学还是小学，写诗的孩子相对来说，他们看世界的视角更独特，他们对这个世界的敏锐度更好，保留了最可贵的诗心。我敢说，诗歌将会对他们的一生产生影响。

记得有一次我去厚街上诗歌课后，我和厚街的校长聊天的时候，我才发现，这位强烈推崇诗教的校长是教数学的。当看到我惊讶的表情时，他笑笑说："你不用惊讶。这是源于我读书的时候，一位室友给我的惊叹。当时读书非常辛苦非常累，可是我的一个室友一回宿舍，面对床窗外的景色竟然能自我陶醉地吟诵诗歌，仿佛这个世界与他无关。那个时候我就开始惊讶诗歌对人的影响。"这位校长看到了诗歌对一个人的影响后，身为理科男的他也开始接触诗歌，直到他毕业后当老师当校长，他始终把诗歌记在心中，所以在有能力的同时，他在学校里大兴诗教。事实也证明了，诗教对孩子们来说太重要了，许多孩子在诗歌中找到乐趣，在写诗中体会到文字的魅力，尤其是在发表作品中找到自信。

但是困境就在于：诗歌，有些老师觉得自己不会写诗，从何谈起教孩子写诗？有些老教师懒得搞这些，费事，两节课教好即可；有些年轻老师觉得自己还不熟悉教材，做这些怕影响教学成绩，所以也不敢尝试。更多的是一些学校认为写诗无法提高成绩，所以也没有必要。这些想法，既是非常正常，也是可以理解的。但是我想说的是：没有实践无法得出结论。你如果不尝试踏出第一步，你永远不知道前面的风景是什么样的。顶多失败了就重新再来。当老师的有大批大批的学生等着你，怕什么呢？

8. 请谈谈您的诗教观。

我是一名老师，我是一名语文老师，我是一名小学语文老师，我是一名幸福的小学语文老师。我想给孩子一个五彩斑斓的童年，先给他一个诗情画意的班级，给他一颗能温暖世界的心，那么我先给自己一个诗情画意的人生，先给自己一个幸福的生活方式！

这个社会太浮躁了，我希望这间教室里有他们温暖而美好的记忆，我希望多年以后，他们仍记得我为他们诵读时的陶醉，我为他们写的诗而骄傲。我更希望多年以后，他们会发个信息告诉我：老师，谢谢你当初不会一味让我抄写词语，而是教了我诵读和写诗。

诗歌教会了孩子们观察生活，也教会了孩子们感受爱，更教会了他们如何表达自己的爱。

一个人的一生不能没有诗歌，我们从小在“鹅鹅鹅，曲项向天歌”的诗歌中长大，我的小时候离不开诗歌，我们长大后更离不开诗歌。作为一个一线的小学语文老师，我能做的仅仅只是用自己的能力，打开孩子们的诗心，并尽我所能，让他们保持自己的童心。希望孩子们在诗歌的滋养下，一辈子都拥有童真童趣，一辈子都保持旺盛的生命力。

在诗教的路上，我没有高深的理论，也没有系统的指导，但我一直用一颗孩子的心，陪伴着我的孩子们，而他们用富有童趣的心，滋养着我的心灵，我仿佛还是一个孩子，正在和他们一起享受童年带来的快乐。

童诗创作有一个最基本的原则：纯真的情感是第一位。有的人认为童诗就是展示丰富的想象力，能想得多奇特就多奇特，所以侧重夸张的想象力。这样片面的理解和创作，写不出优秀童诗。记得有一次，我和女儿散步回来，桌子上放着爸爸送给她的漂亮蝴蝶夹，为了激发她的想象力，我说：“妮妮，今天那只迷路的蝴蝶跑到我们家来啦，变成了这只漂亮的蝴蝶夹。”正当我为自己的想象力颇感满意的时候，女儿一脸严肃地说：“不，妈妈，这不是那只迷路的蝴蝶变的。我相信，那只蝴蝶一定找到她的爸爸妈妈，回家了。”那一刻我惊呆了！也终于明白了赤子之心为何可贵！那份可贵就是纯真！在她纯真的情感里：蝴蝶找到了自己的爸爸妈妈，和家人团聚。这才是最可贵的！所以从她身上我明白了：任何打动人的作品，首先一定是真情流露！任何矫揉造作的想象，在童真面前都显得苍白无力！

这样的童真、这样的童趣，难道不应该呵护吗？正是因为童心可贵，所以诗教尤为重要！有人问：用古诗来滋养不是一样吗？古诗词是我们祖先留给我们的文化瑰宝，几乎人类所有的情感和人生经历都能在古诗词中找到。但是毕竟古人的生活环境和我们现代生活有一定的差距，而且一些古诗词的理解是需要人生阅历的。现代童诗一般契合儿童的年龄特征，适应他们的理解能力，所以小学的诗歌教育应把现代童诗放在重要位置。

庄丽如诗歌作品（10首）

修手机

手机突然患了癌症
医生说治疗的第一步是
清空所有的东西
犹豫了一下，我默许了
治疗后的手机干净得
像一个婴儿
符合打开这个世界最原始的方式
一切从零开始
空空如也的手机
竟让我有一种如释重负的感觉
一些从未拨打的号码
一些舍不得删除的照片
一些来不及查看的文件
在瞬间获得释放
它们自由了
我也自由了
从此，我们互不联系
从此，我对这个世界
了无牵挂

我有一所房子

看露水常在，蚂蚁搬家
月亮与青蛙共享夜的宁静
所有池水的下面
都藏着青蛙的快乐
我有一片绿色的叶
不管白云苍狗
安在窗前

一个人的早晨

这个早晨，家人都在熟睡
在朋友圈的地震中我模糊醒来
外面的阳光这么好
一个人怎么能说走了就没了呢
父亲那些田野里的生命都在阳光下
很安详，它们像我
被父亲照顾得很健康
风雨能摧毁的一切
却摧毁不了这小小的微笑

收　获

当我们学会从原野中采集花朵
从一片树林获得果实
当我们不再需要证明秋天
当我们关闭谷仓
把弯下腰捡起一支谷穗当作幸福

当我们把贝壳还给大海　把水还给河流
把姓名还给父母　把一生
还给泥土和吹过草叶上的风

朗　读

我读着黑夜
月色朦胧，星光辽阔
我找到飞鸟停歇过的海滩
记住了每一个爪印的名字

我读着世界
目光所到之处皆会发亮
葡萄架上曲声悠扬
泛着紫色的光斑
柠檬不再是柠檬
蜜蜂不再采集花蜜
它们用另一种姿势对待世界

今夜，月亮与星辰共眠
在每一片树叶都能叫出风的名字

枣　树

从十月到腊月
树上结满了红枣
饱满，气血正好
像我曾经爱过的一个人

药　膏

不知什么时候开始
肩膀就一直闹腾
医生说肩周炎是一种病
好治，药膏一贴
疼痛可以缓解
请问有没有一种药膏
专治孤独与孤独

当初一样

今夜，我两手空空
就像当初我来到人世间
草坪上，有奔跑的小孩
月亮把余光都给了他们
我们都是孩子
开心了就笑
伤心了就哭

黑暗之中，玫瑰在角落里
偷偷把把刺给了我
“活着，要伪装，更要武装”

可我两手空空
接不住这充满罪恶的刺
一个人的三月，跌跌撞撞
在春天的怀里，我是一只蜜蜂
搬运着人间的甜蜜
就让我们像当初一样吧
简简单单的，不挑花朵
到哪都是蜜

灵魂需要安放

一棵树，依旧在孤独
一朵云，依旧在漂浮

一条河，依旧在奔走
多年后，我们在彼此身上
已找不到任何留下的痕迹
只是巷口的石头
不知什么时候开出了花

我不是玫瑰，无法开出
玫瑰的模样，无法说出
带刺的话，无法从夜里
捞出玫瑰的芳香

那就让灵魂在寂静的怀里
得到安放

墓志铭

如果有足够的空间

我要写一首很长很长的诗纪念我很繁杂的爱情

我要在这块石头上面和最爱的人
来一次酣畅淋漓的野合
我要在最适合的时刻
向世人展示我的胴体
世人啊，我没有名字
请你脱下蒙娜丽莎的纱衣
越过平原和丘陵
寻觅最神奇的洞口栖息
如果你需要一处地方栖息

庄丽如学生诗歌作品（20首）

叶子书

何宸睿

树，每年都会
在叶子上写很多书

冬天到了
树把书
送到
过冬的小动物家里
让他们
阅读这一年写的书
读着读着
小动物的心
就暖和起来

雨

李铭扬

你每次
都那么语重心长
一张开嘴巴
就合不上
哗啦啦
哗啦啦
真像我那
啰嗦的妈妈

一只蝴蝶

李　想

我一个人在家写作业
一只蝴蝶在窗前飞来飞去
我想偷一会懒
又不敢
担心蝴蝶是爸爸派来的间谍

春　天

李　想

春天和雪花见了一面
雪融了

春天和大地拥抱了一下
大地绿了

春天和枝头荡了会秋千
花红了

春天和柳枝跳了一下舞
柳树发芽了

春天和森林唱了一下歌
动物们都醒了

池塘里的鲤鱼把头探出水面
被春风亲吻了一下
鱼就怀孕了

我把春天带回家
偷偷放在妈妈的衣服兜里
看秋天能不能生个妹妹

冰　棍

叶伟康

夏天来了
我坐在草地上
穿着一件夹克衣
天下着大雪
我四周的树
变成了大大的冰棍

我想吃冰棍想疯了！

大海的歌

周　赫

大海一直很孤单
于是向风学习唱歌

唱呀唱
他唱出的每一个音符
都变成了可爱的小鱼
小鱼们每天陪大海玩耍
大海再也不孤单了

雨

朱展鹏

滴滴
滴滴
什么声音
谁在小声说话
滴滴
滴滴
小雨点，是你吗

别太大声
扰乱课堂可要挨骂哦

松树老师

谭炜泰

松树老师不教语文
又不教数学
也不教英语

那教什么
教站姿呀
松树老师的站姿十分标准

开学了

叶家俊

春天到了
森林开学了
你看，小麻雀已经在树枝上排好

队了

麻雀老师开始讲述
种子变成大树的故事
小溪奔向大海的曲折
讲春天，讲远方，讲诗歌
麻雀老师提问了
小麻雀们叽叽喳喳
你一句我一句，争着表达自己的观点

咻
它们突然齐刷刷飞上天空
哦
一定是放学了

跳　水

谭诗琪

白兰宝宝
一不小心，
跳进了泳池，
虽然很轻，很轻
但还有一圈圈波纹，
“咻”鸟教练吹响了口哨，
原来这个泳池，
禁止跳水。

太阳爱化妆

黄莉雯

太阳爱化妆，
一天，
把月亮妈妈收藏的，
红颜料，
往脸上一抹，
脸上红彤彤的一片。

天黑了，
月亮妈妈出来了，
小太阳往山上一躲，
小太阳不见了，
他害怕月亮妈妈，
发现他偷了，
红胭脂。

萤火虫和星星

刘　佳

嘘
悄悄告诉你一个小秘密
每年的夏天
萤火虫都会去和星星约会
星星担心萤火虫会迷路
就送给了它一个漂亮的小灯笼
从此
星星用多情的眼睛点缀着天空
萤火虫用会发光的小灯笼装饰着田野

大海的种子

刘　佳

哼
为什么
你们都有朋友
我没有

听
大海又在抱怨了
春天
送给大海一些种子
大海种呀种
哈
种出了小鱼小虾
种出了太阳月亮
种出了星星云朵
春天
送给大海的礼物
可真有趣儿

小　草

陈粱英

有一株小草
长得非常奇怪
它看上去像梅花鹿的角
静静地站在草坪上
不需要别人观赏
默默地为人们奉献
我把它夹在书中
让它知道读书有多么重要

白云雪人

张子涵

天上的白云一朵一朵
在跑步健身
天上的白云一片一片
在悠闲地散步
我看着白云
白云看着我
我问白云
白云，你能掉下来
给我堆雪人吗？

梦　想

肖艺妮

长大了，我要做一个
浇花的孩子
把花浇得比我高
这样花就很开心了
我也很开心

桃花喝醉了

刘希莹

春天背着包袱
回来了

桃花最先出来迎接
春天排出捧出一瓶春雨酒
桃花尝了一口
好酒，好酒
一杯，两杯……

最后，它粉嫩粉嫩的脸
喝得醉红醉红

春天是一位魔术师

王雅诗

春天乘着风

来到了一个荒凉寒冷的地方
他挥了挥衣袖
弹出一个个灵动的音符
静止的音符
变成了山
灵动的音符
变成了海
高高挂起的是红花
掉在地上的变成了青草
他们一个个生机朝气
感谢春天的“魔法棒”

粗　心

李　想

我算错了一道数学题
老爸说我粗心
哎呀
我的心咋就这么粗呢
谁有办法
把我的心磨细一点
铁杵立刻站了出来

慢吞吞

李　想

我吃饭慢吞吞
写作业慢吞吞
起床也慢吞吞
我感觉我是遗传我妈的
生个妹妹慢吞吞

学生均来自东莞市东华小学501小草班
作品指导老师：庄丽如

第二章

“韩派名师”诗教随笔录

“诗教”杂说

黄炎真

“诗教”，非一般之古典诗词教育；“诗教”，乃自古以来以诗教化民众之方法。诗之生时，诗教之存矣。诗教绵延至今，已渐式微。一档《中国诗词大会》节目，因中央电视台之倾力打造，因董卿之倾情演绎，而红遍大江上下，影响波及亚洲甚达五洲，“点赞”之声此起彼伏。何能如此？盖因它如一声温柔之呼唤，让渐行渐远之诗教驻足回眸，顾盼生辉；更如一阵久违之清风，吹散了迷雾，让人在狂躁与功利中看到了优雅与真诚。诗教之回归，已然；诗教之复兴，有待。

诗教，可谓源远流长。子曰：“入其国，其教可知也。其为人也，温柔敦厚，《诗》教也。”孔子以《诗》为教本，以“为人”作指向，以“温柔敦厚”定目标，诗教“形神兼备”。一部《诗经》，不知展露了多少人间百态，也不知教化了多少黎民百姓。“不学诗，无以言”，“诗三百，一言蔽之曰，思无邪”，《诗经》教化作用之大，孔子之言备矣。有人说，《诗经》如玉，玉而晶莹，人而无邪，则天下和谐，百姓通融，此言无差也。诗教流延至今，内容扩展了，内涵丰富了，但对完美人格之培养，一直没变。

诗教，当推家教为先。少时学诗，先识而记，先诵而悟，虽则一知半解，却当日有所思，日有所进。郑板桥从小学诗，心领神会，十岁就能够与老师切磋诗艺，以诗唱和；白居易从小学诗，谙识声韵，十六岁写出“离离原上草，一岁一枯荣。野火烧不尽，春风吹又生”这千古名句；陆游从小学诗，悟通诗理，终于成为一位著名爱国主义诗人……如此典例，比比皆是，家庭诗教之重要，不言而喻。爱读书，读好诗，会读书，当是诗教坚守之方向。“锄禾日当午，汗滴禾下土”，其劳动之艰辛，催人“汗”下；“谁知盘中餐，粒粒皆辛苦”，其告诫之恳切，震撼人心。一首小诗，集音律美、情景美、情感美、语言美于一体，拿来诵读，又何至于教育教化之所求。只奈当今安居城市之宠儿，问世间“锄禾”为何物，知者寥寥。世易时移。诗教也当有变。

诗教，应该不拘一格。诗教，就是以诗教之。家庭之诗教，随时随地，只要情之所至，或朗诵，或品读，无偿不可；学校之诗教，按部就班，只要纳入计划，或课堂，或课外，都求实效。“莫春者，春服既成，冠者五六人，童子六七人，浴乎沂，风乎舞雩，咏而归。”“咏而归”，吟咏诗歌，尽兴而归。曾皙之诗教，在自然中，在情景中，在欢乐中，此谓“寓教于乐”，就连孔子也喟然叹曰：“吾与点也！”红楼梦里之诗教，有平台，有观众，有激励，有点评，曹雪芹之文字铺陈，费了苦心。有诗社，如海棠社和菊花社；有活动，如写限韵诗或限题诗；有评比，如第三十七回“秋爽斋偶结海棠社，蘅芜苑夜拟菊花题”赛诗，宝钗第一，黛玉第二，宝玉押尾，第三十八回“林潇湘魁夺菊花诗，薛蘅芜讽和螃蟹咏”赛诗，黛玉第一，探春、湘云居次，宝玉再次落地；有指导，如林黛玉指导香菱写诗，说“若是有了奇句，连平仄虚实不对都是使得的”，“读诗不要挑浅近的，否则就学不来了”，作诗要“不以词害意”，等等，香菱因此心领神会，大为长进。这种互相切磋、互相启发、取长补短、共同提高之诗教形式，于今而言，颇有借鉴意义。

诗教，力求多育同行。教化者，教育使感化也。诗教，教给“学生”什么？一言难概。我以为，文化教育、审美教育和情感教育当列其中。文化教育包括语言知识教育，伦理道德教育，民俗风情教育和宗教政治教育等；审美教育包括语言美、音乐美、意象美和想象美等；情感教育包括情之由来、情之寄托、情之表现和情之再生等。“静女其姝，俟我于城隅。爱而不见，搔首踟蹰。”“静女”约“我”，不避嫌疑，因爱而勇敢，情感美也；“爱”与“搔首”，用词生动，情态毕现，语言美也；短短两句，如见其人，如临其境，想象美也。“黑夜给了我黑色的眼睛，我却用它寻找光明。”“一代人”对于光明之渴望、探索和追求，溢于言表；黑和白构成之对比画面，何其唯美；而短短两句“话”，运用对比、移就、暗喻等手法，使诗之语言简洁而明快。诗教，因诗而教，诗不同而教不同，即使一诗只有一育一得，亦足矣。

诗教，必须与时俱进。古代之诗教，以儒家思想为支柱，既“关乎教化”又“吟咏性情”。品读“白日生依山尽，黄河入海流。欲穷千里目，更上一层楼”，陶冶阔达豪迈、高远俊爽之诗情；品读“行路难，行路难！多歧路，今安在？长风破浪会有时，直挂云帆济沧海”，激发不畏艰难、乐观进取之大志。现代诗教，既要弘扬儒家文化之精华，又要扎根现代生活之精彩。“文艺创作不仅要有当代生活的底蕴，而且要有文化传统的血脉”，要“把好文艺批评的方向盘，运用历史的、人民的、艺术的、美学的观点评判和鉴赏作品”。如何直面现代社会急躁功利、浮华奢靡等现实，让诗教继续发挥着提升修养、构建伦理、培养价值的重要作用，实在值得我们去思考。

诗教，创作不可缺场。诗教，不仅仅是品赏，诗教，当然包含创作。欧阳修“四岁而孤，家贫无资”，却从小至大，“昼夜忘寝食，惟读书是务”，勤于创作，终为北宋著名词人、散文家；屈原小时侯不论刮风下雨，天寒地冻，躲到山洞里偷读《诗经》，从中吸收了丰富的创作营养，终于成为一位伟大诗人。由读诗而写诗再到其他文学创作，本来就是一脉相承之事。看到两只野鸭在晚霞中飞翔，你不说“卧槽，两只大鸟，真牛逼”，而念“落霞与孤鹜齐飞，秋水共长天一色”；看到沙漠上落日景观，你不说“沙好多，太阳好大啊”，而念“大漠孤烟直，长河落日圆”，这是你把诗读到脑子里，融会贯通了。五月郊游，面对满山桐花，你随口而出：“拾级登台酬雅兴，寻幽问景寄知音。抬头乍见满山雪，甘做桐花娇袭人。”清明登山祭祖，触景生情，你吟诗一首：“清明不下雨，炙日烤棱躯。苦泪心中涨，鲜花冢上居。当年亲命语，往后念缠纡。大地生春草，天堂有马车。”这些就是诗歌创作了。我以为，读诗是诗歌创作的基础，而要创作一首好诗，还要谙熟音律、累积情感、修养人格，不作无病之呻吟，写出真情实感，写出时代强音。

诗教可以“兴观群怨”，王阳明说：“故凡诱之歌诗者，非但发其志意而已，亦所以泄其跳号呼啸于咏歌，宣其幽抑结滞于音节也。”如此诗教，定能使人激发心志，在鼓舞中愉悦身心。诗教，可谓博大精深，实在是一言难尽其意。诗教，不是卖弄风情，博人耳目；诗教，不是附和风雅，无病呻吟；诗教，更不是追赶时髦，装点门面。诗教，应该是风雨后之一弯彩虹，如幻如梦；诗教，应该是自然里之花朝月夕，如诗如画；诗教，还应该是远绝凡尘中之天籁之音，让人如痴如醉。“一言以蔽之”，诗教，是一份我们不能拒绝，也挥之不去之精神大餐。

回归诗教，让诗歌教育与诗歌创作牵手。

回归诗教，让人文精神与文学精神复活。

回归诗教，让教育多了一份温馨之味道。

研究性学习‖李白诗歌之婉约之研究

詹继武

【编者语】

《李白诗歌之婉约之研究》是10多年前詹继武老师在饶平二中任教时开设的一门研究性学习课程，是中学诗教课程化的一次成功实践。

【开题指导】

课题名称：李白诗歌之婉约之研究

指导老师：詹继武

指导选题

记得国际知名学者、南开大学中华古典文化研究所所长叶嘉莹教授曾经说过："在现在经济挂帅的时代，我们学习古老的古典诗歌，不但使你有一颗不死的心灵，而且使得你的心灵在跟随古人提升学问、品行、修养，达到很高的境界。不但有一种心灵的交汇，而且在这种心灵之中，体验到你自己当下的存在，提升了你存在的意义和价值。"这道出了学习古典诗歌的妙处。高中学生研究一些古典诗歌，对自身综合素质的提高也不无裨益。中国古典诗歌、著作灿若星河，巅峰首推唐诗。"诗仙"李白、"诗圣"杜甫的诗歌在唐诗中有着不可逾越的地位。打开唐诗神秘的面纱，胡晓明先生一语道破："尽才尽气、尽心尽情，正是唐诗整幅的特点。"仔细揣摩，李白莫不尽焉！朱熹认为："若所看不一，泛滥无统，虽卒岁穷年，无有透彻之期。"这也是强调研究必穷一经之理。那么，研究李白诗歌又该从哪儿切入？李白诗歌有豪放之风，学生接触较多，而李白诗歌有婉约之态，学生则专注较少。足见"李白诗歌之婉约"具有较高的研究价值，建议以此为研究性学习的研究课题。

研究性学习与其他课程有别，主要在于学习的自主性与过程性。指导老师不得越俎代庖。可是，由于知识视野的局限，学生比较合理地制订研究计划，还是有一定的难度，需要指导。就"李白诗歌之婉约之研究"这个课题而言，需要弄清的主要问题有：①关于婉约；②关于豪放；③关于婉约、豪放两种风格碰撞与融会；④关于李白。这些都离不开对李白诗歌作品的研读，在研读中比较鉴别。结题是必不可少的环节，研究成果是其主要的表现形式。那过程性的资料积累显得尤为关键，其中，做研究笔记是最基础的工作，字数不限，可以抄录，要求成篇，可作资料存查。研究资源，对中学生而言，是比较陌生的，要指导查获方法及路径，要引导如何有效利用。常用方法直接到图书馆查阅，还可上网查阅，直接输入实名唐诗或宋词搜索即可。

关于婉约

“婉约”一词，早见于先秦古籍《国语·吴语》的“故婉约其辞”，晋陆机《文赋》用以论文学修辞：“或清虚以婉约，每除烦而去滥。”按诸诂训，“婉”“约”两字都有“美”“曲”之意。分别言之：“婉”为柔美、婉曲。“约”的本义为缠束，引伸为精炼、隐约、微妙。故“婉约”与“烦滥”相对立。《许彦周诗话》载女仙诗：“湖水团团夜如境，碧树红花相掩映。北斗阑干移晓柄，有似佳期常不定。”评云：“亦婉约可爱。”概而言之，婉约重在言情，有缠绵悱恻之意。如李白《怨情》：“美人卷珠帘，深坐颦蛾眉。但见泪痕湿，不知心恨谁?”独坐锁眉，泪湿一片，思念情人，哀怨之情跃然纸上。

有人说：唐诗是天才情种必读书，尤其是对女性的关照，充满着人情味。唐朝诗人从不同角度宣泄一种多情多义的情感，一种对女性的同情、爱慕、关心、思念的情感。所以，婉约言情的种类也显得丰富多彩，归纳起来，主要有：①爱之情，缠绵悱恻；②离别之情，离愁别恨；③怜惜之情，对歌伎不幸遭遇的同情；④失意之情，文人志穷而痛苦；⑤感时伤世之情，家国之恨与身世之感；⑥伤春悲秋之情，光景留连。这些都充分体现人性的基本需要，所以流传甚广。再者，婉约言情的诗词在艺术手法上也独具特色。宋末沈义父在《乐府指迷》中评价道：“盖音律欲其协，不协则成长短之诗；下字欲其雅，不雅则近乎缠令之体；用字不可太露，露则直突而无深长之味；发意不可太高，高则狂怪而失柔婉之意。”婉约言情的诗词具有婉丽柔美、含蓄蕴藉、情景交融、声调和谐的形式特征，给人有“以美取胜”之感。以美的语言、美的形象、美的意境，展现自然美、生活美与人物的心灵美。如李白《清溪行》：“清溪清我心，水色异诸水。借问新安江，见底何如此。人行明镜中，鸟度屏风里。向晚猩猩啼，空悲远游子。”山光水色，清澈奇异，洁净明丽，如此秀美的景色，怎不让人流连忘返？猩猩孤寂凄鸣，使全诗笼罩着游子思乡的悲伤之情。前后对比，悲情更甚，婉约之态可见一斑。

关于李白及其诗风

李白（701—762），字太白，号青莲居士。绵州昌隆（今四川江油）人。一生阅历甚丰。26岁以前，以读书、漫游为主，“五岁诵六甲，十岁观百家”；“十五观奇书，作赋凌相如”；“十五好剑术”；“起舞拂长剑，四座皆扬眉”；相信道教，喜欢隐居山林，求仙学道；蜀中漫游。26—55岁，出蜀东游，漫游长江、黄河中下游；兼济苍生，失意而归；供奉翰林，被贺知章赞为“谪仙人”，李白秉性耿直，屡遭排挤；离京，客居梁园，“一朝去京国，十载客梁园”，“浪迹天下，以诗酒自适”。56岁至其终年62岁，安史之乱起，于宣城、庐山一带隐居入永王李幕府，获罪入狱；59岁，遇赦得归，流落在江南一带；61岁，欲从李光弼军讨伐安史叛军，半路因病折回，在他的从叔当涂（今属安徽）县令李阳冰的寓所病逝。李白的人生历练是充满诗化的历练。正是这样的历练，成就了李白纯粹的民族性、丰富的想象力和瑰丽的表现力。正是这样的历练，丰富了李白诗歌的内涵：处处洋溢着蔑视权贵的傲岸精神、不满政治腐败的批判精神、对民众生活的苦痛充满同情和对祖国山河的热爱之情。

“女性与山水，乃是千年来中国诗人在专制制度下舒展精神自由的两大乐土！”李白也自然不例外。在游历中，他总是按捺不住心中的激情，力图凭手中的笔与剑，打通人心与人心隔阂不通的世界。李白虽身处盛唐时期，歌舞升平，祥和安宁，但是，他总是用另一只眼睛看世界，来宽舒自由之思想。如李白《子夜吴歌》：“长安一片月，万户捣衣声。秋风吹不尽，总是玉关情。何日平胡虏，良人罢远征。”思妇对征人的思念之情，意味深长，表达了当时劳动人民对和平生活的善良愿望。李白的精神世界，可谓“明月直入，无心可猜”。任何真诚与执着，在专制制度下，注定要付出代价，注定具有悲剧色彩。

李白善于从民歌、神话中吸取营养和素材，构成其特有的瑰玮绚烂的色彩，是屈原以来最具个性特色和浪漫精神的诗人。其诗作达到盛唐诗歌艺术的巅峰，想象丰富，富有浪漫主义色彩。李白在《上安州裴长史书》中写道：“李白之文，清雄奔放。”殷璠在《河岳英灵集》中评价说：“其为文章，率皆纵逸。”白居易在《与元九书》中也高度称赞：“诗之豪者，世称李白。”豪放飘逸，正是精神自由舒展的结晶。李白在《江上吟》中写道：“屈平词赋悬日月，楚王台榭空山丘。兴酣落笔摇五岳，诗成笑傲凌沧洲。”真是气象万千，卓然不凡。王国维先生在《人间词话》中评说：“太白纯以气象胜。”“后世唯范文正之《渔家傲》，夏英公之《喜迁莺》差堪继武，然气象已不逮矣。”李白诗歌在语言上也颇具特色，“清水出芙蓉，天然去雕饰”，语言流转自然，音律和谐多变。如李白《金陵酒肆留别》：“风吹柳花满店香，吴姬压酒劝客尝。金陵子弟来相送，欲行不行各尽觞。请君试问东流水，别意与之谁短长？”语言如同白话，洋溢着乡土气息，清新自然。

李白对道教迷信有加，好求仙学道，追求神仙境界。我国宗教史专家牟钟鉴先生把道教的神仙人格特征概括为这样几个方面：一是生命力深厚旺盛，因此能够健康长寿；二是精神境界高超，摆脱“小我”而成就“大我”，所以精神可以不死；三是智慧超群，有很高的洞察力和预见性，却又大智若愚，和光同尘；四是利而不害，为而不争，功德在世；五是潇洒自在，豁达从容，善于化解烦恼，始终保持喜乐心情。对照起来，李白人生之起落皆缘于出世与入世之矛盾激化，而又不能自解，伤春悲秋、感时伤世、志穷失意、离愁别恨等情感纷至沓来亦属自然。如李白《三五七言》：“秋风清，秋月明。落叶聚还散，寒鸦栖复惊。相思相见知何日，此时此夜难为情。”又如李白《渌水曲》：“渌水明秋月，南湖采白蘋。荷花娇欲语，愁杀荡舟人。”好一派婉约风情！

可见，李白诗歌有豪放的一面，又有婉约的一面，正如镜子的两面，均能折射出耀眼的光芒。发展到宋朝，文坛出现“双峰竞秀，万木争荣”的气象。这两种风格不断碰撞与融会，成就了宋代诗词境界极诣。峥嵘生妩媚，平易清浅而深致永味。辛弃疾《沁园春》云：“青山意气峥嵘，似为我归来妩媚生。”董士锡说秦观词云：“正以平易近人，故用力者终不能到。”（《介存斋论词杂著》引）冯煦评点：秦观、晏几道“谈语皆有味，浅语皆有致”，刘过词为辛弃疾词“附庸”，“然得其豪放，未得其婉转”。（《六十一家词选·例言》）苏轼，为宋词豪放派之泰斗，也不乏有婉约之作，如《蝶恋花》：“花褪残红青杏小，燕子飞时，绿水人家绕。枝上柳绵吹又少，天涯何处无芳草！墙里秋千墙外道，墙外行人，墙里佳人笑。笑渐不闻声渐悄，多情却被无情恼。”王士禛在《花草蒙拾》中评说：“恐屯田（柳永）缘情绮靡未必能过。孰谓坡但解作‘大江东去’耶？”苏轼崇尚自由而不拘一格，“短长肥瘦各有态”，“淡妆浓抹总相宜”，“端庄杂流丽，风健含婀娜”。提倡豪放是崇尚自由的一种表现，然也不拘泥于豪放一格。以宋词气象反观李白诗歌，李白诗风就更明晰了。李白《渡荆门送别》：“渡远荆门外，来从楚国游。山随平野尽，江入大荒流。月下飞天镜，云生结海楼。仍怜故乡水，万里送行舟。”远渡荆门，眼望一派壮丽的大好河山，心生豪放。故乡之水恋恋不舍地一路送我远行，从对面写来，愈发显出自己对故乡的思念，此诗豪放而含蕴深婉。

李白诗歌之婉约之研究，奥妙如斯！

【习作选登】

浪漫诗人婉约之作《长相思》

《长相思》是李白辞官离开长安后写的一部具有代表性的作品。作者在长安城被奸相所迫，深感政治上的失意，同时，积极入世的心态又深刻地影响着他。诗人目睹了封建统治者的荒淫无度之后，陷入了空有满腔热血却报国无门的苦闷中，带着这种矛盾的心态，只能选择无奈地离开，寄情于山水，以寻求情感上的解脱。

先看李白的两首诗，《前有一樽酒行二首》中的“当年意气不肯平，白发如丝叹何益。琴奏龙门之绿桐，玉壶美酒清若空”，还有《上留田行》中的“积此万古恨，春草不复生。悲风四边来，肠断白杨声”。这两首诗都具有浪漫格调，其气势有如高山般耸危，大海般广阔。乍看起来，李白诗作中大多数有豪放的气势，而清丽婉约似乎不多。纵观李白的一生，大部分时间他都在祖国各地漫游，涉猎很广，相信道教，最渴望的就是做一个神仙，在他的许多诗里都表现出了奇幻的浪漫色彩，想象奇特，内容丰富，善于运用夸张、拟人和象征等多种手法。如我们最熟悉的《早发白帝城》中的“朝辞白帝彩云间，千里江陵一日还”，还就是运用夸张的修辞手法来形容江水的急。由于亲身经历了唐玄宗从“开元盛世”到“安史之乱”后凄清冷淡的场面这一急剧的变化，诗歌创作受到影响，空有满腔热血却报国无门的苦闷更为激化，并形成了它特有的思想内容和艺术风格。

在《长相思》中，诗人没有“安能摧眉折腰事权贵，使我不得开心颜”的气势，只有借对美人的思念来隐约地透露自己心中的苦念。“长相思，在长安”，作者是说他与美人相思在长安，深深的相思，却又不能看到，无异是最伤心的事。短短的六个字，一个“长”字就流露出作者的千言万语，绵绵不尽的思绪，正如李清照的《声声慢》中的“这次第，怎一个愁字了得”中的“愁”字。

言情，是婉约诗词的传统题材，也是婉约诗词主要特点。封建礼教的统治愈残酷，人们对幸福生活的向往愈强烈，尤其是对爱情的追求，当遭到迫害或受到挫折时也自然流露出悲愁与哀怨。李白这首《长相思》正是这样。有如苏轼的《江城子》中的“十年生死两茫茫，不思量，自难忘”，晏子的《鹧鸪天》中的“从别后，忆相逢。几回魂梦与君同”等，虽是儿女情长，离愁别绪，却写得清丽婉约，情深意长。诸如此类的宋词颇有《长相思》的味道。

“络纬秋啼金井阑，微霜凄凄簟色寒。”意思是说，秋天的蟋蟀常悲鸣，声声都出自于金井阑。薄霜凄凄生寒气，竹席已觉生凉意，夜里常想她魂欲断。秋天已经到来了，不知不觉中薄霜已透出寒气。蟋蟀被困于金井阑中发出了阵阵悲鸣。正如作者当时的心情，好像也是被困于金井阑，但束缚他的不是对他身体上的束缚，而是精神上的摧残，那摧残人的精神的程度足以使人万念俱灰，惨淡凄凉。

《长相思》与作者别的诗有不同之处。李白在《远别离》中痛苦地喊出：“我纵言之将向补？皇穹恐不照余之忠诚。”说的是诗人自己的抱负不能实现，残酷的现实使他清楚地看到封建统治者的无耻和卑劣，重心在于对封建权贵的揭露和鞭笞，以及自己怀才不遇的愤懑和抗争。还有,《临江王节刀歌》中写道“壮士愤，雄风生。安得倚天剑，跨海斩长鲸”。这首诗气势之豪迈，恨不得有一把倚天剑，能够斩长鲸。这是多么雄浑、壮阔的诗句。其中“壮士愤”中的“愤”与“雄风生”中的“生”两字用得十分恰当，全不失豪放的韵味。诗中大胆地运用夸张的手法，充分展示了他的浪漫主义诗歌的魅力。但是，在《长相思》这首诗中，作者既没有运用夸张的手法，也没有用雄浑的气势喊出心中的不平，只是婉转地把自己政治上的失意转为思念美人。

“孤灯伴我昏暗暗，卷起窗帘望明月；对月徒然独长叹。”此时作者的心情如孤灯般昏沉沉的，似乎再没有力气去喊出心中的不平，只能对月一叹。这一叹，轻轻地叹出“美人如花隔云端”这短短的一句，清丽秀美，婉转温润，体现出朦胧中迷漫的美。但其中又隐含着作者心中极大的痛苦，说的其实是作者在长安城中的理想不能实现。作者按捺着心中巨大的伤痛还能够写出如此美丽的诗句，充分说明作者具有博大的胸襟和惊人的民族表现力！

（“李白诗歌之婉约之研究”课题组供稿）

浅谈李白诗歌的婉约之风

一直以来，我们品读李白的诗歌，只抓住它清新飘逸，雄奇奔放、幻化无端的浪漫风格，这当然是他的主调。但作为一位划时代的伟大诗人，李白的诗歌世界是更为丰富多彩的，他也有深婉缠绵、多情悱恻的一面，这一点在他的许多诗篇中得到体现。

李白的具体经历我们勿庸赘述，但对他的主体思想，我们却不能不重新关注。

作为一位封建文人，李白是率真的，他甚至不讳言他的功名心，以及强烈的“济苍生”“安社稷”的儒家用世思想。然而李白终究不愿通过科举入仕，也不愿从军出塞，他渴慕效仿传说中的能人异士“平交王侯”“一匡天下”“立抵卿相”，这是一种十分理想化的人生设计，在现实生活中自然会不断遭遇失败的，于是诗人蕴蓄了满满一腔的悲愤、不平和希望，这种婉曲难言、矛盾复杂的心思是无法直直白白地倾吐出来的，所以诗人只能“举杯邀明月”，抑或用假托、假托美人失宠怨别之事，来传达自己的隐曲。如《妾薄命》：

汉帝重阿娇，贮之黄金屋。
咳唾落九天，随风生珠玉。
宠极爱还歇，妒深情却疏。
长门一步地，不肯暂回车。
雨落不上天，水覆难再收。
君情与妾意，各自东西流。
昔日芙蓉花，今成断根草。
以色事他人，能得几时好。

此诗字字行行都在写“陈阿娇”的伤心事，然而如果我们把诗人一生中最为得意的经历找出来，或许我们可以寻到一丝相似，获得一点启发。天宝元年，由于他的名声，或许还有人荐举，李白奉诏入京，供奉翰林，“幸陪鸾辇出鸿都，身骑青龙天马驹，王公夫人借颜色，金章紫绶来相趋”(《驾去温泉宫后赠杨山人》)，日子过得极为风光。但不久，由于被朝中权贵所谗毁，他在仕途上遭受打击，天宝三载“赐金放还”，被迫离开长安，满腔的热情、所有的壮志竟不得伸展，所以在诗作中，诗人借阿娇之口追述，极写失宠后之不平，岂非感叹何时有圣皇帝重李白呢？应该说，李白的用世思想以及生活经历造成的特殊心路历程，对他部分诗歌表现出幽婉、精微的风格是有影响的。

其实，这一类有委婉之风的诗作在李白的整个创作中，仍具较高的艺术魅力和思想性。以其著名的作品《长相思》为例：

长相思，在长安。络纬秋啼金井阑。微霜凄凄簟色寒，孤冷不明思欲绝。卷帷望月空长叹，美人如花隔云端。上有青冥之高天，下有渌水之波澜。天长路远魂飞苦，梦魂不到关山难。长相思，摧心肝。

长相思，有若怨妇之低叹，有若空谷杜鹃之悲啼，极为凄怨，上有高天，下有渌水，一路艰难但梦魂仍难到，只能让悲情摧心肝，此间诗人所追寻的“美人”形象，似在眼前又触摸不到，但美丽、高贵，非俗世女子能比，像极了屈原的“美政理想”，此诗极具感发力量。

在李白的委婉风格的诗篇中，有个别诗作能凭极为质朴、简单的叙写言辞，表达千回百转的愁肠，传达千古以来善良女性的心怀及哀情。试看《长干行》一诗：

妾发初覆额，折花门前剧。
郎骑竹马来，绕床弄青梅。
同居长千里，两小无嫌猜。
十四为君妇，羞颜未尝开。
低头向暗壁，千唤不一回。
十五始展眉，愿同尘与灰。
常存抱柱信，岂上望夫台。
十六君远行，瞿塘滟滪堆。
五月不可触，猿声天上哀。
门前迟行迹，一一生绿苔。
苔深不能扫，落叶秋风中。
八月蝴蝶黄，双飞西园草。
感此伤妾心，坐愁红颜老。
早晚下三巴，预将书报家。
相迎不道远，直至长风沙。

一个女人，从不谙世事，到情窦初开、两情缱绻，终脱不了离别、忍受无穷无尽的相思，然后红颜老，空悲切，此情不变。诗作以叙述之笔，言辞自然朴素，却道尽了一个女子或喜或忧或怨或思的丰富情怀。

此外，在李白奉诏入朝颇受青睐的时期，李白所写的不少御制诗透露出苑中声乐的成分，特别是《清平调词三首》一类的作品：

云想衣裳花想客，春风拂槛露华浓。
若非群玉山头见，会下瑶台月下逢。（其一）
一枝红艳露凝香，云雨巫山枉断肠。
借问汉宫谁得似？可怜飞燕倚新妆。（其二）
名花倾城两相欢，长得君王带笑看。
解释春风无限恨，沉香亭北倚阑干。（其三）

以上诗作色彩绚丽耀眼，言辞也十分妩媚柔婉，表现出的却仅是一种“玉树春归日，金宫乐事多……莫教明月去，留暑醉嫦娥”的艳情、缠绵，当然，在这样的浓艳多姿中，我们也可以领悟到李白迷人的另一面。

对李白诗歌创作中所体现出来的另类风格，我们大可自然地接受它。因为这里涉及一个很浅显的理由：千古诗心同。作为“生而有才”的一代诗人，中华民族传统文化的纽带在他身上并未被切断，借词中艳词委婉地表达自己的政治理想或立身处世的经历，自古有之，李白也熟悉此道。凭借这些为数不多的作品，对唐五代诗词婉约风格的盛行有一定的影响。但是由于唐五代整个社会文化以追求声乐犬马为主受此影响的诗坛更多地体现出脂粉味，声色之色彩也浓，所以反而不如李白的底子厚足，脱俗超凡。可以说，李白的委婉有他自己的特色。

首先，诗人所假托、所抒写的女性形象完全不同于普通文人士子所痴迷的乐伎歌女，从“湘女”到“妃嫔”“隔云端的美人”，一例是高高在上的，从外表到内质都极为美好的女子，这就容易让读者把诗作与李白清高的追求联系起来，很自然地感受到隐藏于其中的曲折深奥及强烈的韬晦倾向。

同样是委婉之作，但李白的本色未脱，他有他的桀傲，他有他的大气，所以他的创作无法像李清照那般精致含蓄，无法像秦少游那般愁惨不绝。试看其《忆秦娥》一词：

萧声咽，秦娥梦断秦楼月，秦楼月，年年柳色，灞陵伤别。乐游原上清秋节，咸阳古道音尘绝，西风残照，汉家陵阙。

柳色绿了，年复一年，而伊人依然远隔一方，只有呜咽的萧声和着低声的啜泣，冰冷的残月陪伴着消瘦的倩影，此方景象，确是令人愁肠寸断。然而结合词的意境，你体会到的恐怕不仅仅是哀情，还有一种气度，因为李白终究是大手笔的，他写不出小家碧玉的纤弱之气。这样看来，李白部分诗篇所体现出来的婉约风格，也是“李白式”的了。

（“李白诗歌之婉约之研究”课题组供稿）

写于2009年秋月

改于2019年秋月

纪念或者其他

林诗铨

我写过一次江俊杰。那是我惊闻他的死讯后仓促写成的一段文字，尽管现在读来觉得不太有价值，但它似乎还能真实地代表着我当时的感受，故全部引用如下：

纪念一位逝者

没人因为阳光而停靠江南

没人因为要回到故乡而从故乡开始流浪

——江俊杰

其实，我不太认识江俊杰。

只是常常听身边的人提起，有一次不尴不尬的“联系”，俊杰的诗发在《语文报》上，后来澄中秦牧文学社要为《广东省中学生佳作选》送文，俊杰的诗《停靠江南》在被送之列，于是，领导要我写了一段评语。后来书出了，诗后附上“指导老师林诗铨”。在此澄清一下，那样的好诗不用我指导，再说我也指导不出这样的好诗，另外我根本没有指导他。

后来，俊杰搞了一个叫“秋水”的博客，陈椰把我的一首词《忆江南 花袭人》发在上面，我看到了俊杰一个字的评语。这算是我们两人文字上的联系吧。而真正的见面好像只有两次，两次间隔足足十年。

第一次见面，我是澄中的新老师，在校门口遇他，经曾庆斌（或是别人，记不太清了）介绍之后，他递了一支烟给我，我笑着拒绝了，他也笑了，黝黑的脸上露出一个酒窝，好像在表示理解。

第二次见面，在溪记牛肉馆门口。他骑摩托车带着一个女人，也来买牛肉，认不出我。他对那个女的大声说着什么，语调很不好。我选择了离开。

俊杰的《停靠江南》，是高一时写的，就算放在成年诗人的集子里，也是惊艳的。现在我怎么也找不到那首诗了，只记得两个句子。这个想搏击风浪一去不返，但又想停靠江南的矛盾男孩走了。

因此，写这篇短文纪念他。

这篇小文，可以明确我们之间的关系以及我听到他死讯时的态度。我本来以为写完这篇文章后，可能不会再写关于他的文章，但后来协助陈煜佳老师编《澄中学子诗歌》时，又被他两首距离较远的诗的变化引发出很多写作念头，因此一直想再写他。不过，这个想法一直搁着，因为俊杰的朋友比我更适合写他，他们比我更了解他，他们也大多比我会写。现在，我断定他们可能暂时不会去做这事了，这其实很好理解。作为一个远距离的旁观者，我贸然承担起这件事，其实是想了却一桩写的心愿，透过文字去理解一个诗人的心灵。当然，我不太有时间也不太想去收集关于他的资料，尽管收集未必是一件难事。下面我们先来看看那两首引起我写作动机的诗吧。

停靠江南

在江南停靠的时候
无论从哪片花瓣出发
总免不了潮温感觉的漫延
偶尔停足于浓云半遮的山脚
楚竹旁　野水荒滂
鸭子轻意滑过的水痕
便足够用一生的风和日丽去撑航
一路平安　是我对自己说不完的祝福

由于余寒未渗透过江南的皮袄
我没赶上潮涌风暴
几次三番的用甲板去撞击波浪
纵使泪水汪汪　我的日子还是平淡
卧入贝心便只能用硬朗的外壳
推动柔软的泥沙

江南的小巷看着我长高长大

弯着无力的腰　平常咳嗽不停
拨乱幽暗深处的人家灯火
这一直是我明亮的理想
请芦苇伸出的涉水鸟告诉我
在这里，该如何摆渡

狭窄的过道从前就很古老
淅淅沥沥的雨水开始发出阑珊的光泽
石板上的老头深情地说
这一生行船只错过萦绕香漫的对岸
可我在风里雨里的跋涉　到底何时
才能站在水中原谅堤岸

其实江南的小巷和江南的河道一样神秘
纵使一生阅读　也品不出那悠扬的韵味
江南的小巷一拉长就是通海的河道
江南的河道一踉跄便跌进小巷的深处

感情不相信薄烟轻雾
它们的情网本来就模糊得打成蝴蝶结
没人因为阳光而停靠江南
没人因为要回到故乡而从故乡开始流浪
也免不了潮湿的感觉
免不了摇荡湘云　一去不回的远航

两只蚂蚁的婚礼

晴朗的晨
我的杯子装下了窗帘的影子
像以往一样平常的灯台喜欢这种天气
肥大的蜘蛛一直没有休息
它织了一夜的毛衣

躲在阴暗的角落
留守冷冬后的最后一阵死亡的颤动

从桌子上的面包渣出发
满桌子爬满了两只蚂蚁的足迹
我猜想它们不过冬
软蹋的睡眠只会令日子平庸
沉静的空气　两只蚂蚁传递着面包的香味
我贴在案灯台旁倾听它们的交谈
我在看它们用触角接吻
甜蜜的爱情便在乏味的午后诞生
逐渐放大成一次地下的小震
然后它们在灯台的墙缝里举行婚礼
忙碌不停地布置储藏室
一颗大豆成了新婚的卧房
于是以后它们便把情话搁在一豆里
它们没有浪漫的烛光
随便取了我撒在书桌上的光线
很暗　只是一点点
便函足够营造一家子的温馨

我不停地想着两只蚂蚁的爱情
它们在无风的深秋
爬上窗旁的老榕树幽会
或荡一片枯叶
穿过池塘碎萍的氛围
隔着浓荫向湖心小岛流去
从不向秋季索要　日子只需要面包渣的香味
没有什么　比看一场蚂蚁的婚礼更让人沉醉
我常常幻想自己是一只蚂蚁

我的世界将变得开阔充裕
只是因为我想变成一只渺小的蚂蚁
而忧伤

我手头只有8首江俊杰的诗，能作为代表的似乎就是这两首，他的朋友圈似乎也有这样的共识。这两首诗对于一个只活不到30年的人而言，算是有较长的间隔期。《停靠江南》应该写于他读高一那年,《两个蚂蚁的婚礼》可能是工作后的作品。

这两首诗（包括我手头有的其他诗歌）都聚焦个人的情感，而不关注社会，表面的明亮里有着不难觉察出的矛盾和阴郁色彩。

他成名起点的《停靠江南》，那大胆的想象力，饱满的情景，张力十足的词语，超脱庸常的句子，这些都不太像是一个十四五岁的少年能够拥有的，可是这首诗的内在是没有逻辑的，当然逻辑并不影响诗歌的美感，我只是想探讨一首诗和他主人人生的关系。如果逻辑就是情理，那么《停》是不符合情理的，如果说诗是人内心的密码，那么江俊杰可能是一个重情轻理的人，或者说他是一个生来就不屈从于世俗逻辑的人。这不由得让我想起李白那首逻辑混乱的《梦游天姥吟留别》，在惊人的想象力带来的美感后面，立着一个偏执的灵魂。如果把《梦》浓缩一下，其实就是虽然我没看过远方，但那里一定很美，所以我辞职，这是一个孩子的思维，而如果孩子的思维藏在一个大人的躯壳内，然后他又能很好把它表达出来，这是许多成年人都很难做到的。同样的,《停》让我不明白“我”究竟是住在江南还是停靠江南？为什么江南的景色时而明亮，时而阴暗，而这些明暗毫无过渡呢？不过写《停》时，江俊杰还真是一个孩子而已。听说高三时，江俊杰的应试作文经常被老师要求重写，这说明他适应不了考查学生基本理性能力的高考作文。其实这也是我作为一个高中语文教师常常纠结的一个难题，让一个学生把理说清了，他的形象思维可能就会停顿，李白当时可能没有这样的苦恼，这似乎又是古代社会和现代社会的人才的不同尺度。

写至这里，有一个场景忽然让我想节外生枝。江俊杰的那群小伙伴有些其实和我很熟，某次他们中的几个和我侃竹林七贤，他们似乎都流露出倾羡和膜拜的意思，只是他们当时在厚古薄今中更多把原因归结给了时代，现在他们一定明白竹林七贤和我们这些平头小百姓最大的不同绝不只是时代的问题，嵇康、阮籍他们何曾不是现在的红二代、富二代呢？中国的文学教育常常把那些愤世嫉俗、怀才不遇、壮志难酬放在教材里，或者说中国的文学好像本来就没有太多康健的作品。这似乎是一个值得反思的问题。当这群小伙伴拖家带口艰难度日时，在自己苦逼的日子里郁郁寡欢时，他们不知道会不会去思考文学带来的阴暗一面？

而江俊杰的《两只蚂蚁的婚礼》在我看来，是一首几近完美的诗，不过这里我不想评价诗歌。我只想努力去发现，诗中“我”似乎从抒情主体退居为观察者，但这个观察者后来还是“喧宾夺主”了。这个小小的发现，让我看到了一个才子的沦落与不甘。当江俊杰高考正常地考入一个很一般的学校时，他的世俗命运似乎被进一步锁定，因为他反抗的方式并不太可能是努力去改变自己，而可能是更加固守自己。当他的那些小伙伴，各自走进自己的理想大学（如北京大学、南京大学、南开大学）时，他的文才还能宽慰并怂恿着他，况且“同学少年皆不贱”，对才气的敬佩和多年的感情让小伙伴们不太在乎他的现状和前景。当江俊杰走上那个平常得可以逍遥的岗位时，诗歌似乎不只是一种寄托，还可能“得寸进尺”地在心灵的时空里漫延无边。在农耕文明里，写写诗和种种地并不会撞出自燃的火花，可是现代文明心灵诉求和物质诉求的相撞太猛烈，势必引发心灵的大火，灭不了火，自焚并非完全不可能。“我常常幻想自己是一只蚂蚁/我的世界将变得开阔充裕/只是因为我想变成一只渺小的蚂蚁/而忧伤”，“我”想变成一只蚂蚁，却又因为变成一只蚂蚁而忧伤。世间想认命但又为认命忧伤的人太多，只是他们的认命是以看清现状并对现状失望为前提，而“我”并不认命，作为一个蚂蚁一样的人，“我”对蚂蚁一样的人生还存在各种美丽的憧憬，但“我”却时时因为自己是“蚂蚁”而忧伤，这样的诗句的深层恐怕是分裂的心灵和多重的人格，这是一种“进入化境”的状态，对于诗人是一种幸运，但对于人就未必如此，因为走出来并不是一件容易的事，有些人进入并离开，比如庄周那场旷世奇梦，比如苏轼夜游赤壁时的灵魂突围。有些人却怎么也出不来了，比如徐渭，比如顾城，比如海子。突然冒出一个无据的念头，那些以文为副业的人好像虽苦逼却能自由出入于俗世与文学之间，而那些以文为主业的人似乎都易有抑郁症的倾向，越是接近现代，文学好像越是专业化的事情，越是专业化越易让人产生颠倒梦想。好吧，不宜扯得太远，我想我的发现也就这么多。

今夜写这篇文章，最终是要告诉大家，在澄中曾经有过很多爱诗、写诗的孩子，他们有的写得很不错，他们中有一个叫江俊杰的，他那几首我所知道的诗和那点我所知道的事，竟像一部只看了几个镜头却无法忘却的电影，总让我试图借这几个镜头去填满所有的剧情，因为这几个镜头的确过目不忘。

路上的歌谣

黄春龙

一

抽象一点说：这么多年来我一直在路上，这并不重要，重要的是我坚信：路上一定有歌谣。

我似乎就是这么一个偏于乐观主义者，说起来可能跟自己被人标榜为“诗人”有一定关系。我确实是一个喜欢写写诗句的中文系毕业生，不仅自己喜欢，有时也想让几个学生喜欢，甚至十几个，甚至更多。虽然到现在为止，这个数量是囊中羞涩的，但无妨，至少诗歌让我过得欢心，诗意让一些情景变得不大一样。

又一个学期过去了，秋风起，九月来。我准备了一首题为《九月》的小诗与学生分享：

那么多花草、虫鸟和人从春天开始奔跑
期待被高山、大海接纳
等到秋天从远方回来，种子从果实里出发
纵知终结是一件迟早的事情
那么，如果不曾在途中迷失
如果不曾被风雨击溃
幸福也是一件迟早的事情

多好啊，一个不约而同的决定
让向往幸福的人相逢
让相逢的人有机会讨论梦想与未知
让种子在拟设的土地发芽

开学第一课的寄望，我自己读了一遍，让那些青春笑脸也读一遍，解释的话没有多说，只是说说自己新学期的希望。还有一首叫《三分地》，其中一节这样写：

阳光总是美的，有风有雨也是美的
每天爬上高楼抓不住云朵
飞鸟总是嗡嗡而过
瓜苗长大，伸展身手
它们貌似恬静风格的唐诗
偶尔像极了哀怨情愁的宋词
有时也曲子词般消落
看来却满是清新自然
春天让叶子飘扬多一会
漂亮的皮肤丰润满实的身体
不辜负好一片晴天

都是很温和、很柔情的内涵。这些话我直接说不出，但换成诗句，我表达出来了，并且相信这些高二的学生们也读懂了。是的，我有歌谣，他们也应该有歌谣，每个人的成长路上都应该有歌谣。这是我最自足的想象。

二

我之于走路，似乎不抱奔跑或疾步之念。我在乎于漫行，最好是自然小路，旁有花草树木的，随手可接触生命，到处可触目绿色；甚至我还希冀有鸟飞过，留下几声鸣叫。我坚信漫行总是能收获一些自然风光和景物，说不准还会有奇遇。比如我在农村生活的岁月中，走过一条小路时一只老水牛横窜出来，行路便被打断，发生一些自然琐事，那是最希望不得的；当然没有被它角逐，水牛本性善良。小时晚上看电视剧《聊斋》，便想着说不准某一天走着走着一个花精狐妖之物，世人总以为精啊妖的都是害人精，未想蒲松龄把她们写得那般美好，势必也是悟透了自然野气与温性人间。当然，这样的事情从未发生在我的路上。我依然很满足，山水之乡野、田园之村气最迷人可爱。这样，我能静静地聆听天籁，从生命之始寻向生命之途，音响渺然，歌谣却能悦我心。

我之于走路，似乎又不尽在意于走路。人之一生，不知要走多少路的，每天都在走路，每天都在走不同的路，如果人身上有一个似车辆计程器一样的东西，在临终之时查看一下，定然也会有着另一番想法。于是便有人教训人说，我走过的桥比你走过的路还多。也许只是倚老卖老，说不准被教训之人将来远远超过他呢。然而不管怎样，人之一生走多少路是无法计算的，只看那一双脚怎样便可知。我曾见过农村里一些老人像木块一样的双脚，由于长期的赤足走路，皮肉都僵硬成一团了，裂出许多痕来，还塞着许多泥沙，想要洗干净却洗出一盆沙子来。那可是真正地走过一生的人。

这些话，在我这里是轻声漫语说出来的，对面的那些纯真的面孔也不大可能会有多少感触，因为我知道他们还没有走多少“路”。“路”是一个符号，也是一个喻体，我想知道的是走路人的心境，所以我会对他们说：你们的路终究要走向远方的，但如果没有一颗诗意的心，你们终究也要受困顿折磨的。

这似乎是我曾经的一段经历的现身说法，又不全是。这明明是我在这个讲台上的本心。

三

说起来内心很愧疚，我离开乡村到达城市，并且扎根发芽，形体于日月里两点一线穿梭，算起来真是“走”了不少路的样子，“走”得越久越是想念那些乡土什物。这时心中的歌谣便只有一个格调：思乡。“乡”是回不去了，尽管能见着年迈之父母、亲情之兄弟姐妹，却再也遇不着过去的时光。我并不在意时光的流逝，却十分在乎已经流逝的淳朴。或者我将当下归为“破乡”的时代，“破乡”之后，怎么也立不起“新乡”。“乡愁”不止在我，更在于大众。这样，尽管在排除内心的烦扰之后能听见歌谣，却难得邂逅一些清音。

谁叫你是这样一个有点诗歌情怀的人。我把诗歌是一种心情，因我自身而思之。一直以来，在古今诗人的意境中走过，不管是屈子的离忧之情，陶潜的南山之乐，王维的清泉明月之恬静，还是李白的豪放情怀，苏东坡的悲苦情思，文天祥的思国之心，抑或龚自珍的落红情绪，徐志摩的康桥意境，戴望舒的雨巷愁怨，感觉自己是在陪诗人聊天、说话，尽管相隔遥远，在异空之下，心情却有了交谈；开始是听他们的倾诉，分享他们的欣喜；后来慢慢也搭上几句话语，借助诗句表明自己的心情；再后来便觉得那一首首诗歌俨然是自己心情的流露，或忧伤，或喜悦，或激情彭湃，或恬静自如。那时，我知道我竟然“入诗”了。当我写诗的时候，自己便有了一些想法，总觉得本来不应该有诗歌这种心情方式的，心情可以藏在心中，比如夕阳的无限美好，难以言表；江流的无比豪壮，无以言述，在心中已然最美妙的享受。后来一想，不对，人都是有倾诉欲望的，并且希冀通过一种便捷、美好的方式来与人分享，便把诗歌当作心情来写了。诗歌便写出忧愁、欢乐、悲离、优美、丑恶等，凡是心情的，都希冀通过高雅的诗歌来表现，这应当是最真实、又最浪漫的一种心情方式吧。

难道，这不是一首好听的路上歌谣？——在你所经历过的地方，你自然地化解了困顿，也化解了狂喜，你处于安静里。

暑期里回见了当年恩师杜运通老师，他给我们一班同学许多建议，其中便有：多读书，每年至少读一本书，多思考、多动笔……我想，生存之路，不外乎寻向所愿之极，然又时常在意于错落现实，以致让人产生诸多困惑，这些可能的“三心二意”，能够迫害死一个人，能够毁灭掉一个人，能够杀死一个人。我一直还“活着”，或许因为我不太迷恋“三心二意”，我有我的歌谣。

师者的心，学子感动。现在身份转变，师者的责任，岂不重乎？

现在想来，我且走我的飘荡着歌谣的路吧。我无须奔跑，可以漫行，可以漫无目的，而必须真心。它就是一首抒情诗，有它的节奏、内涵和情感。

教育是一种假设

——我的诗教之路

梁 彬

人要做事，就要努力让事感染上你的脾气，也就是说，在战略上，你必须足够自信，足够用力，把自己当成它的主导，才能够掌控它，让它按照你想要的方向发展。比如做校长这件事，你如果没有足够的自信去发挥这个职位的作用，那么，你可能会被它反作用于你身上的压力击倒，或者，只能按照某些“做一天和尚撞一天钟”的校长那样，把安全和应试挂在嘴边，背着龟壳，以求安全退休。

我当然不是在逞能，说实在话，在做校长初期，因为没有足够的经验和自信，我确实也曾邯郸学步，以求平稳过渡。然而，一切并没有理想中的效果。有时候，你套用了别人的做法，却远达不到别人的效果。再比如，一些老前辈用貌似简单的方式把事情化整为零，其中其实包含了很多别人对他的信任以及对事情的把握、拿捏能力。而作为新校长，并没有足够的群众基础，也没有“一阳指”，有时一刀下去激起千层浪，反倒喷了自己一身泥水——那几年，确实碰了不少壁，经常跑去山里，爬到石头顶上看落日流水，多次产生了放弃的想法，但可能因为有一股少年意气撑着，最终没有败下阵来。

现在回想起来，那几年的投靠山水对我人生的影响的确很大。当时，我常常在工作的缝隙里独自一人去田间、山林游玩，一边创作诗词，以抒发内心的郁闷，我的诗词集《浦云吟草》大多就是那个时期的作品。与其说在逃遁，不如说在寻找自我，而我在诗词中也确实找回了那个洒脱果敢的自己。那段时间想通了，就假设自己已经足够强大，勇敢地去做一些自己想做又应该做的事情，最好做好做大。

我身无所长，喜欢阅读和玩弄一点诗歌而已，虽然玩得不好，但也乐在其中。至少，这点兴趣爱好在关键的时候开解了自我。如果能够给予学生这种正能量的爱好，何况是一种既能提升学生的个人素养、熏陶他们情怀，又能提高学习成绩的爱好，何乐而不为？这比天天像赶鸭子上架一样逼他们读书背诵好多了，说不定还能对某个学生的人生起到意想不到的挽救作用。当然，这也是一种假设，但反过来想想，教育何尝不是一种假设，它并不是一种短期行为，一个人要成“人”必须有足够的素养，一个人要成才必须终身学习，培养一种可以贯穿一生的良好习惯，正需要读书时期的引路人具备这种“让学生赢在终点”的高瞻远瞩的假如上。我现在可以说，当年如果没有赵松元老师把我们当未来诗人看待，那样谆谆善诱，那种激情四溢的诗教，我们当中很多人估计不会爱上诗歌，也不会在毕业这么多年后还对诗歌爱不释手。如果说要模仿，那么我一定要“取法乎上”，跟随赵老师的脚步，用假设的眼光去看待教育，即便是小学生，也要把他们当成未来诗人，为他们打好基础，让他们具备长出翅膀的条件。于是，我开始了学校阅读和诗教特色教育的构建之路。

为什么要把阅读和诗歌放在一起呢？我认为阅读是产生诗思的土壤，诗歌是阅读激发出的灵光。没有一片丰厚的土壤，就无法激起耀眼的灵光。这点在传统诗词上可以直接感受到，没有丰富的积累和学养，“雅”不起来。而其实现代诗歌也一样，艺术审美的发生本身就有一定规律在里面，如果缺乏阅读思考，写出来的现代诗就会停滞不前，淡乎寡味。因此，我对诗教的定位是比较广泛的，阅读——传统诗、现代诗。当然，我还面临一些现实问题。

在一个一直以来只关注应试的农村学校里，搞阅读诗歌特色确实困难重重，或者说，在别人看来有点“怪诞”。家长们认为学校不务正业，要求孩子回到课程以内。老师们认为校长哗众取宠，搞活动增加他们的工作量，折腾不长久。观念真是一种可怕的力量。好吧！总有办法，不要急功近利，不要去强扭瓜。我确定了一个长期的目标，一边创设氛围一边培育瓜苗。先从氛围入手，我将图书馆搬到教室里，设立班级图书角，开展各种阅读写作活动。我在校园走廊楼梯能放得下的地方都贴上诗歌，传统诗、现代诗，我要用诗歌感染每一个走过路过的老师和学生。我让广播站朗诵诗歌，让老师和学生身在诗歌中。一段时间后，我发现学校的阅读氛围开始萌动起来，课余时间已经开始有学生自主阅读了，有些学生言谈间会不自主地出现一两句诗歌，这让我感到惊讶和欣慰，也给我继续做下去的信心。我开始组织成立校园文学社、创办校刊，让学校的年轻教师担任社长，组织各种文学竞赛，组稿投稿，让他们开始用文学去表达自己并进行交际活动。

其间，有很多盟友也为我提供了许多帮助，比如00级的程增寿一直在背后支持我。八年间，我在两个学校当过校长，开始搞阅读诗教也有七年了，这七年，两个学校的刊物——《硕果》和《榕树下》，无一不是出自阿兽（程增寿笔名）之手，阿兽是个有认识的教育者，也是个致力于推动民间诗歌的诗人，我认为做一份高质量的阅读诗教的刊物非他莫属，他是那种认真到每个字的大小规格都要考究的“强迫症”，恰好我也有点强迫症，要做就要做得最特别、最好，所以每次阿兽都会向我抱怨：排了十几个钟头，累死了！我便要像安抚孩子那样安抚他。我们一个愿打一个愿挨，这些年，这份刊物就成了我们学校阅读诗教推广的武器，在整个区域间流传着，每次学校有活动便会发一些出去。到目前为止，周边几乎无人不知道我们学校的阅读诗教特色教育，这份刊物功不可没。

我认为诗教是可以在不同的领域、不同的平台实施的。我可以在教育领域搞诗教，而黄春龙、阿兽则在民间领域实践，他们假设民间有很多遗落的诗人，他们搞城际民间诗会、省际民间诗会，用诗歌活动激活人们心中的诗歌星星之火，这几年确实推动了整个粤东民间的诗歌发展，这跟我假设学生都是未来诗人的初心如出一辙，所以我非常认同他们的做法。每一次诗歌活动都争取参加，在我工作的新亨镇，2016年3月，我们也合力举办了“揭阳新河流聊诗会”民间诗会，这种民间诗会主旨没有被商业或者某些其他意识形态覆盖，纯粹而专一，极其有效地点燃了人们对诗歌和生活的热情。当时的诗会也有很多我的学生参加，也给予了他们良好的熏陶，很多学生过后真正走进了诗歌。正因为诗教的路上有这一些志同道合又不计功利的朋友，才给了我有足够的信心和耐力在诗歌和诗教的路上一直走下去。

因为一直没有离开诗歌，在学校阅读诗教特色教育的构建上，每一年我都会产生一些新的想法并努力付诸行动。面对老师们的不理解，我开始把他们“送出去”，我觉得，教育理念的落后是他们不理解和不愿实践特色教育的主要原因。我把他们送到教育发达地区，深圳、广州，乃至浙江……让他们看看现代化教育的样子，看看人家怎么搞诗歌特色、搞诗教，他们的观念才会产生转变。因为我个人的转变很大程度上也是受到这种外出参观学习影响的，这些年我到全国各地学校参观学习，在频频发现了自己学校与别人学校的差距之后，在反复的对比思考之后，才形成了这样的特色教育的理念，因此，我深知走出身处的这口“井”的重要性。当然，刚开始大家都不愿走出去，他们已经习惯了安定，但努力不会辜负有心人，慢慢地，这种外出学习由做工作到争相报名，如今，我们学校的搞阅读诗教特色教育基本没有阻力，大家都乐意去做，也都慢慢知道怎么做。近两年，我们开始在学校全面推广诗歌诵读活动，把诗教的内容嵌入课程，每天有固定时间让学生学习、朗诵、吟唱。在大层面上，我们大面积提高学生的积累、激发学生对诗歌的兴趣。在这点上，我们成立诗歌创作小组，除了我自己会任课以外，一些老师也开始喜欢上诗歌，也会任课。我还利用自己文学圈的一些资源，不定时请一些作家、诗人到学校开设讲座、上课。一些学生作品，我们会组织参加外面的比赛或投稿。近两年，在《揭阳日报》的副总编郑培亮先生（原在韩师任教）的支持下,《揭阳日报》的公众号推出了诗歌专栏，我们，包括黄炎真师兄会不定时推荐一些好的学生作品，把学生的作品展示出去，让他们知道自己是“诗人”。是的！谁不是诗人呢？只要有一颗热爱生活、发现生活的诗心，你就是一个诗人。我们学校的阅读诗歌特色教育就是在这种大假设、慢节奏中构建起来的。当然，这也促使忝为主导者的本人保持着对诗歌的热情。

对于诗歌，我一直保持着“玩”的态度，凡传统诗词、现代诗歌、诗评均想玩个透。所幸没有玩物丧志，反倒在诗教工作中教学相长。我想，如果连自己对诗歌都没有认识，或丢失了热情，怎么去感染和指导老师、学生？因此，在老师和学生面前，我不忌讳谈自己的诗歌，也不忌讳“不务正业”地担任诗词楹联学会会长，更不忌讳被别人叫作“诗歌校长”，有时候我会被其他学校请去讲诗歌，有时候我会在各种文学团体上讲诗歌，就像我开篇所说的：要让事业感染上自己的特点，要打开胸怀，大胆假设，才能让你的事业朝着你想象的方向发展。

2019年4月份，我们学校作为揭东区校长培训点之一接受了全区校长的参观，学校第一次全面把阅读诗教特色教育展示在世人面前，我作为学校代表向全区校长做了关于阅读诗教特色教育的汇报，这意味着我们这些年的努力开始受到重视和关注，这是我感到骄傲和欣慰的事。

现代诗歌解读的三个切入点

许泽平

从胡适的《尝试集》开始，中国的现代诗歌已经走过了百年的发展历程，优秀的诗歌文本浩如烟海，但普通读者却觉得自己越来越难以读懂它们，纷繁的意象、缠绕的情感、跳跃的语言，使人望而生畏。不可否认，现代诗歌有其复杂艰深的一面，但并不意味着它是不可解读或毫无路径可寻的。当下大众对现代诗歌的困惑，部分的原因是要归咎到我们中学课堂在诗歌教学方面的滞后。有鉴于此，本文试图解决诗歌教学中最基础的问题：哪些方法有助于我们去解读一首陌生的现代诗歌？通往一首现代诗的切入点在哪里？

找准关键点：从“关键词”到“关键意象”

我的寂寞是一条长蛇，/静静地没有言语。/你万一梦到它时，/千万呵，不要悚惧。/它是我忠诚的侣伴，/心里害着热烈的相思；/它想那茂密的草原——/你头上的、浓郁的乌丝。/它月光一般的轻轻地/从你那儿轻轻走过；/它把你的梦境衔了来，/像一只绯红的花朵。

——冯至《蛇》

很多同学读现代诗歌时最大的困惑是找不准诗歌的关键点，经常读来读去，还是一头雾水，完全不知道诗人写的是什么，更别提理解了。以冯至的《蛇》为例，很多同学就看了半天还是搞不懂，明明题目是《蛇》，为什么下面写来写去，这个蛇一点也没有现实中蛇的那种形象，反而夹杂着什么“梦”“相思”“乌丝”“花朵”这些难以归类的意象，简直是一团乱麻，理也理不清。

现代诗歌解读的基本点，是要先弄清楚诗歌的关键词和关键意象是什么，以及它所要表达的内容。具体到这首诗，第一个问题应该是：“这首诗的关键词是哪一个？”聪明的学生很快会有两种不同的答案：“寂寞”“蛇”。那么，是哪一个呢？还是两个都是？原文以《蛇》为题，按道理“蛇”应该是核心，但，请注意首句：

“我的寂寞是一条长蛇”，“蛇”其实是个喻体，真正的本体是“寂寞”，也就是说，“蛇”其实是个障眼法，是为了增加诗歌的陌生化和艺术性，使它不显得那么直白，增加阅读的难度和诗歌的神秘性而设置的“障碍”，如果破开这个关卡，那么，这首诗的大意就变成：寂寞是我的侣伴，我寂寞是因为相思，寂寞走过你的乌丝，衔来你的梦境。

当然，如果诗歌变得这么直白，诗歌就不是诗歌了，因此，“蛇”这个意象便成为这首诗歌化腐朽为神奇的一个“关键意象”，正是“蛇”安静而热烈，忠诚而惊悚的形象，造成了全诗缠绵悱恻，又湿滑沉寂的氛围，换句话说，“寂寞”和“蛇”最终缠绕在了一起，被彻底地锲入了诗歌的肌理当中，再也无法拆开。所以，诗歌中“蛇”的形象其实并非现实生活中的蛇，而是被“寂寞”同化了之后的心理感受。

冯至的《蛇》关键词和关键意象只有一个，但有些诗歌，不同的句子有不同的关键词和关键意象，这就要求我们先分别读懂每个句子，然后再综合理解，下面以严力的《还给我》为例来讲这个问题——

请还给我那扇没有装过锁的门/哪怕没有房间也请还给我/请还给我早晨叫醒我的那只雄鸡/哪怕已经被你吃掉了/也请把骨头还给我/请还给我半山坡上的那曲牧歌/哪怕已经被你录在了磁带上/也请把笛子还给我/请还给我/我与我兄弟姐妹们的关系/哪怕只有半年也请还给我/请还给我爱的空间/哪怕已经被你污染了/也请把环保的权利还给我/请还给我整个地球/哪怕已经被你分割成一千个国家/一亿个村庄/也请还给我

——严力《还给我》

“还给我”三个字，作为题目，同时也是全文重复出现的字眼，当然是关键词，但是，如果不结合具体的语境，这个词的意义难以明晰。因此，我们要进入诗歌的细部，由句间的关键意象来揭开诗歌想要表达的内容。

开篇“请还给我那扇没有装过锁的门/哪怕没有房间也请还给我”，关键的意象是“没有装过锁的门”，因为这是诗人希望“索还”的对象。对此，我们要问学生的问题是：“门在什么情况下才不需要装锁？现在我们的门装锁吗？装锁是为了做什么？”问完这些问题，学生就会明白，现代社会人与人之间是充满了距离感的，但是，在前现代社会，在这个世界刚刚开始有房子的时候，不管是石头房子，还是木头房子，都是没有锁的，不仅没有锁，可能连门都没有。为什么？因为不需要！在那个时代，人们不担心偷盗，不认为自己的空间会受到侵犯，相反，他们和谐地自处，甚至房子本身，就是一个公共的空间，换句话说，人与人，是比较亲昵的，相互之间的怀疑、猜忌和不安全感是比较少的。

接下来三句诗，关键意象是“早晨叫醒我的那只雄鸡”，“叫醒”和“雄鸡”是必须追问的关键之处，我问学生的问题是：“现在每天叫醒我们的是什么？”“你有过被雄鸡叫醒过的经验吗？”“诗人怀念鸡叫，实际上是在怀念什么？”通过这三个问题，学生会发现，现代人已经告别了用雄鸡来叫醒的充满乡村气息的生活方式，取而代之的是闹钟，我们每天都在闹钟声中疲惫地醒来，日复一日地循环，雄鸡这种曾经在生活中担任“时间使者”的生物，在这个时代也完全蜕变成餐桌上的食物，悲剧恰恰在于，过去的人们，是在阳光明媚的早晨里遇见了雄鸡，而你，是在盛食物的盘子里遇见它，或许彼时，它已经成为一堆骨头了吧。诗人对雄鸡的悲悯，其实也是对人类社会越来越远离自然，变得越来越机械和冷漠，缺乏诗意和温情的慨叹。

紧接着，诗歌出现了“半山坡上的牧歌”这个意象，“牧歌”和“磁带”是相对的，一个是自然社会的产物，一个是工业社会的产物。我们可以问学生的是：“现在大家一般用什么方式来听歌？”“你有听过那种原生的山间里山民即兴的牧歌吗？”“磁带产生之后，我们失去了什么？”这三个问题，可以让学生发现，“半山坡上的牧歌”是即兴的歌唱，带着个体那一刻不可复制的情感体验，但“磁带”是现代机械大复制时代的产物，是原生态牧歌的赝品。在电影《海上钢琴师》中，钢琴师因为在船的舷窗里看见美丽的女孩，即兴弹了一首曲子，这首曲子被录下来，他想送给那个女孩，但最终没有送到。音乐商人想无限地复制那一张光盘，但钢琴师拒绝了，因为曲子，是他对女孩的心声，这是一个人对另一个人的私密情感，是唯一的，他不想它成为到处都可以听见的复制品，因此掰断了它，使得那一首曲子成为永远不可复制传奇：一次性的，再也无法复制和再现的唯一。正是这种连钢琴师本人也无法再现的音乐，成为它真正珍贵的根源。

诗歌的后面，还有关于情感、空间等的主题，但通过前面几个关键意象的分析，我们已经可以清楚地知道，诗人想要这个世界还给他的是一种纯真的状态，一种这个世界没有被污染之前的原初的状态，当然，再回到这种状态在今天几乎不可能，但即使不可能，诗人也不放弃呐喊的声音，这声音，带给我们巨大的震撼。

关键词和关键意象配合起来分析诗歌，可以说是一把利刃，只要你抓得到诗歌的关键，大部分的问题都会迎刃而解。

破译诗歌的情感密码：从“显性情感”到“隐性情感”

情感是解读诗歌的另一把利刃，在分析关键意象的基础上，如果我们能够敏锐地觉察诗人的情绪，那解读起来就更加事半功倍。请看以下例子：

姐姐，今夜我在德令哈，夜色笼罩/姐姐，今夜我只有戈壁//草原尽头我两手空空/悲痛时握不住一颗泪滴/姐姐，今夜我在德令哈/这是雨水中一座荒凉的城//除了那些路过的和居住的/德令哈……今夜/这是唯一的，最后的，抒情/这是唯一的，最后的，草原/我把石头还给石头/让胜利的胜利/今夜青稞只属于她自己/一切都在生长//今夜我只有美丽的戈壁　空空/姐姐，今夜我不关心人类，我只想你

——海子《日记》

海子的《日记》很多人熟悉，此诗的情感非常强烈，对姐姐的思念一眼就可以看得见。配合其他几个关键意象“戈壁”“草原尽头”“泪滴”“雨水”“荒凉的城”等，我们同时可以感到诗人强烈的孤独感，这种孤独感增加诗人对“姐姐”的思念。“姐姐，今夜我不关心人类，我只想你”，把“人类”和“姐姐”进行对举，一个无限大，一个无限小，但诗人对极为渺小的个体“姐姐”的情感却超越了对“人类”这个更需要道义担当的群体的情感，对举把诗人对姐姐的思念发挥到极致。但，诗歌的秘密却不仅仅在此，如果你稍微了解一下海子的身世，你就会知道，海子其实没有姐姐！也就是说，诗歌中念兹在兹的那个“姐姐”的形象，那个在诗人孤独到极点时唯一能依靠的形象，能给予他安慰的女子，其实是不存在的，诗人以一个不存在的形象来抚慰自己的孤独，恰恰说明了诗人内心的不可动摇的荒凉和悲伤，这就是为什么有“姐姐”这么一个温暖的形象存在，但全诗依然是孤独。

那么，从诗歌授课的角度，学生需要理解的是，如何去破译诗歌中的“显性

情感”和“隐性情感”。“显性情感”是那些一眼就能看明白的情感，但如果诗歌只能读到这个层次，那还是比较浅的，我们必须要让学生拨开诗歌意象的迷雾，去看清楚诗歌中隐藏的另一个世界。以上面的《日记》为例，读出海子对姐姐的温暖思念，只读出了诗歌的“显性情感”；读出了所有的孤独只是因为他连“姐姐”这样一个给予他温暖的形象其实都是自己虚构的，才是对到了海子真正的孤独。

我们必须记住的一点是，真正优秀的诗歌，即使看上去情感非常外露，也一定有一些局部的隐藏，就像中国的园林艺术，不可能让你一眼看到底。下面我们再举一例：

我是天空里的一片云，/偶尔投映在你的波心——/你不必讶异，/更无须欢喜——/在转瞬间消灭了踪影。//你我相逢在黑夜的海上，/你有你的，我有我的，方向；/你记得也好，/最好你忘掉，/在这交会时互放的光亮！

——徐志摩《偶然》

如果从“显性情感”的角度来看，诗歌讲的是云和海的偶然相逢，在交会时刻，它们之间有过“光亮”，但诗人希望对方能“忘掉”。这是诗歌字面上的情感，但如果仅仅只能读出这些，那就真的是煞费了志摩先生的一番苦心。其实，诗人的情感，从头到尾都隐藏得很深，我们要像剥洋葱一样，层层地把它剥开。剥开之后，你甚至会发现，这是一首情诗，它是写给一位偶然相爱而后又天各一方的情人的。

第一段写相逢：“我是天空里的一片云，/偶尔投映在你的波心——”，“我”是“云”，“你”是“海”，这是象征手法。当云投影在海的波心，其实结局早已被注定，云和海之间，遥遥相望，就像两条平行线，永远无法相交。但即使是这样，云、海之间，还是产生了情感，但这样无结局的情感只能是痛苦，于是，诗人写道：“你不必讶异，/更无须欢喜——/在转瞬间消灭了踪影”。这是一种极度痛苦之后的故作潇洒，诗人明明是希望“你”在遇见“我”的时候会无限欢喜，无限快乐，但，在诗歌中，诗人非常残酷地对待自己，他把情感收敛到极度，他宁可让“云”承受最大的伤痛，也要保护“海”，让她能走得没有内疚和牵挂。

第二段写的是相逢之后的分离。漫漫人生路上，总有一些你以为无比重要的人在最后却擦身而过了。“你我相逢在黑夜的海上，/你有你的，我有我的，方向”，既然方向已注定，再多的不舍也无法挽回这段情感，那么，就让“我”独自承受吧，于是诗人写道：“你记得也好，/最好你忘掉，/在这交会时互放的光亮！”其实诗人是念念不忘这一段情感，念念不忘那年我们“交会时互放的光亮”，他是极其强烈地希望对方也能记住这种“光亮”的，但是，写出来就全不是这么回事了，他把“显性情感”压低到最低限度，却在“隐性情感”中充满苦痛和挣扎，正是这种不能说出的情感感动了我们，而让诗歌升华到一个新的高度。

识别现代诗歌的几种常用技法

诗歌的关键词和意象指向的是诗歌的内容，诗歌的情感指向的是诗歌的灵魂，掌握了这两个点，基本上我们就读懂了诗歌。但是，在纷繁的现代诗歌中，有时候语言会像迷雾一般遮住了你的阅读，因此，懂得诗人常用的几种技法是非常重要的，就像比武，如果你一眼看穿了对方的招数，那拆起招来就方便多了。

一、陌生化

“陌生化”原本是一个文学理论概念，是俄国形式主义的核心，后来被广泛地运文学创作中。所谓陌生化，就是要在语言上偏离我们的常识，要赋予事物一种新的感觉、新的意义、新的生命力。日常生活中，人们往往会对眼前熟知的事物视而不见，“陌生化”就是要通过语言塑造一种全新的感知方式和审美方式，以恢复人们对生活中诗意的敏感度。举个例子，“他在等你”是一句日常话语，而“他为了等你，已经站成了街角的一棵树”就是一个陌生化的意象。

现代诗歌中“陌生化”的语言到处可见，随意举几个例子：

“最是那一低头的温柔，/ 像一朵水莲花不胜凉风的娇羞”（徐志摩《沙扬娜拉》）

“我的寂寞是一条长蛇”（冯至《蛇》）

“当守门人沉睡/ 你和风暴一起转身/拥抱中老去的是/时间的玫瑰”（北岛《时间的玫瑰》）

在以上几个例子中，徐志摩把女子的低头比作水莲花的娇羞；冯至把“寂寞”

形象化为“蛇”；北岛把“不可触摸”的“抽象时间”变成了可见可闻可感会枯萎的玫瑰，这是具象化的物品。在方法上，陌生化经常运用通感、比喻、拟人等手法来使原有的诗歌意象变形，从而使事物变得新奇，充满诗意。

二、蒙太奇

蒙太奇最初来自法文montage，原为建筑学术语，意为构成、装配。现在是影视作品创作的主要叙述手段和表现手段之一。蒙太奇把原本没有联系的镜头通过视觉的跳跃近乎完美地结合起来，独立存在的事物，在蒙太奇的组节下，可以生成有意义的文本。作为一项技艺，蒙太奇在现代诗歌中相当常见，以顾城《弧线》为例：“鸟儿在疾风中/迅速转向//少年去捡拾/一枚分币//葡萄藤因幻想/而延伸的触丝//海浪因退缩/而耸起的背脊”，这首诗的每一节为一个镜头，四个镜头通过不相关的事物共同表现了优美的“弧线”存在于自然和人生的每一个角落，单独的镜头本身都是日常生活中随处可见的事物：“鸟儿—少年—葡萄藤—海浪”，而且这样的组合也看不出什么必然的逻辑性，但是当这些镜头组合在一起的时候，它们之间能够不断“回闪”“切换”，彼此之间就形成了的张力，造成了诗歌的美感，这就是蒙太奇的神奇之处。

三、对比

诗歌长于表现情感，而人们的情感往往不是平淡如水，它总是存在起伏，存在正反两面的情绪，而事物只要产生两面性，常常会形成“对比”。对比往往通过事物之间的对照、对举、相衬而产生出来原来没有的张力，表现出更强的情感力量。

北岛著名的诗歌《回答》就有很经典的对比。如“卑鄙是卑鄙者的通行证，/高尚是高尚者的墓志铭”一句，把“卑鄙”和“高尚”进行比较。揭示出世界的丑恶之处恰恰在于，卑鄙的人用卑鄙的手段做了一切卑鄙的事情，却无比快活地活着；而高尚的人却因为“高尚”付出了惨重的代价。这种鲜明的对比，表达了对世界不公的无尽愤怒。我们再看一个例子：

当我年轻的时候/在生活的海洋中，偶而抬头/遥望六十岁，像遥望/一个远在异国的港口//经历了狂风暴雨、惊涛骇浪/而今我到达了，有时回头/遥望我年

轻的时候，像遥望/迷失在烟雾中的故乡

——曾卓《我遥望》

在一首如此短的诗中，诗人把“年轻的我”和“老年的我”并置在一起，好像隔着港口在遥遥相望，形成了强烈的对比：年轻时遥望六十岁，觉得太过遥远。而今，诗人老了，却发现年少的时光，如同迷失于烟雾中不可触摸的故乡，再也回不去了。在“少”与“老”的对比结构中，人生的沧桑被一笔带过，而时间却凸显了出来，仿佛诗人是一下子就苍老了似的，就那么一遥望，一回头，人生就要结束了，这种时间的飞逝之感，荒凉之感，切肤之感，一下就表现出来了。

四、回环和重复

现代诗歌经常会运用“回环”或者“重复”的手法，以营造诗歌“回环往复”的音乐感，同时强调和再现诗歌的情感和主题。请看例子：

她这一点头，/是一杯蔷薇酒；/倾进了我的咽喉，/散一阵凉风的清幽；/我细玩滋味，意态悠悠，/像湖上青鱼在雨后浮游。//她这一点头，/是一只象牙舟；/载去了我的烦愁，/转运来茉莉的芳秀；/我伫立台阶，情波荡流，/刹那间瞧见美丽的宇宙。

——曹葆华《她这一点头》

这首诗读上去非常有音乐感。细看这首诗的外在形式，我们可以发现，这首诗的第一节和第二节在形式甚至字数上完全相同。因此有一种奇异的乐感，它会让人产生回环往复的感觉。正是这种形式，把“她”的美感表达得淋漓尽致，从中也可以读出诗人对“她”的着迷和爱恋。

你在干什么/我在守卫疯人院//你在干什么/我在守卫疯人院//你在干什么/我在守卫疯人院//我写诗，拔草，焚尸/数星星，化装，流泪

——余怒《剧情》

余怒的《剧情》是把回环和重复用到极致的典型。全诗四节，竟有三节是一模一样的！正是在这样拙到极点，却也是妙到极点的重复中，我们看到了令人惊

心动魄的坚守的力量。

世界上最艰难的事，莫过于坚守所有的人都认为是疯狂的事。在现代社会，疯人院是一处人们唯恐避之不及的地方，它寓意着疯狂、残忍和蒙昧，这是现实世界的绝对边界。换句话说，现实世界只存在于疯人院的院墙之外。但所有看过美国电影《飞越疯人院》的人都会明白，疯人院里不乏和我们一样正常的人，只是他们被贴上了“疯人”的标签，结果活生生从正常人被逼成了“疯人”。

如果一个人敢于去守卫疯人院，他一定是看到了这个世界的颠倒之处。“我写诗，拔草，焚尸／数星星，化装，流泪”这一句，包含了太多复杂的情感。有对世界扭曲的控诉（如“焚尸”一词）；有对不得不委曲求全的现实的悲哀（如“化装”一词）；有对美好纯净世界的向往（如“拔草”“数星星”两词）；有对坚守之艰难心酸（如“流泪”一词）。这所有的情感胶着地汇聚在一起，成为冲击着我们内心的河流。余怒守卫的，不仅仅是疯人院，也是我们心中所有珍爱的事物。

作者简介：许泽平，教育工作者，诗人，青年评论家。

小学语文诗歌教学心得随笔

方锐升

中国的诗歌文化源远流长，诗歌的雏形据说是出自上古时期的原始部落，人们在一起围猎、农耕时，为了活跃气氛或者为了集中力量，而从口中发出合乎音律的声音，这就是最早的诗歌。现在社会仍存在类似的情况，像某些地区仍广泛流传的《夯歌》，没有什么实际意义，只是劳动人民根据音调的抑扬顿挫，配合起来打夯。

我国真正意义上的诗歌出现，是两千多年前《诗经》和《楚辞》时期，历经多个朝代的传承与变化，慢慢形成了固定的规则和句式；五四运动前后，现代诗在中国流行，在倡导白话文的运动中，现代诗占有了一席之地，古体诗渐渐没落，从人们的生活中淡出。

无论是古体诗还是现代诗，都是中国文化几千年来的积淀，我们生长在这种诗歌的国度，更应该利用诗歌来陶冶我们的情操，磨砺我们的性情。

作为一名小学语文教师，我们担负着教育祖国下一代的重任，将诗歌教育引入小学语文教学是很有必要的。在《义务教育语文课程标准（2011版）》(以下简称《新课标》）中，就有提到：在小学低段，要诵读儿歌、儿童诗和浅近古诗，展开想象，获得初步的情感体验，感受语言的优美。诗歌作为语文教学中必不可少的一部分，结合《新课标》的要求，我在语文教学中，注重了在小学低段引入诗歌教学，对学生进行诗的熏陶。

世界上从来不缺乏诗意，缺乏的是发现诗意、捕捉诗意的眼睛。在对小学低段的学生进行诗歌教育时，要多用感性的语言，因为学生所处年龄段的特点，不大能听懂抽象语言，我们要用具体的语言，通过丰富学生的想象力来激发他们的兴趣，向他们展示诗歌之美。

诗歌的教育过程，就是美育的过程。在这个过程中，载体是诗。诗，有音韵上的美，读起来朗朗上口；有排列上的美，或整齐，或长短参差；有意境上的美，寥寥数语，便可勾画出特定的气氛。现代诗歌还有其独特的质朴美。诗歌教育，就是教学生认识美，并深入了解美。

对现代诗的教学也不能仅仅停留在诵读上面，要引导学生动手画，动脑想。画出感觉新奇的句子，想象成自己就是诗人，贴着诗人的心去揣摩。探究字里行间诗人的情绪波动，感情轨迹。在诗歌的教育教学过程中，我归纳总结了以下几点。

一、欲知诗，先知事

诗言志，诗歌都是通过艺术类的语言诉说作者内心的诉求或宣泄内心的情感，喜怒哀乐都是包含其中的。相对于古诗词的含蓄内敛，现代诗则直白开放，直抒胸臆，表现生活的语言入诗，但要精确理解现代诗，离不开对成诗背景和作者本人生活轨迹的了解。

因为诗歌在创作过程中有许多故事，了解了这些故事，就能设身处地地站在作者的角度来理解；成诗的时代背景也很重要，如古诗中的《早发白帝城》，我们如果知道了李白是遇到大赦天下而重获新生，那这首绝句读起来就自然会有欣喜的神色。

二、勤诵读，勤识记

诗歌，归根到底是拿来读的。《新课标》也有要求：小学低段背诵优秀诗文50篇（段）。在语文教学中，我们也一直倡导勤诵读，只有在反复的诵读中，才能快速完成识记，而通过理解的识记过程便会更加容易。诗歌的朗读，分为个人读和班级齐读。齐读，主要展示诗歌的韵律和气势；个人读则更倾向于“浅斟低唱”，慢慢揣摩诗歌的意境。古私塾里的摇头晃脑读诗法，多半就是个人读，在自我沉醉、自我理解。

我习惯把读诗分为两个阶段，第一是略读，风卷残云般过一遍，知道写的什么，作者是谁，用极短的时间进入诗歌趣境；第二是精读，可以采取老师范读，学生领读的方式，更深入地进行诗歌沉浸，带着课后的问题，边读边思考。

诗歌的精髓在于，用简单的文字描绘出不可言喻的画面。我们还可以利用教具，如挂图、音乐、多媒体课件等，向学生展示诗歌里的场景，把抽象的文字变成形象的画面，这样能加深学生对诗歌的印象，对诗教工作有积极的促进作用。

三、广开言，勇创新

语文课堂是教学相长的过程，是师生情感的交流与互动，是思维碰撞与学生语文技能训练的场所，不是老师的一言堂。当我们开始一首诗歌的学习时，最常问的问题就是“你从诗歌中读懂了什么”，这个问题会有千奇百怪的答案，可能全班四十几个人会有四十几个不同的答案。

此时教师的引导就显得特别重要了。首先教师也要参与到讨论中来，以循循善诱的态度，引出诗歌的重点，潜移默化中让学生知道诗歌所表达的含义和所流露出的感情。

只要学生的答案是从是诗歌中领悟而来，即使不是诗歌主要描述的东西，教师也必须要给予积极的肯定和认同。肯定的是学生按要求读了诗歌内容，并且更加细心地发现了其他同学没发现的问题。

教师在教学过程中不可死板，同一首诗歌的解读有千千万万，不妨让学生借机发散思维，跟着诗人的诗篇放飞想象，加深印象。

四、创情境，品韵味

中国传统诗歌讲究“诗中有画，画中有诗”，诗歌教育的重要目的就是要让学生领略到这情景交融、妙不可言的意境美。这对语文老师是一个挑战，因为低段的学生还不能很好地品析美，这就需要教师通过各种形象的手段向他们展示。让学生不仅能体会到诗歌的魅力，更能受到诗歌的熏陶，从而慢慢形成一种气质，就是我们平时所说的“文气”。

原是人教版三年级上册第三单元，现为部编版三年级第二单元的一篇课文《听听，秋的声音》，教学此篇时，我利用多媒体课件，创设出秋风阵阵，落叶片片的情景：在湛蓝的天空中，白云朵朵，秋风吹过，传来几声大雁的鸣叫，草窠中蟋蟀歌唱着，田野里一片金黄。学生看过后，纷纷表示这就是我们常见的秋天，然后再读课文，取得了事半功倍的好效果。

五、多拓展，多沉淀

从王荣生的《语文科课程论基础》以及吴忠豪教授的《从教课文到教语文》等都在强调：教师教学，不能教教材，而要用好教材，要创造性地理解、使用教材；

教材无非是一个例子。现代诗歌教学也是一样，我们要利用教材中的诗歌，举一反三，授之以渔，将来再读其他诗歌的时候，能充分利用已学知识加以理解、悟化。

我比较喜欢讲悟化，字面意思就是领悟、消化。领悟的是别人的东西，消化后就是自己的东西。我们要给学生独立的思考空间，同时也要适时地对诗人的其他作品，或同一主题的其他诗歌进行相关拓展。经过积累，学生积累的知识点越来越多，认识了越来越多的诗人，对中段以上写作文时的词汇量多少造成直接影响。

六、提倡仿写，不怕笨拙

所有的美好事物都有其艰难的发展过程，再伟大的诗人其第一篇诗作也未必就是千古绝句。所以在诗歌教育的完善阶段，我们应该大力倡导学生仿写教材中的诗歌，用自己的语言表达自己的感情，我手写我心。

例如，教学部编版二年级上册《树之歌》时，由于诗句浅显易懂，我安排了学生们模仿课文形式写一段话，学生的作品真的让我大吃一惊：太阳红，鲜花艳，小草绿叶是伙伴。杨树直，杨树高，春来杨絮飘啊飘……虽然有些青涩和稚嫩，但是我们能看出学生们是真的用心仿写了，特别是那个杨絮飘，直接跨越了眼前的季节，不得不佩服他们，童趣也是一种美。

熟读唐诗三百首，不会吟诗也会诌。诗歌这种朗朗上口的文学体裁，很能吸引学生。在他们学了、读了足够多的诗歌后，不可避免地自发地仿写。教师要大胆鼓励他们放开手脚去创作，不要束缚自己的思想，尽情发挥，虽然带着稚嫩、笨拙，但是里面会有另一种美的东西在里面，那就是童趣和童真。文学的极致就是返璞归真，童趣是最美好、最单纯的。

一般学生的仿写会经历以下过程，首先是依葫芦画瓢，有样学样，在这个阶段学生注意的大部分是字数和句尾的对韵，难免有些词句特别牵强，因为此时他们的思想还不够开放；其次是把着眼点放到诗歌的意境上，追求好的意境，至于什么字数、韵律完全可以统统不管，这个阶段容易出现的问题是堆砌词藻、内容空洞；接着的阶段就比较成熟了，学生已经能非常自如地驾驭文字，言之有物，写出自己内心的真实感受，这个阶段需要注意的问题就是引导学生继续勤于观察了。

以上是我在小学低段诗歌教学过程中的一些感想。

诗心处处

黄立荣

接赵松元教授电邀，我颇为难。想专章谈一谈诗教种种，委实心虚。第一，我不是正儿八经的诗人，也从未标榜过自己是一个诗人，也不加入任何一个诗歌组织和团体。但我对诗歌是发自内心的挚爱，我常说自己最多是一个诗歌业余爱好者。第二,十几年来我虽零星获得过一些诗歌比赛奖项，也陆陆续续在报纸、杂志上发表过一些短章，但一则数量少，二来奖项名头也不足以提高我的咖位。第三，我没有自成一家的诗歌理论，著作更不能等身，锱铢累积多年也只汇成薄薄一册现代诗集。第四，列入本书中的人物非名师即名诗（名诗人），我滥竽充数于其中，颇有鸡立鹤群之感。故若大言不惭煌煌谈诗论教，实有充大尾巴狼之嫌。但赵师几番热情相邀，盛情难却。故斗胆将自己粗陋见措，献诸君前。

必须承认，从教前十年，在诗教版块，我从未涉足，一片空白，我也曾自我安慰道，这是一张白纸，我完全可以用诗歌的彩笔在纸上描绘出一幅美丽的蓝图来。近年来，身边一些优秀的同行在诗教方面进行了一些探索和尝试，也取得了非常优秀的成绩。这让我深受启发和鼓舞。我也萌生了进行诗教的念头。但理想很丰满，现实很骨感。该教谁，教什么，怎么教，教不好怎么办？这些都是困扰着我的一个个客观难题。

该教谁是首先必须考虑的问题。我是一个高中语文教师，如果在自己任教的班级大规模进行诗教，明显跟学校统一制定的教学规划有悖，如此一来，就要承担一定的风险。班级整体语文成绩好，那自然皆大欢喜。万一成绩不好呢，那就有点说不清道不明了。在高考的压力下，在体制内，进行教学计划之外的语文专题探究活动，包括现在炒得很热的“整书阅读”活动，都不可避免会受到种种限制。推行这些活动都有那么点带着镣铐跳舞的意思。我说这些，话糙理不糙，在一线教学的语文老师们应该都深有同感。除非是碰上特别开明的主管领导。

考虑再三，我选择了学校的“渊泉文学社”作为试点，把诗教作为语文第二课堂活动来进行。文学社的成员总体比其他同学更有接近诗歌的意愿，也具有相对较高的文学素养，具有更高的可塑性和可操作性，教学效果也相对好一些，也能降低一些成绩方面预估的“风险”。

教学内容，我也是反复地斟酌，最终还是选择白话诗作为教学的主体。白话诗语言贴近生活，不受格律和体例的限制，入门门槛低，在学与写方面有较大的空间，也更符合高中生的年龄特点和学力水平。我内心其实更喜欢古典诗歌，也更倾向于与古典诗歌的教学，无奈心有力而力不足，自身水平不足，故不敢滥竽充数，恐误人子弟。

接下来，我讲一讲在诗教过程中我常用的一些小方法：

诵读法。诗歌的语言凝练，节奏变换快、韵律强。要学诗，必须先读诗，一是积累素材，二是培养语感。教学之初，我要求学生读通读熟诗句，还要读出应有的节奏感，初步感知诗句内容和情感。在熟读了之后，我会要求学生背诵全诗。俗话说，书读百遍，其义自见，把诗背熟了，读透了，学生才容易真真切切地体会到、把握住诗歌的意境、情感这些东西。互联网上一些佳作名篇的朗诵作品比比皆是，我也取之作为范读的材料，让学生在范读中去感受作品的艺术感染力。

分组探究法。我将学生分成小组，以探究的形式，布置小作业或小论文，以任务来驱动他们学习。百年的新诗史，时间不长。我用了三节课的时间，从胡适和《尝试集》讲起，以时间为轴，把湖畔派、新月派、象征派、现代派、七月派、九叶派、现实浪漫派、朦胧诗派、第三代诗群、口语诗派、知识分子写作等诗歌重要流派走马观花式展示了一遍，也提起各个诗歌流派的写作特点以及代表诗人。让学生对新诗的诞生、成长和目前苟延残喘的生存状态有一个大致的了解。我再让各组同学自由选择最为钟情的一个流派和一个诗人作为学习标的，在网络上搜集相关的信息，并加以概括，摘拣信息，做读书笔记。信息内容如该诗歌流派的艺术风格、诗歌主张、代表作品等。从而在学习上由面到点，紧跟标的，有的放矢，达到小而精的效果。

整体感知法。我们读诗的时候总会有这样的感觉：诗歌中有许多妙处往往只能意会，难以言传。在教学中，我认为不应该去追求弄懂每一个句子的意义。比如读朦胧诗，我们往往很难准确地捕捉某一个诗句的所指。如北岛诗集《太阳城札记》中的《生活》一诗，全诗仅有一个字：网。像此类的诗作，我们实在是很难从字面上去解读的。因此我将教学的重点放在引导学生去体会诗歌所选用的意象、所构筑的意境、所抒发的情感、所所塑造的形象上。立足这些基础上，启发、诱导学生以读书笔记的形式来重现甚至重构诗歌的内涵。

调动经验法。在鉴赏有些生活色彩比较浓厚的诗歌时，设法让学生调动自己类似的经验，从而走进诗歌中去，去品味、去咀嚼、去吸收营养，想方设法让学生调动自己的五官感觉，走进诗歌中去，把握诗歌的深层意蕴、言外之旨。诗歌来源于生活，如果在现实生活中，学生有着跟诗人相似的生活轨迹、情感经历，显然诗歌文本更能引起他们的共鸣，为他们所喜爱。例如，解读舒婷的名作《致橡树》。作者是以另一棵树的视角对橡树进行抒情。两棵树并肩立在一起，历经风雨，它们到底是什么关系？是长幼？是情侣？是朋友？启发学生将自身代入到诗歌当中，自然能够更深刻理解诗歌的内涵。

以练代学法。说一千，道一万，学了再多的理论、技巧，不进行写作练笔都是枉然。常言道，是骡子是马，拉出来溜溜就知道了。学以致用最直接的方法莫过于让学生进行写诗练笔。一开始，我让学生写现代诗，学生是比较抗拒的。有的很直白地说："老师，我不行，我不会，我没勇气写出来!"我回答："胡适的《两只蝴蝶》看过没？你就写《两只蜻蜓》，把蝴蝶换成蜻蜓，你的水平就跟大师的水平是一样一样的。"有的说："老师，怕写了笑死人。"我说："放心。我家属不会让你偿命的。"一对一答，总引得学生们哈哈大笑。很多学生打消了自己的顾虑，有模有样地写起诗来。

写诗练笔也要注意循序渐进。一开始，我对学生的要求就是没有要求。不限内容、不限字数、不限行数，不限主题，想写什么就写什么，想怎么写就怎么写，一天一首，每天必须完成。学生一看原来随便来几行就是一首诗啊，都写得欢。我趁机让他们定期举办一次作品朗诵会，把自己一个周期内认为最得意的作品在讲台上朗诵出来。当然，有些诗作很稚嫩，甚至有些让人忍俊不禁。朗诵者在台上读着读着自己情难自已，笑弯了腰，台下的观众抱着肚子哈哈大笑的情形不时上演。整个社团学诗、写诗的氛围变得轻松、自由、愉悦，同学们也渐渐丢开了思想上的顾虑，写作更加自由、大胆，也更用心了。

再后来，我对写诗有了明确的要求。行数、字数、主题都要求按一定的标准执行。但学生们此时已经是身经百战的"老江湖"了，也能应对自如。在这个过程中，我一再强调诗歌写作的目的是为了讴歌真善美，我不认为这是假大空，相反地，我们的生活需要更多的正能量。我还组织一些同题诗赛，鼓励学生们积极参赛，进行PK，这些都收到了很好的效果。学生们写诗热情高涨，也涌现出了一批不错的作品。我便把这些作品选送到学校的校刊，推荐去参加一些诗歌征文比赛，取得了一些小小的成绩。

方法很多，难以枚举。在中学诗教方面，我才刚刚起步，经验远远不足，所以写作此文时我可真是搜肠刮肚，冥思苦想，恨不得能脑补出什么显著的成绩来给自己贴金，但遗憾的是并没有优异的成绩可写，更深感路漫漫其修远兮，我辈仍需努力。但据我统计，一年的诗教活动下来，确确实实在学生中渐渐掀起了一股读诗、学诗、写诗的风潮，甚至影响到家长，有几个家长也加入到写诗的行列中。学生们把学习的范围由白话诗扩展到古典诗歌，收到了实实在在的好处。很多同学以前试卷上6分的古诗文默写题目，以前只能拿个两三分，现在基本能拿四五分，甚至拿满分了。一个女学生告诉我，现在看到花开花谢、燕子归巢、云卷云舒、清风唱晚，都会忍不住想写出一两首来。我想诗教对于人发现美和感受美作用真的是潜移默化的。

我深深知道，在诗教的道路上，会牺牲自己的课余时间，会产生不知所措的迷茫，会面临着学科成绩的压力，但这些都敌不过“情怀”二字。我想起一个资深语文名师说过的一句话：咱们教语文的应该都是有情怀的人。只要保持着一份情怀，挥斥着一腔诗情，用最纯真的心发现去赞美生活当中的真善美，则诗心处处，物物为诗。

寓教于田园

陈春薇

2013年秋，我来到河溪中学任教。

学校地处山丘，旁依水库。一条寂静的小路徐徐斜上，从繁杂的乡镇通达于宁静的校门。路两旁有良田美池桑竹之属，盛夏时满池田田的莲叶，拥簇着凉风吹拂的水莲花，深秋时会看到一畦畦金黄的稻田，还有田埂上戴斗笠的农妇。水库下是一片青碧小湖，倒映着周围的茂林、天上的云光、四季的日月星辰，作为自然鸟类保护湿地，这里居住着鹭鸶，飞展双翅，载着林间的晨露、山头的晚霞，在山林田野中点缀着一抹抹的雪白。最妙的是湖边一颗枯树，老化的枝干不见一片新叶，却有高古的韵味。总而言之，这里是一个读书的静好去处。

然而大多数学生没能体会这份宁静的妙处。这些高中生情绪敏感，热血沸腾，正处青春期的心灵在学习的高压下躁动不安。作为过来人，我深谙其味。这并非没有缓和的良方。正如荷尔德林在诗中呐喊："人充满劳绩，但还诗意地栖居在这大地上。"在繁重的学习生活中，保有一颗诗心，青春才能充满情味。

如何保有诗心，这需要依托于教师的教化。如何诗教，除了课本中的诗文教学，我认为将诗与现实结合，才能达到最好的效果。当下我们处在一个极富田园风情的环境中，而曾经在田园中怀着诗心生活的人，不正有陶潜吗？我希望能够将隐士文化和学生的现实生活联系起来，让一份冲澹的情怀融入到他们新鲜的心性中去。

但是，隐士文学似乎离学生的生活太遥远。如何将两者有机结合，这是一个问题。我们鼓励他们好好学习，也即鼓励他们积极入世。那么我们如何为他们解释"隐士情怀"，如何教会他们看待出世心理，又如何引导他们在这些哲人身上看到某种光芒。现在网络常见一些隐居的报导，某人前往某山筑庐而居，身着素服，手捧经书。但是，这是否就是隐居的真髓？或者换个说法，这是否是当代人，尤其是学生族应该向往的生活？很明显，并非如此。我们用“隐士文化”进行诗教，无非就是为在高压的学海中苦苦作舟的学子，提供另一种气质迥异的观世法，去看待生活和自我，从而达到温柔敦厚的性情、调和静澹的心境。

中国是诗之国，诗教也是我们一个传统，在先秦，孔夫子编《诗》教育，开创先河，所谓“不读诗，无以言”，极力强调诗教的重要作用。而魏晋之后，文人诗成为中国文学的主流，人们通过创作诗歌，进行自我情感的抒发，并希求对社会产生影响。对高中生进行诗教，主要着力于用诗进行教化，开悟性灵之后，再谈引导他们创作。

高中诗教不能脱离课本、脱离学生原有的知识体系。但是纵观高中粤教版语文课本，陶渊明仅有《归园田居（其一）》入选其列。这并不意味着“隐士文化”诗教有巨大局限性。高中诗教，不仅仅是对一首诗的教学，更是通过一首诗，最大程度还原一个诗人形象，从而谱写一部诗人史，提炼一种诗人品格，建立一个诗歌体系。让学生以这个诗歌体系为基础，为以后的自主阅读提供系统观照。

《归园田居（其一）》是陶渊明心声的代言之作，通过它，我们完全可以建立一个陶渊明文学体系。首先，要联系学生之前学过的陶氏文章，引发初印象。初中时学生已经学习过《桃花源记》《五柳先生传》《饮酒（其五）》《归园田居（其三）》，对陶渊明有一定的概念，在这个基础上来解读《归园田居（其一）》，是非常简单的，但要建构一个知识体系，则需要教师的帮助。教师可以通过点破诗眼“归”，来设置问题：“为何归去？归往何处？归去如何？归后何感？”引导学生去认识陶渊明。

他的“归”是内外因素的双重作用，首先“少无适俗韵，性本爱丘山”直指他自身性格的本质，此乃归去来的内因。陶渊明是一个很有自我认知的人，《五柳先生传》就是他人格的写照，他知道自己是谁，有什么爱好，想要什么，应该怎么做，所以说他并非浑噩度日之辈。但是时代生活能否给他提供自己想要的完美环境，这个问题对于任何人，答案都是否定的。因而这是要给学生重点提及的一个方面。他生活在典午大乱之后，乱世求生，本就艰难，何况他这种无争的性格。其父早死，家有五子，他必须负起家庭重担，种田是没有办法糊口的，所以他求官，但在他看来，这不过是“误落尘网中，一去三十年”，他性情于官场中格格不入，“尘网”是归去的客观因素。然后有了后来非常著名的“不为五斗米折腰”而解印归田的故事。我相信，这必定要经过多少个辗转反侧的夜晚才能下定如此决心，但这恰恰也可见他有着何等勇气、何等品格！由此要引导学生认识到，在人生某些关键的路口，做的决定好与坏，取决于是否展现了个人风骨。一个风骨铮铮的人，即使不为俗世所容，但放在历史的角度去体量，他傲立风前的形象总是伟岸的。

陶渊明的品性在这时候迸发出了光芒。如果本身并非明珠，何以发光？在做官期间，他的家人仍旧留在家里种田，可见其为官之清廉，唯一可考的"腐败"就是派了一个劳力帮助儿子种田，但他特地写信叮嘱："此亦人子也，可善遇之。"几个字掷地有声，肝胆可昭日月。如果不是在胸怀中藏着一颗慈悲之心，他也无法在生活中保持这份清净之念。这是我们必须让娇生惯养的现代孩子认知的一点，人道主义能够净化自己的心灵，从而将这种美化心灵投放到生活中，避免与同学的冲突，对家长的叛逆，于学习的反感。

心境澄明的陶渊明归来了，他赋了《归去来兮辞》，字里行间满溢着欢欣，归来的生活真的如此完美么？首先我们应该为学生拨开历史的迷雾，找到生活的真相：那一位荷锄在月下踽踽独行的农夫为何面色凝重？你看，"种豆南山下，草盛豆苗稀。"种田是生活的主要来源，但也是一种极不稳定的来源，因而陶渊明经常"离忧凄目前"，在笔墨里寄托他的忧愁，"田家岂不苦？弗获辞此难！"他鼓励着自己，通过田园的体力劳动，认识到躬耕带来的真切意义，打破眼前的界限，从田园中汲取平和的氛围，朴实的生活为心灵灌溉了祥和的泉水。在这样艰辛的日子中，他深入生活，勤勤勉勉地劳作，也体会到最宁静的乐趣："采菊东篱下，悠然见南山。山气日夕佳，飞鸟相与还。"这不就是河溪中学附近触目可见的景象吗？在教学中，我们应该将陶渊明诗歌中的田园风光移位于现实，将诗中之境和眼前之景对应，互相契合的同时，互相衬托，让诗的光辉流注于外物，引导学生发现生活的诗性之美。物质世界与陶渊明的心灵互动生趣，"久在樊笼里，复得返自然"，田园的风光陶冶了他喜乐的心态，眼前的一切也都感染了他宁和的气息，他热爱这样的生活，不禁感叹"衣沾不足惜，但使愿无违"。是的，只要是为了自己的理想，生活那些琐碎的辛劳又算得上什么呢？这一点，是苦苦挣扎的学子们应该向他看齐的。

陶渊明还有一种平易近人的特点值得我们注意，其中彰显了他人格上的天真趣味。他不是冷漠淡远地对待旁人，而是怀着热情在生活。后代评价他是"隐逸诗人之宗"，但不代表着他故作高姿态。他住在什么地方呢？"暧暧远人村，依依墟里烟。狗吠深巷中，鸡鸣桑树颠。”他是在非常普通的农村中平静地生活，而非跑到深山里，明明消耗着物质世界，却标榜“不食人间烟火”。那么，同样在农村生活，他“隐居”与常人“过日子”的分水岭在哪里？请看“结庐在人境，而无车马喧。问君何能尔，心远地自偏”。心态的陶然，使得他的生活被赋予了诗的意境。“户庭无尘杂，虚室有馀闲”，即使是环堵萧然的四壁，在他看来也富有生趣，正如庄子所谓“虚室生白，吉祥止止”。丘樊是他归去之所，他懂得带着发现美的眼光去看待田园生活，诗化生活，这里是他寻求到诗意的地方。他理想的生活投射到《桃花源记》中，就形成了一个神秘的洞天，纷纷扬扬的桃花营造一个烂漫的世界，泉水泠泠然，桑竹翠意勃发，人们无我无他，在田园耕织中安居乐业。这是一种美好蓝图，更是一种热爱生活的态度，我们并不需要追求超出常轨的生活方式，只要在心里营造丘壑，触目皆是烟霞。

每一位诗人都是读之不尽的，为诗人建立了一个档案后，构建起一个知识系统，还要不断地联系相关知识来丰富这个系统。除了了解陶渊明这位“隐逸之宗”，我们还应该引导学生去认识更多的隐者，他们有不同的隐逸方式和隐居理念。通过再读，从而建构一个“隐士文化”体系。这个体系带给学生的知识营养，将是取之不尽、用之不竭的。翻开书本，在字里行间，我们依然能看到哲人衣袂飘扬的身影，他们神情坚毅清朗，他们一路吟啸徐行。在这身影四周，某种奇幻的光芒穿透时间的风沙，令我们炫目，我们不禁要去看清这光芒的本质，到底是什么在吸引我们。往前，我们看到庄子逍遥而游，看到和孔子擦肩而过的楚人狂歌而去；往后，我们看到王维临清流而赋诗，看到苏轼笔下方山子往来山中守贫而居；往外，我们看到梭罗在瓦尔登湖畔修筑小木屋，看到卢梭在林中小路且行且思。如是种种，是一种抱朴守拙的生活态度，如果我们能引导学生通过他们，修炼成一颗陶然的心，或许能助力他们笑看风雨。

我寄诗情与画意，随风直到课堂中

庄丽如

【关键字】

古诗词教学　小学　想象　体验

【摘要】

在古诗词教学的探索中，笔者打破应试教学的旧模式，运用情景创设的方法，从标题、关键字、情景等方面对学生的思维进行发散，从而得到诗词意境、炼字、情感的全方位体验，并最终达到认识的整合。

很多老师不喜欢上古诗词，或者上古诗词的时候比较随意，大多数情况下，老师们会采用固定的模式教学，比如很多老师就采用了“解诗题—知诗人—解诗意—悟诗情”等步骤。学生在掌握了一定的学习方法之后，能够迅速学习一首古诗词。但我们查看最新的《课程标准》就会发现，这种做法远远没有达到教学目标。《课程标准》是这样要求的：“第一学段（1—2年级）：诵读儿歌、童谣和浅近的古诗，展开想象，获得初步的情感体验，感受语言的优美；第二学段（3—4年级）：诵读优秀诗文，注意在诵读过程中体验情感，展开想象，领悟内容；第三学段（5—6年级）：诵读优秀诗文，注意通过诗文的声调、节奏等体味作品的内容和情感。背诵优秀诗文60篇（段）。”每一首古诗词都是凝聚了诗人词人丰富的情感，格罗塞说：“诗人所希望唤起的不是行动，而是感情，并且除感情以外，毫无别的希冀。”所以，如何让学生充分“体验情感，展开想象”“体味作品的内容和情感”、如何让学生了解到一个极其广阔的诗意世界，是我一直在追求和探索的，每一次教古诗词，我都努力带着孩子们遨游于诗情画意的文学海洋之中。

人教版五上第二单元《古诗词三首》，分别是《泊船瓜洲》《秋思》《长相思》，这三首诗词从不同的角度表达了自己的思乡之情；人教版五下的第二单元同样是《古诗词三首》，分别是《牧童》《舟过安仁》《清平乐·村居》这三首又是从不同的角度写出孩童的天真浪漫，自由自由的童年生活。

教这样的古诗词，如果按照传统的教学方式，解决古诗词的意思后，让孩子们背下来，任务不重，但离实现教学目标却还有一段距离。我们的目的不只是让学生了解诗词的意思，也不只是学生会背就可以了，更重要的是我们通过这些古诗词让学生感受诗词的魅力，感受语文的魅力，并且透过这简洁的文字，展开丰富的想象力，用自己的语言描绘看到的画面。

那么，如何感受古诗词的语言魅力？关键在于激发学生发现语言表达的钥匙。接下来我将谈谈课堂上，如何充分利用课本中的知识，引发学生表达语言表达的乐趣和提升学生语言文字的运用能力。

一、小小标题引诗情

在朗读古诗词的时候，我们不难发现，每一首古诗词，都是画面感十足，这就是“意境”在起作用。教育家叶圣陶先生说：“作者胸有境，入境始与亲。”为了让学生进入意境，我努力让放飞学生的想象力，我不停地创设情境，营造学习氛围，让学生大胆表达自己的感受，并且结合诗词和自己想象的画面，用最凝练的语言拟定小标题。在独立思考和通过小组讨论后，老师给予学生表达自己的观点。比如人教版五下第二单元《古诗词三首》中，学生经过思考后争先恐后给出以下小标题：草铺笛弄趣无边、饱饭归来卧月明、草葱笛悠悠、黄昏卧月眠、渔船收篙图、张伞使风图、溪边青青草、翁媪相媚好、三儿“勤”趣图……

老师将同学们说的标题一一写在黑板上，最后让学生来讨论一下哪个标题最好，并表达自己的观点。在表达的过程中，既可以检验孩子对诗词的理解，又能提高学生的语言表达能力，同时还能提升他们古诗词的鉴赏能力。

二、一字一词意无穷

我们都知道古诗词的语言非常凝练，为了在简洁的语言中表达出丰富的内涵，诗人在字词的使用上是非常讲究的。比如“春风又绿江南岸”中的“绿”；“僧敲月下门”的“敲”，都充分地体现了字词的“点睛之妙”。像一个“绿”字，简简单单，却能瞬间让我们感受到仿佛一阵春风吹过，江南两岸杨柳依依、桃花盛开，到处都是生机勃勃的景色。学生在五上已经对“绿”进行深入的讨论，所以他们对这个字印象深刻。当然学生有时文本的解读是出乎我们的意料的，比如第二首古诗《秋思》，他们不仅找到了“洛阳城里见秋风”的“见”，还找到了“欲、意万重、复恐、又……”等字词，并且有理有据，都能大胆地表达自己的观点。古诗词的教学，真的不在于为了让学生单纯地背诵，更重要的是打开他们的话匣子，让他们对古诗词不排斥不害怕，反而能够通过这种揣摩，体会诗词之美。

三、诗情画意总相宜

孩子们经过一番字词的赏析和探讨，基本上对古诗词的意思已经比较了解。但是，教师需要顺势引导学生对此展开想象，对诗词加以自己的理解，再用语言将诗词中的画面描绘出来。孩子们对发挥想象的事情最在行，所以他们一面对着诗，一面对着书中的插图，畅所欲言。比如当时在教张志和的《渔歌子》(西塞山前白鹭飞，桃花流水鳜鱼肥。青箬笠，绿蓑衣，斜风细雨不须归）时，孩子们的讨论最为热烈。最为精彩的是一位叫林诗淇的小姑娘，她描绘的画面是这这样的：西塞山前，一群白鹭正在自由自在地飞来飞去，白鹭怎么飞没人管，那么悠闲自在。山下的溪水，静静地流着，旁边的桃花站在水边照着镜子，她们被溪水的美丽吸引住了，纷纷落下花瓣，一片又一片的花瓣，就像举行一场盛大的春天舞会。溪水里的鳜鱼，一条条地跳出水面，亲吻那些美丽的花瓣。一位渔翁，戴着青箬笠，穿着绿蓑衣，看起来像是在钓鱼，但是谁知道呢？也许他是在欣赏美景呢？也许他也被这美丽的桃花陶醉了呢？不然怎么下雨都不想回去呢？

当她将自己的画面讲述出来的时候，全班掌声不断。这样的画面，比起教参书的讲解，是不是更美丽？语文从来就没有标准答案。还记得在改类似这样诗句理解题的时候，我们的评分标准总是要提到：哪个词的意思要解释到什么层度，没有解释到这个词就不能得分。我想这个孩子描述的画面，如果放到考场上，估计很难得分。但是我们学语文仅仅就为了得分吗？孩子这种审美不是更最重要吗？

类似这样的诗情画意，不是只在古诗词中才能体现，在很多课文都可以采用这样的教学方式，比如一些叙事性的文章，可以通过拟定小标题，训练学生的提炼内容的能力，又增加诗意；一些写景状物的文章，可以采用画面描述的方式，让学生在描述画面中，提升语言文字的能力，又能提升学生的审美能力。

教学，可以很美，也可以很诗意。学语文，本来就是一件很美的事情，所以我们的语文课堂，应该是一个很诗意的空间。

我与诗

詹启源

2012年，我来到了韩山师范学院。如果平行宇宙会把我们一生将经历的很多变化很多不确定都演绎一遍，那我此后的这种选择一定有着冥冥的深意。不仅是如专业选择和高校选择，连同毕业之后的道路，命运的安排也都似乎具有不可抗拒的力量，以至于使我有一厢情愿的乖乖就范的感觉。与其说和诗歌有着这种微妙的关系是选择而来，不如说是我的生命，我的情绪，我的念想，注定要交给诗歌来衡量。

据我所知，我们韩师的诗歌教育和创作历史是非常悠久的。就我在校期间而言，现代诗的方面就不用多说了，向来占据主要部分，韩山诗社也以现代诗为主。古诗则始终有赵老执牛耳，抑扬抗坠而不衰。就整个潮州，我现在的印象，它是一个诗的城市。依山面江的韩师，灵气潜运，是适合读书写诗的地方。地灵人杰，韩师近年的古诗创作勃焉兴盛，即使是毕业多年，每次看到母校师友们的新闻和作品，我都会为之一振。我默默关注着的韩师，一直是我精神力量的来源。

正是这种精神上的感发，在我毕业后走上讲台，仍时时敦促着我不忘把在大学之所学传播出去。如果说，韩师给了我们写诗的可能，那么毕业后遇到的首要问题，就是在现实世界中，没有写诗的师友，没有写诗的氛围，刚开始更觉到前所未有的孤寂，不知如何安放这颗心。工作、生活、家庭的重叠缠绕，很容易消磨掉当时年少轻狂的激情。我在大学师友督促下所构建起来的诗歌精神世界，度过了低沉的几年，我在这种侵蚀和心理重建的纠结中前行。

走上讲台，才发现诗歌如花草，也需要合适生长的土壤，更需要有人爱护和欣赏。中学的诗词教学除了课本中出现的，如若要对学生的阅读作进一步的要求加以扩展，首先遇到的是应试的矛盾。中学时段学生学业繁重，大多数普遍精力不足以消耗在另学诗词上，甚至是非高考要求的部分，学生都不甚感兴趣。况且本地文化建设比较落后，本地诗社由于众所周知的原因，诗词创作方面和教育方面并不能起到可以有的作用。所以在我从教之后，虽然有意跟学生传播诗词，但效果寥寥。然而我还是感到庆幸，但尽一己之力，成不成有同志者在。

后来综合而言，我虽认为中学阶段的诗词学习应当以记诵为主，但教师在这一阶段的角色不妨尽启蒙之义务。《易》曰："蒙以养正，圣功也。"在学生心中播下诗歌的种子，在他们的精神世界里生根发芽，待有机缘，自能开花结果。"诗者，持也，持人情性。"对学生的诗歌教育，不仅在于通过积累来扩展其知识面，还在于其性情的熏陶，贞正的人格的健全建立。从这一点讲，诗给了我们探视自我的通道，因为它不同于其他的文体，诗道直而深，幽而远，这符合了人心思维变化之特点，复杂、矛盾、迂回、幽微。这种内视，也正让人能发现自我，感受自我，个人价值也从而体现出来。没有反思过自我，肯定自我，对外界的花草树木虫鱼鸟兽也将缺乏同情心地代入感，如曹植《野田黄雀行》："罗家得雀喜，少年见雀悲。拔剑捎罗网，黄雀得飞飞。"就是代入的典范。同样，也将不能体会到个人价值甚至人生价值之重要，而归根到底，既要有对外界自由的期待，也要有对自我的期待。诗的特性可以做到这一点，又因人而异表现出不同的性情。我们从《唐诗三百首》摘取三首五律诗来分析，分别是：

李白《夜泊牛渚怀古》

牛渚西江夜，青天无片云。
登舟望秋月，空忆谢将军。
余亦能高咏，斯人不可闻。
明朝挂帆去，枫叶落纷纷。

杜甫《别房太尉墓》

他乡复行役，驻马别孤坟。
近泪无干土，低空有断云。
对棋陪谢傅，把剑觅徐君。
唯见林花落，莺啼送客闻。

李商隐《凉思》

客去波平槛，蝉休露满枝。
永怀当此节，倚立自移时。
北斗兼春远，南陵寓使迟。
天涯占梦数，疑误有新知。

这三首诗都有一个共同点，便是“有所期待”，期待能被人理解，期待知己的赏识。但同中有异，李白期待的是“一朝开光曜”“后世仰末照”，希望有人发现并重视自己的才华，迅速建功立业。其首联写景，颔联由景接情转入怀古，对月想起了东晋的谢尚，颈联揭示原因，用的原来是谢尚赏识袁宏的典故，来反衬自己虽与袁宏同样有才华却再也没有谢尚这样的人来欣赏的落寞。李白在这落寞中打算“明朝挂帆去”，诗从这里出现思维的转折：“挂”字利落，帆则漂浮江海寄余生，了无牵绊，徒留“枫叶落纷纷”，留给世界一个背影，李白之洒脱不羁至此。所以我们在这首诗中最后看到的是无奈之后的开阔豁达，并无悲伤。这是李白的性情。

杜诗中，房太尉即房琯，此时杜甫在漂泊之中，见到好朋友房太尉的坟墓，停马告别，是死别。杜甫在墓前哭得很厉害，不仅把墓土淋湿，白云也为之停留不去。为什么要这么动情呢？颈联用了两个典故来说明他对房琯的看法及其与房琯的关系。杜甫曾为了他“牵裾惊魏帝”而几被刑戮，可谓生死之交。那么，杜甫此时的哭只是因为将要告别平生知己的坟墓吗？应该还有他的其他朋友的飘零谢世，“亲朋无一字”孤独；有哀伤自己“窃比稷与契”却遭冷落的失意；有哀痛“无家问死生”的家人离散；更哀痛万方多难的久久不能释怀。尾联同样有林花落，比起李白的情感，杜甫写其“见”，是一层，且“唯见”，又是一层，“莺啼”更加一层，“送”字，则离去时悲情尚不能断绝，是一层。层层累进，痛如之何？沉郁顿挫，必且写到十分方才罢休，一点都洒脱不得，这是杜甫的性情。

至于李商隐，字字关情，字字牵筋动骨。全诗全在“思”，人离去之后，江水快溢上栏杆了，秋蝉也停止了鸣叫，露水洒满了树枝，与张枣“只要想起一生中后悔的事，梅花便落满了南山”有同妙之处。波平槛是之前没发现吗？还是因为人走了，江水才如诗人之思念开始溢上来的呢？继续看李商隐情感的措置，因“思”而不知不觉倚栏移时，执着而深情；颈联又想到自己不见所思的人已是“兼春”之久，书信又迟来了。迟不是稀，有书信来但仍嫌其迟，更显思之深，一刻不可等。仍看尾联，诗人多次占卜梦境，疑心对方结识了新的知己而忘记了自己，敏感而多疑，沉挚浓烈，不能自已。诗人将带着这种怀疑持续他的痛苦或甜蜜。如果说杜甫最后离去的哀伤是有因见林花，因听莺啼的因素，是被动的，而李商隐是主动地去猜测，去思念，把自己推进了永恒的痛苦之中，这是李商隐的性情。

且不说三位诗人是否便全是如此，单纯从这三首诗中，第一，我们看到了他们不同的情感；第二，看到了情感表达的程度有深浅；第三，看到了情感逐渐转向细腻，逐渐向着向更深处发掘人心、更注重个人心灵感觉的方向发展。这是诗歌发展的一种趋势。

如果第一点是关于个人天性的话，第二点则关乎关注的对象之不同和技巧的运用，那么第三点就是我要重点说的。古今同情，情无高下，后来者未必能居上，所遇不同耳。虽然情会因为如第一点所示之气质的影响，《孝经·援神契》曰：“情生于阴，以计念；性生于阳，以理契。”性情禀于一阴一阳之道。但诗有言志抒情之制，诗者，志之所之也，在心为志，发言为诗，我们写诗，不管是内视还是外现，不管是抒情还是言志，都必须有我之存在，都必须通过我来表达出我的想法，都必须是我潜心独运之后的结果，没有“我”，就没有诗。这是古人所谓的“为己”。如果我写了诗，不是为了表达我头脑甚或是内心的哀乐，那么便失去了个人的主体性，变成无意义的宣传。

在如今的教育中，我们被同化得太严重了，学生的思想也多被束缚在课本试卷上太多太久了（当然不是说不需要课本和试卷），我希望通过诗教，引导学生偶尔探出头来看一看外面的世界，我们诚然需要经济物质的建设，但我们也要常常低下头来看一看自己的灵魂。

第三章

附录

对话赵松元教授：韩师诗教源远流长

（来源：韩师诗歌创研中心）

赵松元，男，1961年12月出生。别号瑶光阁主人、韩山居士。祖籍湖南，1984年7月毕业于湖南师范大学，2004年9月至2005年7月在中山大学做高级访问学者。现为中国古代文学教授、硕士研究生导师、韩山师范学院中文系主任、韩山师范学院学术委员会副主任、韩山师范学院诗歌创研中心主任、《诗词学》主编。

仲力，男，广东潮州人。潮州电台知名节目主持人，主持“书香润潮州”等栏目。

仲力：晚上好朋友们，欢迎收听本期的书香文韵润潮州节目，我是主持人仲力。每个周日的深夜，我们都会和大家一起在书香文韵间感受文化之美，读书之美。

谈起诗歌，我们会说它是文化桂冠中的一颗明珠，但是在当下我们又有这样一种感觉，就是现在来谈诗歌，乃至谈文化、谈文学，在这样的大环境之下，好像有点不合时宜，好像觉得，文化、文学、诗歌离我们现在的生活已经十分遥远了。而事实上，就在我们身边，在我们古城——潮州，在我们笔架山下，还是有很多人在诗歌这条路上孜孜以求。特别是在我们笔架山下的韩山师范学院，在这里，有着十分浓厚的诗歌教育氛围，也走出了一批又一批的、在国家诗坛上有着重要影响力的诗人，我们将这群人称为“韩山诗群”。可以说在我们大家都没有留意到的角落，他们生机勃勃，特别是近一二十年来，韩山诗群形成了一个蔚为大观的群体，他们的作品屡屡在国内获得大奖，成为国内诗歌教育的一方重地。于是，我们将和大家一起走进韩山诗群，了解这个诗群，它是扎根于怎样的土壤，为什么这群人能够在如今每个人都在追求金钱、追求利益的大背景之下，他们仍然对文学、对诗歌如此的孜孜以求，然后再从他们个人经历、他们身后的环境、和他们与诗歌的历史渊源中探求，我们每个人，是否也能更好地贴近诗歌呢？那么，从现在开始，我们将在一系列的节目中呈现韩山诗群他们整体的概貌。本期节目，我们首先请到的是，韩山师范学院中文系主任赵松元教授，请他和我们谈谈韩山诗群是如何形成的，韩师的诗歌教育是扎根于怎样的土壤，它又如何在这几十年来蓬勃发展起来的。好的，接下来的时间让我们请出今天的嘉宾。你好，赵教授！

赵松元：你好！

仲力：赵教授，从现在来说，每个关注诗歌的人都非常惊喜地发现，在咱们潮州，在韩山师范学院，走出了一大群很优秀的诗人，我们把这群人称为韩山诗群，那么韩山诗群是如何形成的？咱们韩山的诗歌教育为什么能够这样蓬勃地发展，他的背后有哪些因由，哪些故事，又是如何做到这样蓬勃发展的呢？

赵松元：这个问题呢，首先第一个是讲我们韩山诗群的形成。那么实际上，韩山诗群的形成要把它放在整个韩师大学诗教的背景中来谈，如果要谈韩师大学诗教，我们也必须追溯到韩师十分深厚的人文历史底蕴。因为韩师被称为“千年学府，百年师范”。

我们韩师应该说是属于广东省第一批的师范学校，而它是在1903年直接从韩山书院改制为惠潮嘉师范学堂。在19世纪末叶，著名诗人，被称为近代诗坛寇杰的丘逢甲，当过韩山书院的山长。到了1903年韩山书院改制过后的第一任校长是康咏先生，他是晚清进士，他也是一位很有名、很有成绩的诗人。到了20世纪20—30年代，1926至1938年之间，著名诗人、词学大师——詹安泰先生，在韩师任教。而在1938年的时候，饶宗颐先生也从韩师走上了教坛，他教学生涯的起点就在韩师。这些前辈学人，他们的学问，他们诗歌创作的成就，奠定了我们韩山诗歌教育的深厚基础，这也影响了一代又一代的韩师人的学习、生活，甚至他们精神的提炼，人格的淬炼，都受到影响。

仲力：也就可以说，韩山诗歌教育的开花结果，植根于这深厚的土壤，也就是您刚才所说的，从丘逢甲到詹安泰到饶宗颐，他们这些大师在韩山师院这一块地方，他们的创作，他们的诗歌这些……

赵松元：嗯……他们的教学，做学问，同时也写诗、填词。他们这种经历和所取得的成就，足以影响后人。

仲力：他们对待学问的态度，他们为学的方法、他们的精神这一系列这种东西都形成了今天韩山诗歌教育的一种精神土壤。

赵松元：说他们是精神土壤是很对的，这是非常丰厚的文化资源、精神资源，对韩师，对后来韩师人，学生也好老师也好，都是有影响的。

仲力：赵老师，刚才在听你说韩山师院是“千年学府，百年师范”，为什么会有这种提法，“千年学府”指的是什么呢？

赵松元：所谓“千年学府”就是指韩山书院，因为韩山书院是在宋代设立的，当时有韩文公祠，同时有一个书院叫韩山书院。所以我们从这里算起，差不多900多年，可以说是将近1000年的历史，大致来说，韩山书院可以说是薪火相传，文脉相承。到了我们的师范学校，就是我们韩师的前身——惠潮嘉师范学堂，它是直接从韩山书院转制过来的。有意思的是韩山这个“韩”字，在中国当代高校中，以韩愈的姓为学校名字的，只有我们韩山师范学院；在中国当代高校，以一座山来命名的也只有我们学校，所以，韩江、韩水给我们韩师这一座“千年学府，百年师范”带来一个最好的土壤。

仲力：说到这个，根据我的了解，当时丁允元在潮州时，他把城南的学堂与韩文公纪念祠迁移到韩山这边来，从那时开始就有了韩文公祠以及韩文公祠的附属学堂，一直延续到现在。

赵松元：应该说是文脉相承吧。

仲力：对。应该说代代潮州人一直感念韩文公，连这个最具体的，我们的文化教育，其实也是这样的一个文脉，从那时一直延续下来，从未间断过。

赵松元：我们现在一直在说的，国内最高学府，北京大学和清华大学，它们都只有一百来年的历史，没有像我们韩师这样千年传承的。

仲力：所以我们叫作“千年学府，百年师范”，大是大了点，但也是名副其实。

仲力：刚才，我们聊到了诗歌所植根的这个土壤，就是一个大的文化背景，但是在韩山师院，是什么时候开始形成了这样一个明确的理念，把诗歌教育引入大学课堂，并加以扶植，让它发展？当时为什么会有这样的想法呢？

赵松元：韩山师院二十年来的诗教，应该说是从1993年下半年开始的，因为我们在1993年12月份成立了韩山诗社，创办了《韩山诗报》。《韩山诗报》还是饶宗颐先生亲自题签的。那么当时为什么要成立韩山诗社呢？为什么要办这个韩山诗报呢？这里有几个原因，从大的历史背景来说，我们意识到了，20世纪，我们整个中华文脉、文化的传承出现了大问题。相应的，在我们社会生活的各个领域也相继出了问题，比如腐败问题，食品安全问题，医疗问题，等等。可以说社会问题层出不穷，那么这些社会问题为什么会出现呢？我们仔细思考，原因当然有很多方面，但是呢，其中一个深层的原因，就是精神文化的原因，就是我们刚刚所讲的，我们中华优秀文化的传统，在20世纪出现了大问题，被切断了，我们文化的血脉被切断了。所以几代中国人这么延续下来，古典文化的底蕴越来越淡薄，精神空间也越来越狭小。所以我们总说当时90年代是一个道德滑坡、理想失落的时代，查一下当时的报纸，这八个字是经常出现的。面对这个问题，搞教育的在思考，教育界和知识界都在思考，如何来丰富我们的人文精神，在当时有一场人文精神的大讨论，叫作“重建人文精神”。在这个背景里面，我们很多读书人，搞教育的也好，做学问的也好，或者是所谓的知识精英，都在思考。要想重建人文精神，途径很多，但是从教育的角度来讲，就应该在高校，在中小学，搞人文教育。而搞人文教育的核心也很多，而诗歌教育无疑是核心中的核心。所以我们出于这个思考，在1993年，韩师的一批老师和学生就联合起来一起成立了韩山诗社。

仲力：也就是说，韩山诗社是学生和老师一起做的？没有说分学生或者老师？

赵松元：没有，当时是一起的。在这个大的文化背景下，当时我刚好从湖南来到了潮州，来到了韩师。我自己个人一直是做诗词文化的，搞古典诗词研究、诗学研究，也自己写诗填词，来到潮州也一直想在大学里面推行诗歌教育。来到韩师我发现找到了一个非常好的土壤。韩山这座山是灵气氤氲，底蕴深厚，所以我们这一批韩师人在当时罗英风教授、许习文老师，另外还有林英仪老师，他曾是我们韩师的校办主任，现在80多岁啦；还有政史系的一位老先生，庄义青老师；年轻一点的还有林振海老师，有中文系的一位陈新伟老师，另外还有中文系的几位年轻的老师像周珩、郑汉生也都能写诗，老先生是写旧体诗，周珩和郑汉生是写新体诗，而我原来是写新诗，后来写的旧诗。有这么多的老师，结合在一起。再一个就是，我在上课的时候，中文系92级那个班，有一位同学叫张介凡，我一直保留着她的书信与地址，大致是在我给她班上了两周课之后，她拿了一个笔记本，这一笔记本抄录的是她的诗，拿给我看。我翻了一下，大吃一惊。

仲力：没想到竟然有学生对诗歌这么的热爱。

赵松元：对，而且能够写得那么好的、符合规范的，七律、五律、五绝、七绝和小令。甚至还有回文诗。当时我很惊讶，因为刚好给他们上唐宋文学课，主要讲诗词。然后我通过张介凡的介绍，认识了汕头的许习文，许习文是汕头的岭海诗社的青年才俊。许习文特别从汕头过来，我们认识并结交。许习文过来后，紧接着，就和我们一起拜访康晓峰先生，也就是我们韩师第一任老校长的侄儿，到康晓峰家里拜访康先生。康晓峰先生是饶宗颐先生的同龄人，都是1917年出生，是少年好友，饶宗颐先生每次来潮州都要去康先生家里拜访。紧接着康晓峰之后的是曾楚楠老师，是潮州诗坛的名家。和康老、曾夫子，我们也结交为朋友。

仲力：也就是说，就是有这么一片土壤，把你这个天涯游子给留住了，留在了潮州，留在了韩山。

赵松元：对，在内有这么多学识好的老师，在外有这么好的文化背景。因为通过曾老师，我们认识了更多潮州的诗人，同时还有一批优秀的同学，我们有好几个同学都会写诗，有一些写新诗，也有一些写的旧诗，都倡导搞诗社。谁来做呢？他们反复推来推去，并且和罗英风老师商量，最后决定由我来做社长。所以我是第一任韩山诗社的社长。1993年12月份成立，我们一些老先生包括罗英风老师，还有其他的老师们都一起参加奠基，以及做顾问，所以说我们和老师们一起创办了这个诗社。

仲力：93年，你是哪一个月份到的潮州？

赵松元：93年8月。

仲力：你看，其实从8月到建社的12月，仅仅几个月的时间却发生了这么多事情，你来潮州这4个月时间就办了这个韩山诗社。

赵松元：这就说明我们韩山的这片土壤太好了，我在潮州生活的这二十多年来我就一直特别认同和喜欢潮州这块土壤，这就是缘分，因缘际会。《韩山诗报》创办时我用文言文写了发刊词，写到了在韩山这灵气氤氲的校园之中，我们风云际会，大家团结起来一起做诗词。因为搞诗词的人都在追求精神空间的升华。通过诗歌教育，通过作诗词学诗词，能够让精神得到提升，那么呢，在当时这个社会背景下作诗词我觉得是很有意义的。所以我们团结在一起真是很有意思的一件事情。

仲力：咱们刚才说了韩山诗群和韩山诗歌教育开始的一个阶段，从那时候开始我们就明确了韩山诗歌教育的理念和方法，也形成了一种具体的东西了。接下来，从1993年到2015年，这二十几年的时间，我们韩山师院的诗歌教育大概经历了一个什么样的阶段呢？现状又如何呢？

赵松元：这个话题提得很好，我觉得这二十一年多吧，韩山诗教整个大概分为这几个阶段。第一个阶段是起步，从1993年12月份一直到2002年，在这个大的阶段，我们韩师以《韩山诗报》为主要的阵地，韩山诗社主办韩山诗报，同时组织一些诗歌社团活动和诗歌比赛活动。这些活动之所以在这几年中开展得很（丰富），这与当时引进的一批老师也有很大关系，这使我们的诗歌教育的队伍和力量得到了强化。比如，1995年杨子怡教授从湖南调过来，1996年孔令彬博士到韩师来，同时还有段平山老师也调过来，孔令彬是研究红楼梦的，段平山老师是研究搞新诗和新诗评论的，杨子怡老师是大家很熟悉的，研究诗词歌赋的。他们这一批进来以后，更加加强了我们的诗歌教育力量。所以在这个过程中，我们从1994年开始举办诗歌比赛，如韩山师范学院校园诗歌大赛，一年一届。当时这些诗歌大赛是一直得到学校和校团委的支持，当时的团委书记周镇松，现在是汕头市委的副书记，当时他不止在经费上支持，而且每次颁奖的时候都会出席并且发表讲话，每次这些获奖的作品都会发表在《韩师诗报》上。一届一届做下来，影响很大，所以在这几年中间就推出了很多的校园诗人。这就是第一个阶段，慢慢地从起步走向了兴盛，新诗和旧诗都有人做。在2001年的时候，我，陈新伟老师和孔令彬老师，我们三个老师合作把学生和老师的诗词作品，可以说是在改革开放后第一次，编成了一本书，叫作《韩山浅唱》。我当时写了一篇序，然后请饶先生题签，饶先生写的字特别漂亮。在2001年由陕西省的三秦出版社公开出版，这是改革开放后，我们韩师第一本师生诗词选集。从2002年到2009年之间应该说是第二个阶段，这中间也有起伏，为什么说从这里算起呢，其实从00级开始，我们中文系就有一批学生在这样诗歌的氛围中，他们的诗歌写作是非常的兴盛，比如，比较突出的有陈剑州、黄春龙等。其实讲到他们两个，应该讲讲他们这第一批的校园诗人。比如，张介凡是我们第一个阶段里旧诗写得最好的同学，写新诗的有94级谢玄，还有96级的周运华，93级的李让畅，我们的第一本学生个人诗集就是他的《半月桥》，周运华也出过一本新诗集。到了00级就有陈剑州，他的诗集是在2003年出版的，就是说他们几个真正的诗歌创作是通过00级进来的，经过2001年、2002年的诗歌创作，然后他们呈现出一个比较好的势头来。

仲力：也就是说，从1993年我们创办韩山诗社到2000年前后这段时间，已经有不少的学生自己结集出版诗集。

赵松元：对。像李让畅的《半月桥》，周运华的新诗集，他们两个人的书都是我写序的，还有陈剑州的《幸福的疼痛》是2003年出版的，所以说他到了我们的第二阶段来了，因为他是00级的。其实到了2002年开始，紧接着我们有傻正（陈崇正）这一批同学进来，当时还有01级的陈伟，虽然他不是中文系的，但他也关注我们中文系的诗歌创作。

仲力：他不是中文系的也喜欢写诗，那是什么样的一个因缘让他开始写诗的？

赵松元：他的因缘是他也受潮州文化这个土壤（的影响），然后又有一定的家学的渊源，再加上他自己也很勤奋，又在韩山这个氛围的影响走进韩山诗群。其实还有很多突出的校园诗人我没有提到，比如，99级的辛倩儿、陈培浩。再此之前，其实还有好几批，真的这些校园诗人有很多，数不胜数，蔚为大观的。那么从2000年到2009年之间，有一个重大事件，其实从第二届开始我就没有办法做韩山诗社社长了，教学任务太重，还有其他的杂务。所以让同学们来做社长了。到傻正当韩山诗社社长的时候，就把《韩山诗报》改版了，将报纸改为了小刊物，它的名字也改为《后来》。这个时候呢，包括傻正这一批同学和01级同学，他们都比较擅长写新诗，而且有了很好的水平。其中包括02级傻正等，03级许泽平等，01级的姚则强、郑子龙、郑泽森等，04级就有陈泽韩、陈潇淳等，这几批基本上都是玩新诗的。这几年呢，我做中文系副主任，没时间兼顾诗社的事，实际上在第一段时间里从1997年到1999年，我们的诗歌大赛的评选多是由孔令彬老师和段平山老师来评的，我是某些环节参与，主要工作是他们来做。我是很遗憾那几年多对诗社的介入不多，在忙教学和行政，那么旧体诗创作这几年里是有的，像陈伟，但是他基本上是游离在韩山诗社之外的，写新诗的一大批人在，后来这个刊物也改版了，主要也以刊登新诗为主。那么到了2007年，我们中文系的组织结构发生了变化，这个时候呢，旧体诗的写作与教学得到了强化。到了2009年3月，我们中文系在学院教务处的支持下创立了“韩山师范学院诗歌创作研究中心”（简称创研中心）。在这个创研中心，我们是以韩师的师生为主体，同时也有一批潮州市里写诗的朋友，基本都是我们韩师的校友，像黄昏（黄少平）和我们已经毕业的一些同学。他们经常和学校的这批同学一起切磋琢磨，所以有这么一个（良好的）氛围，而且黄昏也在学校创办了《九月诗刊》——新诗的刊物，2009年成立的时候，黄昏他们也自动地主动地和我们整合在一起，所以当时创研中心我是主任，黄昏是副主任，李彬博士也是副主任，一批老师同学加在一起。所以2009年成立的创研中心，应该说是揭开了我们诗教的又新的一页。因为我们的创研中心的特点是新诗和旧诗并重，不过在前一段时间里旧诗有点萎缩。从这开始，旧体与新诗并重，理论和创作兼善，办两个刊物，新诗就是《九月诗刊》，一年四本的季刊，由我们创研中心编辑出版。同时，我们还创办《诗词学》——传统诗词的刊物，这由暨南大学出版社公开出版，以书办刊，一年一本。《九月诗刊》应该说在国内外的、省内外的新诗刊物里面具有相当的影响力，培养了一大批写新诗的校园诗人，发表了很多作品。《诗词学》2009年创刊办了第一期，我们现在已经办了三期了，应该说越办影响越大。《诗词学》由我自己做主编，陈伟、徐晋如博士和周录祥博士做副主编，陈伟老师为《诗词学》编辑的工作付出了辛苦的努力，使我们《诗词学》越办越好。

仲力：在这里面我发现一些称谓上的变化，陈伟从游离于组织以外并且不是中文系的学生，成为陈伟老师，不一样了，变化很大。

赵松元：我们可以简单说一下陈伟，他当时是01级旅游管理专业的。他毕业以后，因为有深厚的诗词功底、创作实力和文学修养，所以经潮州市里的曾楚楠先生的推荐，进入饶宗颐学术馆工作。他在学术馆工作期间就一直和曾老师和我们保持密切的联系，跟我们是诗友，从原来的学生变成诗友、朋友、战友。陈伟不仅写诗词，同时也和我们一样做饶宗颐的诗词研究，所以在2009年我、陈伟和刘梦芙三个人合作出版了一本书，名为《选堂诗词论稿》。这使我们三个结了很好的友谊，所以他在学术研究上也体现了很好的功力。所以诗词的功力加上学术研究的功力，在这个背景下，我们谋划我们的诗歌教育请陈伟帮我们上课。一方面帮我们编辑《诗词学》这个刊物，但我们觉得还不够，因为在2011年我们韩师成立了“饶宗颐研究所”，创办了《饶宗颐研究》这个刊物，也请陈伟老师过来帮忙。但是他如果不在韩师这个体制里面而是在校外，那么做这个事情是比较麻烦的。所以在这个背景下，我们就提出把陈伟从饶宗颐学术馆调入韩师。这个事情也得到了饶宗颐先生的亲自推荐，结合我们学校和市里面的努力，终于办成了。所以陈伟从2013年上半年正式从饶宗颐学术馆调入韩师，加入我们中文系。

仲力：所以说可以从陈伟老师身上看到，这么多年来韩山师院诗歌教育的一个成果，他是一个从游离于中文系外的、一个喜欢诗词的学生，慢慢地在这个大环境下，成长为一个诗词教育的老师了。

赵松元：对，而且是国内这个年龄层次最优秀的青年诗人之一。新诗方面也有成就很突出的青年诗人，比如傻正。傻正由新诗为中心辐射开来，在小说创作方面呈现了强大后劲，接着也调入了花城（杂志社），成为《花城》杂志的编辑部副主任，他也是广东文坛很有影响力的青年作家。

仲力：所以这些年来，在诗歌教育方面，新诗和旧体诗并重，理论跟创作并重。

赵松元：对，真是培养出了一批诗人出来。创研中心成立以后，我们觉得是韩师诗歌教育史上的一个里程碑。因为不仅我们办的两个刊物办得越来越有影响，而且我们以创研中心为阵地，结合中文系的力量，结合学校全方位的支持，我们又把书法教育结合起来，整合成为韩师的诗书教育。在这几年中，2009年到现在，我们做了很多事情。第一个事情，除了办刊物以外，我们在社团活动方面、传统诗词方面，还成立了“馀社”这个小诗词团体，每个月的第一个星期六搞社课，这对学生的培养也是特别好的。第二个是我们举办了一些大型的诗歌创作比赛，不仅有我们校园的诗歌比赛，我们还有全国性的、地域性的诗歌比赛。比如“韩山诗歌节”，第二届韩山诗歌节是我们办的，应该说影响很大。我们还有“九月诗歌奖”活动，特别是我们中文系诗歌中心，我们介入几个国内的重要诗歌赛事，一个是中山大学的“蒹葭杯”诗歌比赛。“蒹葭杯”原来是中山大学自己办的，面向自己学校。从第八届开始，也就是从2013年开始，它邀请另外四所高校组成五大高校擂台赛，中山大学邀请了四川大学、复旦大学、南京师范大学和韩山师范学院。第九届中山大学邀请了北京大学、四川大学、华中科技大学和韩师，韩师每次都（被）邀请参加五大高校之间的诗歌创作比赛。中山大学之所以邀请韩师和他们对擂台，这是他们对韩师诗教的认可。因为我们学生在此以前已经连续在全国性的大学生诗歌创作比赛中获过奖，他们了解我们诗歌教育的情况，所以邀请我们参加，而且我每次都是做评委的。

仲力：也就是说通过这样一个赛事，我们韩师的学生跟国内一流大学的学生是同台竞艺。

赵松元：嗯，很多高校它不邀请，它只邀请我们几所高校，我们并取得了很好的成绩。在这个“蒹葭杯”的比赛中，第八届的词组的冠军，是我们学校的林晓萍，词组的亚军陈春薇也是我们的学生。诗组的前几名也有好几个学生获奖，应该说是我们的成绩比较突出。第九届我们也取得了很好的成绩，和北京大学的成绩差不多。除了这个“兼葭杯”以外，特别是在国内高校有一个“中华大学生研究生诗词创作大赛”，这是面向全球华人大学生的。这个大赛从2013年开始，由中华诗教协会主办、南京师范大学承办，也邀请我作为评委。到2014年就由我们韩山师范学院承办，应该说这类赛事一般是由重点大学承办的，第一届中大、第二届南京师大、第三届我们（韩师）、第四届华中科技大学（初定）。韩师承办第三届，本来就是对我们诗教的认可，而且这一届我们承办，也是影响特别大。全球有两百多所高校参加比赛，包括国外的纽约、俄罗斯，还有日本的京都大学，还有国内的香港、台湾、澳门等地都有参加。我们国内的从北京大学、复旦大学、南京大学和其他一流的文科大学应该都参加了比赛，两百多所高校，应该说覆盖面特别广。

仲力：而且在这次赛事中我们的学生也有再创佳绩。

赵松元：对，在这个比赛里面，我们的学生是参加大学生诗组和词组比赛的，结果诗组的冠军就是我们中文系卓师班的学生杨文钰，词组冠军是中文系卓师班的学生林晓萍。同时我们还有中文系卓师班的陈玮琳、数学系的陈振烨也都获得了优异奖。这个成绩是令人惊讶的。

仲力：我们培养这样一大批学生，每一个人在自己的创作方面也是屡获佳绩。那么这些学生必将走向社会，韩师诗歌教育也必将有一个更大的影响。那么我们的诗歌教育现状能不能给我们说一说？

赵松元：诗歌教育的现状，我们现在的现状是稳态性地发展，我们相信会越做越好，我们的刊物也会投入更多的经费来做这个事情，我们会把刊物的质量办得更好，这是第一个。第二个，我们诗歌的活动会照常进行，我们会跟国内的一流的诗词家、诗人保持密切的联系，会经常性地举办一些学术性活动、诗歌活动，会经常性地请一些诗歌名家、诗词名家、学术名家到我们这讲学，和学生在一起切磋、琢磨，对我们来说是常态性的发展，我们的诗歌教育相信也会越做越好。应该说我们二十年韩师诗教发展到现在影响是越做越好、效果越来越好。

仲力：应该说呢，有千年的文化底蕴，二十年来咱们诗歌教育的持续不断地投入、众位诗友们一起努力，现在在国内的诗歌教育而言，韩山师院是一方重镇。通过刚才赵教授系统地讲了韩山师范学院在诗歌教育二十多年来的发展，我们能感受到韩山师范学院的诗歌教育有一种强烈的影响力，那这些影响力体现在哪些方面呢？

赵松元：这个影响力体现在几个方面，第一个就是我们的学生的人文素质得到切实良好的培养，因为我们秉持一个目标，希望从韩师走出去的学生都是有理想、有担当、有诗性、有道德、有学问的一代新人。他们走向社会以后，能够成为社会真正的正能量，积极地影响社会、文化的建设和教育的发展。所以我们韩师诗教的这一点也确实是做得还算好，我们韩师已经有浓郁的诗歌氛围和文化的氛围，韩师应该说是我们当代社会中的一方净土吧。我们可以这么说吧，比如华东师范大学的胡晓明教授，他到我们韩师访问，给我们学生讲学，他就专门给我们写了一封信来讲这个问题。他说："在韩江之畔，笔架山下，古城的茶烟缭绕之中，你们营造了一个非常好的小环境。领导用心，上下和谐，同事相敬相亲，师生精神交流，这不是所有的中文系能做得到的。山不在高，有仙则灵，中文系不在老，有文则灵。在课题优先、功利至上、师生隔陌、精神萎谢的当今大学体制与生态里，你们却有其乐融融的文化生活即诗词写作，有共同的目标即饶学研究，爱学生、爱诗书、爱乡土，一草一木皆有情，充满真正的大学人文之真与美的享受。这是我最有感受的事，其实也是我最向往的大学校园。"这是一位知名学者对我们韩师很感性也很理性的评价，我们读了之后也很受启发。正是我们韩师的诗教，使学生的心灵得到了教化，精神得到了陶冶，人文素质得到了提高。所以整个校园与外面的高校相比，我们自有我们的一份淳朴、诗性和宁静。在2008年，教育部对韩师的本科教学水平进行教学评估，当时评估专家组的组长、陕西师范大学的房瑜教授，他了解我们的情况以后，很有感慨地说："没想到在改革开放最前沿的广东，还保留着这一方净土。"这说明我们的人文素质教育是有效果的。另外一个对校外的影响是，我们的诗教得到了学术界、教育界等各界很好的评价。比如，2009年我们的韩山诗社在语文报社举办的评选活动中被评选为"全国百强人文社团"。2012年，我们韩师被广东中华诗词协会授颁为"广东省中华诗教基地"，这是广东高校第一个挂牌的基地。2013年，我们诗书教育的实践和成效的项目被广东省高校评为2012年校园文化活动建设的优秀成果奖，这都是上级机关对我们的肯定。另外，诗人、学者对我们的诗教，除胡晓明教授以外，还有刘梦芙教授、杨启宇先生、王邦建老师以及徐晋如博士等，他们对我们的评价都很高。特别还有值得一提的是，2013年下半年，我们这里举办了一个"近百年诗词高峰论坛"，中华诗词研究院的蔡世平副院长参加了会议，了解了我们这边的诗歌教育以后，专门写了一个考察报告。考察报告对我们整个中华诗教协会的运行，特别是对我们韩山师范学院的诗教工作专列一章来做介绍，向国务院参事室、中央文史馆做了报告。所以今年12月，由国务院参事室组织的国家级的诗词文化团体，第一次去台湾地区交流访问，邀请我去参加，我是国内南方高校唯一的一个。去台湾交流我负责的就是以韩师为中心介绍大陆的大学诗教，作访问交流。这表明我们的诗歌教育从各个方面得到了社会的认可，得到了学术界的认可，以及专家学者的认可。

仲力：好，非常感谢我们的赵教授系统地介绍了韩山师院诗歌教育二十几年来走过的历程。可以说，在这二十几年来不断持续的投入、不断的努力，咱们韩山师范学院通过诗词教育这一块工作的努力，为我们培养了一批又一批有丰富的人文底蕴、有丰满的精神世界的，这样一种新时代的学生青年出来。这也是我们韩山师范学院在诗歌教育方面所具有的独特的表现和他们独有的力量。由于时间的关系，咱们本期的节目到这里就结束了。最后我们跟大家一起分享几首由韩山诗群的诗人们写的作品，再见。

韩师诗歌创研中心2017—2019活动情况梳理

1. 韩师"万紫千红中国节"校园古体诗词创作大赛

2019年4月20日至6月6日，韩师举办"万紫千红中国节"校园古体诗词创作大赛。大赛主题"万紫千红中国节"。征集植根中华优秀传统文化深厚土壤，以春节、清明、端午、中秋等传统节日，元旦、五四青年节、教师节、国庆节等现代节日为主题，体现爱国主义，增强民族历史文化传承和国家认同，培育深厚的民族情感。作品必须是原创古体诗词，禁止抄袭，一旦发现，取消参赛资格。欢迎作者对原创古体诗词进行艺术再创作，如创作书法作品或国画作品，书法、国画作品以照片形式与电子文档一起提交，照片为PEG格式，单边像素不低于4000，书法国画作品原件请作者保留待取。

2. 2019粤东新年新诗会暨光年之光·粤东青年诗人研讨会

2019年1月5日至6日，潮州市人才驿站、韩师诗歌创研中心联合主办，粤东诗歌发展促进中心协办的"2019粤东新年新诗会暨光年之光·粤东青年诗人研讨会"在古城潮州人才咖啡举行。来自山西、香港、福州、广州、东莞、惠州、河源、汕头、汕尾、梅州、揭阳以及潮州本地诗人近60人参加了相关活动。

1月5日晚的新年新诗会上，韩山师范学院副校长黄景忠教授、文学院院长赵松元教授和诗歌创研中心主任陈培浩博士分别致欢迎词，欢迎国内各地诗人一起见证诗歌之光在古城新年的闪耀，见证韩师的诗歌之光的出发和延伸。著名诗人、诗歌理论家世宾先生作为嘉宾代表发言，他认为诗歌语言一直在寻找对世界的承担。随后，新年新诗会第一个单元开始，本单元由韩师诗歌创研中心秘书长、诗人姚则强主持。十二位韩师校园诗人在众多诗人见证下朗诵了自己的作品并受聘为韩师诗歌创研中心第三届驻中心诗人。新年新诗会第二个单元是外地诗人配乐朗诵和自由朗诵，蔡小敏、林映辉、余冰如、老斯、吴燕青、阿兽、陈楚周、杜青、赵松元、丫丫、黄春龙、余史炎、郑智杰、晋侯、方晓等诗人朗诵了诗歌。

本单元由诗人陈楚周主持。

1月6日，粤东青年诗人研讨会上，与会者以获得粤东年度创作突破奖的诗人林旭埜、陈仁凯、林非夜、蔡赞生、姚则强、吴子璇、吴燕青七位诗人作品为对象，就诗歌语言、诗歌视野与格局、抒情方式等问题为粤东诗歌的发展提出许多富有建设性的观点。

参加本次活动的还有江湖海、林伟光、孟夏、孙周满、龙晓初、陈植旺、潘明珠、潘金英、李彬、陈伟、辛倩儿、李杰彬、史志贤、洪健生、林立升、林伟焕、谢馥珊等作家诗人。

3. 著名诗人杨炼在韩师畅谈现代诗的形式自觉

2018年12月7日，在文科楼508课室，著名的中国朦胧诗派诗人杨炼，为韩师学子们带来了一场精彩绝伦的诗歌盛宴。

授课伊始，杨炼围绕着“精美，再精美——当代中文诗的形式”展开，阐述了当代中文诗的形式自觉。杨炼着重强调“自觉”两个字的重要性，谈及头衔对于当代诗人来说充满了压力。杨炼指出中国的诗歌话题太多，诗歌的问题应该在于“怎么写”而不是“写什么”。他表明诗歌离开了“怎么写”就无法不存在，并进一步阐述了我们背后伟大古典的诗歌传统与现代诗的比较性。杨炼谈到幼时与古典诗歌的情缘，幼时背诵古典诗歌的经历让汉语的音乐的能量和美感，一点一点的渗透到他的潜意识之中。当他开始创作诗歌时，汉语的音乐能量和美感就从他的身体里“冒了出来”。

关于当代中国诗歌为什么非要有形式，杨炼回答，我们正置身于一条浩浩荡荡的长河之中。他指出汉字的音乐性和视觉性组合皆在诗歌形式里，并进一步阐述只有汉语可以在两行中形成视觉对照和空间呼应。汉字的音乐性包括平仄的讲究是汉语独有的，我们应该要求自己逐渐趋向诗歌的方向，把关注点集中在如何拥有对形式的自觉上。

最后，杨炼谈到《叙事诗》这本书的创作思路，他表明《叙事诗》标题含义就是叙一人之事，写历史之诗。杨炼深情地讲述了《母亲的手迹》的创作过程，母亲给了他生命，母亲的去世给了他的诗歌一次诞生。他强调诗歌的感情不难，难的是给感情找到一种表达的方式，这是诗歌形式的自觉要义之所在。

4. 韩师诗歌创研中心主办诗歌嘉年华“当现代诗遇见古典音乐”

2018年12月6日晚，韩师诗歌创研中心主办“当现代诗遇见古典音乐”的诗歌嘉年华在潮州时间轴书店举行。本次嘉年华融合了诗学对话、诗歌朗诵和古典音乐演奏等元素。杨炼、陈培浩、姚则强三位带来《从中文眺望世界》的诗学对话；杨炼、黄昏、陈培浩、陆燕姜、姚则强、余史炎、洪健生等诗人带来精彩诗朗诵。陈载元、陈帅两位青年演奏家则带来精彩的古典吉他+大提琴演奏，现代诗与古典音乐的邂逅让在场观众流连忘返。

5. 韩师校园诗人周宏鑫获2018年东荡子诗歌奖·广东高校奖

2018年11月10日晚，第五届东荡子诗歌奖暨2018年东荡子诗歌奖·广东高校奖颁奖典礼在广东外语外贸大学云山会堂颁出。此次东荡子诗歌奖颁奖晚会主题是“在水中看清我自己”。

浙江诗人池凌云、北京大学教授姜涛分别获得诗人奖、评论奖。我校校园诗人周宏鑫及来自中山大学、广东外语外贸大学、华南农业大学、培正学院等高校的刘舒蔚、张伟南、郭云玉、许夏帆、李文巧等6位高校校园诗人获得2018年东荡子诗歌奖·广东高校奖。

东荡子诗歌奖创设于2014年，为纪念英年早逝的诗人东荡子，以及弘扬他纯粹的诗歌精神和写作理想而设立的，旨在奖掖在当代汉语诗歌写作及批评领域做出重要贡献的诗人和批评家。该奖努力成为当代汉语诗歌的标高，由于评选的眼光和公信力而日益获得广泛认可和全国性影响。此次周宏鑫获奖，是韩师校园诗人连续三届获得此奖。2016年、2017年我校校园诗人郑智杰、戴建浩分别摘得此奖。我校拥有久远的诗教传统，诗歌创作氛围浓厚，产生了一批又一批在广东乃至国内有著名声誉的诗人。周宏鑫是我校诗歌创研中心聘任的第二届驻中心校园诗人，除我校从事诗歌教育的老师外，中心还聘请了知名诗人黄昏、陆燕姜、阮雪芳、陈崇正、余史炎等专家对校园诗人进行定期辅导。这项奖项的颁发是对我校诗教成果的肯定。

6. 韩师诗歌创研中心特聘副研究员、诗人陆燕姜入选第三十四届“青春诗会”

2018年7月17日，“诗刊社”公布了第三十四届“青春诗会”名单，韩师诗歌创研中心特聘副研究员、诗人陆燕姜入选第三十四届“青春诗会”。“青春诗会”是中国深具影响力的诗歌活动，是全国文化、文学事业的一项重大工程，是引人瞩目的诗坛盛事，也是青年诗人正式亮相的舞台与成长的摇篮，被誉为中国诗坛的“黄埔军校”。“诗刊社”从1980年起，已成功组织、举办了33届“青春诗会”，每届推出的诗人和作品都成为与时代同步的文学热点。

7. 韩师文学新星斩获首届大学生汉语创意写作大赛铜奖

2018年7月17日，从广州传来好消息，韩师诗歌创研中心驻中心校园诗人范俊呈在首届大学生汉语创意写作大赛中获得铜奖。首届大学生汉语创意写作大赛创始于2017年8月，由东莞理工学院与花城出版社联合举办，旨在弘扬汉语文化传统，选拔出当代汉语青年创作人才，并以此传播汉语之美，提高大学生的写作热情，展现当下中国大学生特有的人文思想与创新精神。大赛特邀著名作家邱华栋、北京师范大学教授、博导张柠、中国人民大学副教授、著名评论家杨庆祥担任终评评委。最终，评出金奖一名、银奖二名、铜奖三名。

韩园文学新星范俊呈作品《音乐从语言消失的地方开始》在来自北京大学、南京大学、北京师范大学、同济大学、首都师范大学、暨南大学、上海大学等诸多重点高校的参赛者中脱颖而出，取得佳绩。

此次获奖，延续了韩师诗歌创研中心驻中心校园诗人的优良传统，上一位获得全国文学大奖的韩师校园诗人是吴纯，作为首届诗歌创研中心驻中心诗人，吴纯刚毕业就获得台湾联合文学奖，并由此走上文坛。

我校文学底蕴深厚，拥有良好的文学传统，培养了一批又一批在广东乃至国内小有声誉的诗人及小说家。近年学生频繁在各种权威的全国性文学大赛中获奖，2016年、2017年我校校园诗人郑智杰、戴建浩分别获得第一、二届东荡子诗歌奖·广东校园诗人奖。这些奖项不仅是对个人努力的肯定，也是对我校诗歌乃至文学教育的肯定。

8. 读诗会 | 诗的才能及其可能性

2018年6月10日晚上，韩师诗歌创研中心在文科楼807会议室举行了读诗会。读诗会由陈培浩老师主持，姚则强老师主讲。参加本次读诗会的还有丫丫老师、洪健生老师、洪楚钿老师。本次读书会以《诗的才能及其可能性》为主题展开。姚则强老师认为，写诗是需要才能的，并着重从感悟、会通、转喻、造化四个方面展开论述和讲解，来观照写诗的几种才能及其可能性。

姚老师指出，诗人需要具备诗的气质，而这种气质源自于成长、阅历，以及生活中的饱经沧桑。他以波兰诗人塔·鲁热维奇的《谁是诗人》为例子，认为诗人是虔诚的，对生活秉持着怀疑精神，有自己对待世界和人生的判断。诗人的谦逊体现在对存在的思考和怀疑。生活以及周遭的世界会给我们很多种呈现诗意的方式，同样的状态和存在对于不同的人会有不同理解与感受，成为诗人的可能性就是如何让自己拥有诗心。诗的创作者是否能从生活中获得独特的艺术感受和体悟，是一首诗是否独具特色的一个重要条件。姚老师指出，诗人作为个体存在的感悟是极其重要的，诗歌从生活出发又回到生活，我们应该学会从对周围环境特殊的感受去展开一首诗，姚老师以李白的《静夜思》与卞之琳的《断章》为例，从感受的意义上讲明事物本身是否呈现诗意，体现于事物在呈现诗意的过程中如何与诗人的内心契合，除了在感受之外，作者与读者是否能在一个环境和情境里去进入一首诗的诗意当中也是如何展开一首诗的要求。

陈培浩老师也指出，一般人只接受世界，而诗人却必须感受世界。诗歌创作是一个符号化的过程，有了阅历还得有转化的能力。

诗的才能，应在时空、存在、痛感中实现会通。会通，即会合疏通之意。姚老师以郑愁予的《错误》和黄昏的《所知》分析了语言和存在的关系。他认为语言是存在的家，语言应该成为人与自然或者人与宇宙万物之间沟通联系的一种方式，而建立联系的过程就是一种会通。诗人之才能在于通过语言的实现会通，打开世界、打亮那些隐秘的时空，呈现世界和万物的诗意。转喻打开了隐匿在事物之中的诗意按钮。转喻通常是指当甲事物同乙事物不相类似，但有密切关系时，可以利用这种关系，以乙事物来取代甲事物，这样的一种修辞手段。转喻的重点不是在“相似”；而是在“联想”。姚老师以梁彬的《办公室》、余辜的《画》以及自己的一首《泊》来解释转喻带给诗歌语言的比喻性和弹性。当探讨诗歌创作中的艺术传化即“造境”与“化境”问题时，姚老师分享了夏宇的《甜蜜的复仇》、阮雪芳的《一枚醒着的钉子》、戴望舒的《萧红墓畔口占》和北岛的《迷途》，说明了从意象到象征到意境的一个呈现过程，姚老师认为一首诗更重要的是呈现一个过程或某种氛围，而不是去说明一个事物，或者只作单一的呈现，应注重的是感受与体验。

姚老师分享结束后，韩师诗歌创研中心的成员提出了自己的疑惑与老师们探讨。

9. 改诗会 | 在韩园改诗

2018年4月14日晚，韩山诗社成员改诗会在文科楼807室（韩师诗歌创研中心办公室）举行。改诗会由陈培浩老师主持，参加活动的还有黄昏、余史炎、洪健生、丫丫、李彬等本地诗人与老师。首先，陈培浩老师针对当今诗歌界出现的问题，提出了自己的疑问，并作了进一步的讨论。之后老师们对韩山诗社成员的诗篇作出了评价和修改意见。最后合影留念。

10. 读诗会 | 读诗会暨校园诗人诗歌作品总结会

1月19日晚，第二届驻中心校园诗人读诗会在文科楼807室举行，读诗会由陈培浩主持，特邀诗人黄昏、余史炎、姚则强、洪健生、洪楚钿等一同对一批具有潜力的韩师校园诗人作品进行点评修改，并总结驻中心校园诗人一学年的诗歌创作情况。

读诗会师生间其乐融融，坐而论诗，老师们纷纷表示了对校园诗人的批评与期盼。

11. 我的叙事诗学：从《叙事诗》开始 | 杨炼诗学讲座

2017年12月21日上午，著名诗人杨炼于潮州—中山·创客汇开展诗学讲座，讲座由姚则强老师主持，围绕"我的叙事诗学：从《叙事诗》说起"展开，现场气氛热烈。本次活动由潮州市人才驿站与韩山师范学院诗歌创研中心主办，由潮州市潮中产业创新中心与中山—潮州（枫溪）产业创新中心协助举办。

杨炼从叙事的角度展开，围绕时代大变局的背景，阐述了诗歌里的人生。他分享了诗集《叙事诗》，指出诗歌要求诗人注入生命，投入全部的灵魂精神。自传体作品中生命和大历史是有关的，它使读者对历史进行体会、思考和写作。他指出叙事诗是"叙一人之事，写历史之诗"，个人经历可以成为进入历史的一条曲折小径，最终抵达历史的深渊。杨炼进一步谈道，时代的变革使历史文本和语境急速消失。诗在极速的变化中从纸上的文本，变成挂在风中的谜语。

讲座中，杨炼指出西方从古希腊开始就有史诗的传统，用诗歌叙述历史的故事，而中国在某种意义上没有这种传统。杨炼指出，屈原的离骚的内在结构是现实—历史—神话—现实—自我。他讲到诗歌拥有多层次的空间并用语言的空间凝聚时间。叙事诗是空间归纳的组诗结构，融合故事。诗人用诗的空间归纳和包容时间性，用诗的叙事性组合起人生，也可以再次打开，成为诗歌里的人生。母亲的去世激发了杨炼对于诗歌创作的冲动，他发现文字和内心真实感受之间的关联，这是他诗歌创作的真正起点。20世纪80年代末杨炼离开了中国，在西方开始黑暗无尽头的漂泊。在《大海停止之处》的创作阶段，他面对的问题是如何创造自己的诗歌。诗的结尾他写道从岸边眺望自己出海之处。在这首诗的创作中，他领悟了创作的精髓，找到了书写与创作共同的思维方式。紧接着，杨炼指出漂泊是诗人先天注定的命，我们应该认这个命，发展这个命。杨炼分享了贯穿他生命的五个时期即五首哀歌：《现实哀歌》《爱情哀歌》《历史哀歌》《故乡哀歌》《诗歌哀歌》。

杨炼认为哲人之墟就是对内心世界的探索。历史只有一个落点，就是我们的内心。他总结叙事诗是“大历史，如何纠缠个人的命运。个人的内心，如何去构成历史的深度”。杨炼介绍了在伦敦爵士风格诵演合一的《京剧课》，他指出这种朗诵形式给诗增加更多的表现形式和层次，让观众获得更多的满足。叙事诗则是用空间设计来包含各个表现的层次。最后，杨炼朗诵了他的作品《我的历史场景之二：巴勃罗·卡萨尔斯，一九五五年五月十五日》。

讲座中，杨炼谈到诗人肯定是孤独的，诗歌是一种对内心的探索。诗人的孤独不是表面的，而是用诗句剥开表面的生活，不是那种人云亦云的孤独。他指出，每个人都有诗性，更要发展诗性，要在思想意义上去创造。就像屈原的《天问》所给出的，诗人是提问者的形象，杨炼认为每个诗人都是提问者，而不是给予答案的人。杨炼进一步阐述到诗歌的层次，诗人给予每部作品独特的立意和语言方式，每一部作品都不一样。诗歌有不可重复性，诗人要创作出不同层次的诗歌。时间让我们觉得虚无，也让我们觉得坚实。

姚则强对讲座作小结，杨炼从叙事的角度展开，围绕时代大变局的背景，谈到作品如何放置到读者所在的世界中去。从生活经历到内心世界，到创作作品，作品成为故事和历史，成为人与诗歌互文性的存在。杨炼的诗歌创作就是其生命经历的一种叙事性体现，从1976年与母亲的最后一次相处，到母亲病逝，再到漂泊海外的经历，特别是对顾城的1993年的回忆，可以看出杨炼诗歌生命内涵非常饱满。杨炼诗歌的叙事性，既体现了历史背景中的个人生存与可能性，又呈现了个人的内心如何构成当代诗歌深度的探索。

12. 诗歌朗诵会 | 诗人在他的声音里

2017年12月12日晚，由潮州市人才驿站和韩师诗歌创研中心与主办，潮州市潮中产业创新中心与中山—潮州（枫溪）产业创新中心协办的“诗人在他的声音里”诗歌朗诵会在创客汇举行。本次朗诵会邀请著名诗人杨炼、潮汕本土诗人及韩师校园诗人作朗诵嘉宾，韩山师范学院音乐系的陈载元、陈帅和马千里先生为朗诵会音乐表演和伴奏。朗诵会分“家的河流”“发出我们的天问”“穿过草堂的风”“蝴蝶的伤痕”“尾声”五部分。

13. 国际必须存在于本土之内 | 杨炼&陈培浩“走世界，读潮州”主题对话

2017年12月20日下午，著名诗人杨炼与青年评论家陈培浩于潮州—中山产业创新中心·创客汇开展主题对话活动，二人围绕“走世界，读潮州”的主题展开热烈的探讨，现场气氛浓烈。本次活动由潮州市人才驿站与韩山师范学院诗歌创研中心主办，由潮州市潮中产业创新中心与中山—潮州（枫溪）产业创新中心协办。

对话过程中，杨炼从在异乡与一个素不相识的苹果的邂逅，谈到本土与国际的关系，即国际必须存在于本土之内。二人还从老厝饮食茶文化等潮州本土特色文化探讨其中历史与自然的积淀，陈培浩认为，摩天大楼可以不断建造，老厝却不可再现，杨炼则提出这种具有特色的民居即便不再是居住的最好的选择，却是作为艺术展馆的佳选。

接着，二人重点就诗歌的方言写作各抒己见，展开深入的交流。

杨炼为大家分享了肯尼亚一首用本土部落语言写的诗歌，这首诗历经多次翻译最终译为潮汕方言。杨炼提到，今天我们所普遍使用的普通话之“普通”却不足以完全表现一个人的思想，唯其方言可以深入灵魂。他表示鼓励和提倡运用方言进行诗歌写作，并由衷赞扬了潮州对本土文化的坚守——潮汕方言至今拥有着自己的书写系统。

陈培浩就那一首翻译为潮汕方言的诗发表意见：其不具备现代诗的现代性。陈培浩表示，方言写作仅是一种实验，但因文化差异将难以得到推广，完全运用方言写作的诗歌会导致难以溢出方言圈，除此之外，由于方言本身“土”的性质，也会限制现代诗这种文体的表达。陈培浩提倡在诗歌写作中可以融入方言元素，这种写作应向能够为方言区以外读者所接受的方向靠拢。

杨炼就此提出不同的观点，他说道：方言写作越“本土”越好，不应为了接受者而消失自身的特性。而潮汕方言写作的意义不仅仅在于个人的表达，也在于对潮汕文化的创造和传承。对于陈培浩提出的方言的局限性，杨炼回应道，在运用方言创作的过程中，他不提倡束缚于已有的语言系统中，而应在创作中自觉进行语言的再创造。方言与写作的交汇质量的高低，取决于写作者本人，而非语言本身。母语的能量是现代写作的一个源头，也是可以重新汲取的资源。

对话最后，陈培浩总结道，一个没有本土的国际是空洞的，而一个没有创造的本土是封闭的。因此我们应在本土中寻找创造性，在国际中寻找根性。方言融入诗歌创作这条道路有待人们深入探索。

14. 韩师诗歌创研中心客座副研究员黄昏在绵德中学讲诗

2017年11月23日下午，潮州市作家协会校园分会“校园文学会员单位”授牌仪式暨文学进校园讲座在绵德中学报告厅举行。此次活动为第二届韩愈文学月系列活动之一。第二届韩愈文学月自11月上旬拉开帷幕以来，举办了分享会、研讨会、九月诗歌奖颁奖仪式等活动，备受瞩目。韩山师范学院教务处处长、潮州市作家协会主席黄景忠，潮州作协副主席、韩师诗歌创研中心客座副研究员黄昏，潮州市绵德中学教务处主任林壁涛，团委书记林树光，韩师诗歌创研中心秘书长兼潮州市作协校园分会主席姚则强等出席了活动。授牌仪式结束后，黄昏为绵中学子举行了一场题为《现代诗歌的阅读与鉴赏》的诗歌专题讲座。

诗人黄昏以潮州少年诗人夏帆的写作故事切入，引导学生如何走进诗歌世界。他指出，在诗歌意象解读中，能指的多义性与所指的同义性是一个关键。黄昏结合自己的创作经历和良好的文学素养，和大家分享了不同诗歌意象产生的语言魅力。同时，在提高学生的鉴赏水平，引导学生如何创作方面，他旁征博引讲述了中外诗人的创作典故和经典作品，鼓励学生们在掌握好课本知识外，多读经典作品，广泛吸收知识营养。通俗易懂的事例，深入浅出的讲解，幽默风趣的语言，课堂生动活泼，博得在场学生们的阵阵掌声。

在讲座结束后的互动提问环节，黄昏对学生在阅读、创作过程中遇到的困难和疑惑都做了耐心诚恳的解答，并对学生们写作兴趣爱好的培养提出了翔实的建议。

“文学进校园”活动作为韩愈文学月系列活动之一，也是潮州市作家协会校园分会文学进校园品牌活动，意在进一步优化校园文化建设，让学校拥有更广阔的文学园地，让学生在“书香”中茁壮成长。

15. 生命本是一场意外 | 丫丫《空日历》新书分享会

2017年11月23日晚，由陈培浩副教授主持，诗人丫丫主讲的《空日历》：丫丫新书分享会于潮州—中山产业创新中心·创客汇顺利举办。分享会以对话方式进行，穿插朗诵、音乐表演等形式，现场气氛热烈非常。

分享环节开始，陈培浩指出，音乐和现代诗都有让人沉浸其间的力量。分享会与孔子的诗学观点“诗可以群”，形成了内在的呼应，群也可以延伸为分享的定义。

在简单的介绍丫丫之后，陈培浩邀请丫丫分享自己的写作历程。丫丫回应道，生命本来就是一场意外，而且是带着戏剧性的。早期她学习音乐，对文学也是非常热爱。几年后，她意识到曾经热爱的文学有一种等待的力量在召唤她。诗歌中心的举办的各种活动形如读诗会带给她很大的感触，她从中汲取到很多诗歌的知识。

陈培浩认为，丫丫的分享中两句话值得我们铭记：第一句是“生命可能是一场意外，不知道后面会发生什么”。第二句是“现代诗歌是走神的结果”。陈培浩讲道，现代诗是返过身去，面对你内心幽暗的角落。在早些年的一篇评论作品中，陈培浩将丫丫称为“奔跑着燃烧的诗矿”。她是一个拥有天赋的诗人，后期她经历了一个从自发变为自觉的过程。她曾度过一段起伏的时间，然而她做出了自觉的调整。陈培浩感慨地说：“天分是需要勤奋滋养的。丫丫写作非常投入，拥有一颗赤子之心。忘我，忘记周遭地投入到诗歌中，这便是一种诗人心灵的纯粹状态。丫丫有天分，也越来越懂得用勤奋来滋养天分。”

韩山师范学院教务处处长黄景忠分享对丫丫诗歌的看法。他指出，大学校园诗歌的氛围是非常重要的。一个人在生活之上，必须要有一个更高的世界。这就要求我们去超越生活，去构建另外一个的精神空间。构建精神空间可以从宗教和文学入手，但最好是文学甚至是诗歌。黄景忠教授提出对丫丫诗歌的两点看法：第一点，一个诗人在写作时，最好有自己独立的姿态，从人情里分离出来。丫丫不仅做到了从人情中分离，还从丫丫身上分离出来，在她的诗里是人跟社会的分离，人跟自我的分离。第二点，丫丫诗歌形式语言很熟悉，但用熟悉的词语敞开一个陌生的世界。她的诗中有一种反差美，例如“兰花开出了骨头”，有表达形式上的反差。一个柔软的事物开出了骨头，深层次表达了一种力量感和反差美。她的节奏感特别好，像一个少女在跳舞的节奏。她用这种节奏表达陌生事物的相遇，流畅的节奏表达内在的矛盾。

在黄景忠教授分享之后，主持人陈培浩分享了他对“空日历”这个命名的理解。在他看来，空日历包含三个元素，第一是时间，是藏在日历背后的自然时间；第二是日历，日历是对时间的捕捉，日历是文明对时间的把握和建构。没有历法的文明是不可想象的，但日历把握时间的方式并不就是诗；所以，空日历包含的第三个因素是对文明时间的清空。诗人的语言是一种个性语言，它挑战和超越于公共的文化语言。在此意义上，空日历呈现了现代诗歌的一个重要特征，便是诉诸于个人想象对语言秩序的反抗。

最后丫丫回复学生的提问，她谈道，写作不是一个瞬间性的动作，即使是领略到非常让人触动的事情，也需要沉浸下来。沉浸下来才能寻找途径去表达。丫丫讲道，她希望她的短诗，是一个木匣子，当你走过时刚好合上，给人一种震撼的感觉。当学生提及舞蹈与丫丫诗歌的关系的时候。丫丫这样回复道，舞蹈，给予她的诗歌以节奏感。她将音乐舞蹈给予她的世界沉淀，沉淀下来并表达出来。诗歌的节奏不是拼贴分行，而是一种内心的节奏。

16. 锐点｜韩师诗人再摘东荡子诗歌奖高校诗歌奖

2017年11月17日晚，第四届东荡子诗歌奖暨2017年东荡子诗歌奖·广东高校奖颁奖典礼在广州图书馆负一层1号报告厅颁出。此次东荡子诗歌奖颁奖晚会主题是“他相信了心灵”。

韩山师范学院校园诗人戴建浩斩获广东高校诗歌奖，这是继去年东荡子诗歌奖首次增设“高校诗歌奖”（广东）后我校学生第二次获得该奖项。2016年我校学生郑智杰及其他四位校园诗人在众多参评者中脱颖而出。我校拥有久远的诗教传统，诗歌创作氛围浓厚，产生了一批又一批在广东乃至国内有著名声誉的诗人，这项奖项的颁发是对我校诗教成果的肯定。

东荡子诗歌奖创设于2014年，为纪念英年早逝的诗人东荡子，以及弘扬他纯粹的诗歌精神和写作理想而设立的，旨在奖掖在当代汉语诗歌写作及批评领域做出重要贡献的诗人和批评家。该奖努力成为当代汉语诗歌的标高，由于评选的眼光和公信力而日益获得广泛认可和全国性影响。

戴建浩授奖词：戴建浩的诗歌还未洗净青春的孤独和忧郁，他在爱、期待、忧伤和坚持中，敏感地捕捉到生活的周遭的存在，并让它们与语言建立起一种平衡。他有能力把众多的参差的意象统一于一首诗中，能够揭示自我生命中那觉醒、那阵痛的存在。戴建浩，1994年出生于广东云浮，韩山师范学院历史文化学院2014级档案学专业。曾获第七届包商银行杯全国高校征文小说优秀奖，2015年广东高校作家杯诗歌三等奖。

17.“百年新诗与中国歌谣”学术研讨会在潮州成功举办

2017年11月10—12日，“百年新诗与中国歌谣”学术研讨会在潮州市郡城义仓艺术家驿站举行。会议由韩山师范学院诗歌创研中心、首都师范大学中国诗歌研究中心联合举办。来自首都师范大学、武汉大学、中山大学、福建师范大学、华南师范大学、大连大学、北方工业大学、湖南省社科院、集美大学、广东第二师范学院、韩山师范学院等单位的近四十名学者、诗人与会。研讨会在朴素庄重的开幕式之后进入了专题研讨和诗学对话环节。

开幕仪式上，韩山师范学院教育处处长黄景忠教授向与会专家致欢迎辞："韩山师范学院建校至今114周年，留下了人文的传统，这是韩山师范学院的优势和宝贵的资源。人文的传统在现今高校并不受欢迎，现在的高校注重应用型、职业教育、创业。而韩山师范学院遵循培养人文和应用型并进人才的原则。"紧接着黄景忠教授从三个方面为大家介绍了潮州：他由周作人对茶道的理解到潮州的生活观，他介绍了韩师的诗教理念和潮州的优秀人文传统，最后他祝研讨会圆满成功！

开幕式上，首都师范大学王光明教授由新诗运动的小传统谈到韩山师院特有的人文小传统。他指出韩山师院的诗歌氛围特别浓厚，"我们认识到一个时代的价值是需要人文学科来领头的，诗意是非常重要的"。

第一场专题研讨由福建师范大学的伍明春教授担任主持人，韩山师范学院的陈培浩副教授担任评议人。王光明教授（首都师范大学）、陈芝国副教授（广东第二师范学院）、刘金冬副教授（大连大学）和赵飞博士（湖南省社会科学院）就新诗与歌谣的话题发表了深刻见解。第二场专题研讨依然围绕歌谣与新诗展开，韩山师范学院副教授李彬担任主持，福建师范大学的赖彧煌副教授担任评议人。荣光启（武汉大学）、彭英龙（中山大学·珠海）、周笛（武汉大学）和陈培浩（韩山师范学院）四名学者发表了见解。

18. 诗歌是语言重组世界的方式 | 泽平《独脚站立的人》分享会

2017年11月10日晚，在潮州郡城义仓艺术家驿站中，泽平带来了他的新书《独脚站立的人》及其分享会，由韩师诗歌创研中心秘书长姚则强主持。来自首都师范大学、武汉大学、中山大学、福建师范大学、华南师范大学等高校的几十名学者和潮州诗歌爱好者参加了分享会。

一开场，泽平分享了学诗历程和他受过影响的诗人，即文爱艺、郭沫若、戴望舒、海子、顾城、韩东、于坚、阿翔、苏浅、李元胜、保罗·策兰等。

文爱艺，尽管不出名，但这一年少时在家乡小镇书店的发现，却给予了他现代诗的启蒙；郭沫若，诗歌草创期的直抒胸臆，曾带给他不小的困惑，后来他才发现郭沫若的诗"历史价值大于艺术价值"，诗人名气大未必诗写得好；而戴望舒喜欢用叠词的习惯，至今仍在泽平自己的创作中留下痕迹。

至于阅读海子，则是他诗歌真正的入门，中学时每当写不了诗就去翻看，但海子过强又很空荡的抒情性，也给泽平的创作留下后遗症；顾城，则是一位诗集都被他翻烂掉的诗人，从顾城身上，他学到了表达美好世界的方法；而于坚、韩东等的口语诗也给了他不少启发，他觉得，于坚他们所标榜的口语实际上是一种经过裁剪的精致语言；而阿翔、苏浅、李元胜等精致细腻的表达也给了自己不少的启发；而从王家新翻译的保罗·策兰身上，他则学到了语言的自由之美。

回顾学诗历程，泽平感慨道，现在的人学诗大多是先有诗歌史的认识，再读诗。而他那时不同，是非线性的阅读，基本上全凭运气，撞到谁就看谁，毛病就是会自动寻找风格相搭的诗人，至于其他则自动屏蔽。但现在学诗的人也有自己的烦恼，即诗歌流派过多，反而难以选择，无从学起，因而寻找自己的诗歌座标，寻找属于自己的诗歌之路，就显得尤为重要。

泽平接着谈到，在快节奏的时代，诗歌有一部分是要去寻找缓慢的东西，必须让自己回到一种诗意的空间。

许多人都被木心的《从前慢》所感动，实际上翟永明的《在古代》、李元胜《我想和你虚度时光》以及顾城的《门前》也都是主旨类似的杰作。

尤其是翟永明的《在古代》，讲的是快节奏生活与古代爱情的比较，有一种类似武侠小说的古典气质，是在想象中回到珍贵的过去；而李元胜在诗中则连杯子的阴影都觉着好看，肯定很懂得慢生活，懂得享受回环往复的生活浪漫。而他自己也在前辈们的启发下写过如《温柔的》等书写缓慢的作品。而读了曹东的诗《许多灯》后，泽平则对人有了新的发现，觉得似乎人的身体也是有灯的，会在现实生活的位置中慢慢磨损。而这个世界纷繁芜杂，如何发现全新的自己，重新找回作为人的那个自己，而不是社会面具下的自我，泽平也在思考，一如他的《黑暗》《我在自己身体的囚笼里》。泽平坦言道，月亮给孤独的个体以慰藉，希望自己也能成为像月亮的人。

泽平还提到了写诗的方法论问题，即写诗光有情感是不够的，还要有语言的自由，但又不能总在天上飘，还得回到日常。因而他提出了四个关键词："情感""自由""往昔""日常"。泽平先以海子的诗《日记》为例，讲述情感的作用。海子把姐姐与全人类放在心中天平的两边，大多数人会选择更关心人类，因为人类是庞大的集合体。因此，海子一句"姐姐，今夜我不关心人类，我只想你"，就把情感的浓烈推到了极致，而这只是第一个层面，结合现实中海子并不拥有姐姐这一事实，这种设定的美好对象的不存在则又将情感推上新的高峰。而在苏浅的《更深的蓝》中，读者看到开头，却猜不到结尾，这是情感与语言的魅力，很震撼。

对于保罗·策兰的《水晶》，泽平这样评价道，反复读都不理解，不知道词语为什么要安放在那个位置，但组合起来却很自由。而勒内·夏尔的《祝蛇健康》则似乎通篇都跟题目无关，一样不理解，但读起来也很美。

受到启发，泽平则在自己的诗作《在海上》中追求语言的自由，诗中提到的地点他都没去过，但词语组合起来却很美，而《寒露》中则出现了主旨的多义性，将情感与自由结合在一起，可以多角度解读。泽平总结道，写诗就是通过别人的东西，得到自己想要的东西。

与会学者中，陈敢教授点评道，泽平有理论自觉，不像时下诗人大多只懂得写诗，却对诗歌本身缺乏全面深刻的看法。泽平的诗有种矛盾的结构，擅长凝视自我，完成自我的超越、启蒙。作品虽多为短诗，比较简略，但却有丰富的审美内容。伍明春教授则评价道，泽平的诗语言干净，表达虽断裂，语感却很连贯。

但赖彧煌副教授也点评道，诗歌的质量由速度和果敢程度决定，泽平还可以写得更激烈、狰狞、开放一点。而陈芝国副教授则点评道，泽平的诗视野可以更开阔，不能局限在小抒情之内，要对典型样本有突破。在写作时，要有自己的个性与独特的东西。

最后，荣光启教授总结道，学者对诗人的批评，与诗人对诗人的批评是不同的。泽平写诗是在自己力所能及的层面处理，每个诗人都有自己狭隘之处，这既是缺点也是优点。学者大多是把每个作家放在整体来考察，敦促其写出更好的作品。

19. 重磅 | 第二届九月诗歌奖颁出，诗意朗诵唱响韩山

2017年11月11日晚，由韩师诗歌创研中心、潮州市作家协会、潮州市人才驿站主办，中国电信潮州分公司、潮州市人才驿站湘桥分站、潮州市惠潮旅游文化传播有限公司协办的“天翼杯”第二届九月诗歌奖颁奖仪式暨“诗意韩山，文化潮州”诗歌朗诵会在韩山师范学院伟南国际会议中心举行，冯娜等六名诗人分别获得主奖或评审奖。主奖：冯娜；评审奖：李郁葱、马行、阮雪芳、杨泽西、扎西才让。

来自首都师范大学、武汉大学、中山大学、中南大学、福建师范大学、华南师范大学、北方工业大学、大连大学等全国各地诗学专家、诗人近四十人，粤东地区诗人、作家近百人，潮州市、韩山师范学院各级领导、师生共同见证了这一荣誉的诞生。

20. 语言是一种照亮 | 王威廉《生活课》分享会

2017年11月9日晚，由陈培浩老师主持，作家王威廉主讲的《生活课》：王威廉新书分享会于潮州市人才驿站顺利举行。分享会以对话方式进行，对话持续两个小时，现场气氛热烈非常。

首先，陈培浩介绍道，王威廉乃思想型作家，创作涉及散文、文学评论、诗歌、小说等领域，其中以小说为主，文才出众，曾获十月文学奖、花城文学奖等奖项。接下来，陈培浩从《生活课》的书名切入，并提问作者如何酝酿新书及该书包含了作者怎样的期待与设想。

王威廉回答道，创作《生活课》是因为对于他个人而言，生活像是一堂没有标准答案无限的课，而写作的美好能让我们反思自己，从而擦掉与生活这堂课对抗的疲惫与黑暗。

关于作品的主题与城市生活有关，王威廉提道，在乡土文学盛行时期的城市小说往往带有猎奇的感觉。而小说与故事的区别，在于小说“诞生于孤独的个人（本雅明）”。他现在的创作正是在日常经验中注入个人的思考，致力于揭开生活表象发掘深层，打开今天经验同质化的缺口。

接着，王威廉提出希望与陈培浩就城市与乡土的分异及小说与故事的分异做进一步的对话。陈培浩说道，“语言即照亮，小说即唤醒”是王威廉小说观中重要的部分。现代主义不仅仅是形式的变化，它发现虚无的同时也在超越虚无。

而关于现代主义的遗产，陈培浩称卡夫卡是人类精神的扫描仪，他把这个世界被隐蔽的东西用小说照亮。但他在让我们看见虚无之后变得更加黑暗，而中国的现代主义在很早的时候就有了超越虚无的冲动，譬如鲁迅的作品《影的告别》中的影子只存在于半明半暗的暧昧地带，它表现了虚无，而《过客》则阐述了如何反抗虚无，那便是无论如何还是要“走下去”。因此现代主义若只是做卡夫卡的回声，表述深渊，是不够的，我们要做的是如何超越困境。

最后，陈培浩向大家推荐了王威廉的另一本书《听盐生长的声音》，他在这本小说里看到了当代小说家追寻现代主义的可能性。

分享会的最后，同学们热情地参与了提问环节的互动，并如愿以偿地获得本次分享会赠予的新书。

21. **陈崇正：终极追问是写作者最大的幸与不幸**

2017年10月8日晚，韩师诗歌创研中心、韩山师范学院新歌研究所与潮州市作家协会，联合主办了一场由潮州青年作家陈崇正带来的讲座：一个潮州作家的分身术和小宇宙——《黑镜分身术》新书分享会。

一开场陈崇正便借由幽默的网络流行语，亮出自己的态度："感谢网络"。对近二十年来潮州文学的崛起，他认为，网络在其中扮演了重要的角色，甚至为潮州的文学生态带来了革命性的改变。在网络渗入生活之前，潮州作家因身处地理与经济的边缘，比起北京、广州等大都市，在信息来源上有天然的劣势。

然而，网络改变了一切。在陈崇正看来，网络能让人与另一世界隔空对话，接触得到现实中难以接触的文本。具体到他个人，计算机使他阅读到大学图书馆也找不到的书籍，甚至能让他在论坛上就诗歌见解的不同与陌生人"争吵"和"约架"，这些新事物所带来的思想冲击是之前的潮州难以想象的。陈崇正与他们那一代的年轻写作者便借由网络，打破了信息壁垒，突出重围。陈崇正还对文学的未来提出了自己的看法。即文学的生产是走向细分，走向专业化。在整个世界趋于同质时，写作者要独占自己区别于他人的资源，要有高辨识度，甚至这些资源也未必是正面的，比如个人某一段不堪回首的回忆。

针对部分同学的提问，陈崇正如此答道，大学生活是唯一可以阳春白雪的日子，不妨高蹈一点，因为以后会慢慢变俗。此外，要多和自己聊天，了解自己真正要什么，想想自己究竟是什么人，从而决定自己做什么工作，找什么伴侣。

对于写作人的定义，陈崇正说道，写作人善于剖析自己，甚至剖析讨厌的自己。他们的无奈不是来自于现实，他们无用、脆弱却战无不胜，因为他们不想征服世界，而是想要征服心灵，终极追问是写作者最大的幸与不幸。

最后，主持人陈培浩副教授做了讲座总结。老师指出，陈崇正将本次演讲的听众预设为热爱或有志于写作的学生，因而必有不少抽象而值得深思之处，但一个好的演讲必须有你听不懂的部分，回头可以回味咀嚼。而之后老师又指出，想象力不同于幻想，后者只是在固定的想象机制下行走。每个人都有想象力的边界，而《黑镜分身术》好就好在能打破读者对时间的想象。此外，每个时代都有被囚禁的方式，像20世纪50—60年代是饥饿，而当代则有当代的苦恼，想象力就是一种囚笼之下的遁身术。最后他还指出，很多人对小说的理解只是故事，而现代纯文学小说在故事背后还要建立起对世界的理解。

22. **黎紫书：写作能与素昧平生者心意相通**

9月22日晚上，韩山师范学院文学院与潮州市作家协会联合主办了一场由马来西亚华人新生代领军作家黎紫书带来的讲座“小说边缘的世界——马华文学与世界的关系”。

从介绍最初马华作家到如今的一代，黎紫书指出最初建构“中国想象”已经转变为能够站在“世界想象”立场上进行华文书写。从她的讲述中，可以了解到许多马华文人的生活与写作状态、马来西亚华文教育以及华文报刊的情况。温瑞安、李永平、潘雨桐，这一批马华文人并非出生在中国，却以一种仰望的姿态将中国作为自己的归属，从而建构了一个想象的中国。从小便从父母那里受到影响的他们，并不把马来西亚当成自己的国家，而是把中国当成一个回归的地方。

讲座中，黎紫书讲述了自身的创作心态与经验以及自身立场的转变。就《国北边陲》与《生活的全盘方式》为例，她阐释了自己的构思、技巧与故事背景。在《国北边陲》之后，她开始思考自己真正关心的是什么，之后便创作了《生活的全盘方式》。她指出，在小说创作中是以“你”为叙事视角的，通过他人看到一个世界，在一定的沉淀与抽离中，站在相对隔离的、相对高的立场上重新看待这个世界，当然自有其冷淡疏离，而这也恰恰是适合故事的表达，而三层叙事本身也是一种迷人的创作。她进一步说道，实际上，在书写时，能够体会到与世界上其他人心灵相通的感受。从个人来说，这实际上是站在“人”的立场上去感受，也是从马华本位到世界本位的转变。

最后，主持人姚则强老师做讲座总结。姚老师指出马华文学作为世界华文文学是一个部分，也有其重要性。如果一个马华创作者不把马华文学当成一种本位，也许就是一种突破。一个马华创作者作为人的本位，不被国家界定限制，而能更好地发展。姚老师进一步说道，在黎紫书的创作过程中可以看到她的观察、生活体验、创作语言，她以其惊人观察力与感知力，在想象与回望的深层空间里不断拓展自己的生命。

23. **最有泡菜味的诗人|走进高银：一个东亚的现代镜像**

6月27号晚上，韩师诗歌创研中心、韩山师范学院新诗研究所、潮州市作家协会联合举办韩园读诗会“走进高银：一个东亚的现代镜像”。读诗会特邀旅韩多年的李彬博士解读高银的人生与诗歌，由陈培浩老师主持并点评，黄昏、丫丫、姚则强、余史炎、洪健生、洪楚钿等诗人，我校陈佳璇、曹亚明、林洁伟、龙威等老师参与了热烈活泼的读诗研讨。

李彬老师结合高银传奇丰富、跌宕起伏的一生评述了高银的诗歌。出生于1933年的高银一生堪为韩国走向现代历史过程的镜像。1948年，朝鲜战争爆发，“三年间死了500万人，故乡被双方轮番血洗”，诗人童年是从搬运尸体中开始的，这让高银的诗充满死亡意识；高银曾四次入狱，十年出家，多次自杀，后来成为诗人，当时韩国甚至出现了十几个“假高银”四处发表演讲，高银诗歌在韩国的影响力可见一斑，可称为韩国的“国民诗人”。

李彬老师特别分析了忍冬草和韩国地域历史性格的关系，韩国作为一个在众多大国夹缝中生存的小国，有一种内在的自尊和隐忍，也影响了高银的写作。老师以高银的《去西山》为例，证明高银将“慢”从一种生活态度转变为一种美学风格，这种慢里面，有民族性的存在。李老师指出，死亡和抗争、虚无和超越构成了理解高银的两个重要维度，当然，高银写作中也有很多汉文化元素，他也追求一种短小篇章中的禅意和宇宙感。这可能也跟高银的出家经历有关。读诗会中，李彬老师即兴用韩语朗诵了高银的诗《无题》。

李彬老师说，高银是一个必须被整体性地阅读的诗人。单独看某一首诗也许并不见得那么伟大，但他的一生，他的所有作品，有一种综合的民族性品质。他幽默地说，高银不是最好的诗人，却是有味道的诗人，而且大概是最有泡菜味的诗人！还幽默风趣地分享了他自己的诗歌《光头的光芒——致福柯》《思想的狗》《飘》等作品。

点评环节，陈培浩老师指出，读诗会之所以选择高银，是因为高银的一生跟韩国的现代进程紧密相关，近百年东亚国家都在走向现代的过程中，韩国某种意义上为我们提供了一种现代镜像。而高银的启发意义在于，诗人及其写作该如何跟自己的民族历史和现代化进程融合到一起。陈老师非常肯定李彬博士分析高银时那种知人论世的方式；并指出李老师解读高银婚姻（妻子是英文系教授，把他作品翻译到西方）对其国际传播的影响这个角度富有启发。

讨论环节，众多老师们就诗歌的翻译问题、高银作品的语言品质等提出精彩见解。

24. 黄昏 | 诗生活：从阅读到写作

青年写诗，每一字句都试图倾尽笔力，多少次举轻若重，为赋新词强说愁。

而黄昏老师写了半生的诗，已是长途跋涉之后的返璞归真，面对诗歌，更有了举重若轻的姿态。6月10日上午，黄昏老师以自己的阅读及写作经验为前提，为韩师学生带来了一场别开生面的诗歌讲座。

25. 韩山师范学院诗歌创研中心兼职副研究员暨第二届驻中心校园诗人聘任仪式顺利举行

2017年6月7日晚，韩山师范学院诗歌创研中心兼职副研究员暨第二届驻中心校园诗人聘任仪式在文科楼807室顺利举行。出席本次聘任仪式的有韩山师范学院教务处处长黄景忠教授，文学与新闻传播学院院长赵松元教授，潮州作家协会副主席、《九月诗刊》主编黄昏，潮州著名诗人丫丫,《韩江》杂志编辑余史炎以及文学与新闻传播学院诗歌创研中心主任陈培浩老师，创研中心秘书长姚则强老师，诗歌中心理事、《诗词学》副主编陈伟老师、绵德中心教师、青年诗人洪楚钿老师，所有受聘校园诗人及部分诗歌爱好者等。

韩山师范学院诗歌创研中心自2009年成立以来就一直致力于让韩师诗歌创作和研究的传统得以发扬光大，并成为韩师综合实力的一个强项。诗歌创研中心不似其他院校只聘任成名或有所成就的诗人为驻校诗人，而是创造性地面向韩园学子聘任。这一点从根本上体现了诗歌创研中心扎根于潮州，扎根于韩山师范学院的态度。

本次受聘的兼职副研究员有黄昏、丫丫、余史炎、陈崇正、阮雪芳，驻中心校园诗人涵盖大一至大四年级13名优秀的写作爱好者郑智杰、范俊呈、黄泽燕、邱爱鹏、陈婉静、陈壁纯、陈锦芬、王琳仪、李伟成、洪钢荣、周宏鑫、邓菲、张梦钿。

黄景忠处长指出“人文气息”正是韩师的办学特色，韩园用深厚的文化底蕴和独特的历史人文蕴养了韩师诗歌，韩师诗歌在这片肥沃的土地上扎根发芽，绽放着最美的芬芳。诗歌创研中心新诗与传统诗词双轨并行，创作与理论研究齐头并进。以继承和发扬中国诗歌文化为宗旨，以培养和提升学生的人文素养为为目标，一路走来，韩山诗群也愈加壮大，愈加芬芳。

赵松元院长以冯友兰的人生四境界“自然境界、功利境界、道德境界、天地境界”之说认为学诗的最高目标是为了拥有诗性精神，而不是让诗成为一种手段。

正式颁发聘任证书之后，众位老师与在场新聘驻中心校园诗人进行了一场意义深远的诗歌交流会。诗歌随着时代发展也在不断突破，一个好的诗人应当走在诗歌前沿，保持对这个世界的好奇，用新的目光去探索这个日新月异的世界。然而，在追求新诗步伐的同时，渐渐有很多诗人开始忽略传统诗词的创作。新旧诗词碰撞，表面风平浪静，实则暗流汹涌，诗歌创研中心则兼容包涵新诗与传统诗词，两股江流汇成了一片波澜壮阔的汪洋。

生活需要诗意，人生需要诗心。诗里年华如歌源于诗外桃李芬芳，却远在生活之上。诗歌创作重在专注与坚持，重在对新世界的无限想象与沉静的阅读态度。诗歌创研中心着重于诗心的传承，在这个浮躁的社会挖掘出一片心灵的净土，在现实世界之外建构另一个世界，让不断涌现的韩园诗人在这里诗满芬芳。